JOPDEBEECK

L'ART DE LA CARICATURE

A LA PORTÉE DE TOUS

Glénat

ISBN 287176210.4

D 1996/4607/12

Jop Debeeck

L'ART DE LA CARICATURE

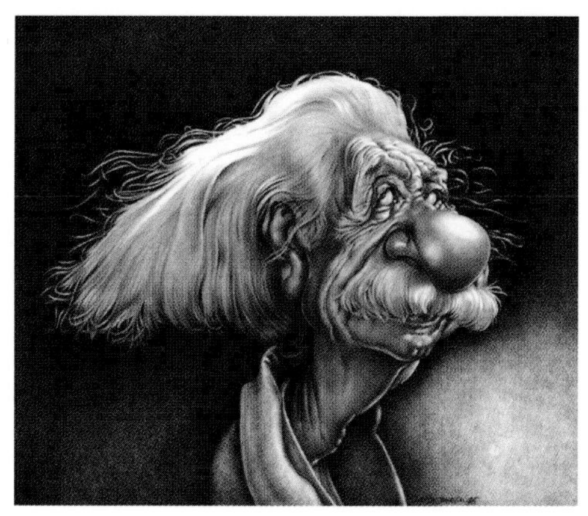

A LA PORTÉE DE TOUS

Glénat

L'auteur dédie ce livre à Chris, qui l'a toujours soutenu et encouragé.

Ce livre n'aurait pas été possible sans l'aide de :

Gerard Alsteens
Willy Andries
Maurits Belloy
Jos Caes
Katleen Frans
Horacio Guerriero
Hilde Hermans
Danny Heylen
Patrick Indestege
Daniël Junius
Robert Justin
Anita Keymolen
Bernadette Lejeune
Marc Maillard et Creatuur
Karl Meersman
Albert Michiels
Hendrik, Frans, Karel, Katrijn, Lieven, Lode et Ria Op De Beéck
Yvette Sente
Miguel Soares
Hildegarde Somers
Wim Swerts
Patrick Swinnen
Tibet
Valott
Jan Van Nieuwenborgh
Lut Vergauwen

Et un remerciement particulier à

Paul Herman pour l'introduction historique et la traduction;
Viviane De Herdt pour la mise en page soignée.

Ce livre a été imprimé par Puvrez,
la photogravure a été faite chez Swinnen Printing.
La photo de couverture est de André Barányi

TABLE DE MATIÈRE

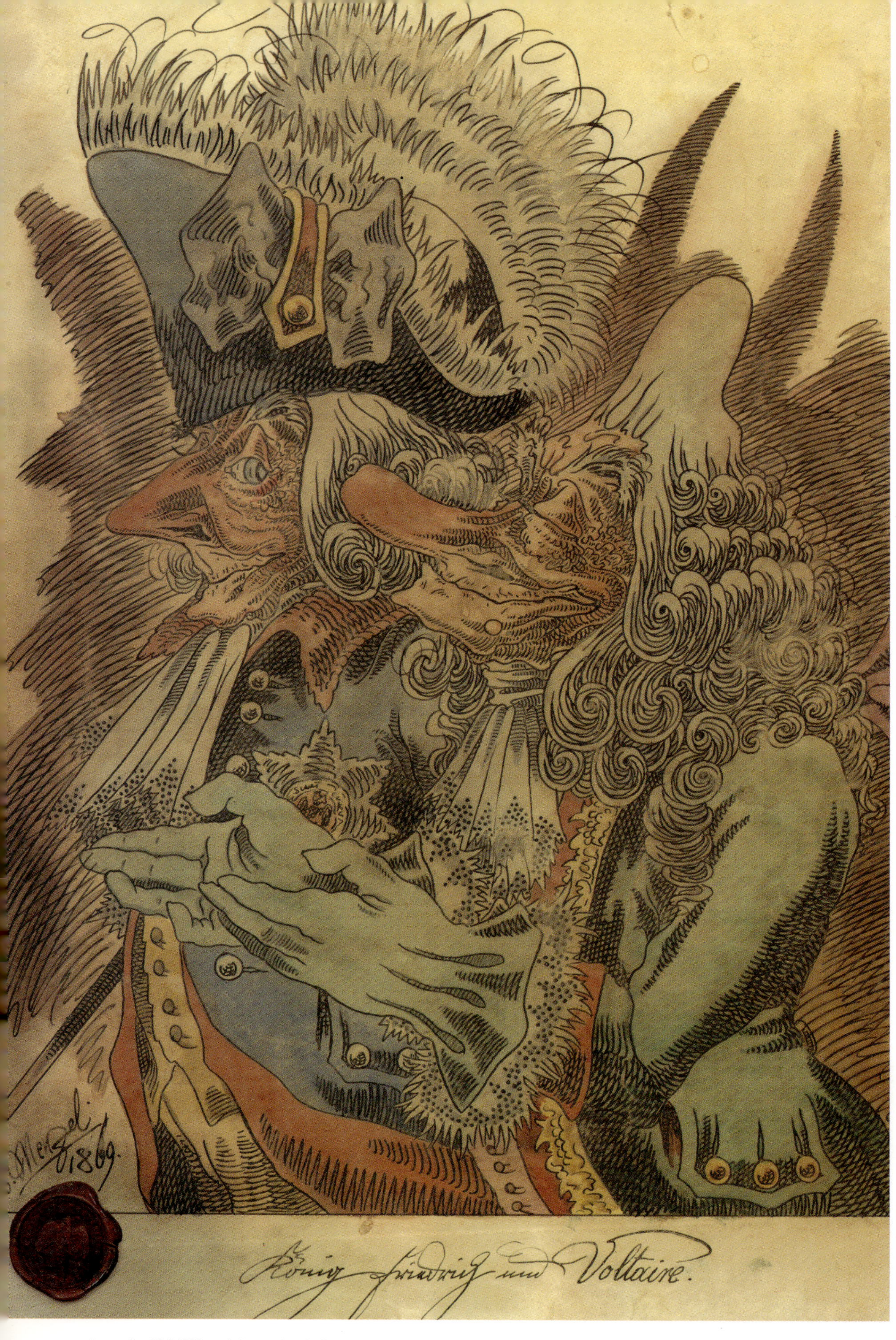

Aquarelle d'Adolf Menzel datant de 1869.
Admirateur de Frédéric le Grand, il le représente en compagnie de Voltaire, ami du monarque éclairé.
Collection privée.

INTRODUCTION

UN ART PLUSIEURS FOIS CENTENAIRE...

La caricature existe depuis que l'homme représente ses semblables.
C'est laconiquement dit mais pourtant bien réel. Art reconnu et célébré au XIXème siècle, la caricature a, déjà à cette époque, mérité ses historiens et, surtout, ses praticiens. Thomas Wright, archéologue anglais membre de l'Institut de France, donna en 1864 une première savante étude sur la caricature au sens large, évoquant tant les fresques de Pompéi, la parodie chez les peuples antiques que les gargouilles du Moyen Age.

Sculpture grotesque du Xème siècle. Eglise du Mont-Majour en Provence. Gravure tirée de l'Histoire de la caricature de Thomas Wright.

Il célébrait les premiers dessinateurs et graveurs anglais tel William Hogarth (1697-1764) généralement considéré comme le père de la caricature.
Celui-ci eut des élèves célèbres comme Gillray, Rowlandson, Woodward et Cruikshank.

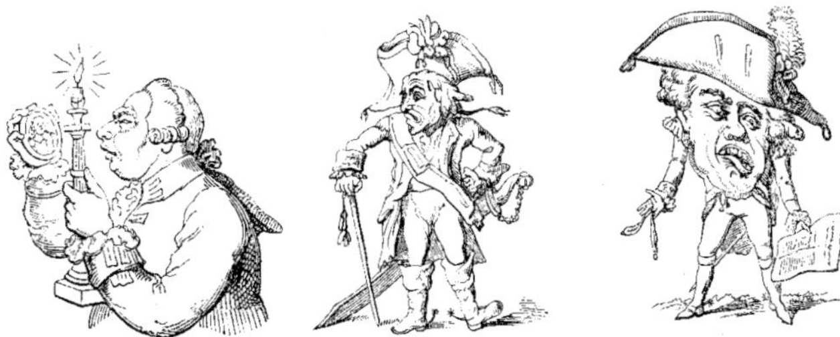

A gauche : Le roi Georges III d'Angleterre croqué par Gillray. Caricature publiée le 18 juin 1792.
Au centre : "Tout est bon pour faire une officier" de Rowlandson. 1er janvier 1796
A droite : Caricature attribuée à Woodward. Publiée le 5 mai 1796. Extrait du livre de Thomas Wright.

Ces artistes livraient des dessins d'observation et des portraits-charge que les techniques d'impression de l'époque, les estampes et la presse naissante, allaient populariser. Le XIXème siècle est pour la France et la caricature un âge d'or.
Champfleury compléta Wright en publiant quatre volumes consacrés à l'Histoire de la caricature; de l'Antiquité au temps moderne. Le dernier tome, contrairement à l'oeuvre de l'Anglais, traite des contemporains de l'auteur. Paru en 1865, ces livres évoquent avec force Debucourt, Carle Vernet, Henry Monnier, Honoré Daumier, Traviès.
On soulignera l'oeuvre du temps : Daumier a acquis une rénommée toujours présente.

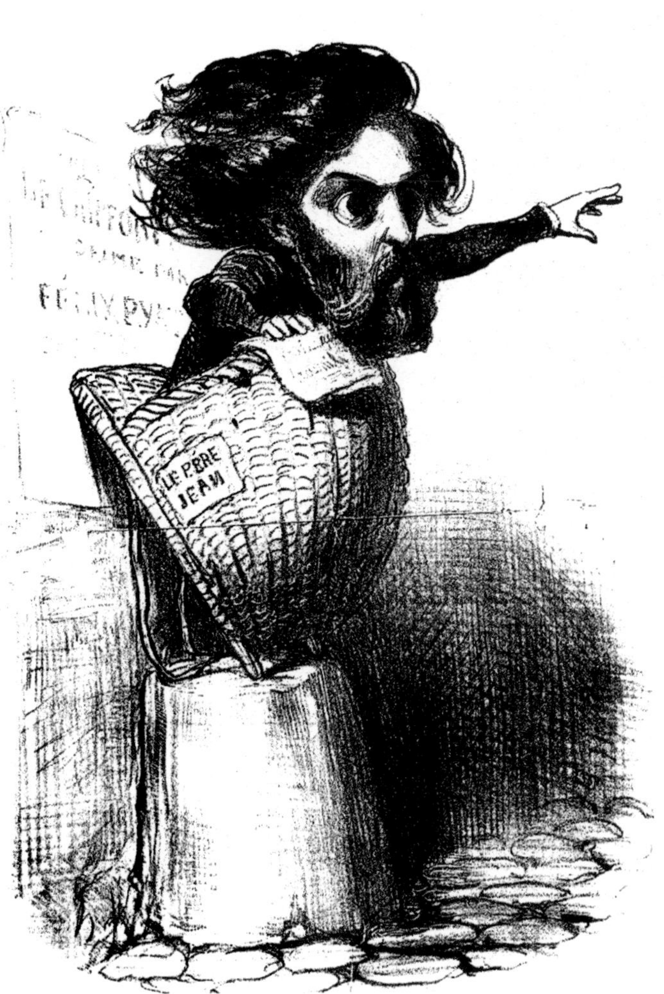

Dessin de Honoré Daumier (1808 - 1879) publié par Aubert en 1849.

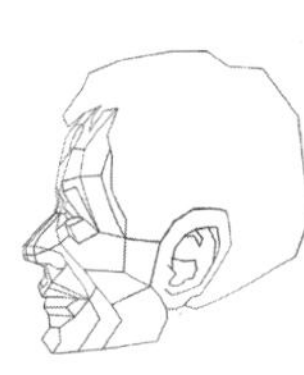

L'ère des révolutions, 1789, 1830, 1848, jusqu'à l'avènement et la chute de Napoléon III, est propice aux caricaturistes, au développement de la critique et d'un esprit frondeur. Philipon (1800-1862) sera l'éditeur de journaux comme La caricature (1830) puis le Charivari (1832). Adversaire déclaré de Louis-Philippe, il permettra au genre à acquérir ses lettres de noblesse. Il suffit de citer Cham, Pigal, Grandville, Gavarni, Nadar, Grévin ou Paul Léonnec pour comprendre combien la caricature comptait d'adeptes à la plume acérée et redoutable.

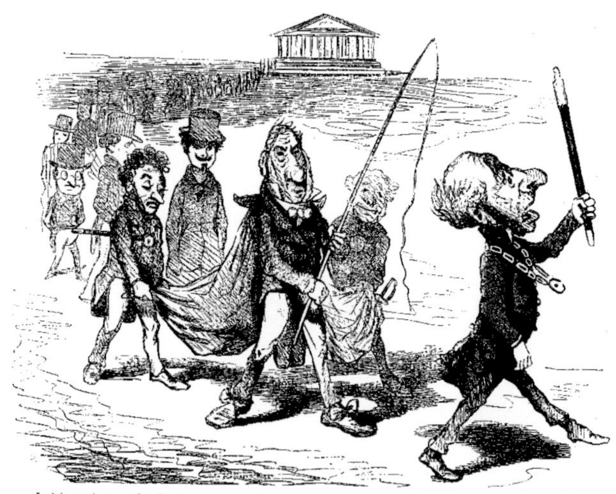

La loi pour la protection des animaux ayant été votée, l'Assemblée se rend en corps pour brûler le dernier fouet en place de Grève.

Dessin de Cham (Amédée de Noé dit Cham) 1819-1879.
Extrait du Charivari de Philipon.

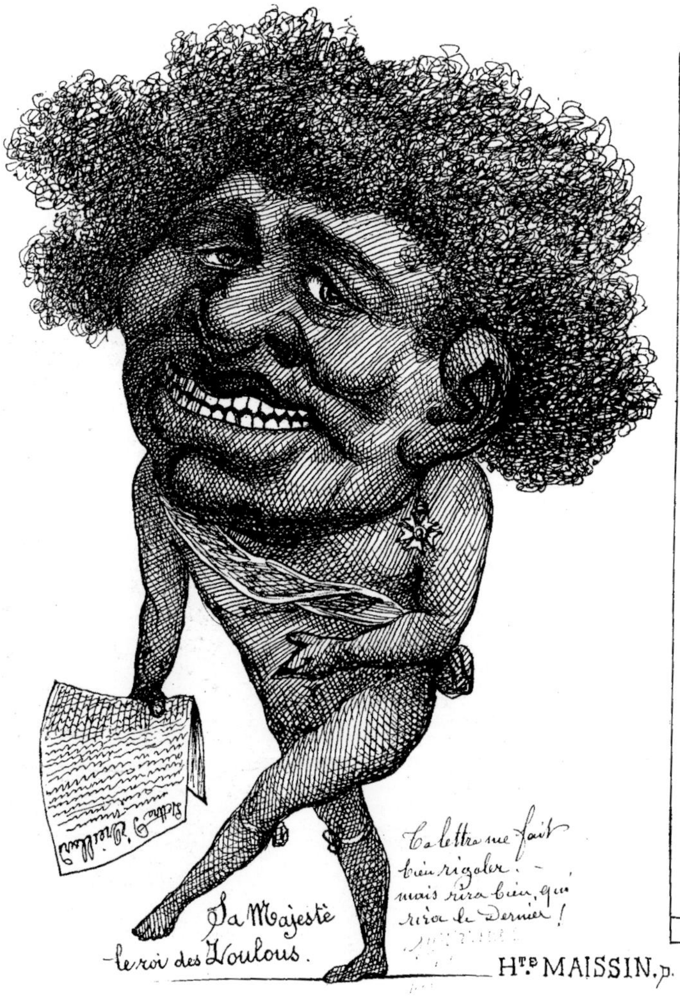

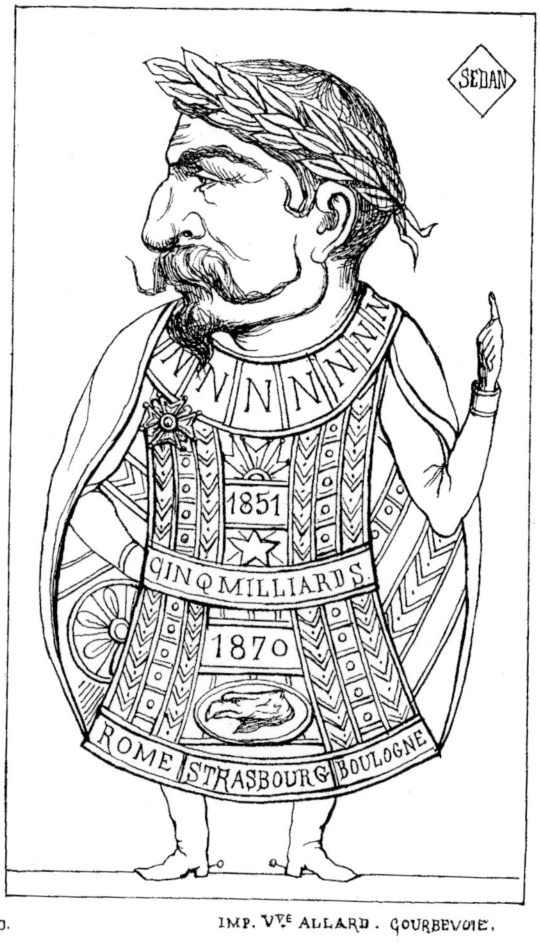

Caricature de 1871 de l'empereur Napoléon III écrivant au roi des Zoulous : "Ta lettre me fait bien rigoler mais rira bien qui rira le dernier".
Cette légende fut supprimée par la censure.

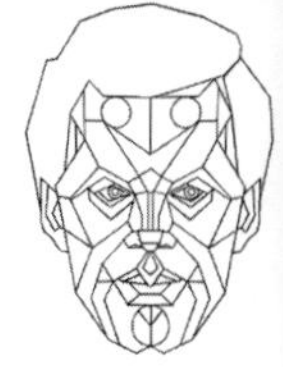

Le bouillant XIXème siècle permettait bien cette explosion graphique. Si Napoléon I avait déjà tenté bien des polémistes, la censure veillait. Par la suite, la montée des théories socialistes et les divers mouvements tant royalistes que républicains allaient nourrir l'Histoire et les gazettes politiques.
Dans d'autres pays comme l'Allemagne, le peintre historique Adolf Menzel (1815-1905) allait s'adonner au plaisir de la caricature suite à l'illustration d'une Histoire de Frédéric le Grand. Il en donnera sa version plus acerbe où l'on reconnait Voltaire et le monarque éclairé.
A la fin du siècle et ce jusqu'à la première guerre mondiale, la caricature surtout politique avait pris désormais sa place grâce à des publications comme Le Rire, l'Assiette au beurre, les Humoristes puis la Baïonnette. Abel Faivre, Léandre, Willette, Ricardo Florès, Jossot, Forain et bien d'autres allaient fustiger les instances en place. Magistrats, politiciens et monarques se voyaient régulièrement "croqués" sans concession aucune.
La guerre allait momentanément calmer les oppositions droite/gauche parmi les artistes réunis pour la plupart dans une union patriotique. Par contre, l'empereur d'Allemagne devenait la cible favorite des illustrateurs du monde entier.
Il faut attendre les années 30 pour, qu'en France, la caricature retrouve toute sa verve : Front populaire, camelots du roi, affaire Stavisky et autres fournissent bien des occasions à des Sennep, Effel, Soupault, Charlet, Moisan.

Les clivages politiques renaissent, entrainant d'ailleurs certains dans la collaboration affichée avec ses conséquences à la Libération (Soupault en France, Jam en Belgique).
La presse a été et est toujours le support préféré des caricatures. Le Canard enchaîné avec Moisan et aujourd'hui Cabu, Pétillon et Pancho en est l'exemple français le plus ancien.
Charlie Hebdo et autres périodiques anarchistes poursuivent la tradition de la caricature. En Angleterre, Cummings dans le Daily Express ou Jak et Gilles n'ont rien à leur envier.
Le portrait-caricature est devenu une spécialité grâce à des artistes comme Morchoisne et Mulatier en France, Jan Op de Beéck en Belgique, Vallot en Suisse, Krüger en Allemagne.
Phénomène nouveau, des jeunes artistes proposent de caricaturer le touriste de passage dans les endroits de vacances, suit les Ramblas de Barcelone aux ruelles de la Butte de Montmartre, les crayons s'affûtent pour grossir et interpréter les traits des visages. Déformer pour mieux montrer ? La caricature devient donc un art pour tous. Une manière de "se faire le portrait" avec humour.

Le présent ouvrage s'adresse à tout un chacun, débutant ou dessinateur chevronné, désireux de trouver un guide dans cet exercice amusant qu'est la caricature. A côté de réalisations professionnelles souvent inspirées de personnages connus, les exemples graphiques expliqués avec clarté se suivent selon la pédagogie de l'auteur, professeur d'Académie ayant plusieurs livres de caricature politique à son actif.
Il vous invite à partager sa passion en livrant les clés de cet art plusieurs fois centenaire.

Paul Herman

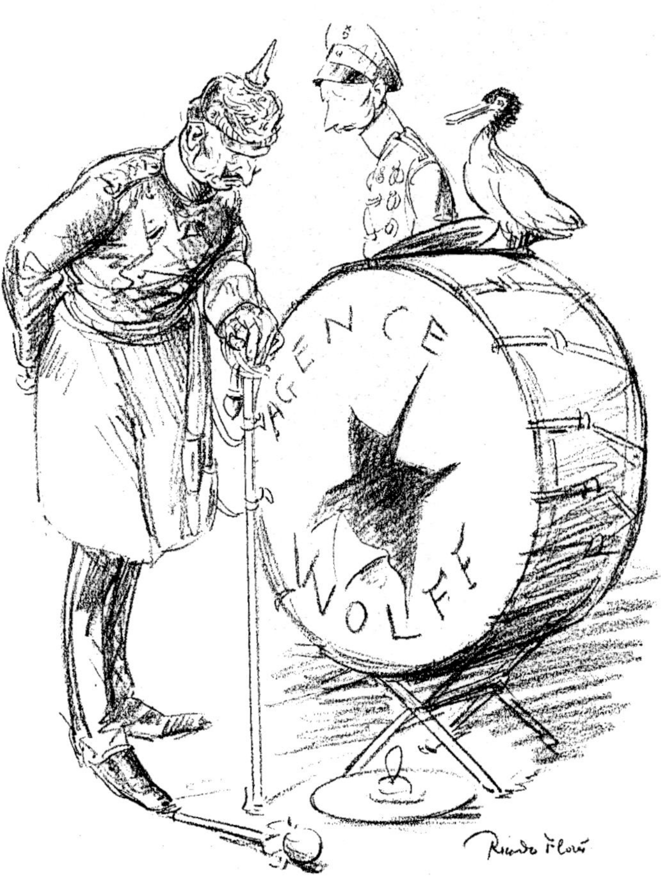

Caricature au crayon de l'empereur Guillaume II et du Kronprinz. Ricardo Florés. Vers 1915. Collection privée.

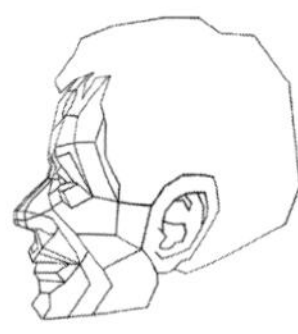

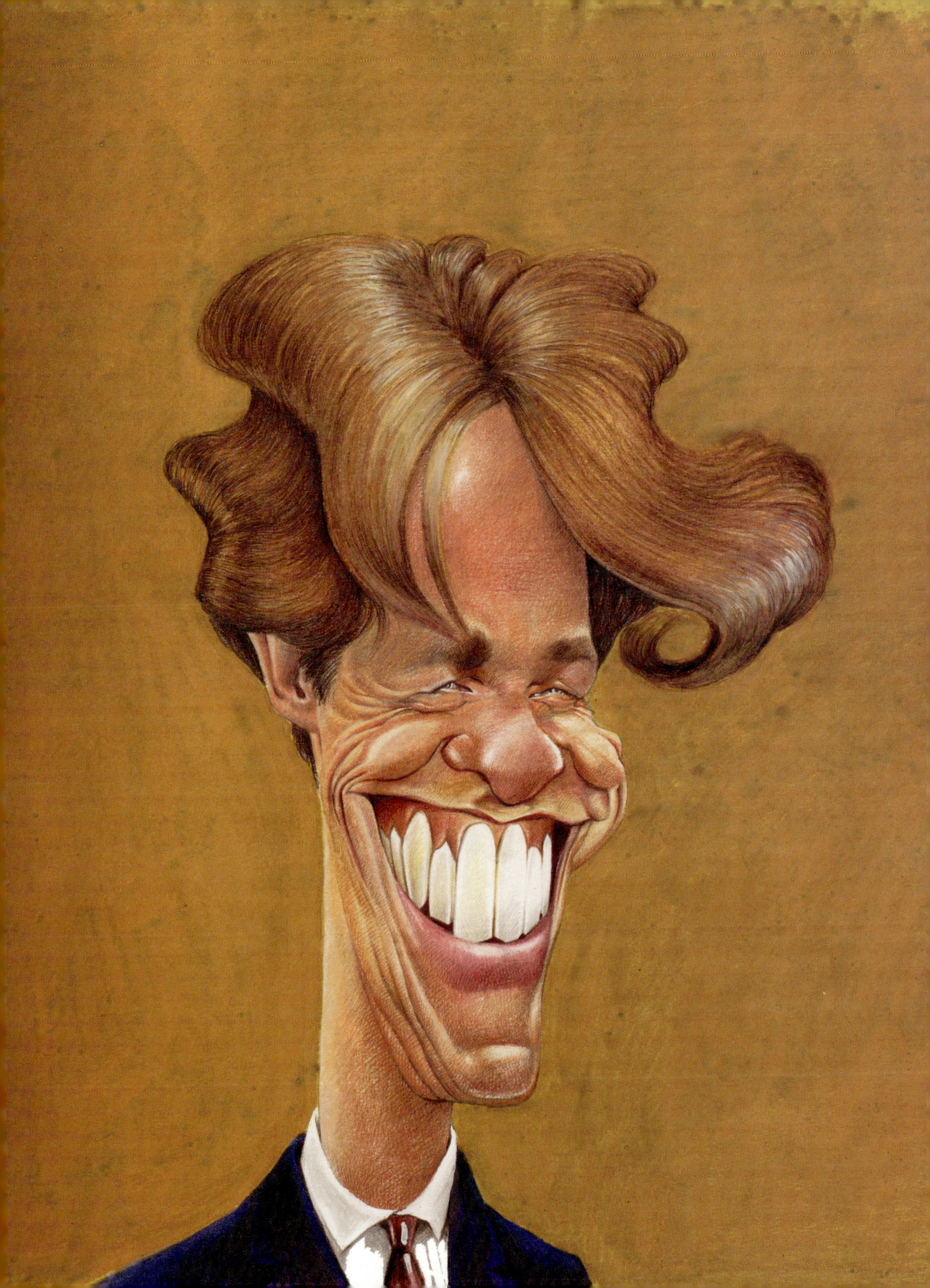

CHAPITRE I

LE SCHÉMA DE BASE DU VISAGE ...

A chaque tête humaine correspond initialement un visage de bébé.
Il est très facile de décrire une tête enfantine. Quelques détails apparaissent d'emblée: un regard éveillé (les yeux sont une appellation trop banale !), des pommettes rondes et rougissantes en peau de pêche, un adorable petit nez retroussé et, en prime, des cheveux bouclés ! En outre, que le bébé ait une odeur précise selon les produits de soin pour enfant, et vous avez fait le tour de la question.
Cela est dû au fait qu'il y a peu de choses supplémentaires à dire sur la forme réelle d'une tête d'enfant. Il n'y a pas grand chose à ajouter : toutes les têtes de bébés ont toujours à peu près à la base les mêmes formes.
C'est ainsi que cette présentation générale de la forme de la tête enfantine peut être décrite voire schématisée.
Contrairement à la tête au stade adulte, celle du nouveau-né se particularise par le trio d'"éléments significatifs" (yeux, nez, bouche) qui occupent une très petite surface par rapport à toute la boîte crânienne.
Ce sont surtout ces proportions (visage par rapport au sommet du crâne) qui se modifient durant la croissance.
Ce phénomène, nous le constatons également chez les animaux : le museau de presque tous les mammifères est plus court chez les éléments les plus jeunes.
Pensez à un chiot ou à des animaux de dessins animés comme Bambi. Lorsqu'un animal doit être représenté comme "mauvais", le museau est régulièrement dessiné plus allongé : les loups des contes pour enfants ont toujours un visage trop étirés par rapport à la réalité !
Pendant la croissance du bébé vers le stade adulte, les différences majeures apparaissent.
Alors que la plupart des nourrissons se ressemblent, les différences se multiplient à mesure que l'être humain vieillit.
Chacun croit être parfait à la naissance mais il faut se faire à l'idée, qu'en vieillissant, nous ressemblons de plus en plus à nos parents.

Les proportions de base formées par le trio (yeux, nez,bouche) des éléments significatifs par rapport au crâne connaissent une évolution certaine pendant la croissance et la vie d'un individu.

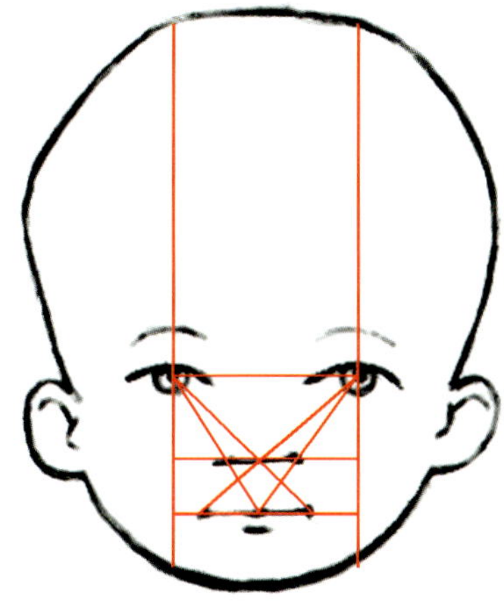

Les proportions de base pour un bébé.

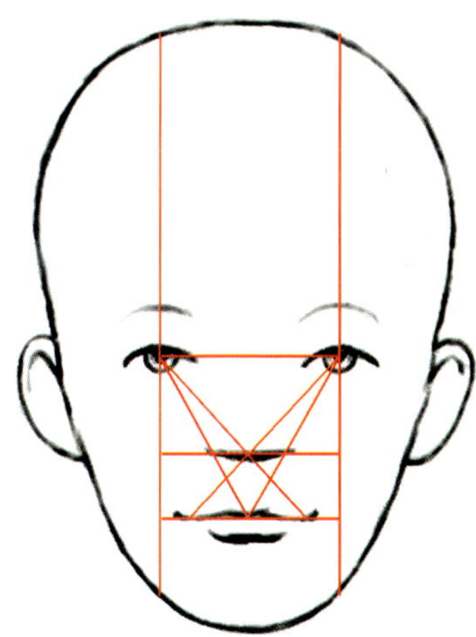

Les proportions de base pour un enfant d'environ 10 ans.

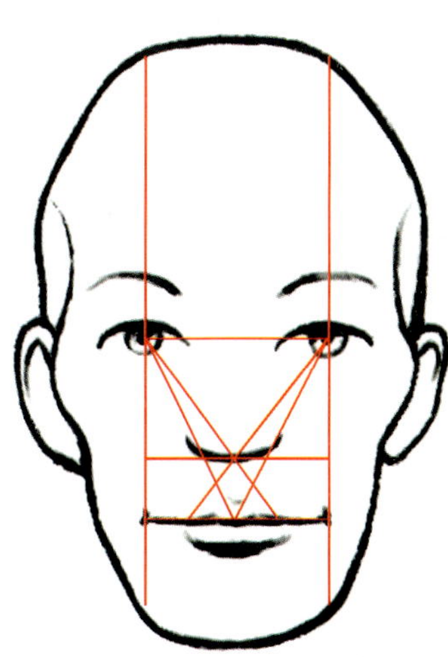

Les proportions de base pour un adulte.

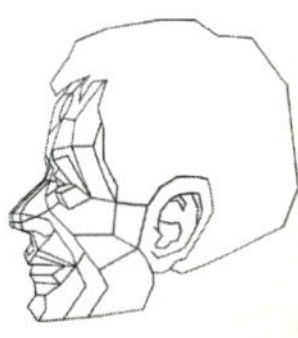

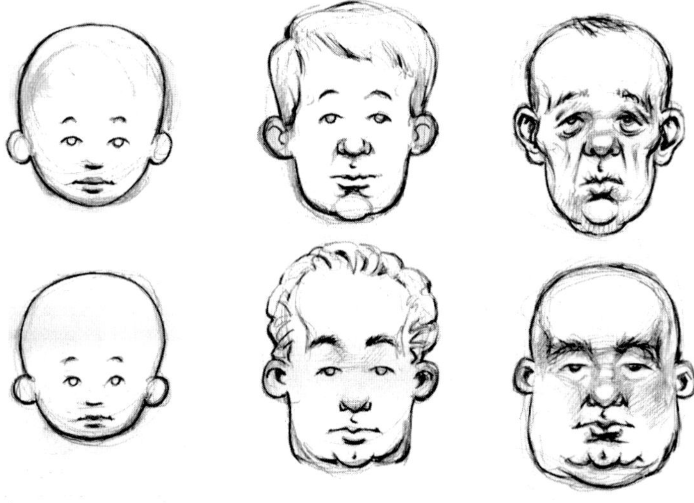

Deux personnes qui se ressemblaient à la naissance, peuvent , au cours de la vie et arrivées au stade adulte, avoir pris des physionomies totalement différentes.

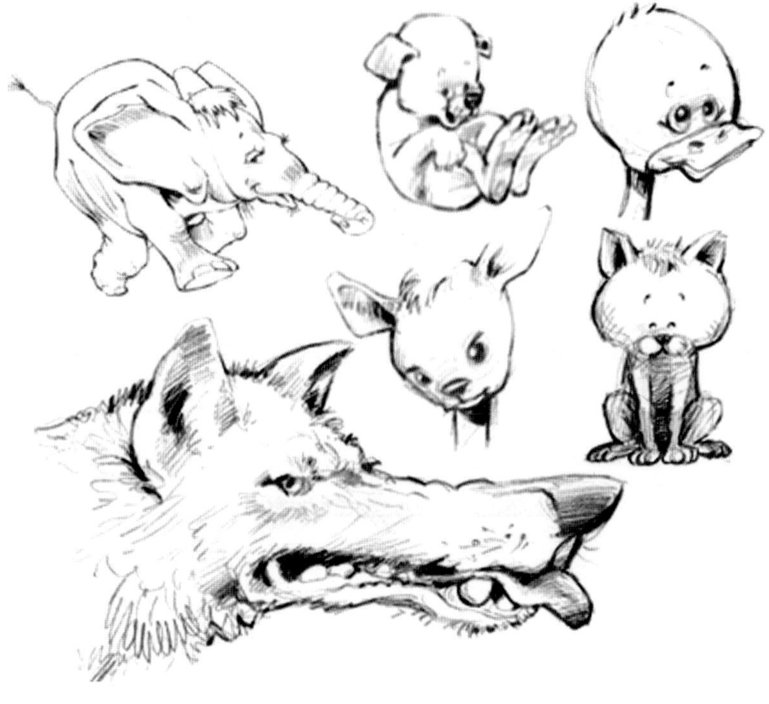

Les jeunes animaux ont un petit museau qui, involontairement, éveille un sentiment maternel chez l'homme.
La comparaison avec le petit nez d'un bébé n'est pas surprenante. Le caractère "abandonné" d'un jeune animal est ici en opposition au côté protecteur d'un visage plus agé.

L'étirement du museau chez les animaux a pour résultat un renversement des sentiments.
Le loup au long nez provoque l'angoisse, pas seulement parce qu'il mordrait plus facilement, mais parce que son image s'éloigne complètement de celle du bébé au nez à peine marqué.

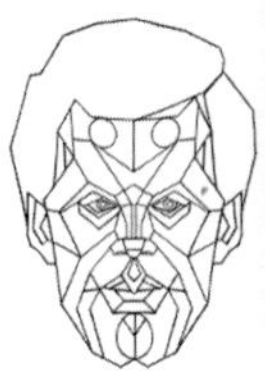

Un caricaturiste fait la somme des différences, cherche les anomalies pour ensuite les accentuer. Au départ du visage parfait auquel se rapproche la plupart des traits des jeunes enfants, il est très malaisé de réaliser une bonne caricature bien que ce ne soit pas impossible. Il faut l'admettre : les visages de bébé sont difficiles à caricaturer parce qu'ils ont tendance à se ressembler.
On peut difficilement comparer la tête d'un bébé avec celle d'un adulte. c'est un non-sens.
Par contre, chaque catégorie d'âge peut se référer à un type de bébé, une sorte de forme zéro auquel on peut se référer. Plus le visage d'un homme diffère du point zéro ou du visage neutre, plus aisément on peut en réaliser une caricature, grâce à une série d'éléments physionomiques. C'est pour les mêmes raisons que les femmes sont plus difficiles à caricaturer que les hommes. Le visage féminin - mais ce n'est pas une généralité - se compare plus aisément au visage du bébé que le visage masculin.
Il y a plus de femmes que d'hommes qui ont un petit nez, des pommettes saillantes, un petit menton et de grands yeux. De plus, les femmes veillent elles-mêmes à éliminer soigneusement les rides éventuelles !

A chaque groupe d'âge, on peut rattacher une tête de bébé.
Faites une synthèse de chacun et marquez toutes les caractéristiques et remarques par-dessus.

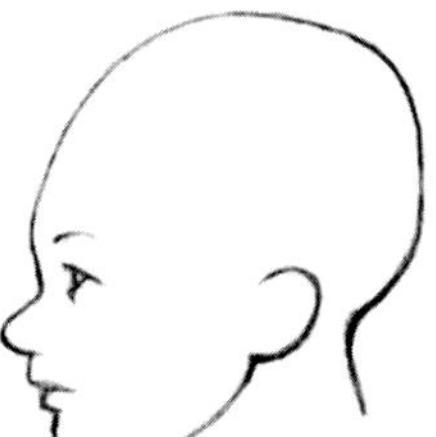

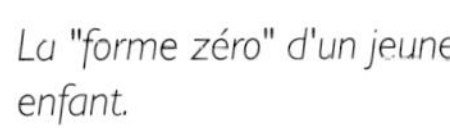

La "forme zéro" d'un jeune enfant.

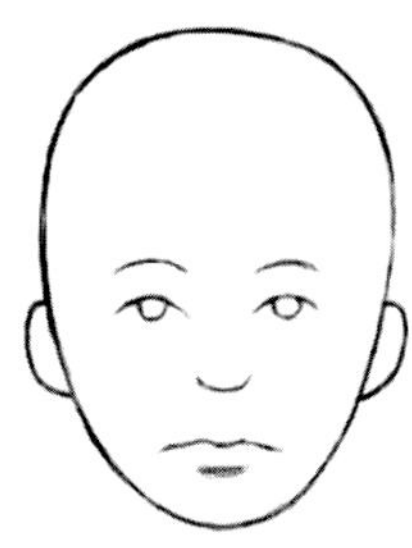

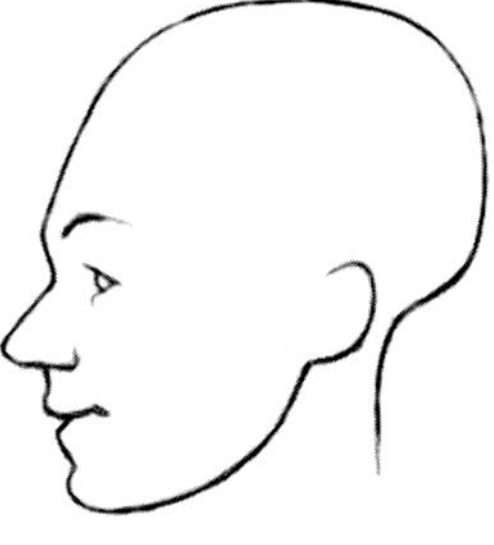

La "forme zéro" d'un adolescent.

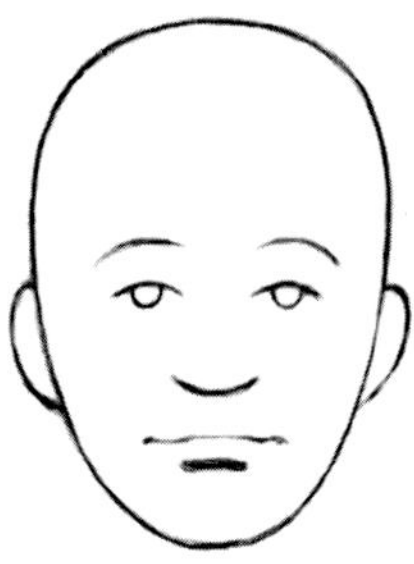

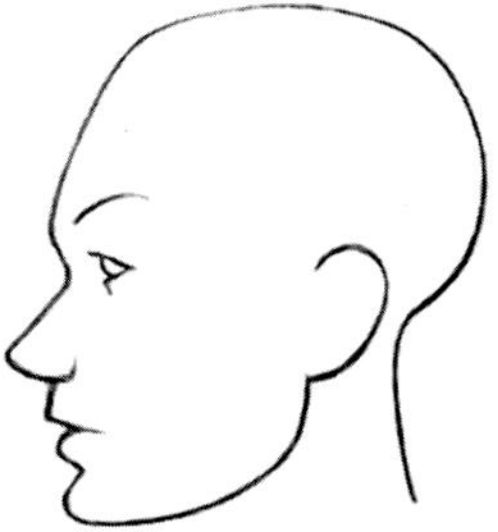

La "forme zéro" d'un adulte.

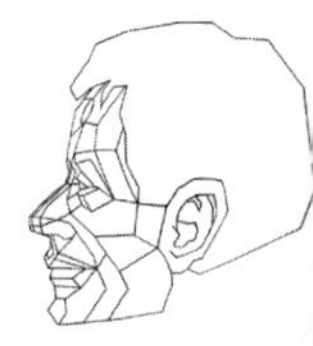

C'est la richesse des formes parmi l'échelle des visages humains qui intéresse le plus l'observateur. Les différences par rapport au visage initial (la forme zéro) entrainent que les gens peuvent se reconnaître mais influencent également sur l'attirance ou le rejet des individus entre-eux. Un monde où tout le monde aurait le même visage ne serait, non seulement pas pratique, mais aussi très monotone. Boris Vian l'avait compris en écrivant "Et on tuera tous les affreux" !

Afin d'ajouter plus de nuances dans cet univers, le caricaturiste accentue au maximum les petites différences de forme.

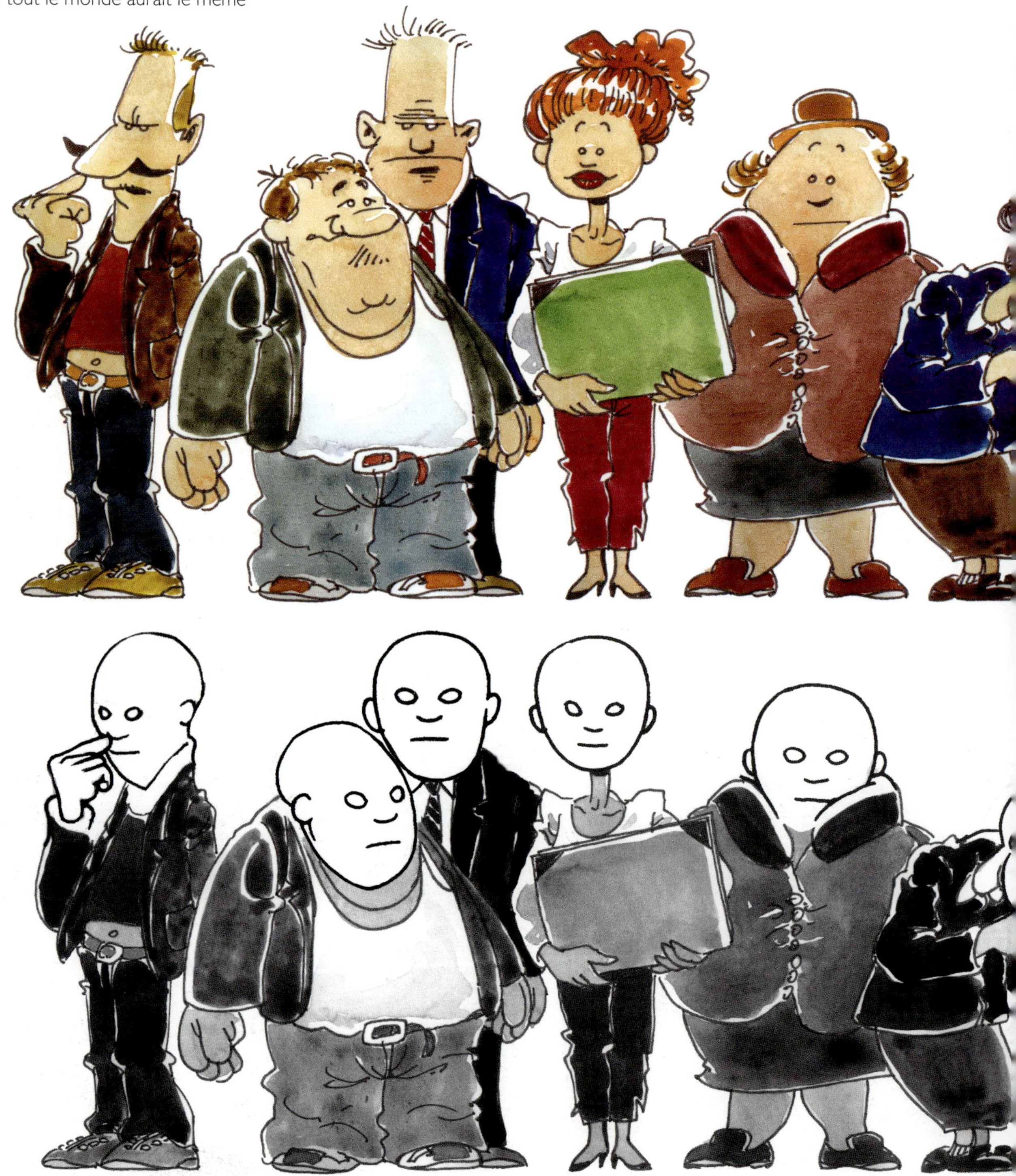

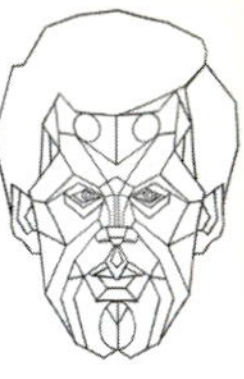

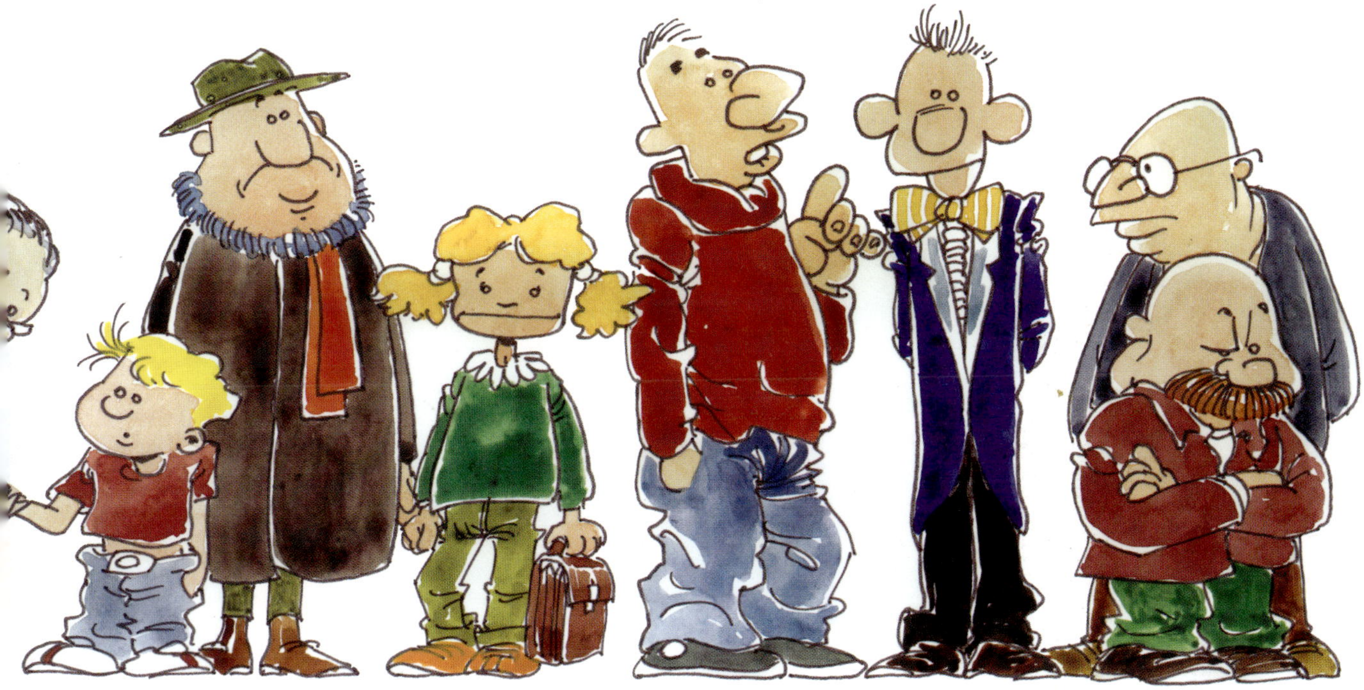

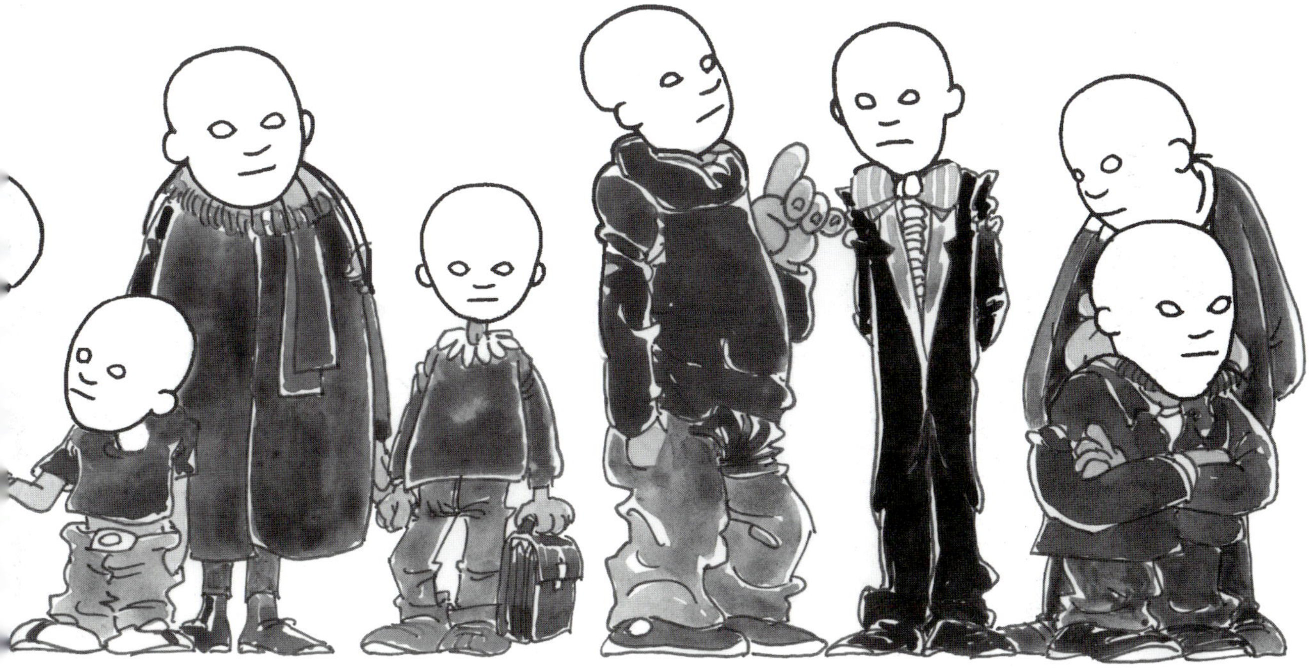

15

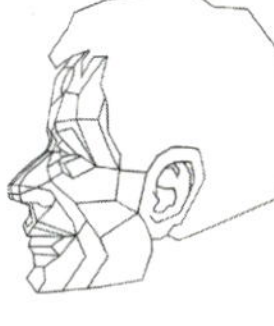

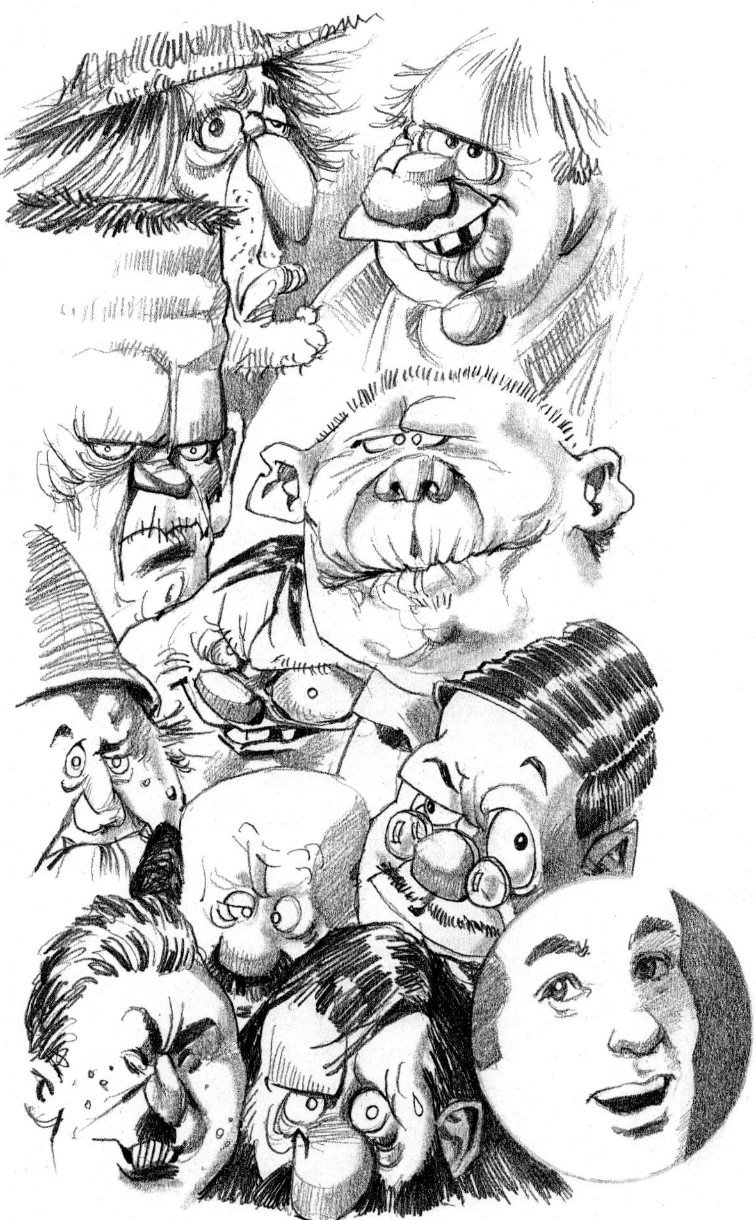

Dans la plupart des cas, on retrouve les écarts par rapport à la forme initiale : en illustration, dans la bande dessinée ou dans le cinéma, les "mauvais" sont les plus caricaturés. Grand nez, yeux de grenouille ou petit regard sournois accompagnent souvent des larges fronts. Une implantation très large des cheveux au sommet de la tête crée une impression de domination tout comme un menton proéminent.
Une moustache noire tombante, une barbe de trois jours ou des cheveux gominés coiffés en arrière conviennent également.
Des tâches de rousseur, de grandes oreilles décolées, des yeux baissés, un double menton et, éventuellement une verrue poilue, augmentent encore la distance entre la forme initiale et la caricature.
Les meilleures, et cela est vrai tant pour les enfants, les femmes que les hommes, sont celles qui s'éloignent le plus de la forme initiale du modèle.
Les êtres en chair et en os ne présentent heureusement pas toutes ces caractéristiques ! Il faut donc chercher avidement toute trace de différence avec la forme initiale d'un visage.
En outre, il faut apprendre à différencier les types de construction (par ex. : l'importance du nez) tout en privilégiant des éléments à "valeur décorative" comme une cicatrice.

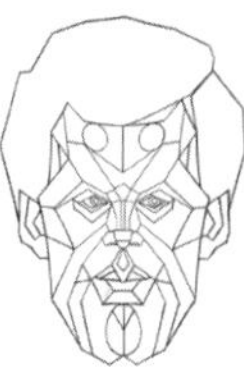

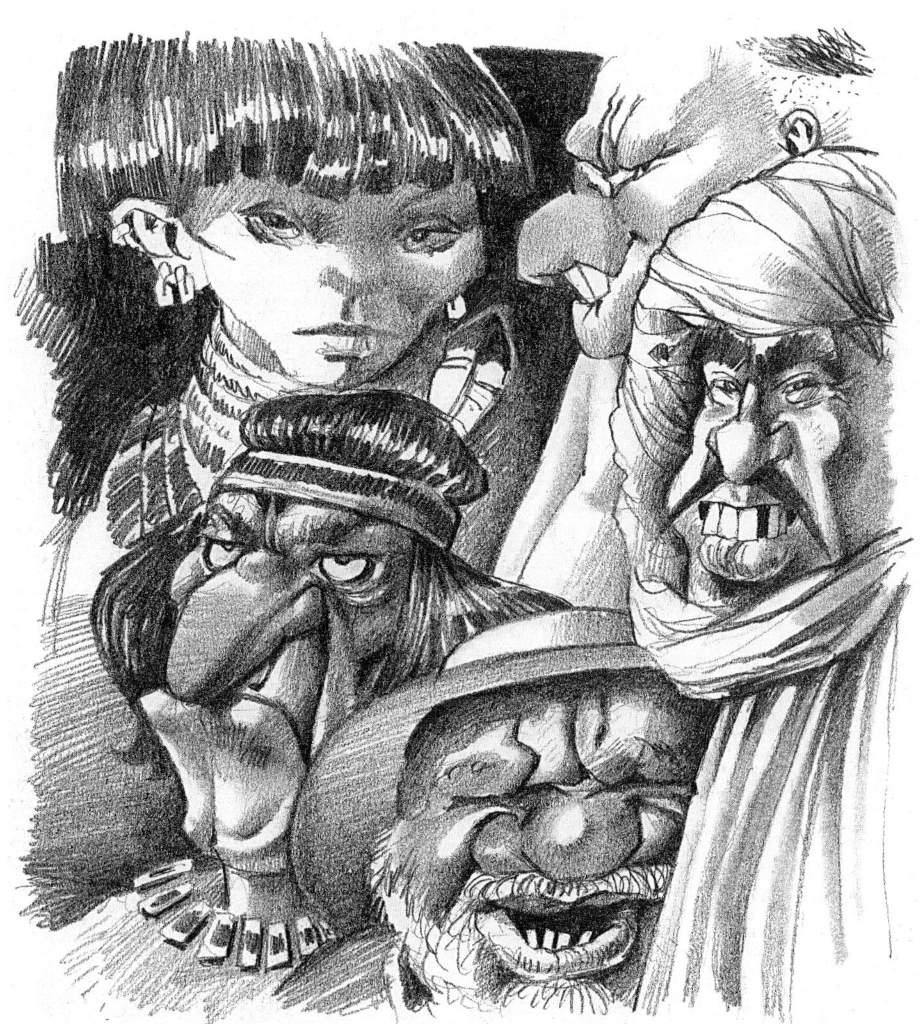

L'exemple choisi ci-dessus pour illustrer la forme initiale n'est pas évident parce que celle-ci n'est pas universelle. Elle vaut à peine pour les types occidentaux.

N'est-il pas vrai que les facultés d'observation d'un occidental fonctionnent surtout par rapport à des personnes du même monde ? Quand on observe quelqu'un d'une autre race que la sienne, on a tendance à prendre pour référence les traits caractéristiques de sa propre race.

Cela est valable quelque soit la race observée... Africain, Asiatique ou aborigène sont très différents par rapport à la forme initiale d'un visage occidental. Le nez applati, les yeux en amande, ou l'arcade sourcilière marquée sont autant de caractéristiques utilisables par le candidat-dessinateur voulant accentuer une typologie.

Il peut en tirer profit et exagérer aisément des individus d'origines lointaines et obtenir un dessin encore plus distancé du modèle de base. Les non-occidentaux sont parfois plus faciles à dessiner pour un occidental. On peut se poser la question : est-ce qu'un Chinois caricaturé par un occidental se reconnaît-il de la même manière ?

Il est évident que des variantes géographiques existent par rapport au modèle de base d'une région. Le caricaturiste bantou a sans doute sa propre vision d'un Européen de race blanche et qu'il voit avec un nez pointu à la Pinocchio et une bouche dépourvue de lèvres ! Le dessinateur aborigène perçoit le visage d'un Européen comme une surface plane d'où quelques éléments ressortent de manière très aiguë.

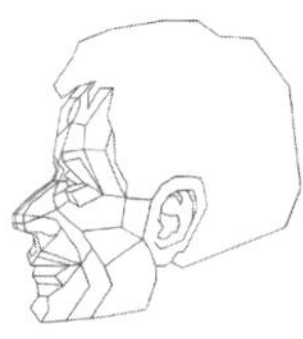

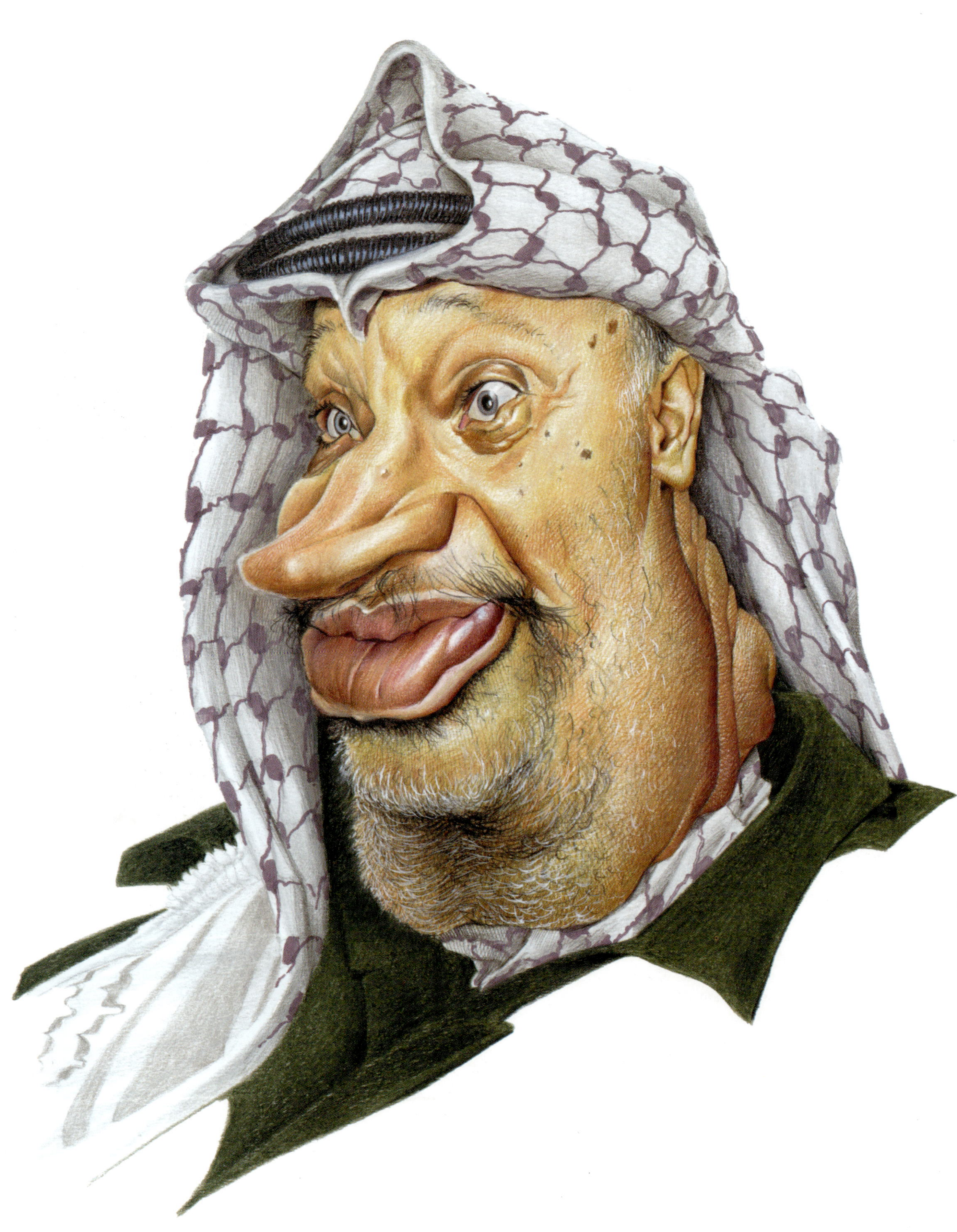

CHAPITRE 2

QU'EST-CE UNE CARICATURE ?

Les avis divergent sur le sens du mot caricature. Pour certains, il s'agit simplement d'un dessin limité à une grosse tête sur un petit corps. De plus, il faut que le tout ne soit pas réaliste - ce qui souvent est hélas ! le cas. Pour d'autres, ce n'est ni plus ni moins que le moyen de se moquer de quelqu'un à l'aide d'un dessin. Il arrive fréquemment que l'on confonde caricature avec le dessin d'humour qui est, il est vrai, un gag dessiné. Enfin, certains assimilent caricature avec la déformation graphique d'un individu. On peut donc parler d'un visage déformé, voire d'une attitude transformée. L'on peut également déformer la silhouette d'une voiture, d'un animal et donc considérer ces dessins comme des caricatures.
Dans ce livre, c'est surtout la caricature des êtres humains qui retient l'attention, en particulier la manière de transformer les visages. Nous attirons l'attention sur le fait que, si l'on parle de caricature, il faut comprendre une déformation consciente sur base d'un sens aigu de l'observation.
En fin de compte, ce débat sur la déformation de la caricature est moins important que l'appréciation que l'on porte sur un dessin et le fait qu'on le trouve bon ou mauvais !
L'appréciation d'une caricature est très subjective. On peut l'aimer pour les exagérations contenues dans le dessin ou au contraire parce que l'on reconnait bien l'individu; on peut apprécier le côté technique et la virtuosité de l'artiste. Il est également possible que le dessin ait toute son originalité grâce à l'idée qu'il contient. Mais peut-être un portrait proprement "chargé" plaît-il plus ?
Les techniques et le matériel utilisé sont plus importants pour le dessinateur que pour le spectateur : le dessin de caricature est un art appliqué dont le but n'est pas nécessairement de finir encadré et exposé au mur. Certains dessinateurs utilisent une ou deux techniques et/ou matériaux; d'autres obtiennent des résultats en changeant de techniques et en les combinant. C'est pourquoi les techniques modernes acquièrent de l'importance comme matériel de dessin et parmi elles l'ordinateur.

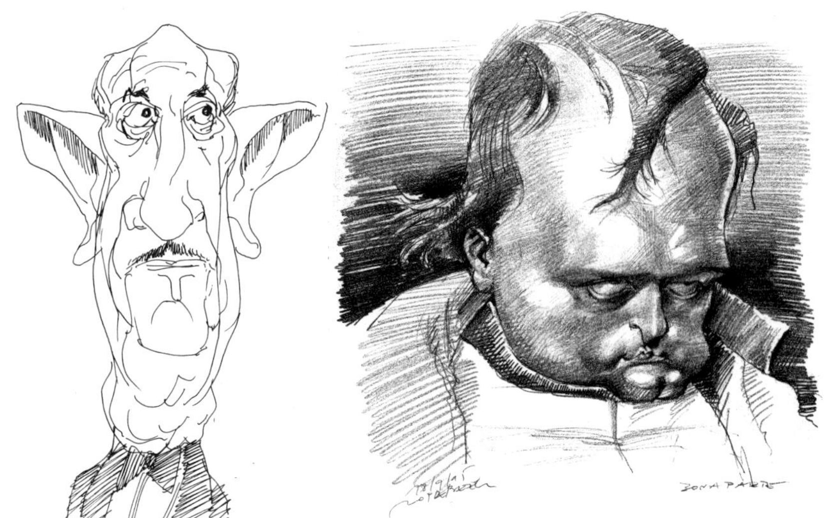

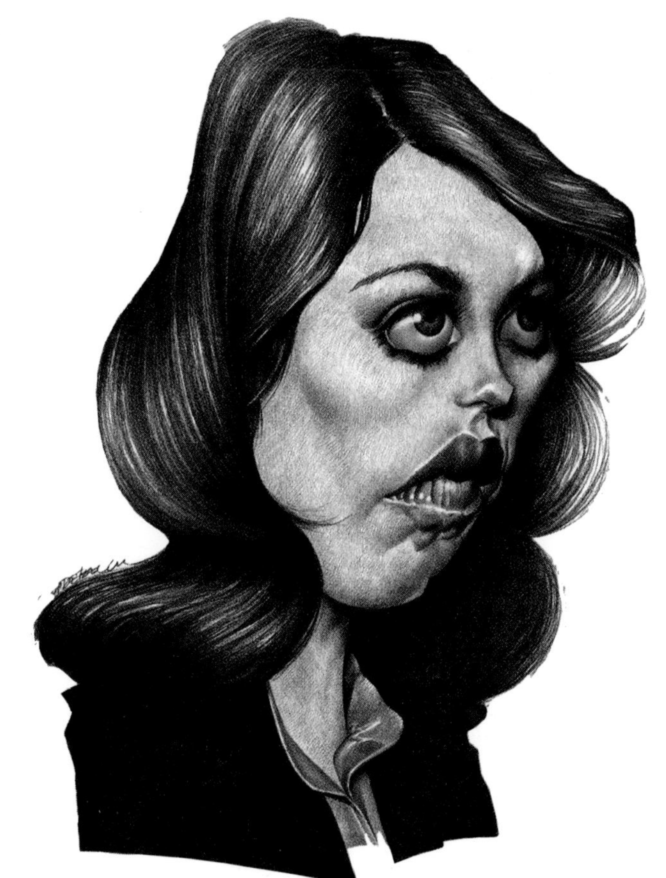

Dessin au trait, portrait finement ouvragé ou croquis : il faut suivre son propre choix ou celui du commanditaire !

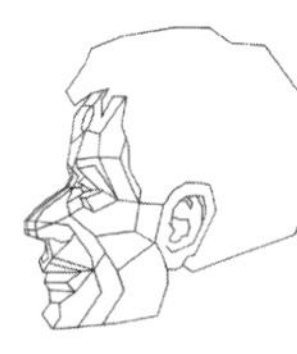

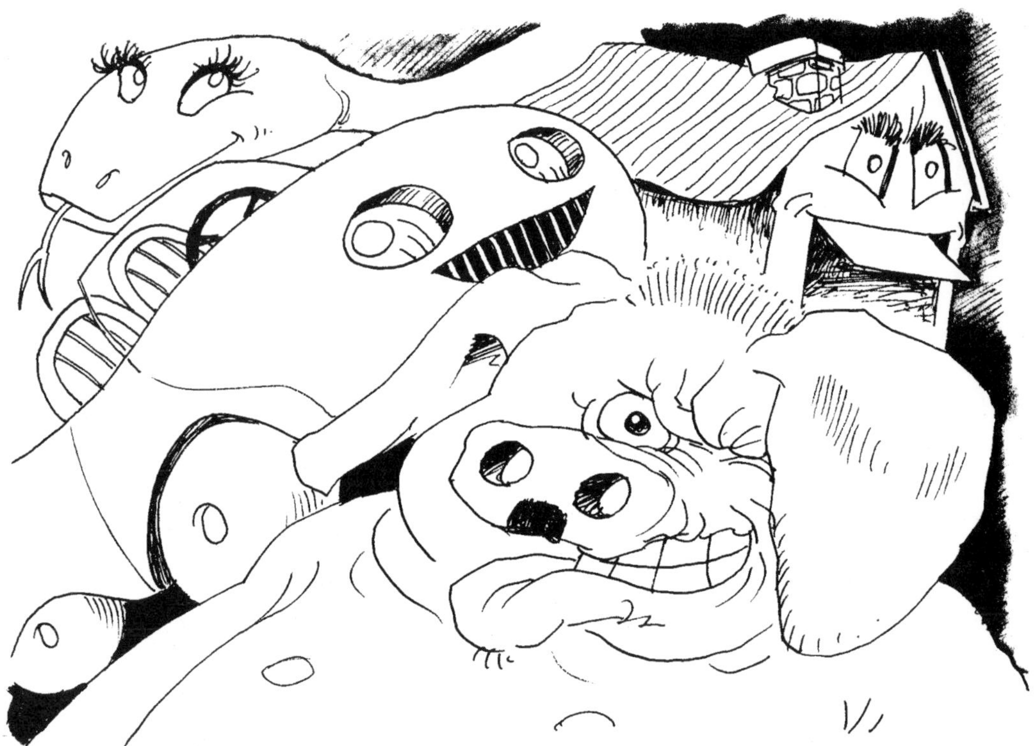

On peut tout caricaturer : voitures, maisons ou animaux...
Sans toujours s'en rendre compte, les caricatures ont cependant un penchant humanisé !

On peut également "animaliser" des êtres humains...

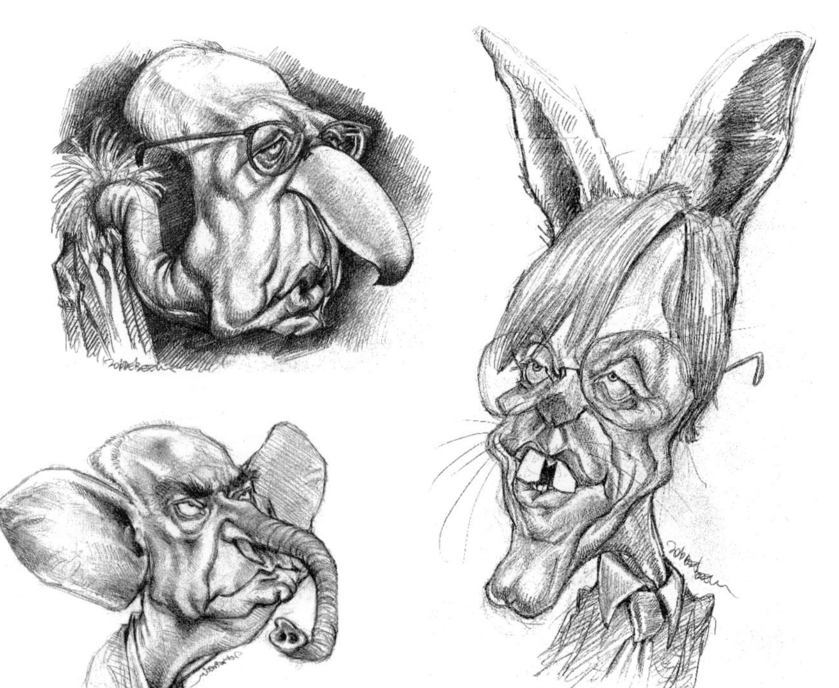

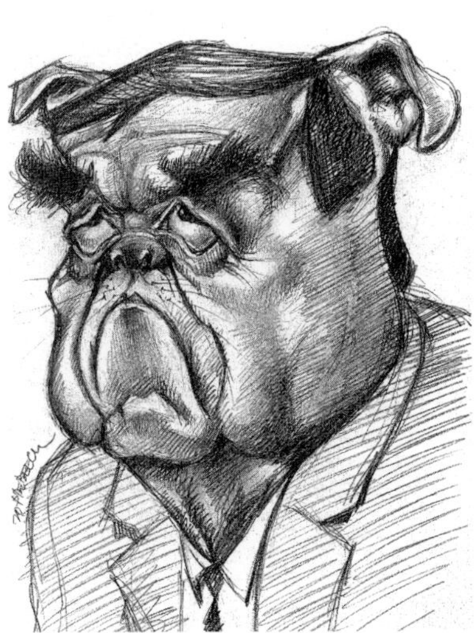

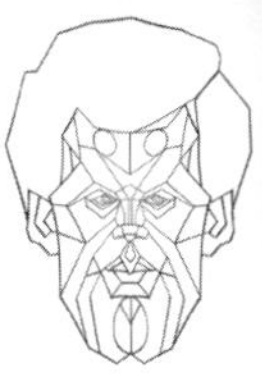

Une caricature peut prendre du volume. Au préalable, il est nécessaire de faire des dessins d'étude. Ceux-ci sont réalisés en tenant compte des divers profils du visage afin d'utiliser toutes les informations pour travailler la mise en trois dimensions. Par exemple, le nez vu de face peut paraître large mais, de profil il se révélera long ou court. Le maximum d'informations est donc le bienvenu. Lorsque l'on compare les différentes positions dessinées et que l'on en tire les dimensions du premier au troisième dessin, on peut se baser pour la réalisation du volume sur les croquis. La terre glaise ou la pâte à bois peuvent faire l'affaire tant pour un décor que pour son plaisir personnel. Mais la télévision a popularisé les caricatures en trois dimensions. Les "poupées" sont manipulables comme des marionnettes. Elles sont fabriquées en caoutchouc mousse ou en latex et sont munies d'un mécanisme approprié pour les faire bouger. La fabrication de ces poupées nécessite un savoir-faire et du temps; c'est un véritable travail de professionnel.

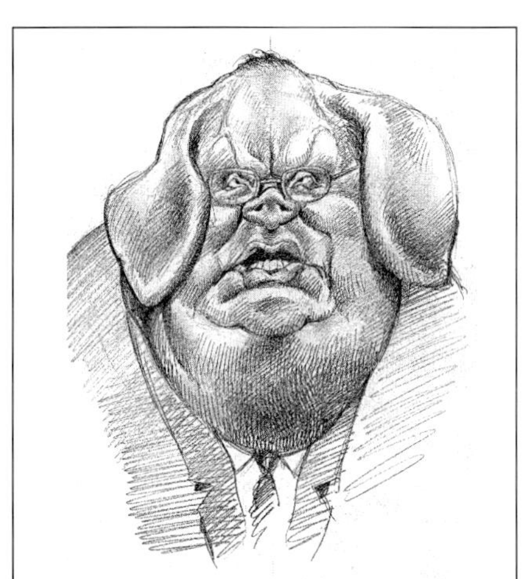

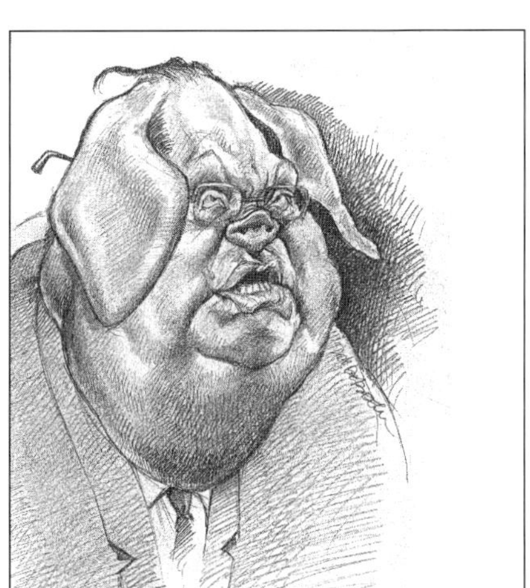

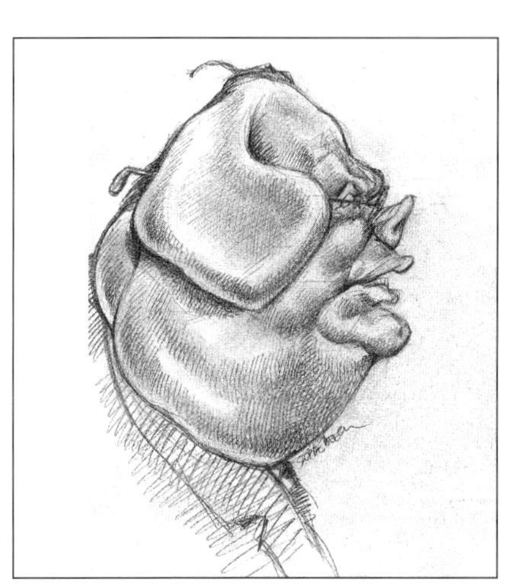

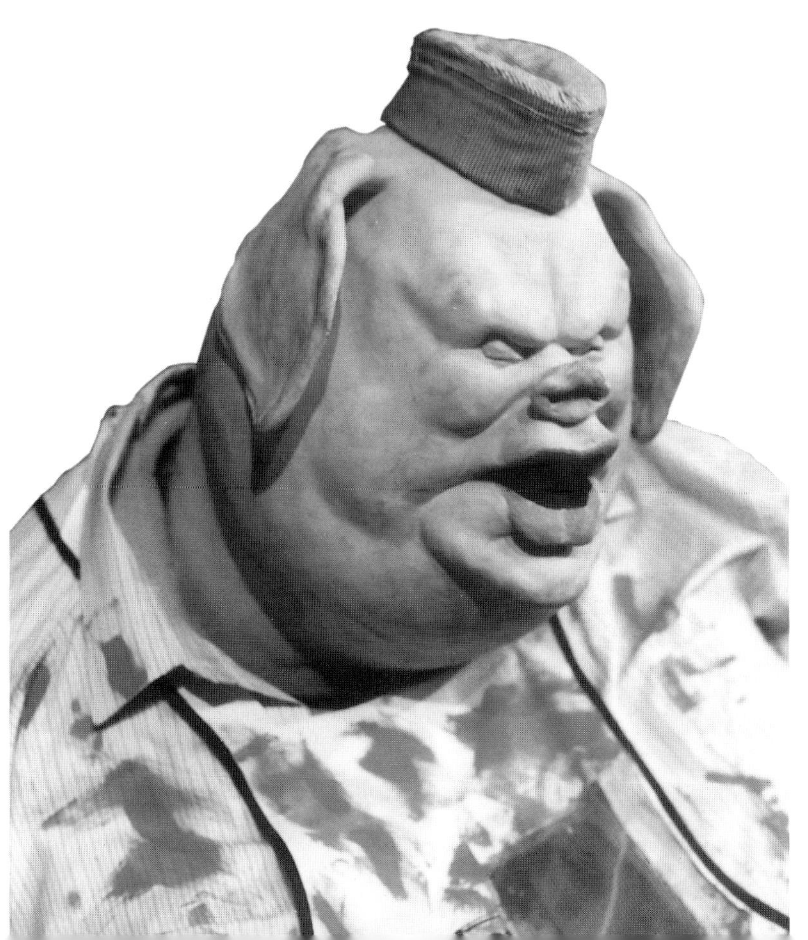

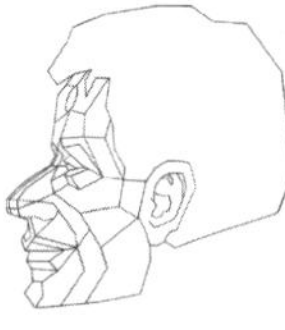

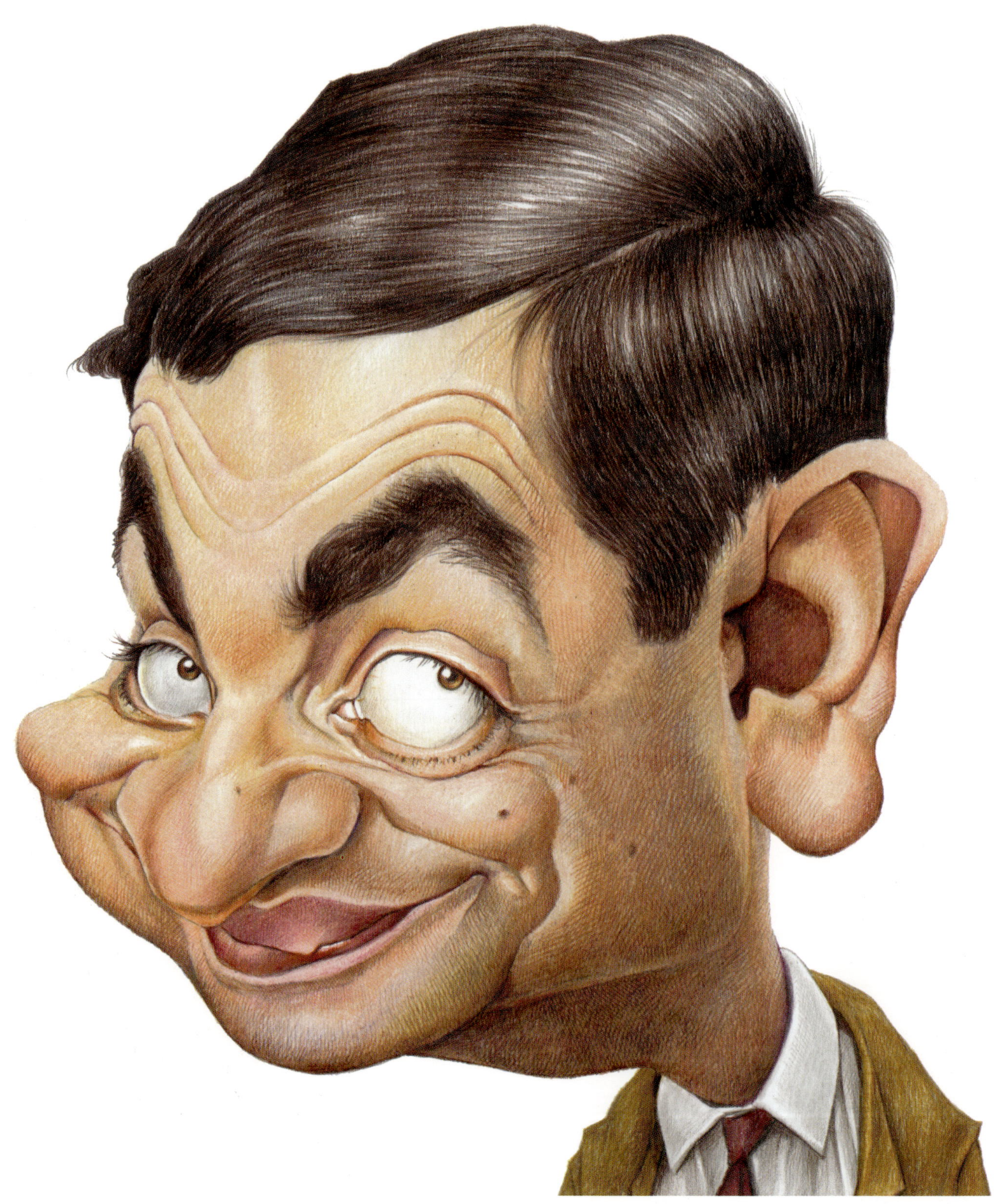

CHAPITRE 3

DESSINER CE QUE L'ON VOIT.

A l'école, les cours de dessin n'enseignent pas vraiment une symbolisation systématique qui permettrait à l'élève de visualiser quelque chose en un laps de temps réduit. Si l'on demande à un enfant de dessiner une tête, il peut le faire en utilisant quelques symboles simples : un rond ou un ovale pour la tête, des petites courbes pour les sourcils, des petits ronds pour les yeux, un triangle pour le nez, un trait pour la bouche (*).

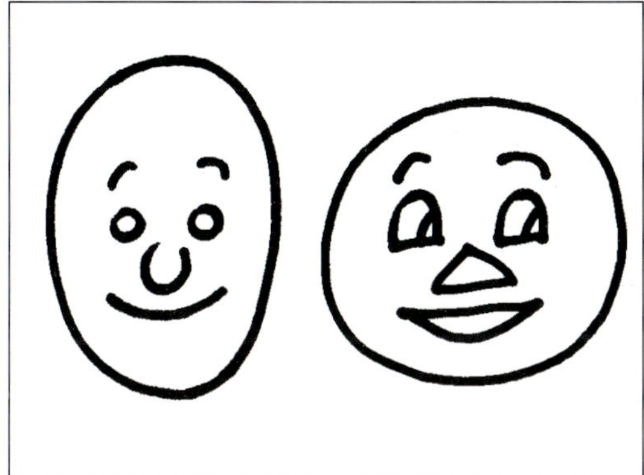

Nous utilisons ici des solutions simples en choisissant des éléments qui ressemblent à des lettres de l'alphabet.
Le problème n'est pas tant que nous employons des symboles mais bien que nous ne faisons plus l'effort de bien regarder avec nos yeux !
Cette utilisation de symboles entrave en fait la connaissance de la réalité.
Dès lors, il faut faire table rase et mettre en place un sens de l'observation nécessaire pour réaliser des caricatures.

(*) Ce n'est pas uniquement valable pour les enfants : dans un cas normal (par ex.: lorsqu'un enfant ne veut pas devenir dessinateur) l'évolution du dessin se termine aux alentours des douze ans. Cela résulte de la scolarité et à l'arrivée de l'enfant dans le cycle secondaire au cours duquel l'enseignement artistique est relégué au profit des branches scientifiques. La plupart des adultes dessinent donc "comme des enfants"! En outre, ils ont développé une plus grande angoisse qui les bloque à l'idée même de dessiner.

Pour dessiner d'après observation, il est important d'évacuer le "savoir". Un exemple connu est ce verre ci-dessous dessiné par un enfant (ou par un adulte peu habitué au dessin) : le pourtour supérieur est rond afin que l'on puisse y verser la limonade; par contre le fond du verre est représenté par une ligne horizontale afin qu'il puisse être bien posé sur la table !

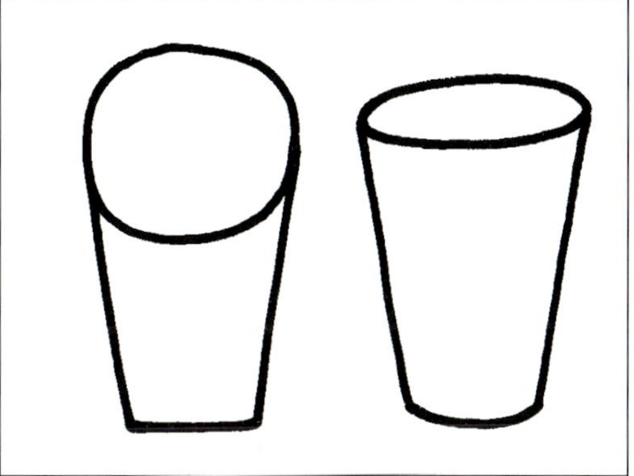

Lorsque l'on copie, il n'est pas nécessaire de comprendre ce que l'on dessine.
Tous les traits que l'on doit prendre de la forme tridimensionnelle doivent être mis à plat. Ils peuvent être à peine ébauchés et être remplacés par des lignes horizontales, verticales ou inclinées et non courbées.
Les lignes de profondeur n'existent pas sur la feuille de papier mais bien des lignes courbes qui sont une projection de la troisième dimension.

Les règles de perspectives ne sont pas utiles pour dessiner d'après observation. Elles sont par contre nettement plus nécessaires lorsque l'on dessine d'inspiration ou d'imagination.

Il y a quelques trucs pour améliorer l'apprentissage du dessin dont apprendre à mieux voir.

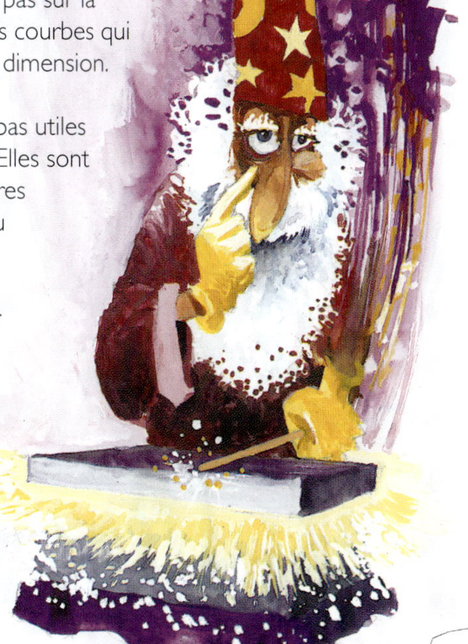

3.1.

DES TRUCS POUR APPRENDRE A OBSERVER

3.1.1.

DESSINER A L'ENVERS

Pour reproduire normalement un visage, on privilégie le fait de reconnaître - consciemment ou non - la personne, non comme une forme, mais comme quelqu'un que l'on connaît, de qui l'on dit qu'elle a de beaux yeux ou un nez cassé etc... On tient sans doute trop compte des facteurs extérieurs : la personne est riche ou pauvre, noble... Il est dès lors préférable voire très utile d'essayer de dessiner un portrait photographique à l'envers, de préférance avant d'avoir reconnu la personne. Si l'on n'a pas reconnu le modèle mais aussi certains détails de celui-ci, on est obligé de dessiner ce que l'on voit. On analyse avec ses yeux l'entièreté de la photographie pour en tirer les lignes à dessiner. Le degré de concentration du dessinateur est très élévé et n'est pas influencé par le fait de connaître le modèle. Il en résulte une quantité de traits généralement très soignés et détaillés.
Le seul désavantage de cette méthode de dessiner est la réception anarchique des indicateurs de proportions dans le modèle. On est tellement préoccupé par la suite de détails enregistrés que l'on n'a plus une vue d'ensemble.
Cette manière de travailler aide beaucoup dans l'apprentissage de l'observation mais n'est pas une panacée pour caricaturer.

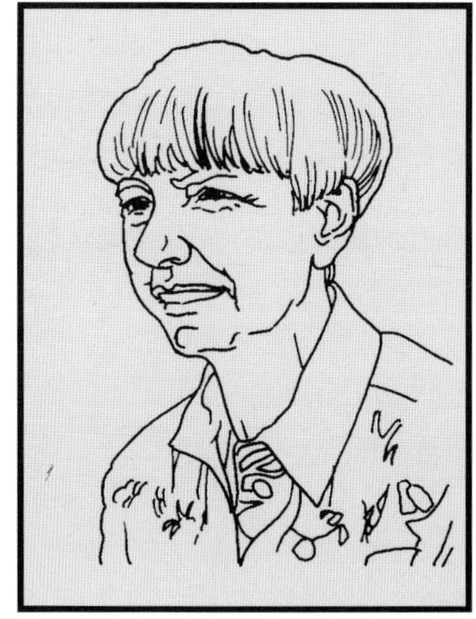

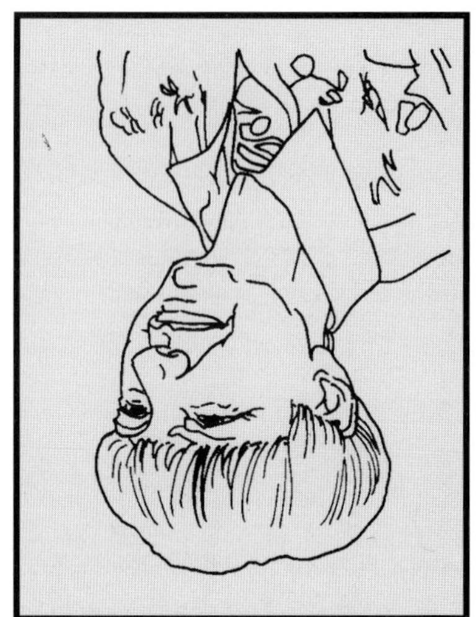

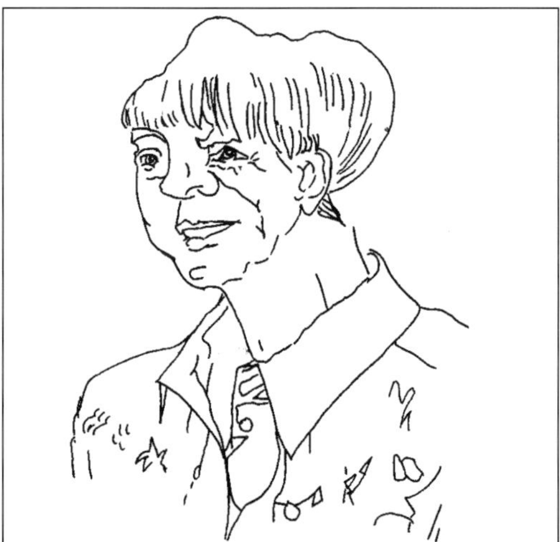

Ce dessin a été réalisé par un adulte amateur.

En bas à gauche : le dessin du dessous tel qu'il se trouvait au stade de travail.

En bas : le même dessin retourné dans le bon sens.

Le fait de dessiner à l'envers exclut que l'on dessine ce que l'on voit et privilégie le fait de dessiner. Il a été réalisé par la même personne en retournant l'illustration. Remarquez comment les détails sont reproduits avec exactitude. C'est le résultat probant de l'observation.
Cette manière de travailler met clairement en évidence l'importance du contrôle des proportions.
Ce qui est important, ce n'est pas seulement la reproduction des détails mais la vision d'ensemble par rapport au crâne humain.
Cette méthode est très enrichissante dans l'apprentissage du dessin.

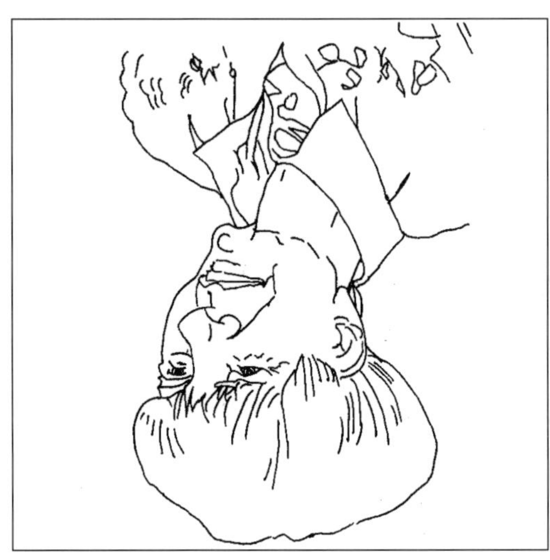

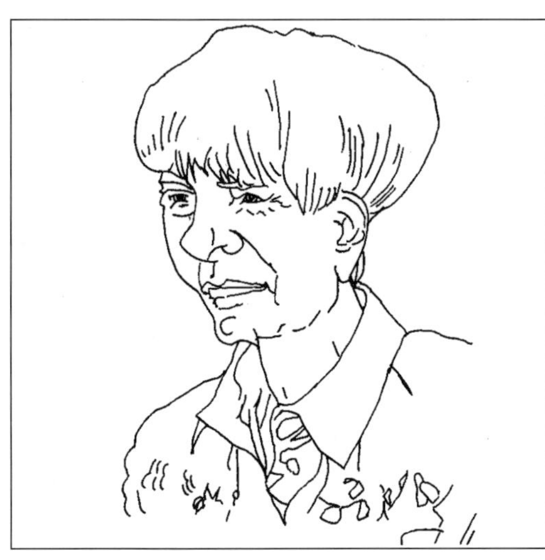

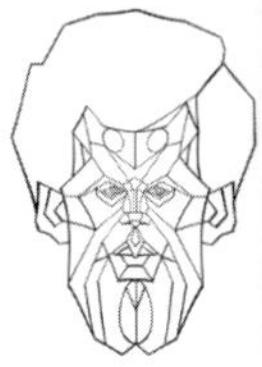

3.1.2.

NE PAS REGARDER LE RESULTAT DE SON DESSIN EN COURS

Lorsque l'on copie un dessin avec le but d'être le plus réaliste possible, il faut éviter de comparer trop souvent le modèle en cause avec le dessin en cours.
On observe chaque trait en tenant compte de sa direction et de ses proportions par rapport aux autres traits et à la forme. Ce qui arrive souvent, c'est que l'on veut contrôler de temps en temps si le travail donne de bons résultats sur le papier. Lors de ce temps de contrôle, on évalue si la forme obtenue plaît et l'on recense les différences avec le modèle original. Ce qui est valable pour le dessinateur expérimenté ne l'est pas nécessairement pour le débutant.
Avec la crainte de ne pas obtenir un bon résultat, on se contrôle de plus en plus et l'on perd le sens de l'observation. Il arrive souvent qu'un élève occupé de dessiner, que ce soit un objet ou un visage, analyse assez longuement son dessin ! Le sujet ou le visage ne sont qu'à peine regardé, voire délaissé d'observation.
A ce moment précis, l'élève porte son attention sur la présentation de son dessin sur la feuille mais néglige la réalité dont il est parti.

Il est bon d'acquérir une méthode d'apprentissage qui permette de dessiner sans se référer complètement aux proportions et qui tienne plus compte de ce que l'on perçoit avec force. Il faut arriver à ne plus regarder sa feuille pendant que l'on dessine. Le regard ne doit pas quitter l'objet ou le modèle. Tout ce que l'on voit se concrétise par des traits jettés tout comme l'on prendrait des notes lors d'une conversation. Chaque mot (chaque trait) a son importance.
Le résultat est un dessin qui contient une masse d'informations. La cohésion, la proportion des formes manquent véritablement. Il ne faut pas s'attendre à ce que le dessin bénéficie d'une mise en page honorable !
Pendant la réalisation du dessin, on aura vraisemblablement porté des traits au-delà de la marge de la feuille. C'est une sorte de jeu d'échecs à l'aveugle mais où les yeux doivent travailler efficacement.
Le crayon est le lien réel entre le regard et la main. Il faut refaire cet exercice à maintes reprises : le résultat n'est pas l'essentiel mais bien l'apprentissage du dessin avec l'aide des yeux.

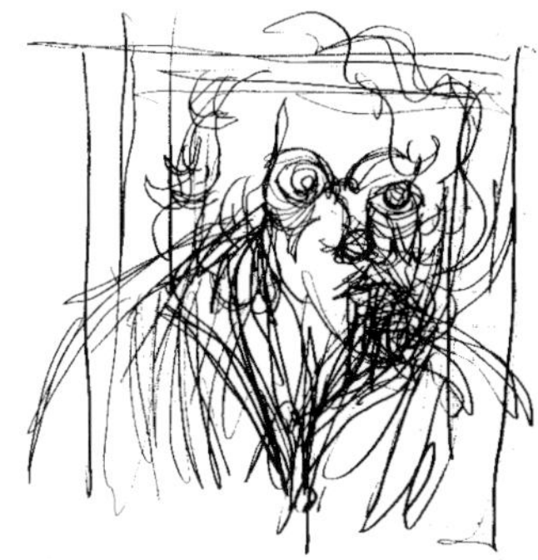

d'après Giacometti.

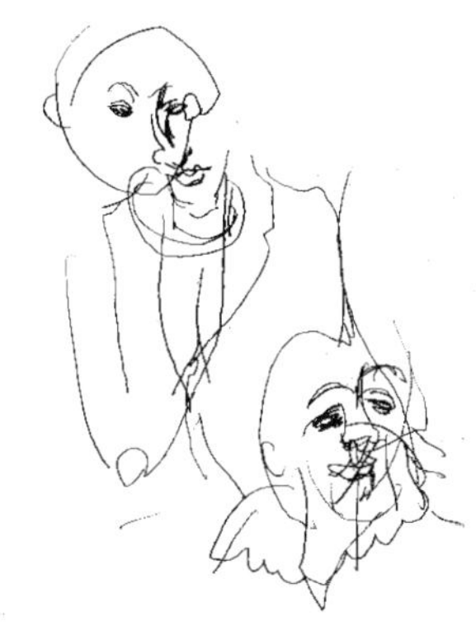

d'après Modigliani.

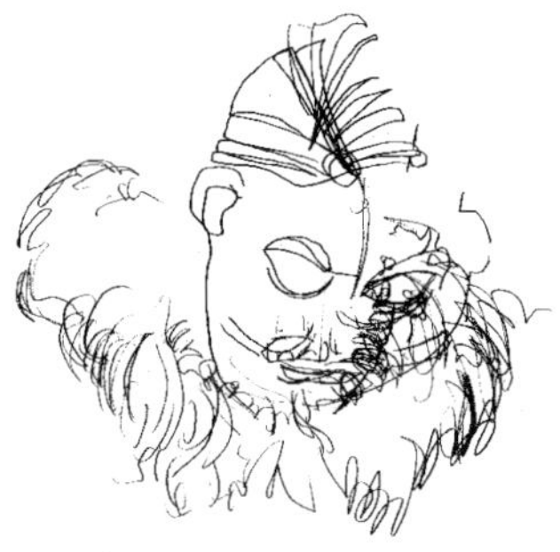

d'après un masque africain.

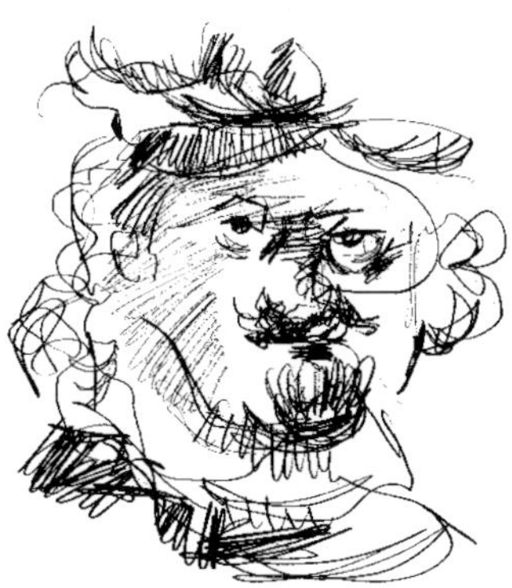

d'après Rembrandt.

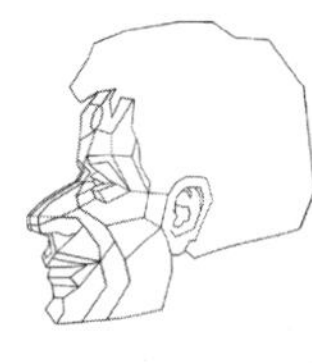

3.1.3.

UTILISER LE RAPPORTEUR

L'une des plus grosses difficultés dans l'apprentissage du dessin, est d'apprendre à évaluer les perspectives. Ce problème réside dans le dessin d'objets en trois dimensions et, dans une moindre mesure en deux dimensions. Dans les croquis d'un objet en deux dimensions, la difficulté à estimer les directions n'est pas grande. La surface plane de la feuille est semblable à celle du modèle : on peut donc limiter le débat à la hauteur et à la largeur. On peut estimer pour vrai ce que les yeux enregistrent réellement, encore plus quand on prend des grandeurs quasiment identiques pour le dessin. Les lignes obliques peuvent être plus aisément obtenues à l'aide d'un crayon affiné.

Dessiner des objets en trois dimensions est plus ardu. Les lignes qui partent en profondeur (les lignes de fuite) ou du lointain vers l'avant, posent problème à la plupart des dessinateurs débutants. On se sent limité par ses propres possibilités. L'image fidèle d'un téléviseur en trois dimensions que l'on peut observer doit être reproduite sur un écran plat. La solution est de fermer un oeil pour observer. Ainsi l'espace tri-dimensionnel paraît réduit. Une seconde solution est l'utilisation d'un rapporteur.
On peut facilement en fabriquer un soi-même. Prenez deux bandelettes de carton d'environ 3 x 30 centimètres (ces mesures sont indicatives). Attachez-les ensemble à une des extrémités à l'aide d'une agraphe double.
On l'utilise comme suit : chaque ligne oblique ou de fuite (branche A du rapporteur) doit être comparée avec une verticale ou une horizontale (branche B).
A l'aide du rapporteur, on doit ramener les lignes de fuite les plus difficiles à des traits allant à gauche ou à droite sur l'espace plat de la feuille. D'habitude, cette technique est enseignée à tous ceux qui doivent tenir compte des perspectives dans le dessin : les architectes d'intérieur par exemple.
On peut également utiliser le rapporteur pour dessiner certaines parties du corps d'un modèle couché ou simplement pour dessiner un nez ou un regard en biais.

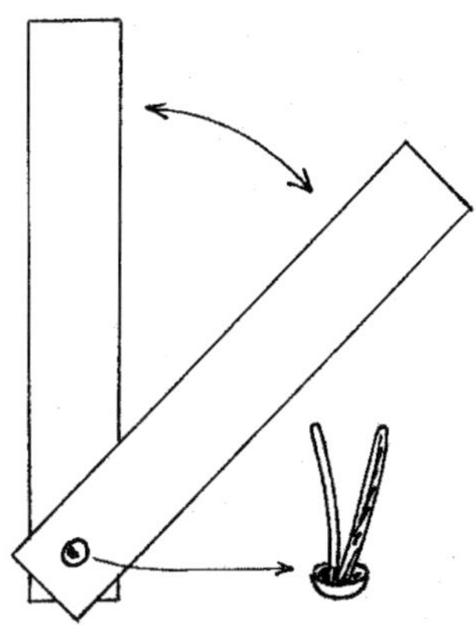

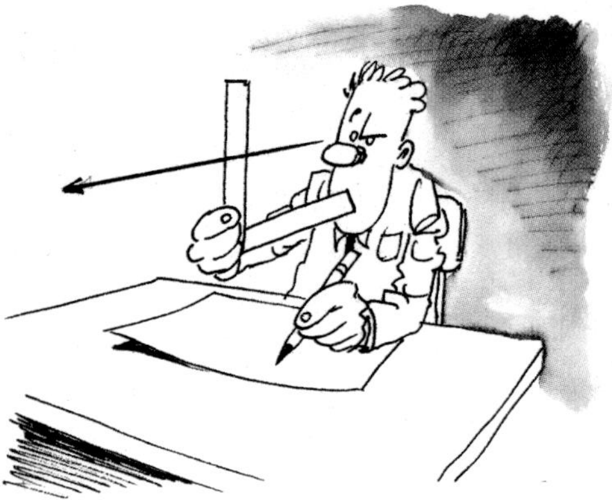

Tenez le rapporteur parallèlement aux yeux. c'est très important pour éviter des erreurs pendant l'observation. Tenez verticalement ou horizontalement une branche selon les cas. Bougez la seconde branche afin de faire coïncider exactement la ligne de fuite recherchée avec la ligne du rapporteur. Estimez l'angle obtenu et rapportez la ligne à une verticale.

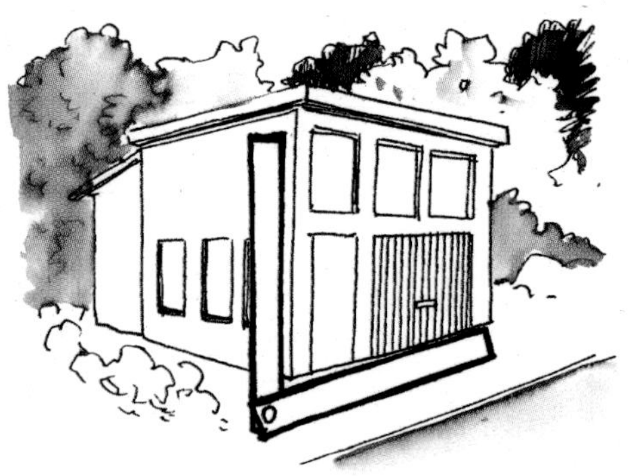

De cette manière, on peut évaluer très rapidement l'angle d'une ligne de fuite d'un modèle donné.

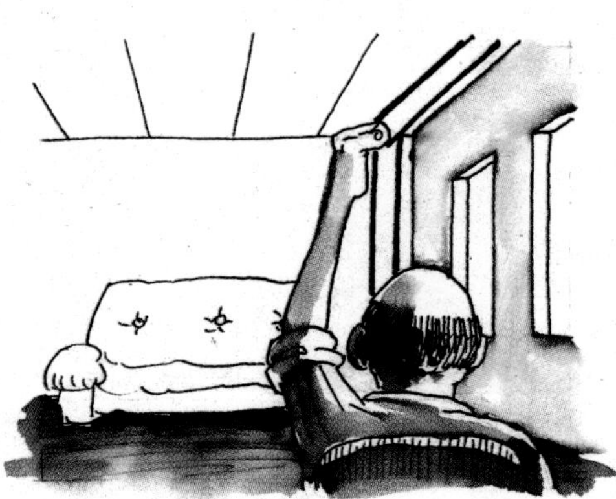

Le rapporteur peut être utilisé dans tous les cas, comme ici pour dessiner l'intérieur d'une pièce.

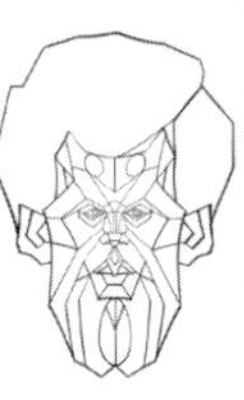

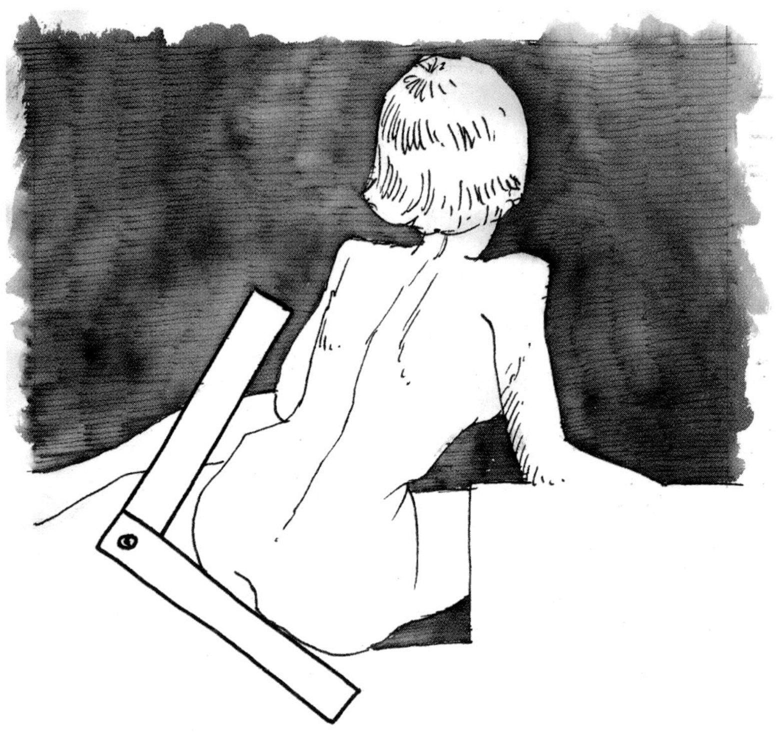

Le rapporteur peut être utilisé lorsque l'on dessine un modèle vivant. La réduction est une expérience difficile parce que la perspective tient un rôle important.

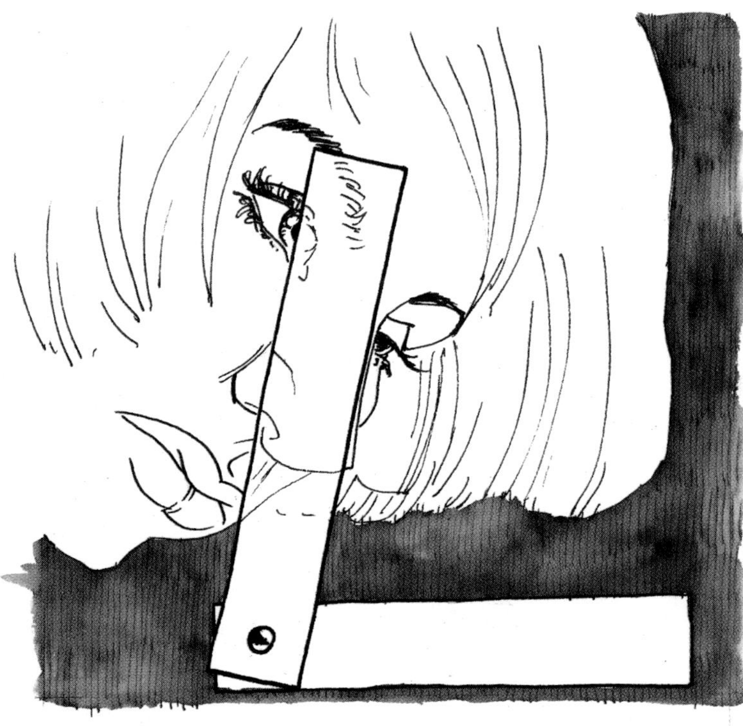

Pour un portrait, le rapporteur est également pratique : les lignes importantes comme la pente du nez peuvent être plus aisément dessinées. Si la tête est inclinée, le rapporteur s'avère quasiment indispensable.

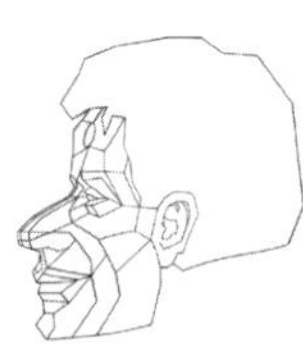

3.1.4.

MESURES DES DISTANCES ET DES PROPORTIONS

Les étudiants d'Académie savent de quoi ils parlent lorsque l'on évoque le dessin des proportions. Cette partie de l'enseignement du dessin est très importante : le rendu exact des proportions donne de la consistance et de la force au travail. C'est la preuve que l'on "sait" dessiner ! Pourtant, ce n'est pas la panacée.
Cela offre évidemment un cadre solide au dessin réalisé mais ce n'est pas suffisant pour dire que ce dessin est beau, original ou amusant.
Le système vieillot des Académies n'a pas encore dégouté trop d'étudiants. Beaucoup laissent leur passion, le dessin, évoluer au fil de l'année sans toujours se rendre compte si leur formation est bonne pour l'avenir et bien inspirée. N'y a-t'il pas eu un certain Van Gogh qui claqua les portes de l'Académie après de constantes disputes avec les professeurs ?

On ne peut pas jeter l'enfant avec l'eau du bain ! Il faut reconnaître que la représentation exacte des proportions est essentielle. On ne peut s'en passer, donc il faut l'apprendre. Et n'importe qui peut le faire.

En fait c'est aussi simple que de mesurer avec une latte, à la différence que les centimètres ne sont pas pris en compte et que l'on compare surtout les distances entre elles. On ne prend jamais qu'une mesure, toujours deux au minimum. Le crayon (ou le stylet) sert à mesurer; le plus court sera toujours le meilleur permettant de comparer une distance avec la plus longue.

Si l'on ne maîtrise pas cette technique, il faut débuter avec des choses simples. Un exemple classique pour démarrer est une enveloppe. On mesure à l'aide du crayon une multitude d'objets qui peuvent faire l'affaire : l'épaisseur d'une pile de papier, les mesures d'une boîte d'allumettes ou d'un bâtiment, le tronc d'un arbre comparé à sa hauteur, la stature d'un animal, la longueur des doigts par rapport à la paume de la main, etc..
Pour dessiner d'après modèle, la prise des mesures est un stade obligatoire pour parvenir à obtenir un personnage bien proportionné.
Les proportions sont également importantes à respecter pour réaliser un portrait : à quelle hauteur placer les yeux selon la position de la tête, quelle distance respecter entre les yeux...

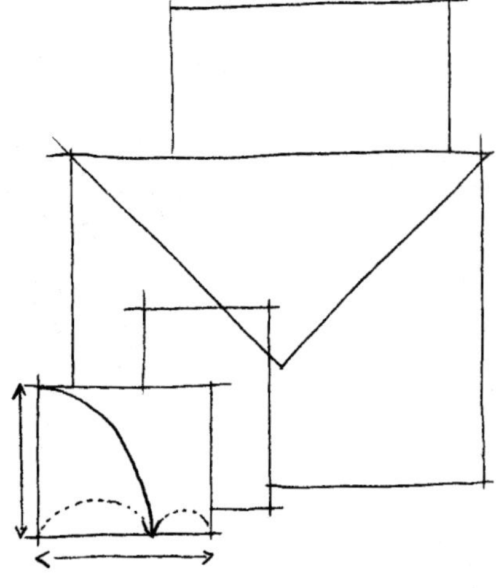

Il faut tester cette technique en prenant comme modèle des objets très simples : une enveloppe ou une boîte d'allumettes.

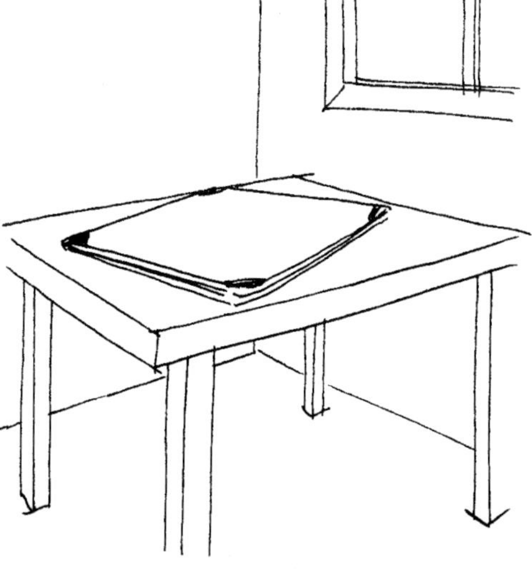

Certains objets se prêtent mieux pour mesurer les réductions de perspectives. Le débutant découvrira avec étonnement qu'un objet plat à une consistance, un volume qu'il va résumer en un dessin.

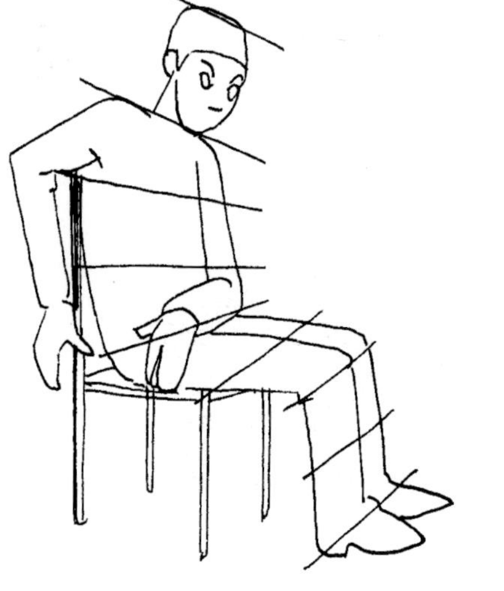

Pour dessiner d'après un modèle vivant, les mesures sont très utiles. elles informent sur l'importance de la tête et le nombre de fois que sa hauteur est comprise dans la totalité du corps. Quelle est la largeur du tronc par rapport à sa hauteur ? En fait, cette technique est utile dans tous les cas de figure. A force d'exercice et en dessinant beaucoup, on constate avec le temps que l'on évalue les proportions sans plus devoir mesurer.

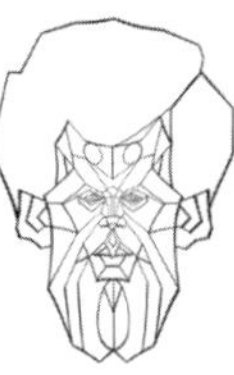

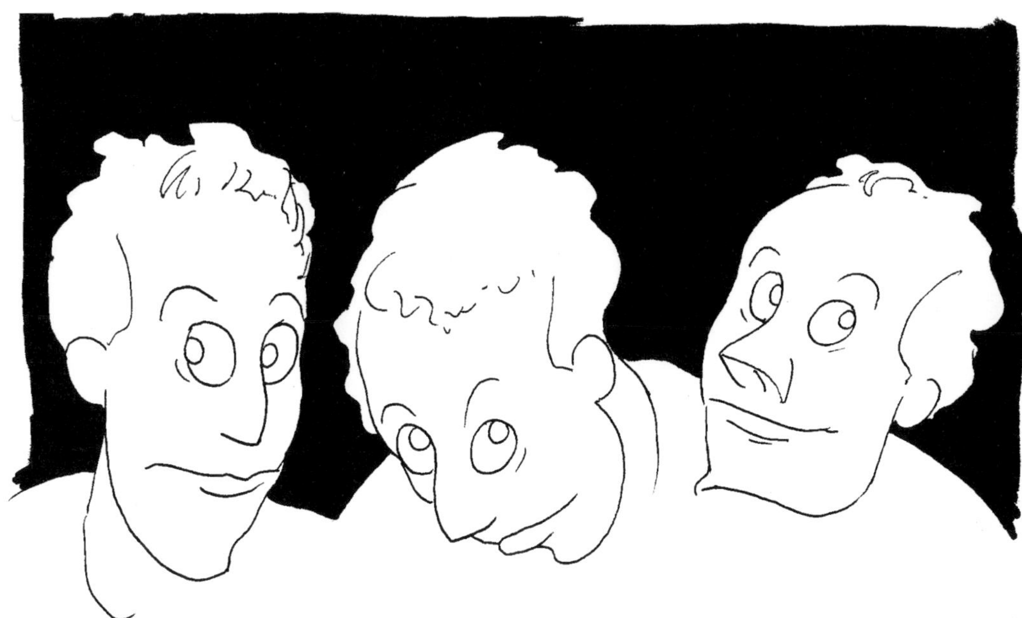

La réalisation de portraits exige également la notion des proportions des différentes parties du visage entre elles. Faut-il positionner les yeux à la moitié du visage ou changer cette position quand la tête a une inclinaison vers le bas ou vers l'arrière...

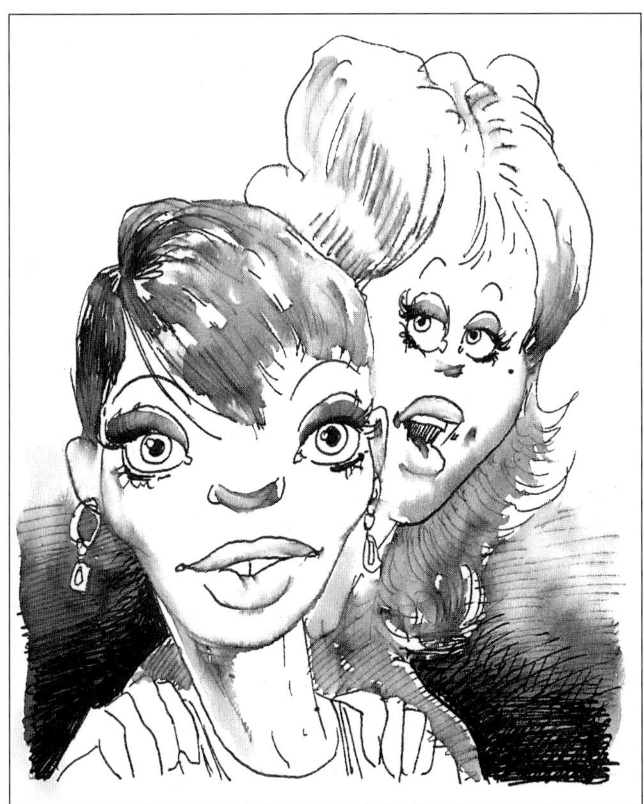

... comment les yeux s'écartent l'un de l'autre...

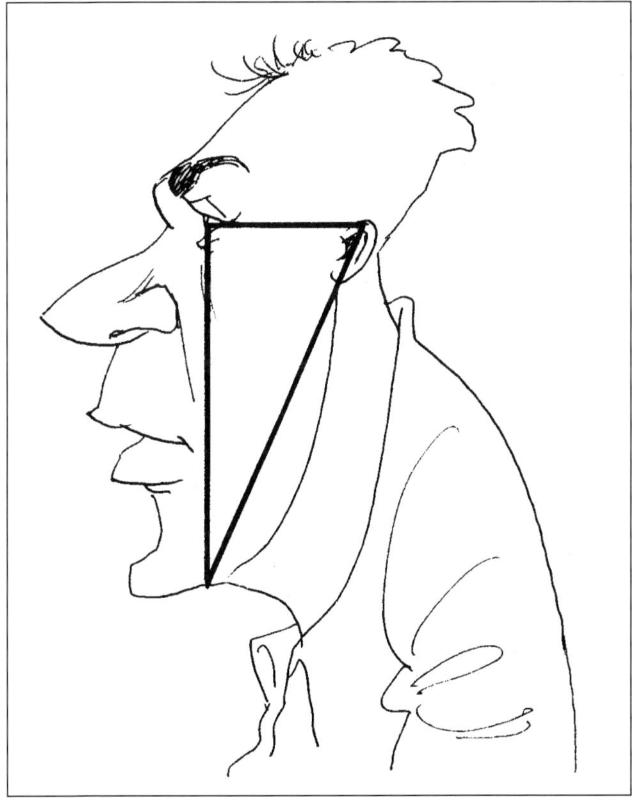

... ou quel est le rapport de distance entre l'oeil et l'oreille ?

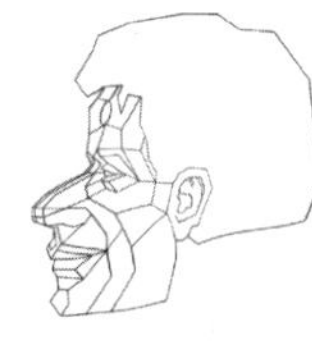

3.2.

VOIR PLUS QUE LES AUTRES.

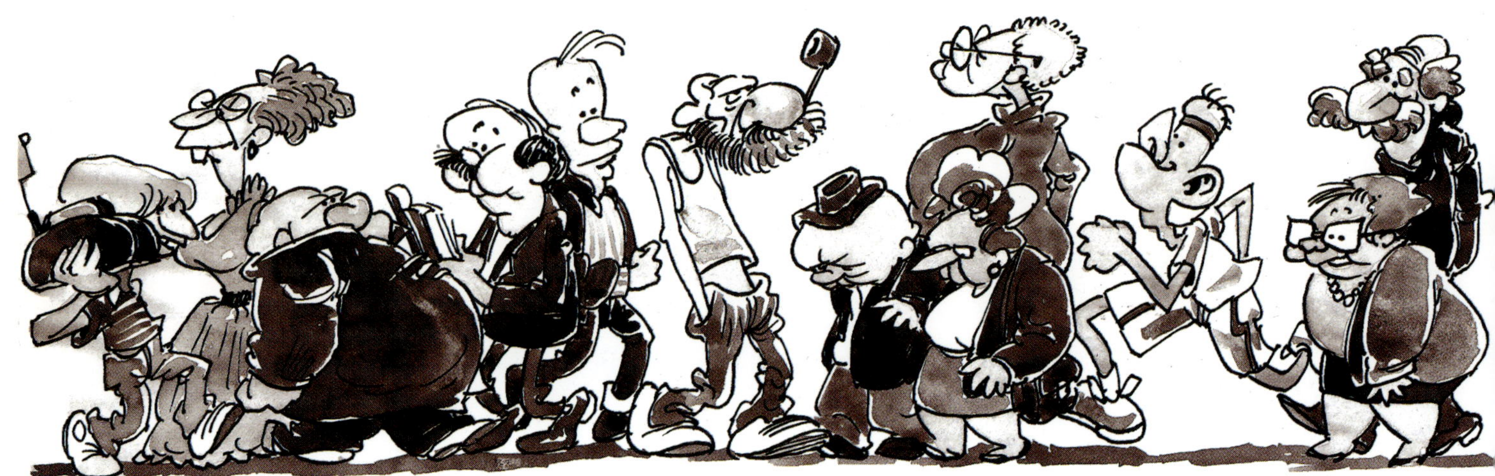

Le dessin ci-dessus résume les attitudes décrites par un caricaturiste qui a observé les gens dans la rue. Pas toutes, mais enfin...
On lui demande souvent s'il voit en chacun une caricature, ou quelque chose de particulier qu'il peut mettre en exergue et exagérer. Dans tous les cas, lorsque l'on est habitué à caricaturer son prochain, on relève immédiatement le détail qui permet l'interprétation des têtes que l'on passe en revue.
C'est très amusant à constater lors de manifestations spéciales comme un vernissage dans une galerie de peinture où l'ennui se lit sur les visages !
Le penchant pour "sentir la caricature" se révèle lors d'une séance de croquis d'après modèle et que l'esprit est constamment en alerte afin de transformer la réalité. On observe les gens de manière uniforme avec l'envie de les coucher sur papier "comme ils voudraient qu'ils soient".
Lors d'une séance de modèle, on pense en l'observant : "dommage que ce soit celui-là" ou "heureusement que je n'ai pas essayé de le dessiner car je n'aurai pas bien su le représenter".
Un oeil exercé voit plus qu'un autre. On peut donc en conclure qu'un caricaturiste voit ses semblables avec plus d'accuité que le commun des mortels.
Un beau corps, un visage aux traits fins ou une démarche assurée sont sans doute plus agréables

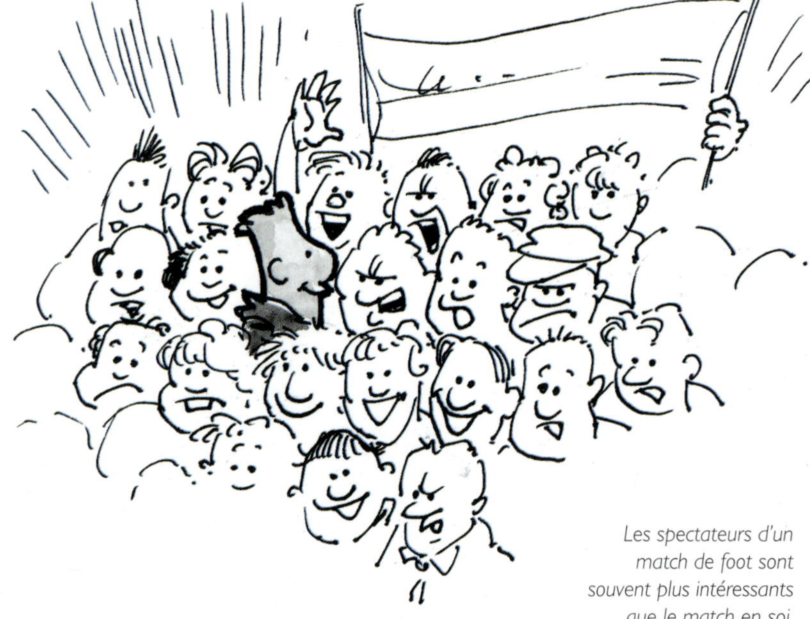

Les spectateurs d'un match de foot sont souvent plus intéressants que le match en soi.

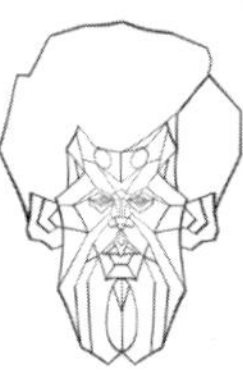

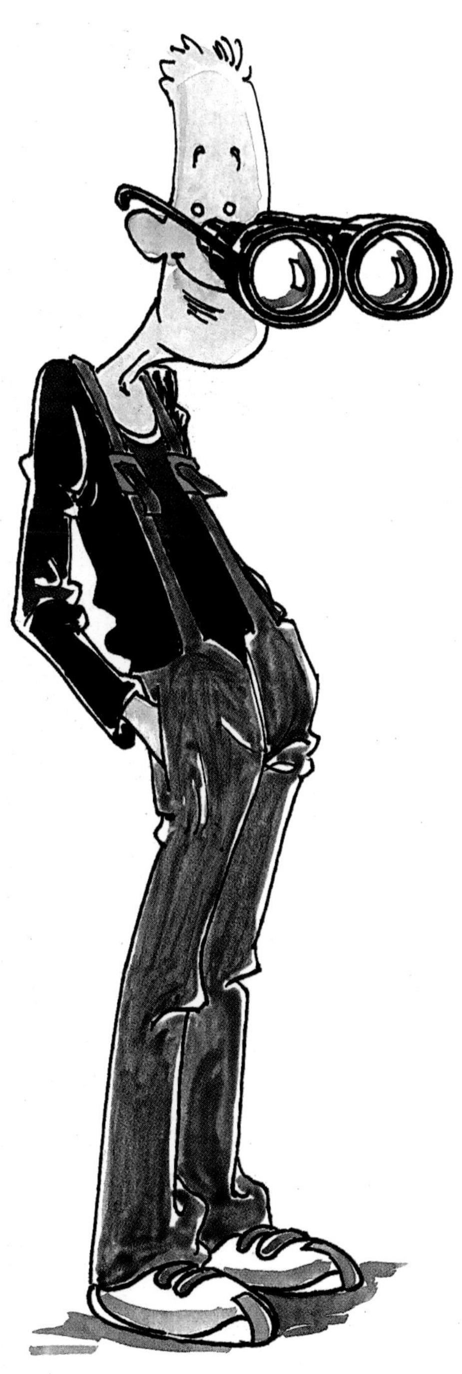

à l'oeil. Au premier coup d'oeil, on peut également noter les formes moins réussies : un gros ventre qui laisse à peine apparaître un homme, une dame âgée en maillot de bain, un bossu ou un homme qui boîte : tout détail en chacun a son importance ou son rôle à jouer dans l'observation pour que l'on puisse en tirer quelque chose de créatif.

Quoi de plus plaisant qu'un portrait-charge de quelqu'un qui louche ? Un visage creusé de rides révèle un individu qui a bien profité de la vie ! Quoi de plus pénible qu'une personne d'un âge moyen au visage impénétrable sur lequel on ne peut pas lire le type d'existence ! A-t'il bien vécu, a-t'il supporté des épreuves, a-t'il des amis ? Pour le caricaturiste, il n'y a rien de pire que les visages reliftés, impassibles ou familiers des visagistes.

Dans un sens, le caricaturiste est un voyeur qui n'irrite personne. Lorsque l'on se rend à un match de football, est-ce uniquement pour le sport ou également pour les spectateurs ? L'humanité en mouvement, selon son comportement physique ! L'imperfection est donc souhaitable, la perfection inadmissible.
Le caricaturiste est dans une situation privilégiée parce qu'il peut relativiser les détails physiques. Pour lui-même également, du moins faut-il le souhaiter !

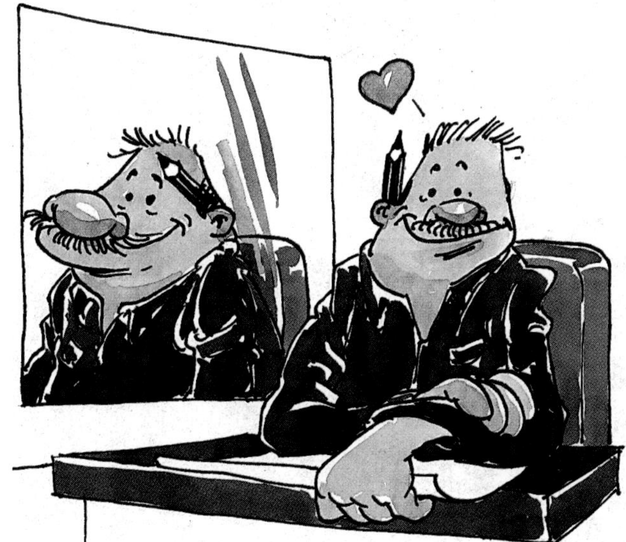

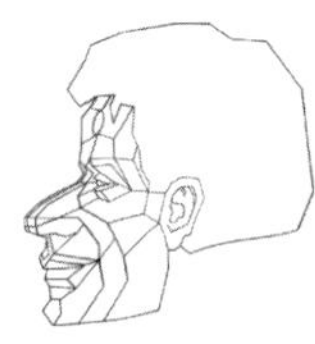

3.3.

OBJECTIVITÉ DANS LA SUBJECTIVITÉ

Rien n'est pire que lorsque l'on se croit injustement manipulé. Quand on se laisse tirer le portrait, on a droit a un dessin fidèle alors que le caricaturiste préfère livrer une interprétation personnelle de la tête du sujet.
Néanmoins, le dessinateur est toujours subjectif, ou alors il réalise un portrait photographique. Par contre, il peut être objectif dans sa subjectivité. En d'autres termes : tout le monde y passe mais avec la même lame acérée !

C'est un devoir envers son public mais aussi envers soi-même. On peut profiter d'une situation mais, il faut aussi sentir si l'on peut rire de quelqu'un ou non, au risque que celui-ci, pour une raison ou une autre, le prenne mal.

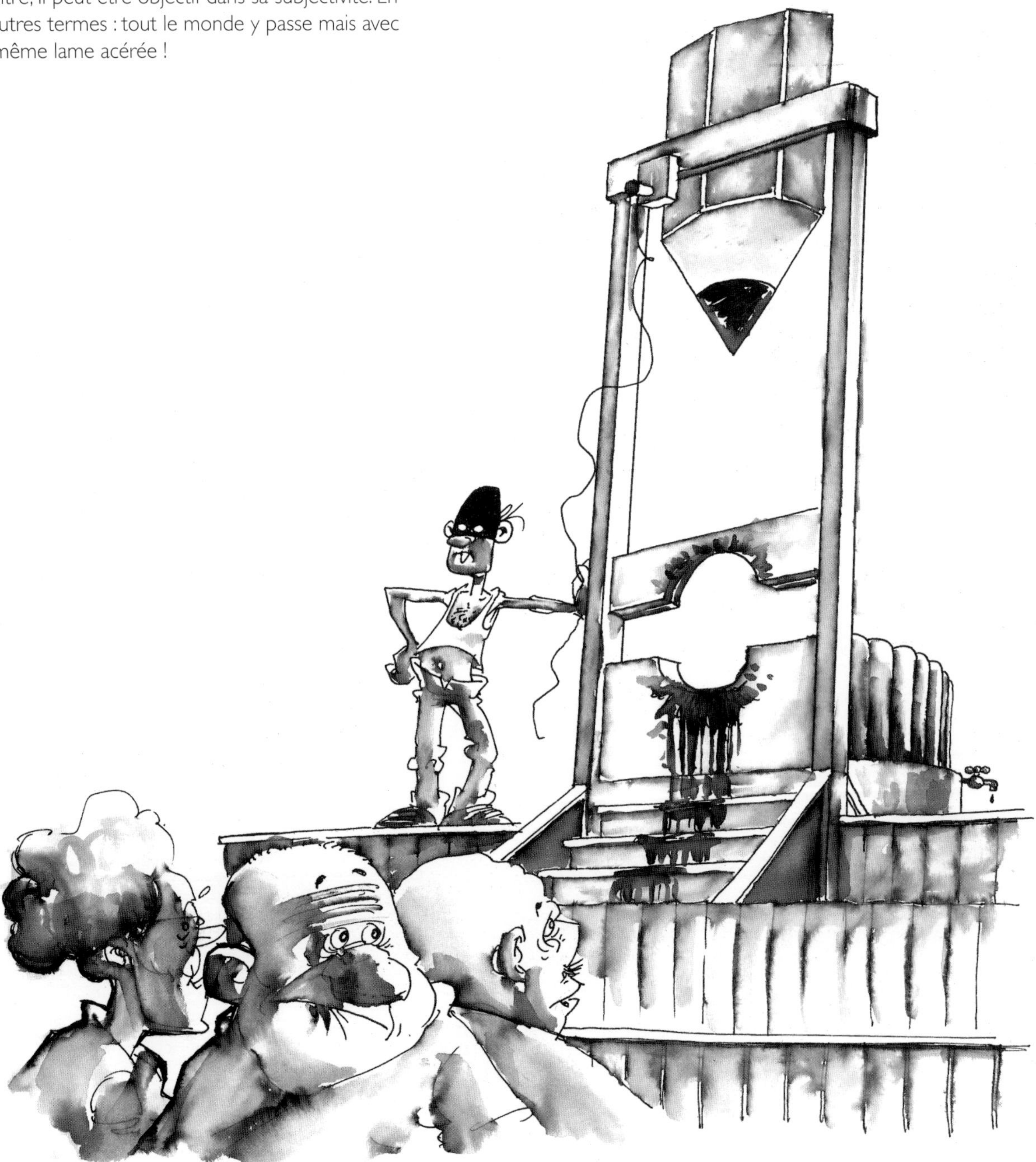

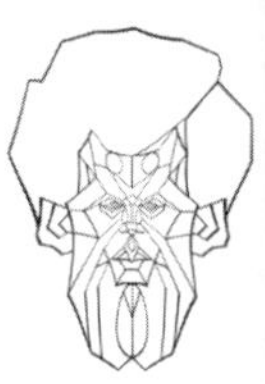

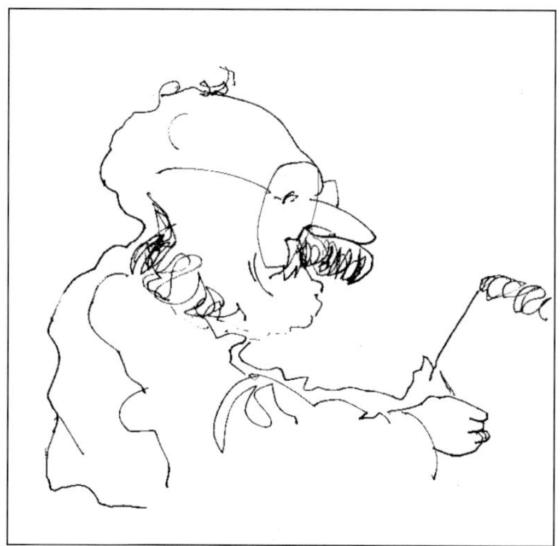

Ill. : Karel Op De Beéck

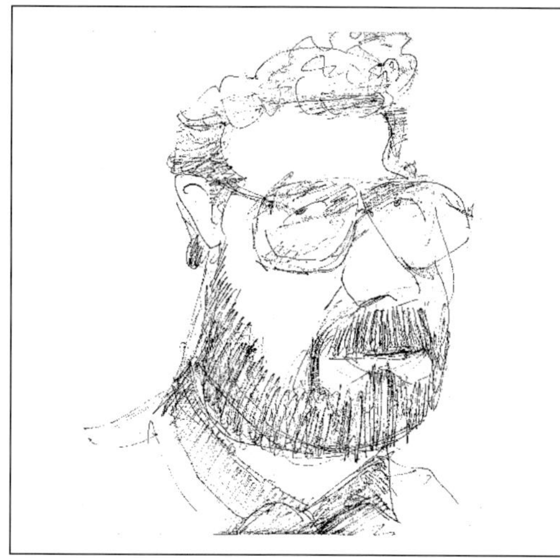

Ill. : Remi

Chaque dessinateur a sa propre vision subjective. La même personne est représentée caricaturisée par six dessinateurs différents. On réalise que les dessins n'ont pas le même mordant.
Il est évident que chacun a son propre style graphique et ses propres limites dans les transformations. Le dessinateur doit bien tendre vers l'objectivité ou le plus possible rester honnête et avoir face à chacun le même état d'esprit.

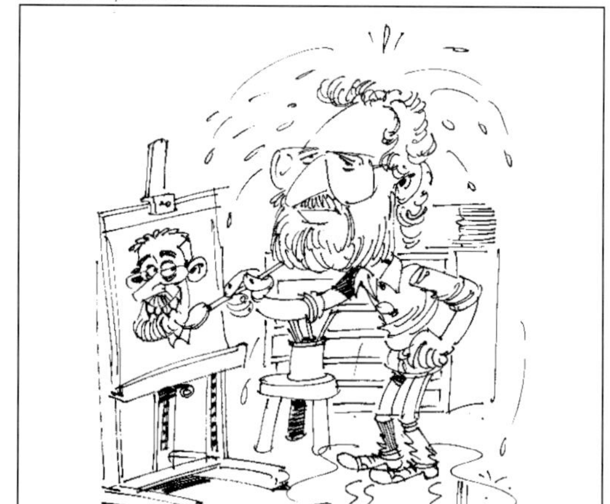

Ill. : Wim Swerts

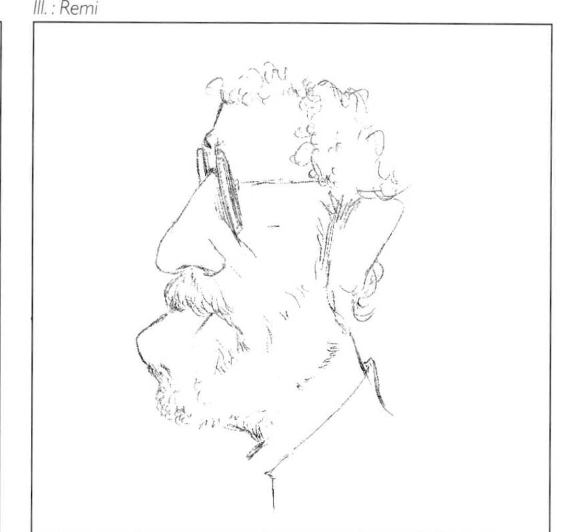

Ill. : Miguel Soares

Ill. : Hogue

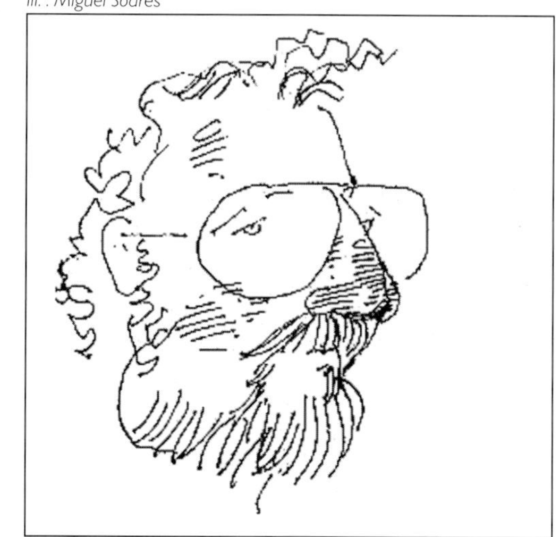

Ill. : Junius

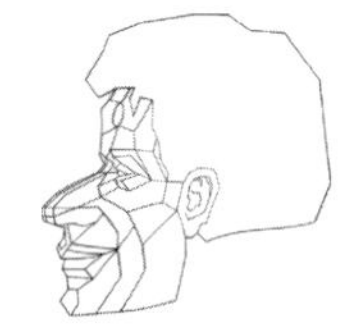

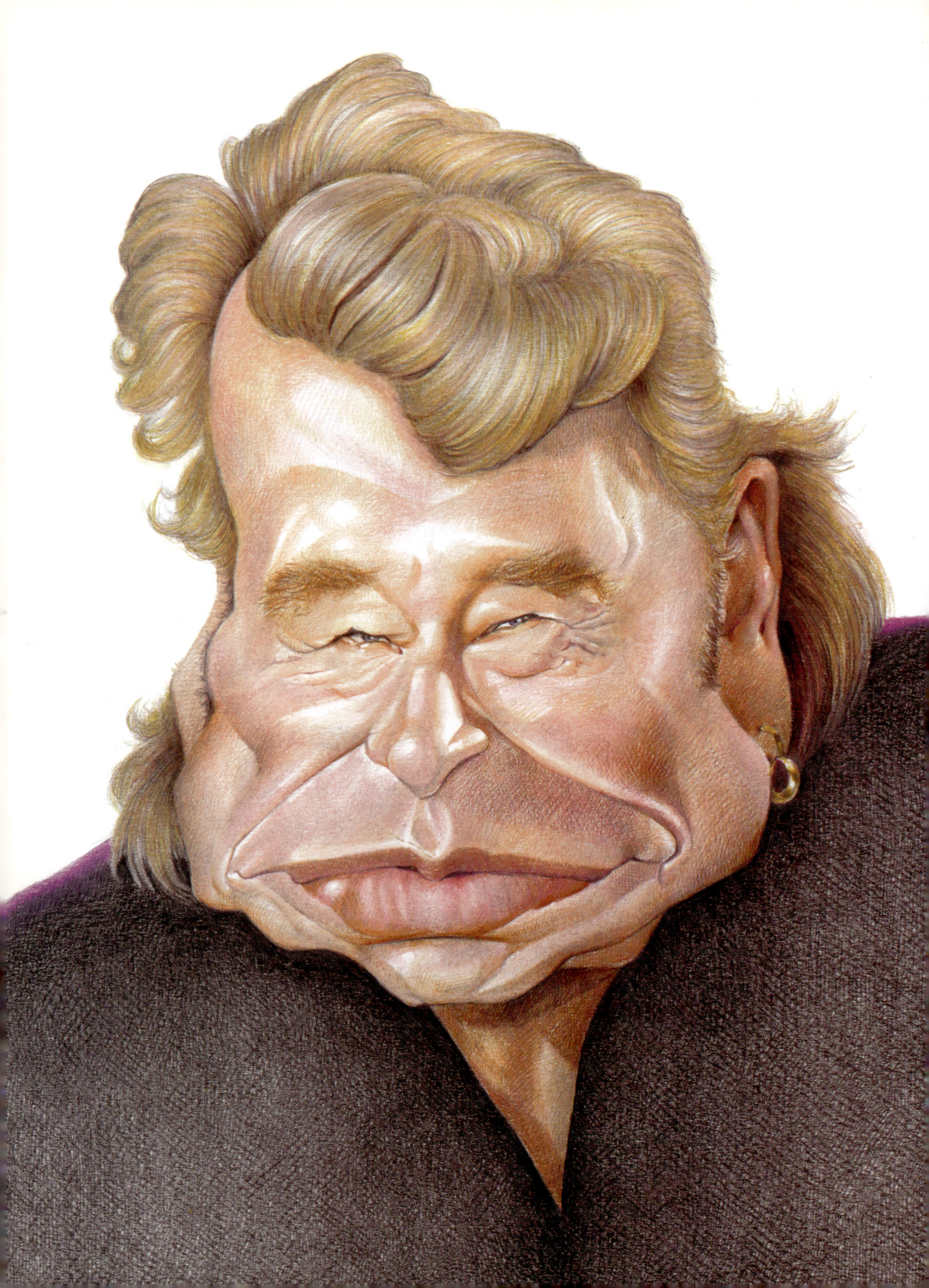

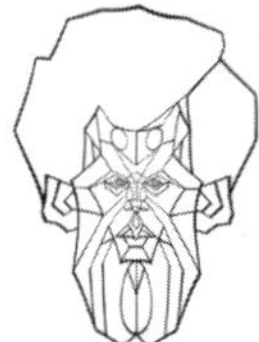

CHAPITRE 4

LE VISAGE HUMAIN

4.1.

HISTOIRE DU CRÂNE HUMAIN

'Lucy in the sky with diamonds' : ces paroles résonnaient par hasard dans la tête de Don Johanson, quelques heures après la découverte d'un être de sexe féminin qui sera rapidement répertorié comme Australopithèque Afarensis. Inspiré par cette chanson des Beatles, l'explorateur allait donner à sa découverte le nom de Lucy. Elle aurait environ 3,5 millions d'années. En outre, à l'époque où elle était en vie, elle marchait bien droit. Cette hominée découverte à Hadas en Ethiopie est considérée comme le plus ancien spécimen connu de l'être humain. Du fait qu'elle ait reçu un nom, elle est devenue la plus populaire parmi les autres découvertes anthropologiques. On voit en elle une sorte d'ancêtre. Cependant, elle affiche un certain déficit : en comparaison avec l'homo sapiens sapiens soit l'homme actuel, son cerveau n'a que 400 cm^3 de volume contre 1500 aujourd'hui ! Elle avait d'autres différences : le tête et le visage des hommes de cette époque ne sont pas semblables à ceux d'aujourd'hui. Lorsque l'on dévisage le profil, on constate d'importantes modifications opérées au cours des 3 derniers millions d'années.
- Le sommet du crâne a disparu.
- L'axe du visage initialement oblique a pris un sens vertical.
- Le volume du cerveau a augmenté et donc celui du crâne.
- La machoîre inférieure est plus petite.
- L'arcade sourcilière est rabotée ou a disparu dans le front plus élévé.

Les exemples ci-contre montrent l'évolution de l'être humain. Ils sont très éloignés de la forme ronde.
Ils offrent donc plus de facilité à la caricature.
Le dessin ci-contre montre bien que la représentation en dessin d'un être peu développé peut se baser sur les caractéristiques de l'être humain selon l'échelle de l'évolution.

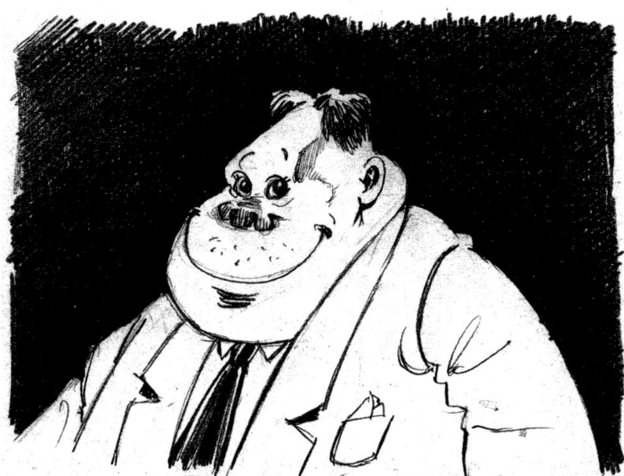

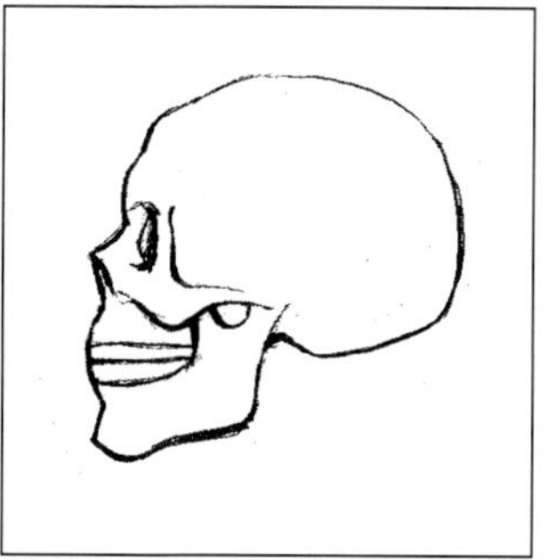

Homo sapiens sapiens

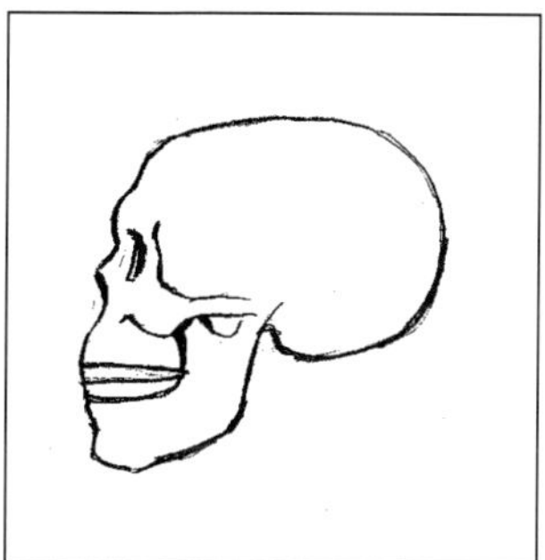
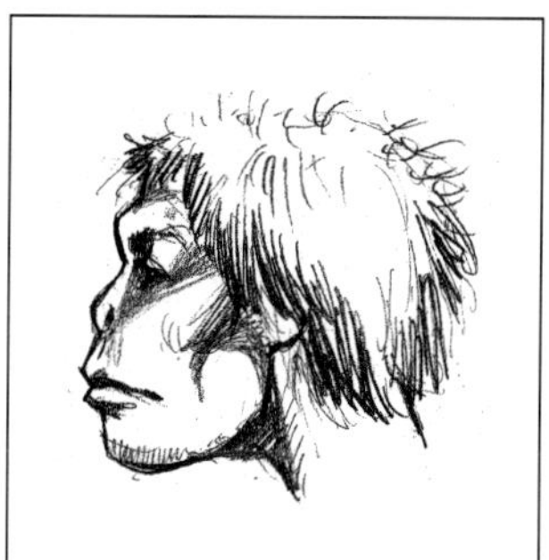

Homo erectus

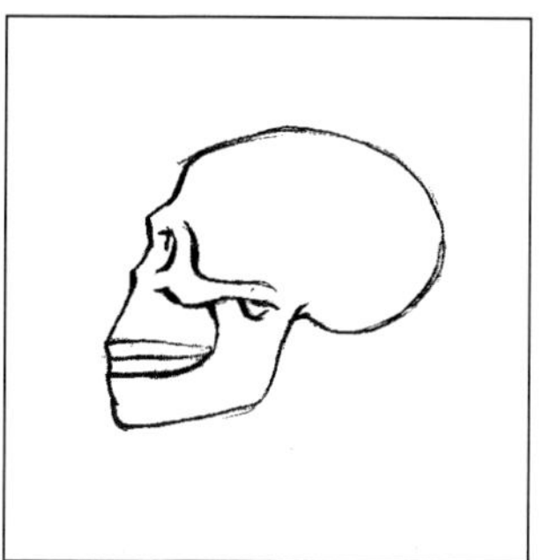
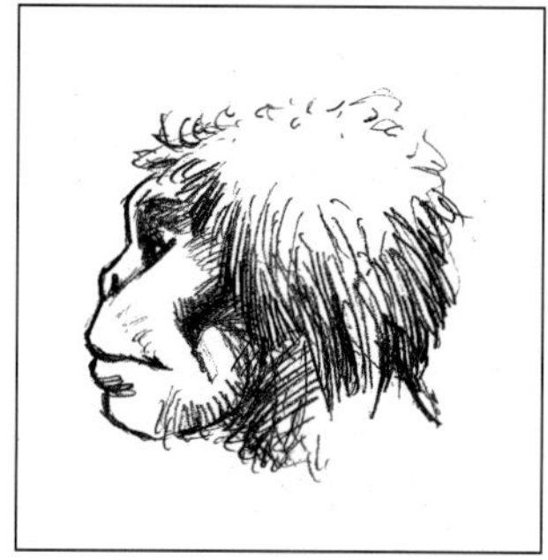

Lucy - ou - Australopithecus afarensis

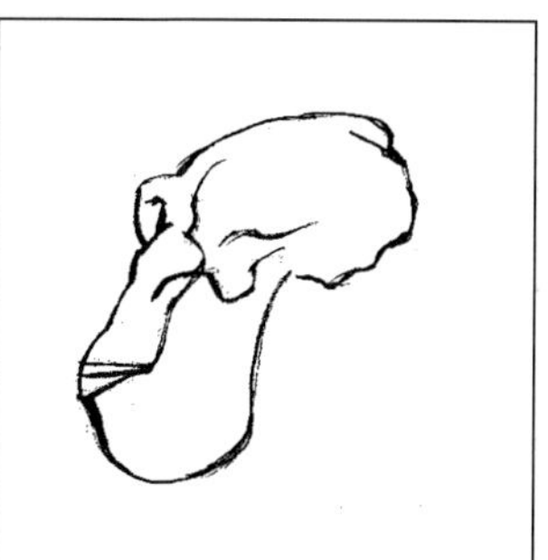
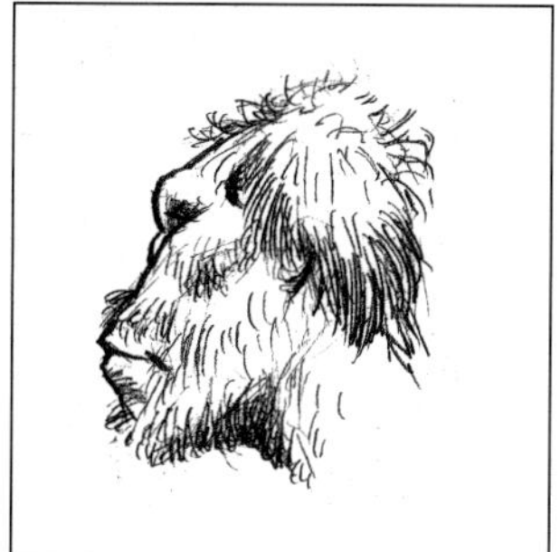

Australopithecus boisei

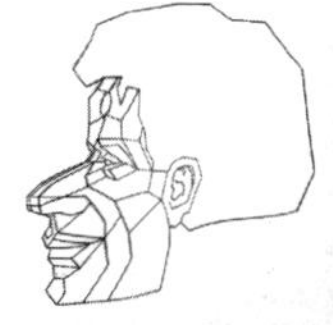

PROPORTIONS ET MESURES DE LA TETE.

S'il est exact de dire que l'on peut se baser sur le crâne humain pour tirer les proportions de la tête, il est faux de croire que les proportions vallent pour tout un chacun.

La tête humaine est comparable à un emballage personnalisé ! Ce que nous voyons : c'est l'emballage (la peau) autour du cadeau (crâne, cartilages, tendons, nerfs et graisse).
De cette énumération des parties cachées, c'est le crâne osseux qui semble être le moins différent des autres crânes. Et pourtant, les différences abondent selon les physionomies. L'os du nez par exemple peut relever le bout de cet appendice : il en résulte un nez retroussé.

Les différences de têtes dépendent du type de crâne. Les pommettes sont clairement différentes selon la race. La forme, la grosseur et la position de la boîte crânienne par rapport à la mâchoire influencent sur la position des dents supérieures et inférieures.

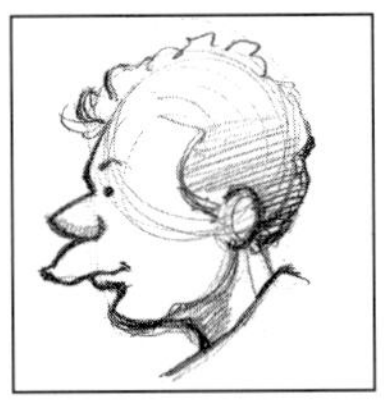
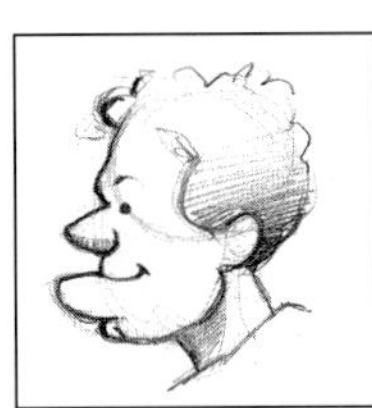

Les cartilages différent également : tous les nez et toutes les oreilles n'ont pas la même longueur. De plus, ils peuvent se modifier au cours de l'existence et changer de forme.

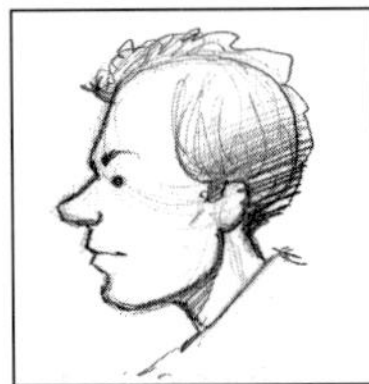
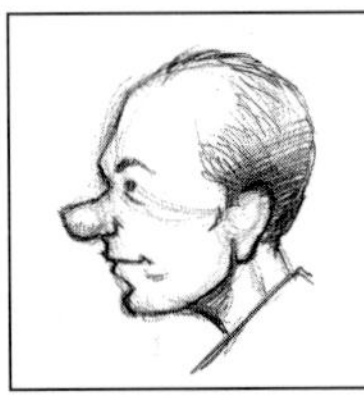

La graisse et les muscles influencent encore davantage les proportions et les différences. Il suffit de penser au corps musclé d'un adepte du body-building ou au triple menton d'un bon vivant.

Est-ce donc faire fausse route en se basant sur le schéma proportionnel standard de la tête ? Ne prêtons pas trop d'attention à des structures trop rigides lorsque l'on débute. C'est mieux.

Il faut donner au débutant une certaine base dont il pourra s'écarter par la suite.

Voici un exemple relevé par l'auteur. Chaque année, et indépendamment du fait que l'on dessine d'après modèle vivant ou photo, les étudiants de première année sont attirés irrésistiblement par le portrait - en particulier de personnes ayant une petite tête plate.
La raison est qu'au début on veut réussir au mieux les parties principales : yeux, nez et bouche. Dès lors, le reste de la tête passe au second plan et est donc nettement moins bien rendu.

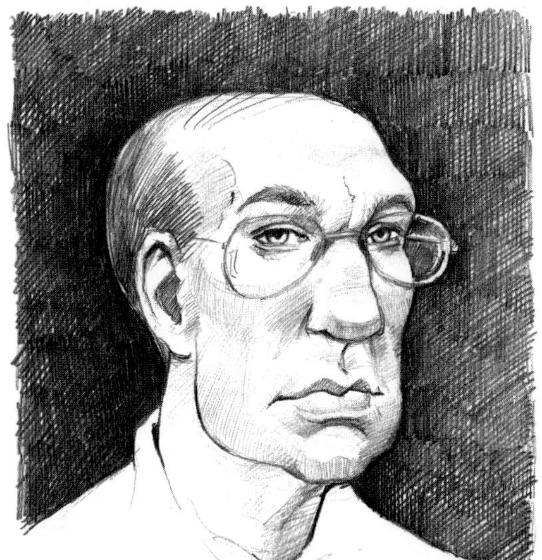

Homo insapiens insapiens (tête plate) est caractérisé par le volume réduit de la boîte crânienne.
Dans un portrait, la plupart du temps, les yeux se situent à la moitié du visage. Dans ce cas, ils sont beaucoup plus hauts que la moyenne.

Si l'on n'attire pas l'attention de ces étudiants sur cette réalité en leur expliquant le bon schéma; ils risquent d'attendre longtemps pour arriver à un dessin correct. Un bon schéma peut faire gagner beaucoup de temps dans l'apprentissage du dessin.
Le caricaturiste a besoin de maîtriser l'étude des proportions : par la suite il prendra ses distances. Page suivante, vous trouverez deux des schémas les plus couramment utilisés pour mesurer les proportions d'un crâne.
On peut les suivre pour réaliser un portrait. Pour réaliser une caricature, ils ne sont qu'un repère.

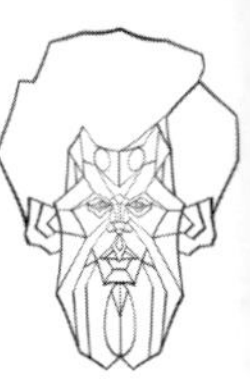

De face :
- Ligne des yeux : à mi-distance du sommet du crâne et du menton.
- Extrêmité du nez : un peu moins que la mi-distance entre la ligne des yeux et le menton.
- Ligne des lèvres : environ un tiers entre l'extrêmité du nez et le menton.
- Dessus de l'oreille : à hauteur des yeux.
- Dessous de l'oreille : entre le nez et la lèvre supérieure.
- Distance entre les yeux : largeur d'une oreille.
- Une verticale relie le coin inférieur de l'oeil au côté de la narine correspondante.
- Une verticale relie le coin intérieur de l'oeil à l'extrêmité de la bouche.

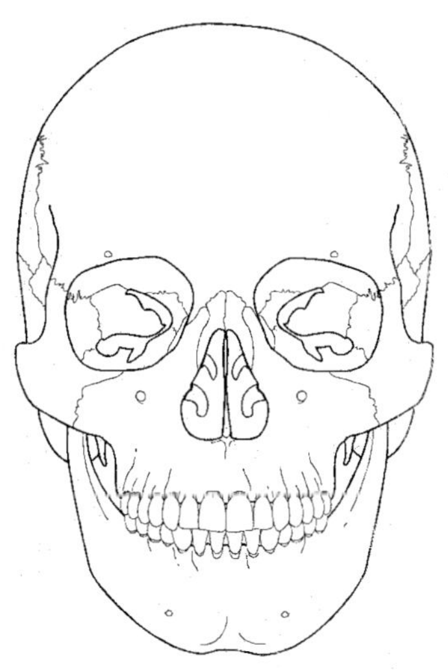

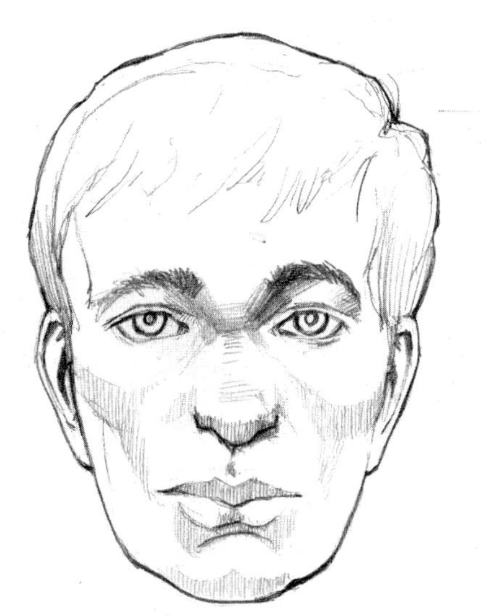

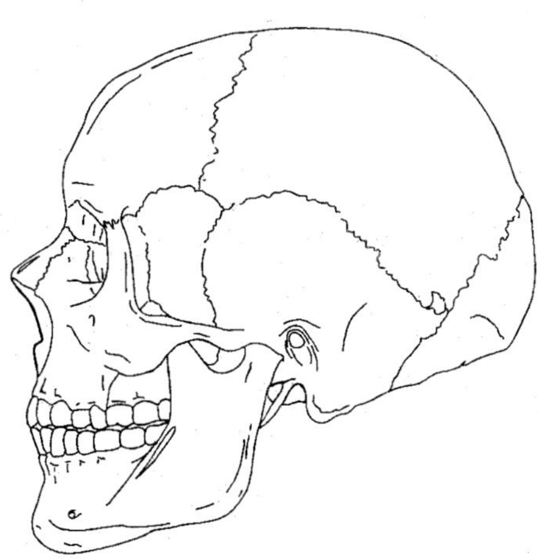

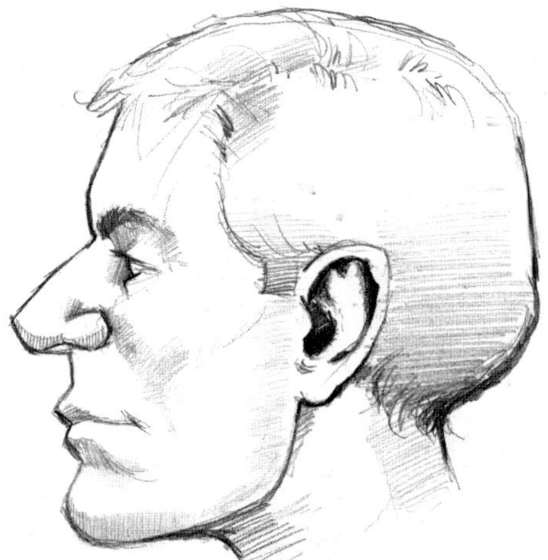

De profil :
- Ligne des yeux, extrêmité du nez, ligne entre les lèvres, dessus et dessous de l'oreille sont naturellement aux mêmes hauteurs que vu de face.
- La distance oeil-menton = la distance oeil - sommet de l'oreille.
- A la hauteur du bas de l'oreille commence le cou.

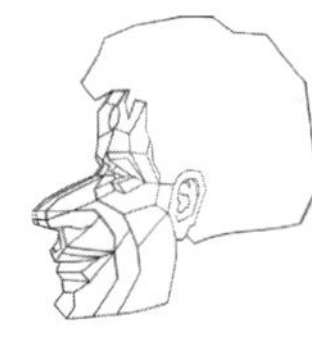

LA FORME INITIALE DÉFORMÉE.

La déformation du visage, et mieux encore de la tête, aboutit à la caricature.
Sous la forme dessinée des détails visibles, il y a toujours un crâne.
Pour l'interprétation du caricaturiste, le crâne est également sujet à déformation.
Il est amusant d'imaginer ce que le crâne est devenu après caricature.
D'une certaine manière, c'est comme lire dans du marc de café !
Sur base d'un dessin en volume (grâce aux grisés) il est possible de tirer le portrait du crâne de la caricature.

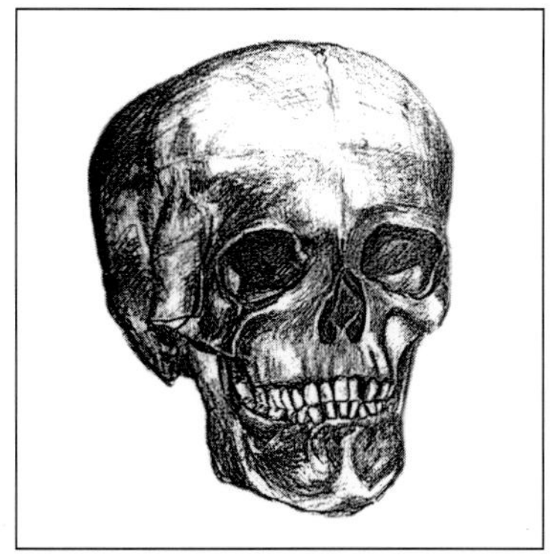

En comparaison : le crâne non déformé.

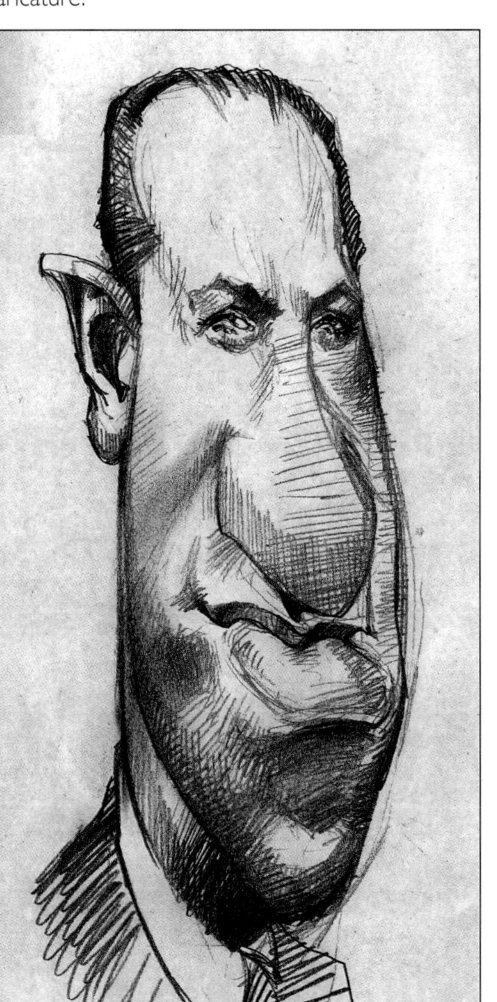

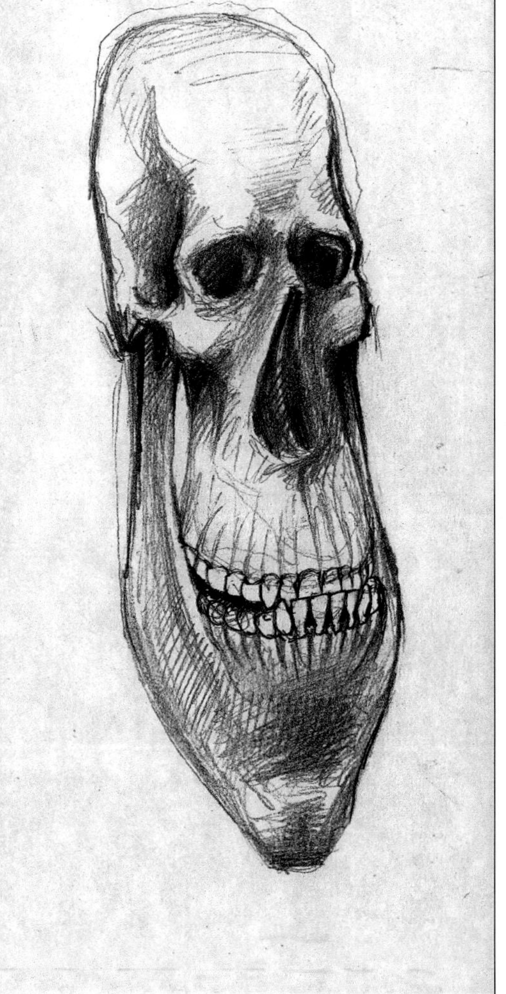

Le compositeur George Gerschwin, bien en chair, vu de l'intérieur . Il est évident que dans ce cas la caricature s'est construite autour de la forme allongée du nez.

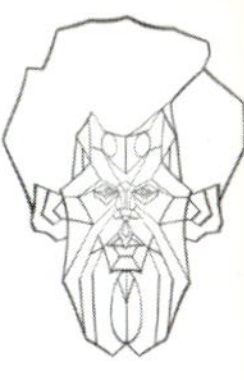

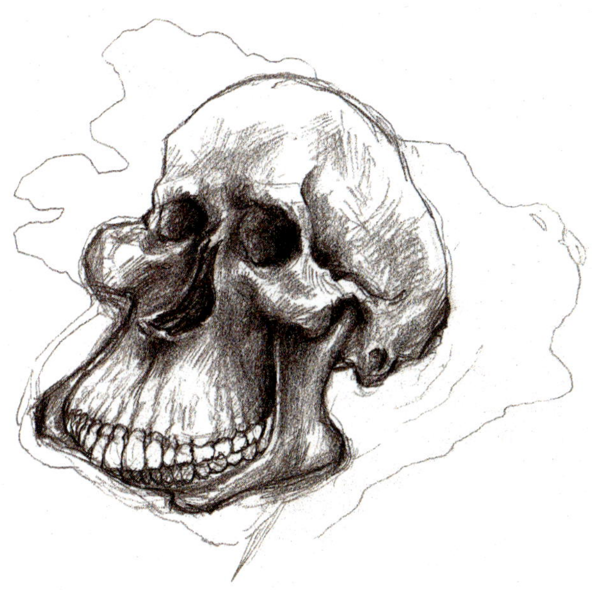

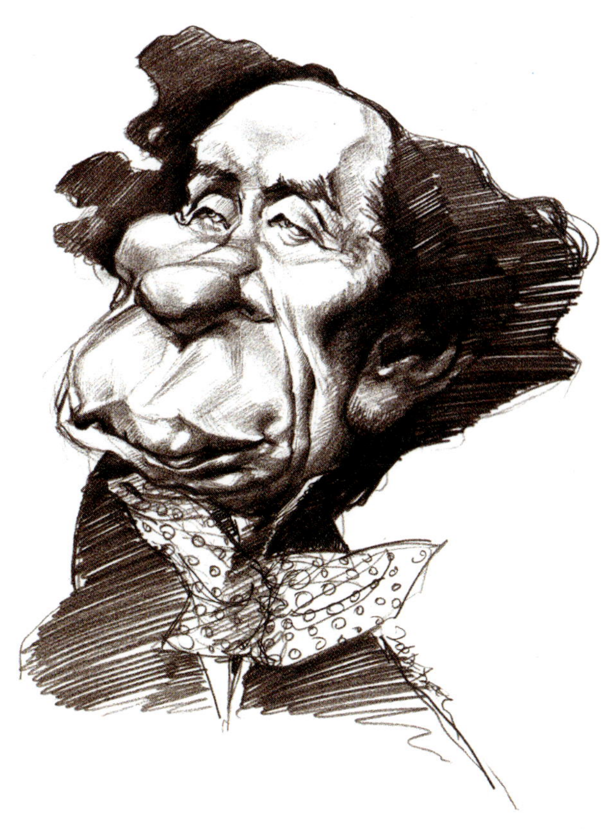

*James Ensor.
Ce peintre-musicien souffrait d'une déformation horizontale du crâne.
L'emplacement du sommet du crâne le prouve.
Les os des pommettes et les orbites des yeux ont été comme raccourcis.
La partie dentaire était ramenée vers l'avant.*

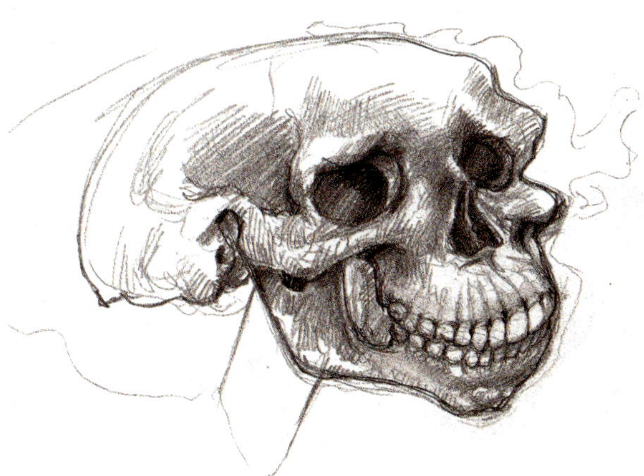

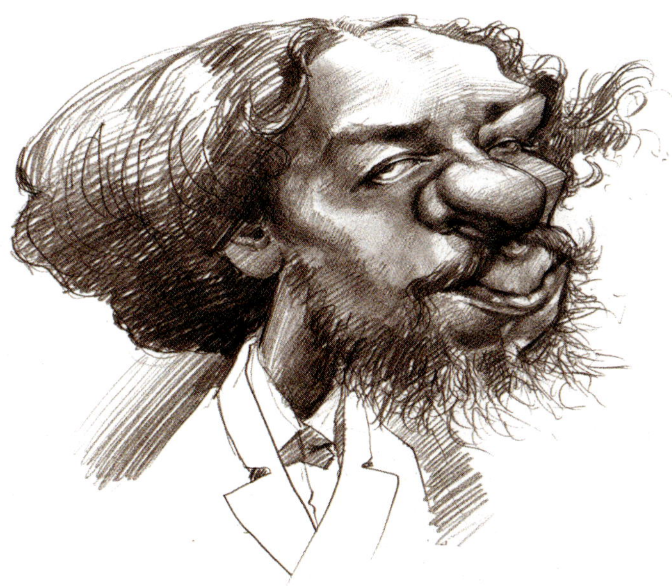

*L'auteur de contes pour enfants Hans Christians Andersen n'aurait sans doute pas apprécié le rappetissement de son front.
La minuscule machoîre inférieure accentue encore l'importance de la distance entre le nez et la bouche.*

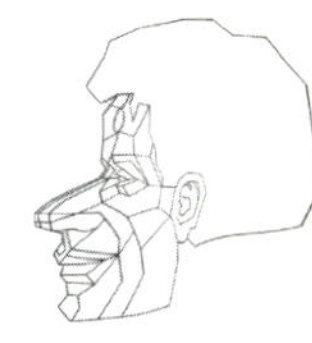

4.4

QUELQUES EXERCICES DE BASE POUR ÉBAUCHER LA TÊTE.

4.4.1.

JOUER AVEC LES LIGNES DE PROFIL.

Dans chaque carré ci-dessus, dessinez un nouveau profil en ajoutant à chaque fois un trait.
Vous devez chaque fois partir du côté supérieur du carré et terminer au côté inférieur.
Travaillez simplement : dessinez le front, le nez, la bouche puis le menton. Après seulement, vous ajoutez un oeil.

Il faut bien tenir compte que chacun des éléments pré-cités à son importance : n'oubliez pas une lèvre, ou le menton...

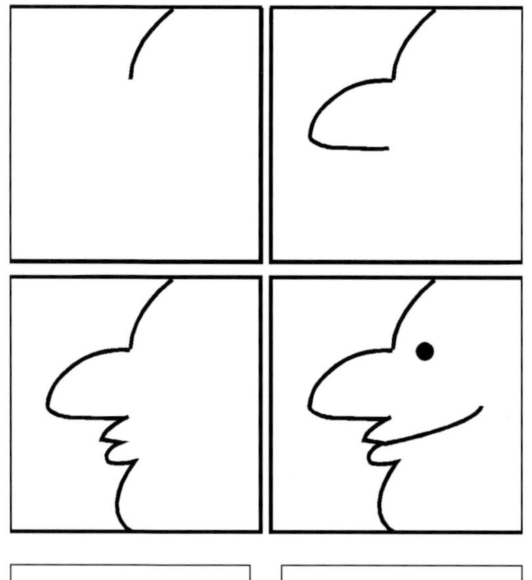

Exemple :

Commencez par tracer le front, ajoutez un nez, puis les lèvres et le menton. Vérifiez que vous avez dessiné jusqu'au côté inférieur du carré. Enfin ajoutez un oeil et donnez une expression à la bouche.

Vous devez parvenir à dessiner vingt profils différents.

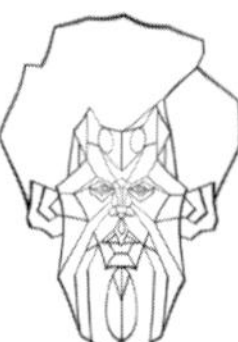

4.4.2.

VARIATIONS D'UNE SILHOUETTE

Lorsque l'on fait usage de silhouettes, de préférence pour les profils car de face seules les oreilles importent, on peut aisément arriver à suggérer la tête.
Pour cela, il suffit de tracer deux ovales : un horizontal et un vertical. Ensemble, ils forment la base d'une silhouette. Il suffit de quelques ajoutes, nez, bouche et menton, pour la compléter.
En noircissant le tout, on obtient une silhouette bien marquée.

Ci-dessous, quelques exemples :
Au départ, les ovales utilisés rappellent une tête normale; par la suite, les formes des ovales évoluent.

Il est conseillé de faire de nombreux exercices. Variez aussi bien la forme des ovales que les emplacements du nez, de la bouche et du menton. Faites les profils tant vers la gauche que vers la droite. N'hésitez pas à être audacieux dans la déformation, plus incisif également.
Chaque résultat laisse apparaître une caricature en devenir.

Pour atteindre un stade ultérieur, il suffit d'ajouter le cou, le début des épaules ou le dos.
Recommencez à chaque fois au point de départ afin de vous contraindre à maîtriser les formes de base. L'usage du crayon doux à mine de plomb est recommandé.

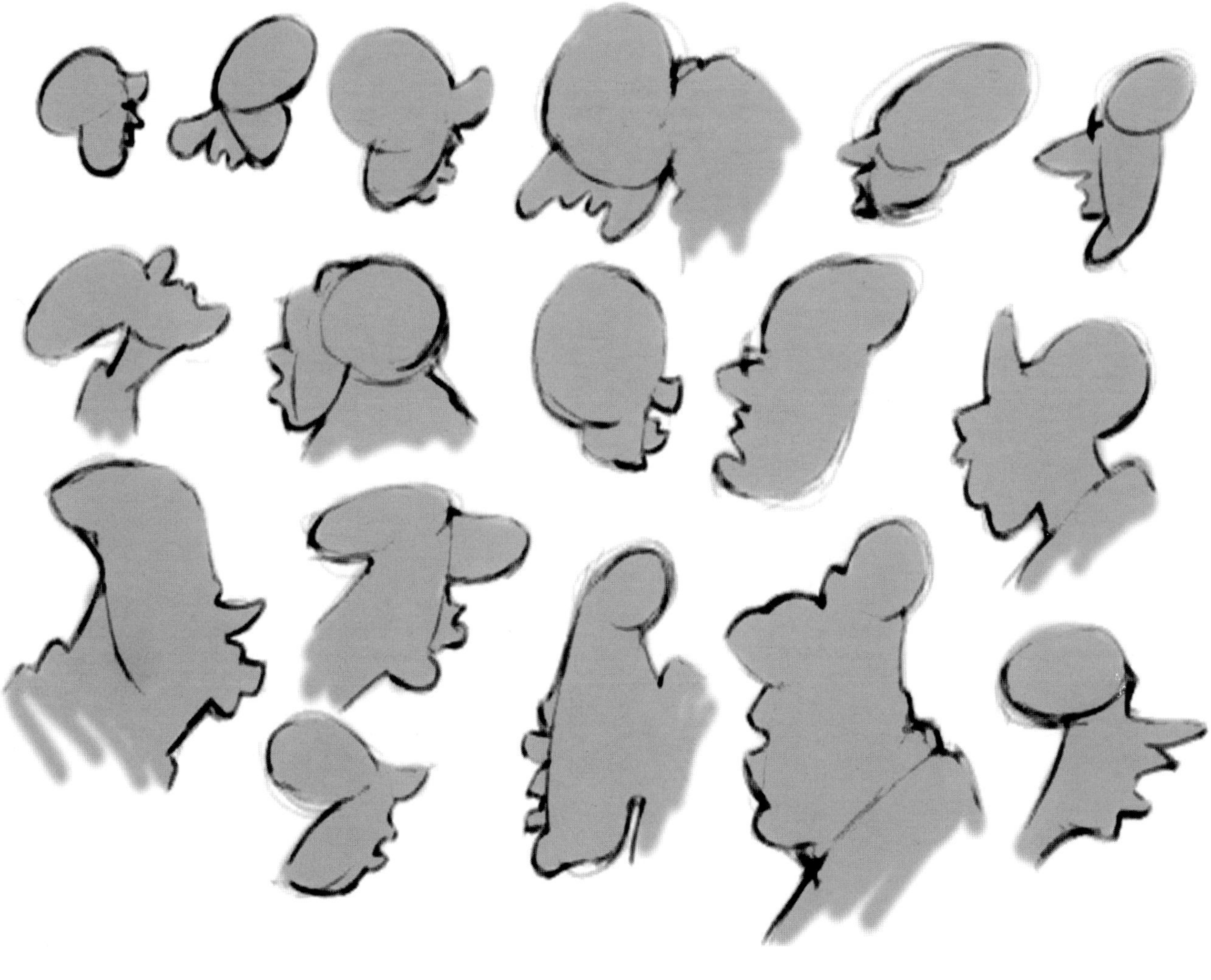

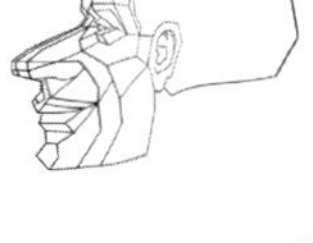

4.4.3.

DE LA TETE INITIALE AU VISAGE.

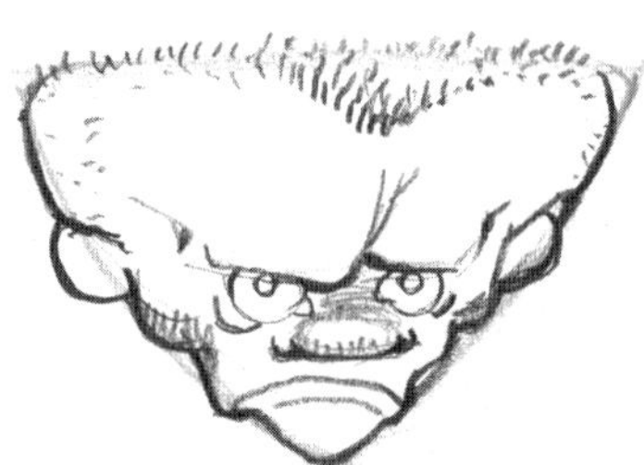

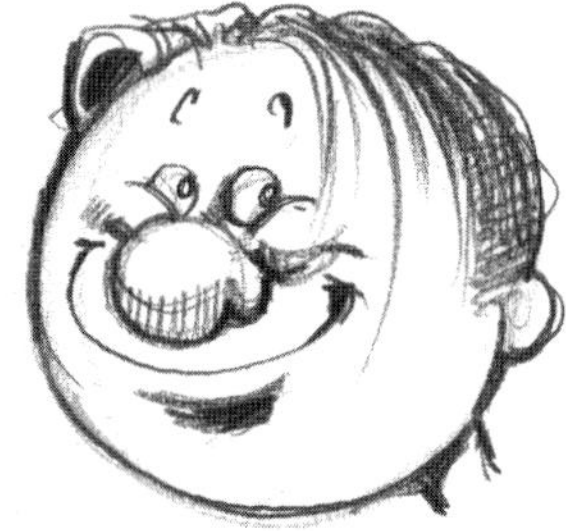

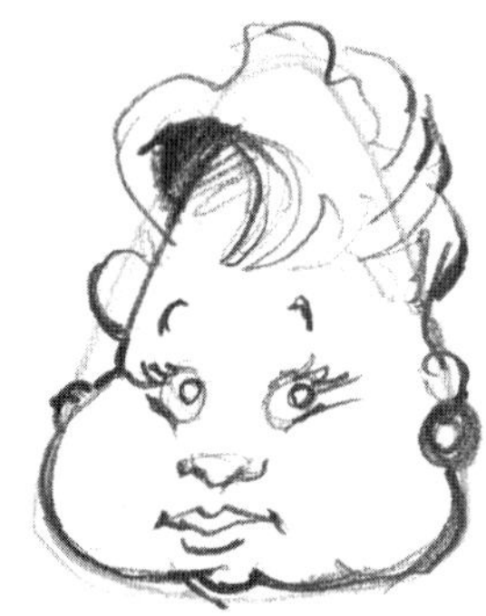

On peut réaliser simultanément de petites caricatures imaginaires (que l'on pourrait comparer aux personnages de dessins animés) au départ d'une forme simplifiée du crâne.

La manière la plus simple consiste à partir de la forme inspirée de l'oeuf qui est la simplification la plus proche d'une tête.

Toutes les variations que l'on fera autour de cette forme amèneront automatiquement à des nouveaux types de visages qui auront souvent leur caractère propre.
L'intérêt d'agir ainsi ne se limite pas au fait d'obtenir des petites têtes bien typées.
Pour réaliser une caricature, il faut chercher les formes initiales d'un visage à dessiner afin de, comme on peut le constater sur cette page, disposer d'une aide importante et réussir son projet.

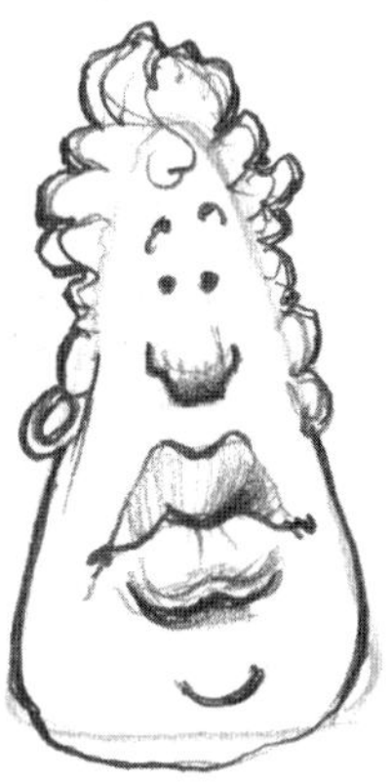

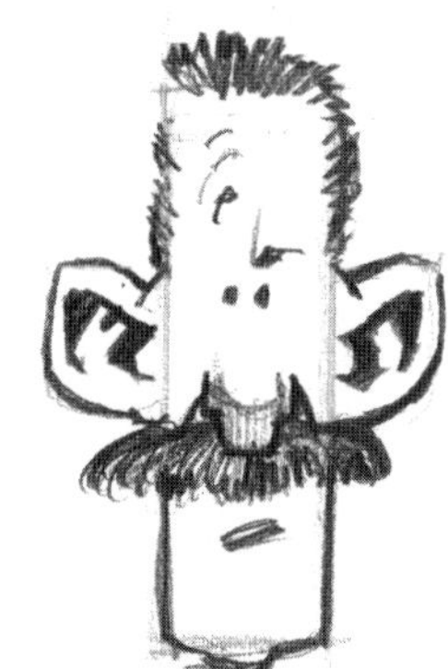

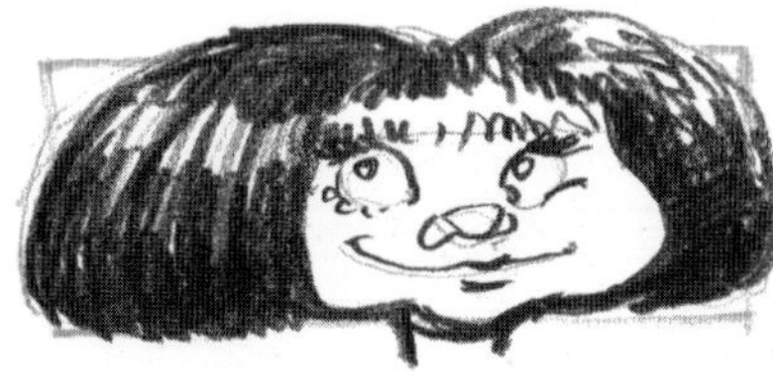

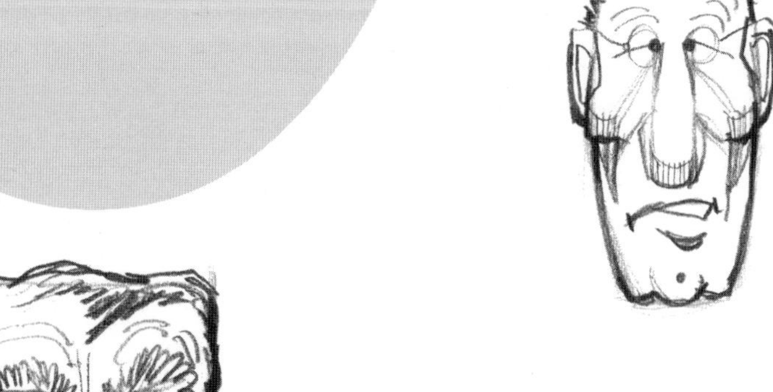

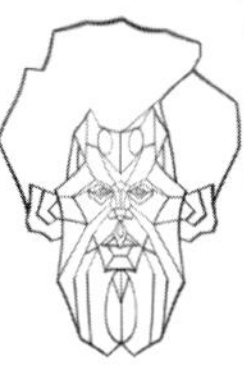

Dans chaque figure de la page précédente, on peut choisir des transformations en déplacant la ligne horizontale et obtenir ainsi d'autres types de visage.

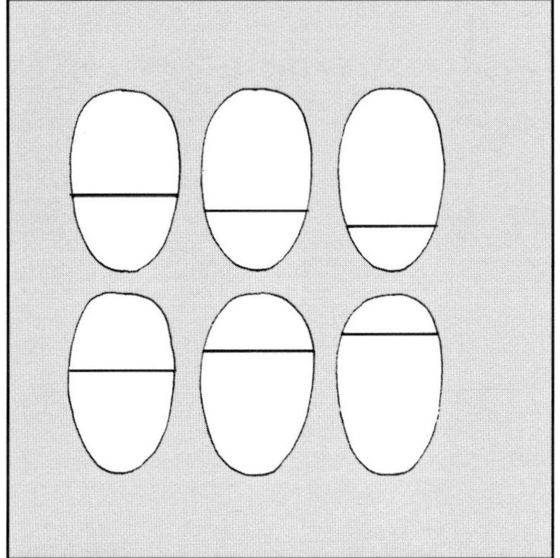

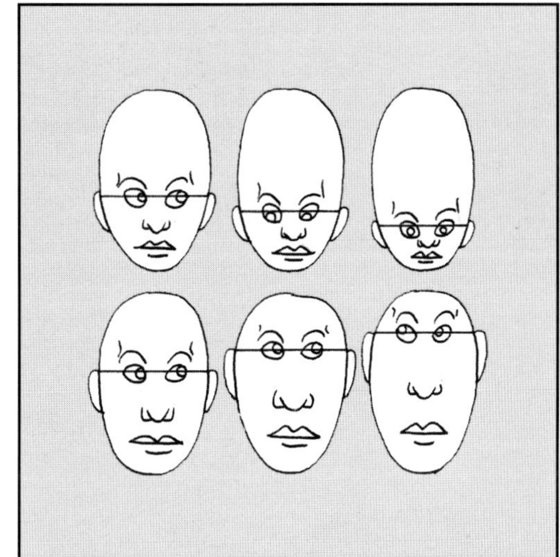

Déplacement de la ligne des yeux en vue frontale. Dessinez un visage à chaque déplacement.

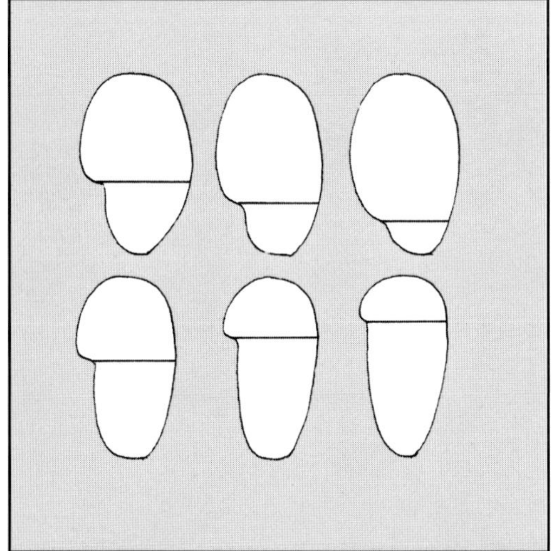

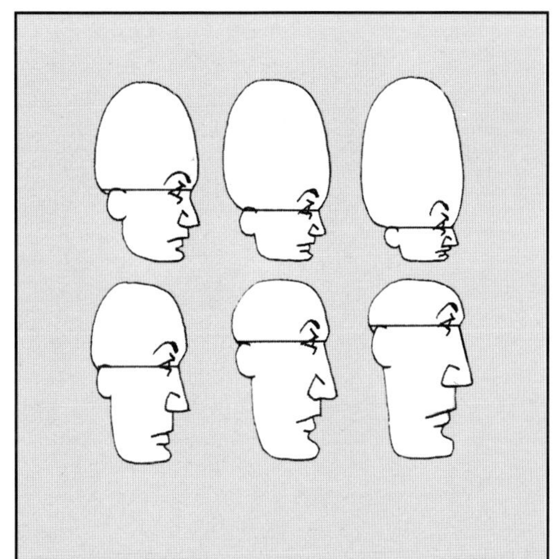

Faites la même chose en déplacant la ligne des yeux dans ces profils.

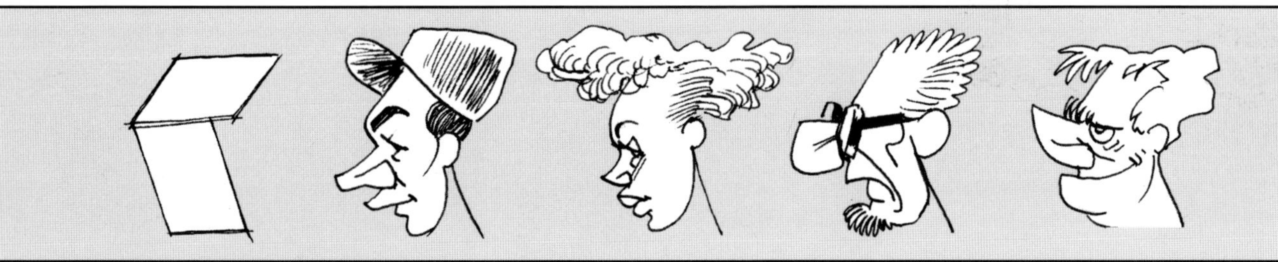

Un exercice intéressant consiste à réaliser des têtes très différentes au départ d'un schéma identique. En combinant les formes et transformations différentes, il est clair aue l'on peut réaliser une série infinie de têtes.

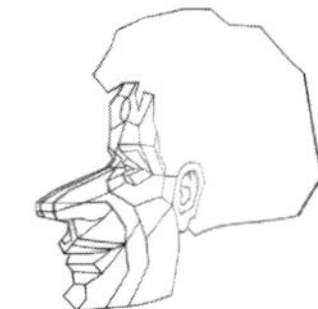

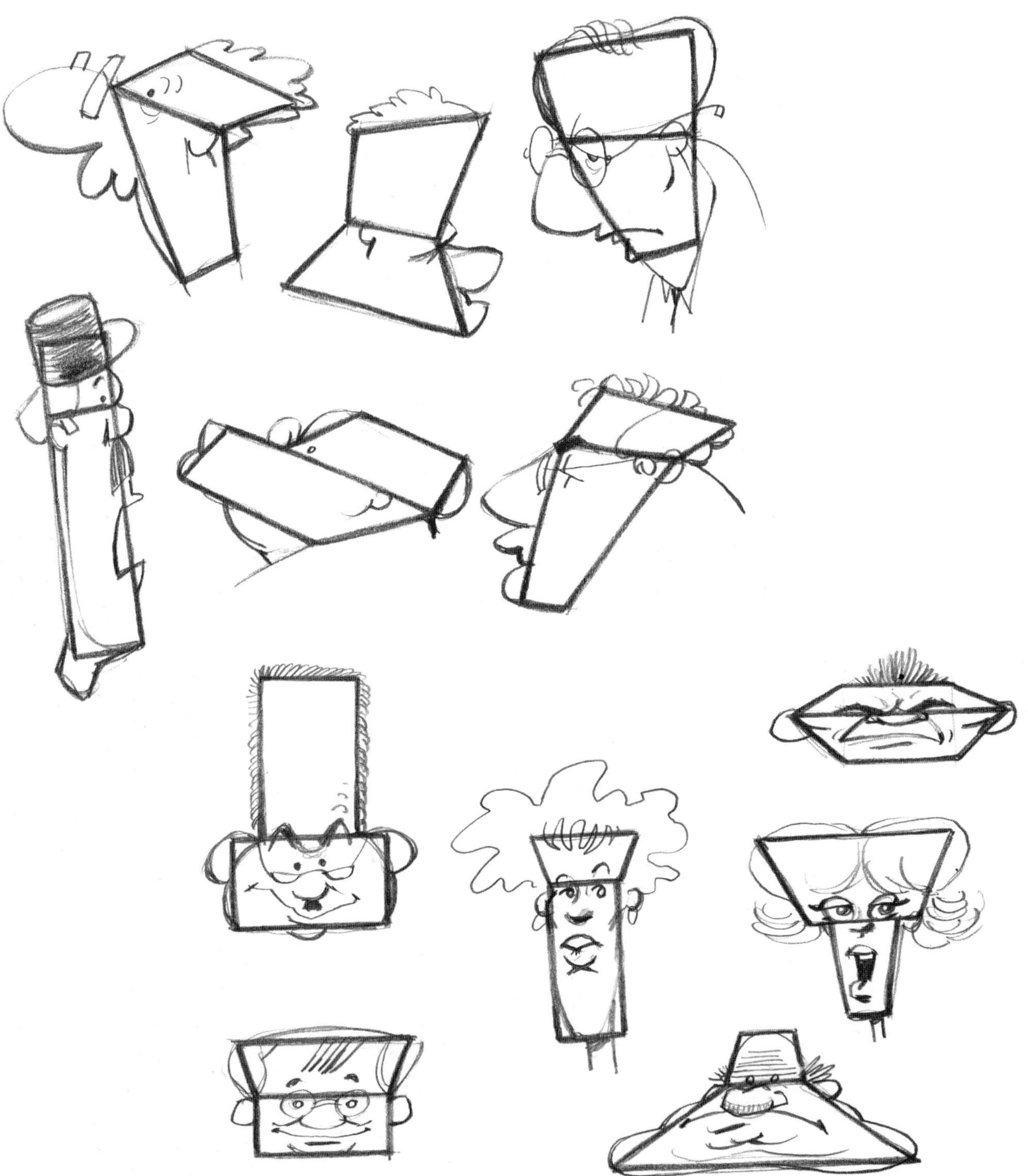

Il est parfois préférable d'utiliser deux parallèlepipèdes que la forme ovale pour la construction des têtes. Le premier sert pour la partie cervicale, le second comprenant les yeux jusqu'au menton. Ils permettent de se distancier plus facilement de la tête de base et ainsi accentuer les difformités.

Page de droite :
Plus difficile à dessiner mais très utile pour se faire une idée de la construction d'un visage de trois-quarts : l'emploi de volumes, ce qui est une prolongation de l'exercice ci-dessus. En utilisant cette méthode, on a l'impression de sculpter un visage !Les dessins n'ont plus le seul aspect d'une image plate mais celui de figurines en bois que l'on pourrait prendre en main.

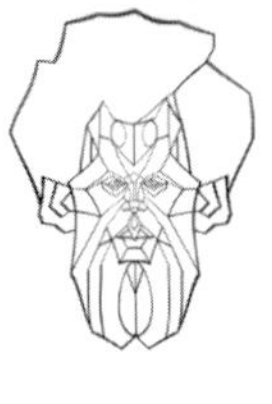

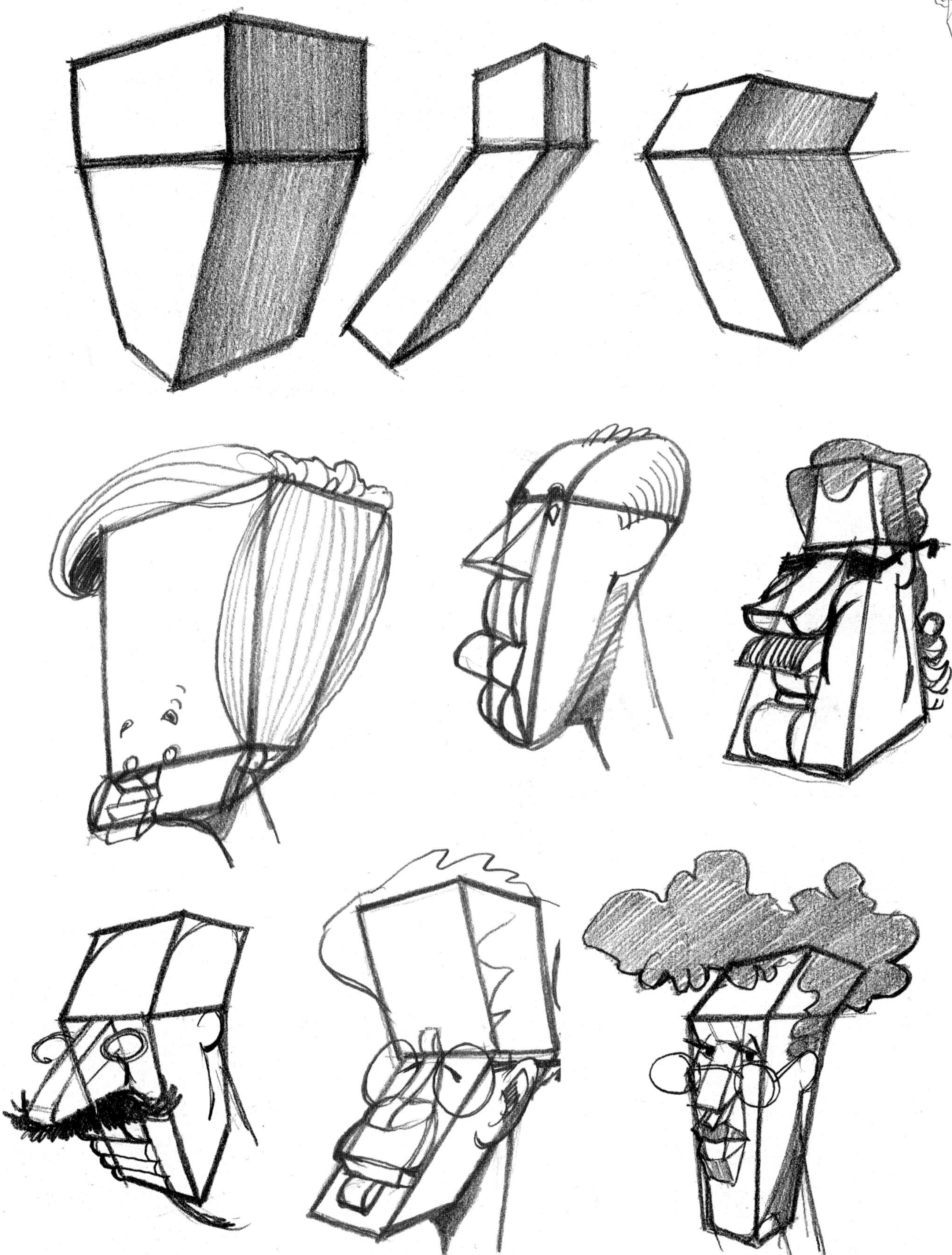

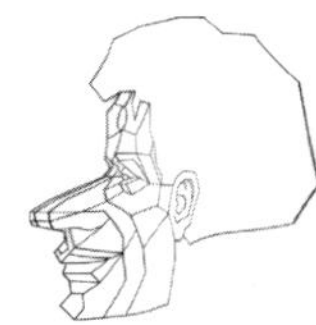

4.4.4.

CRÂNES EN DEMI-TEINTE.

Comme on a pu l'apprendre à la page 38 et 39, le crâne est le véritable guide pour transformer un visage. Rien ne peut être laissé de côté pour tenter l'impossible : dessinez d'abord un crâne déformé et construisez par la suite le visage et la tête. Evidemment, le crâne ne doit pas comporter trop de détails ; il disparaîtra totalement par la suite. Cet exercice peut être utile pour avoir une connaissance générale de la tête et du crâne humain en particulier.

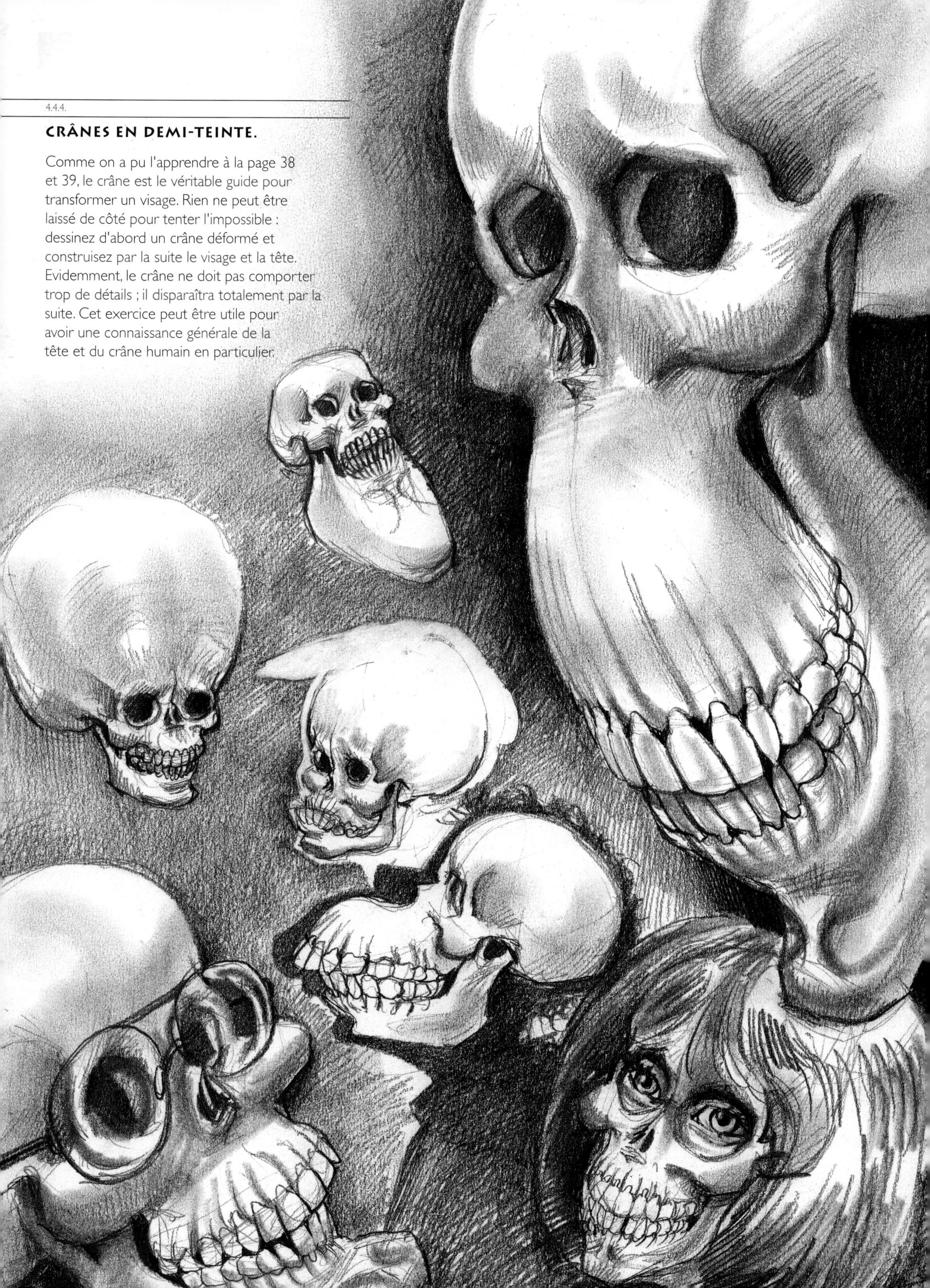

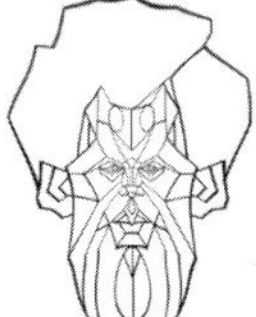

4.5.

LES PARTIES DU VISAGE.

4.5.1.

LES YEUX

Les yeux sont le moyen d'expression le plus évident dans la vie sociale. Ils sont si expressifs qu'ils trahissent aisément les sentiments. A moins d'être un excellent comédien !
Néanmoins, l'oeil pris à part (en tant que globe) est inexpressif. C'est l'environnement de l'oeil qui détermine la joie, la colère ou le chagrin.

En riant, c'est la joue qui relève la paupière inférieure et donne un aspect rieur à l'oeil. Ceux qui rient très souvent, ont des yeux typiquement ridés aux extrémités extérieures de l'oeil.

Les sourcis sont froncés par la colère et accentuent un regard noir. L'environnement de l'oeil joue également son rôle avec le chagrin : les muscles près des sourcils sont très importants. Dans ce cas, la modification se porte sur l'oeil lui-même : les larmes accentuent l'état des sentiments.

L'oeil subit lui-même des changements. La grandeur de la pupille se modifie : elle a tendance a diminuer face à une lumière intense afin de protéger l'oeil tandis qu'elle s'agrandit dans le cas contraire pour capter un maximum de lumière. La pupille n'est pas uniquement sensible à la lumière : des états d'angoisse ou de colère l'influencent, de même selon les sentiments amoureux ou parentals.

Bien dessiner les yeux est important. A l'oeuvre aucune erreur n'est permise. Les sentiments les plus profonds sont rendus par quelques petits détails bien reproduits.

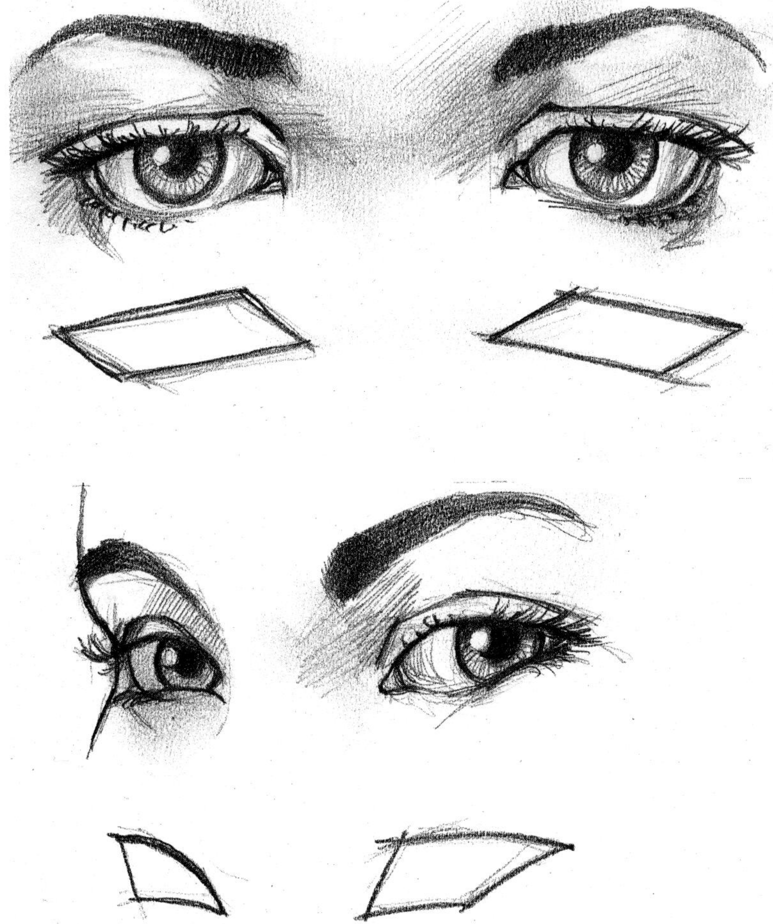

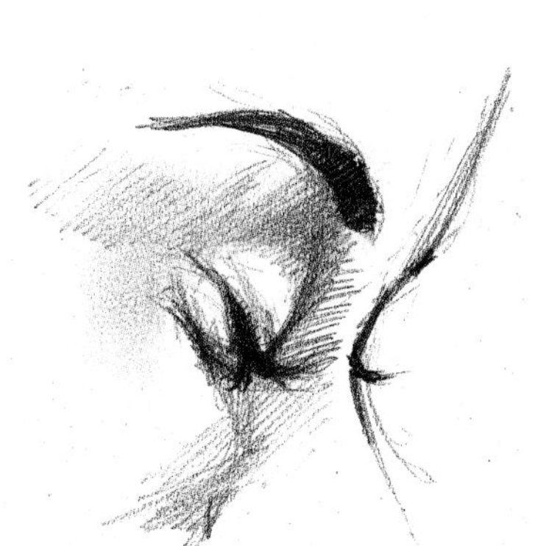

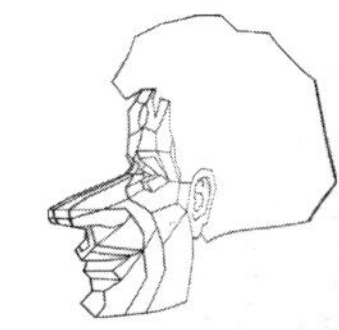

QUELQUES TRUCS POUR DESSINER LES YEUX ...

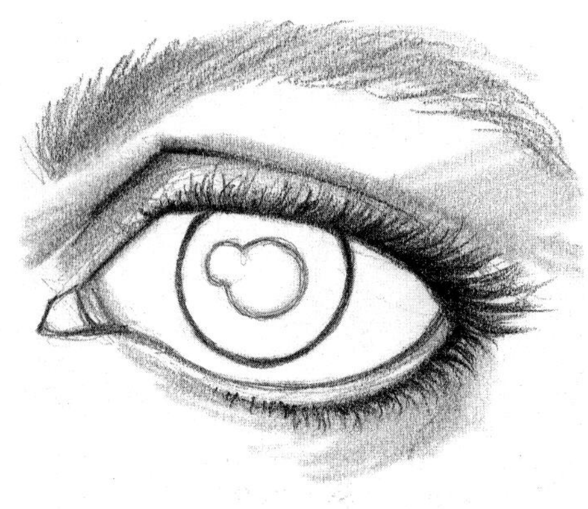

Les cils supérieurs sont courts du côté intérieur et longs du côté extérieur. Courbés ils sont de plus en plus clairs, allant de l'épais au fin. Les cils inférieurs ne vont pas jusqu'au bout de l'oeil mais uniquement vers le bord extérieur.

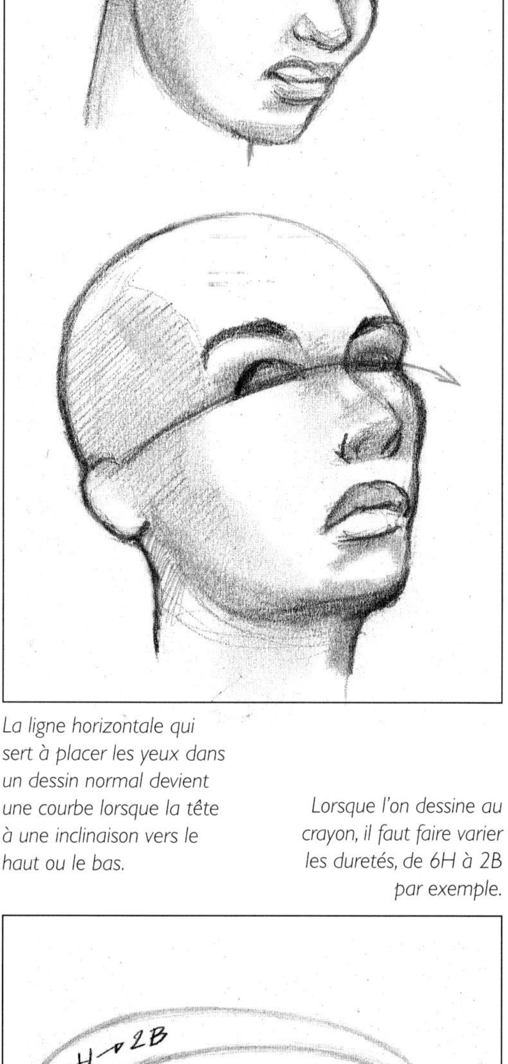

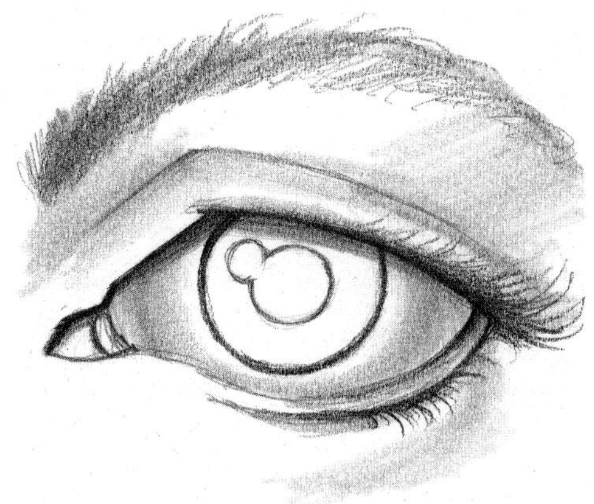

Le blanc de l'oeil n'est pas tout à fait blanc. L'exemple au-dessus montre un ombrage normal de l'iris. Il est préférable de commencer par un ombrage plus sombre sous la paupière et l'éclairer de bas en haut.

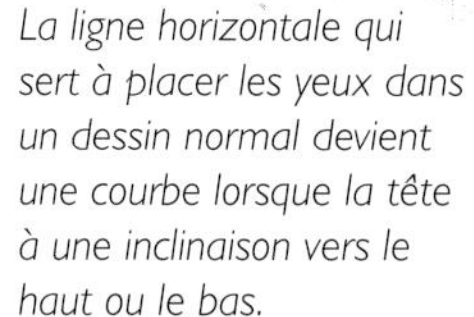

La ligne horizontale qui sert à placer les yeux dans un dessin normal devient une courbe lorsque la tête à une inclinaison vers le haut ou le bas.

Lorsque l'on dessine au crayon, il faut faire varier les duretés, de 6H à 2B par exemple.

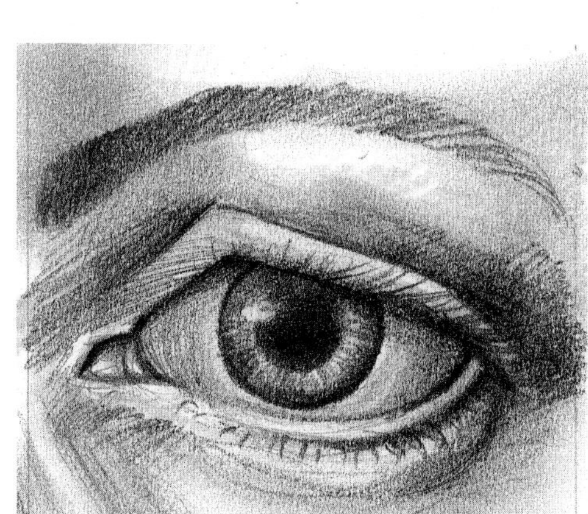

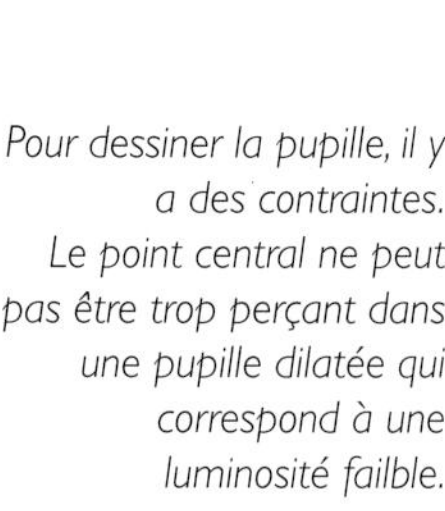

Pour dessiner la pupille, il y a des contraintes. Le point central ne peut pas être trop perçant dans une pupille dilatée qui correspond à une luminosité faible.

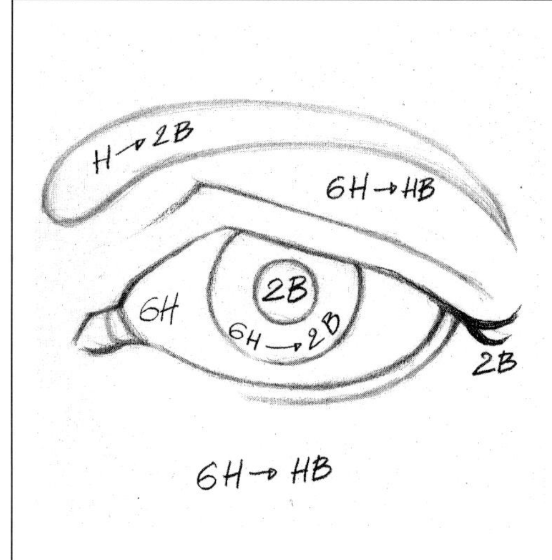

LE YEUX DANS LA CARICATURE

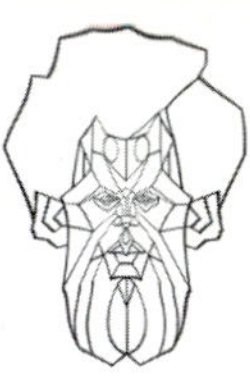

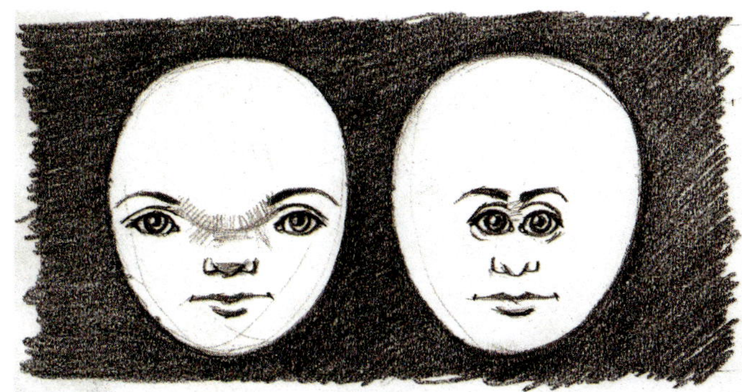

Positionnement

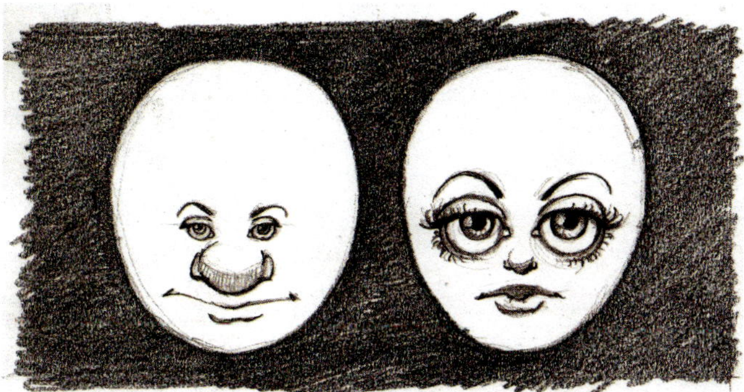

Volume

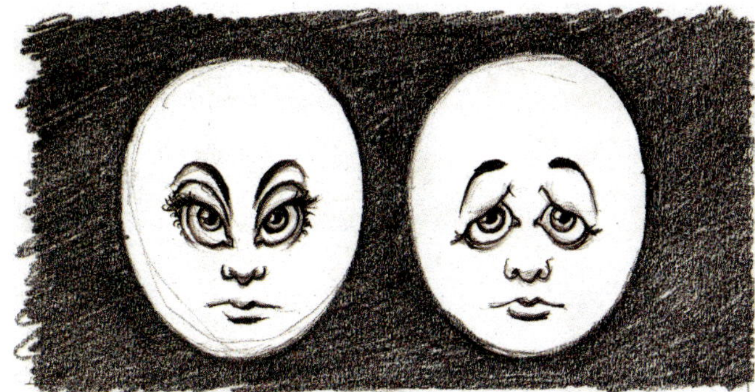

Direction

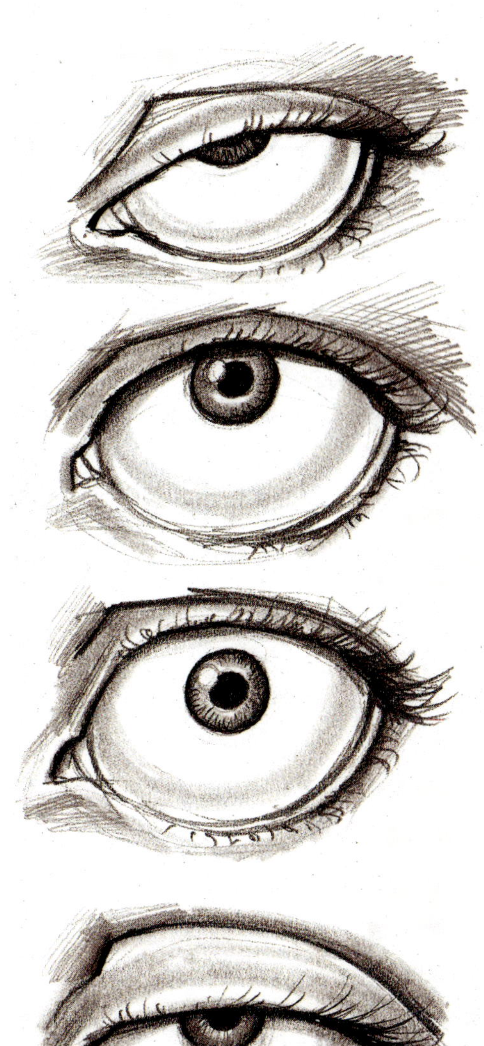

De haut en bas:
1. La disposition quasi complète de l'iris.
2. Un blanc des yeux très important.
3. Regard perçant en plaçant l'iris dans le blanc sans contact avec la paupière.
4. Agrandissement de l'oeil d'en haut.

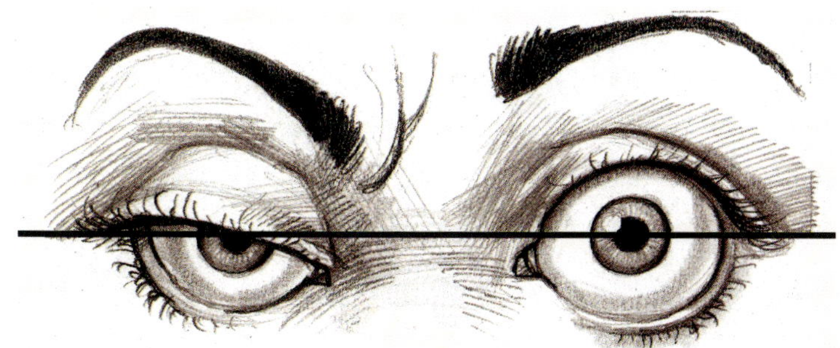

Dans la représentation asymétrique des yeux, les iris et les pupilles restent à la même hauteur.

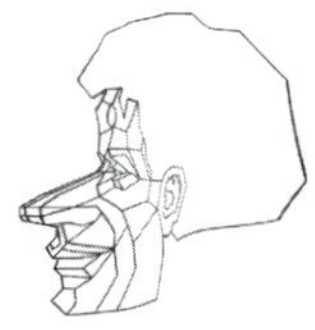

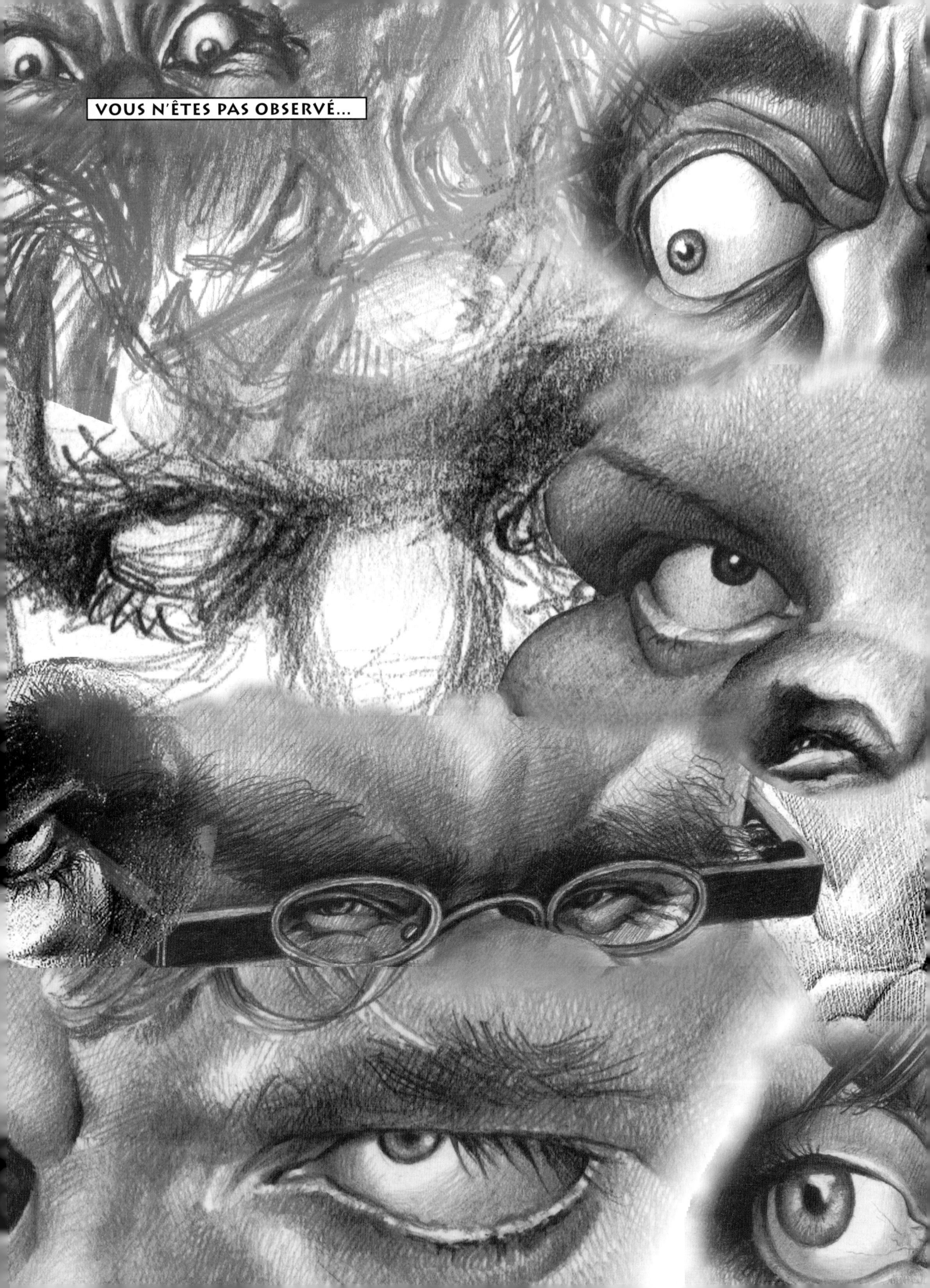
VOUS N'ÊTES PAS OBSERVÉ...

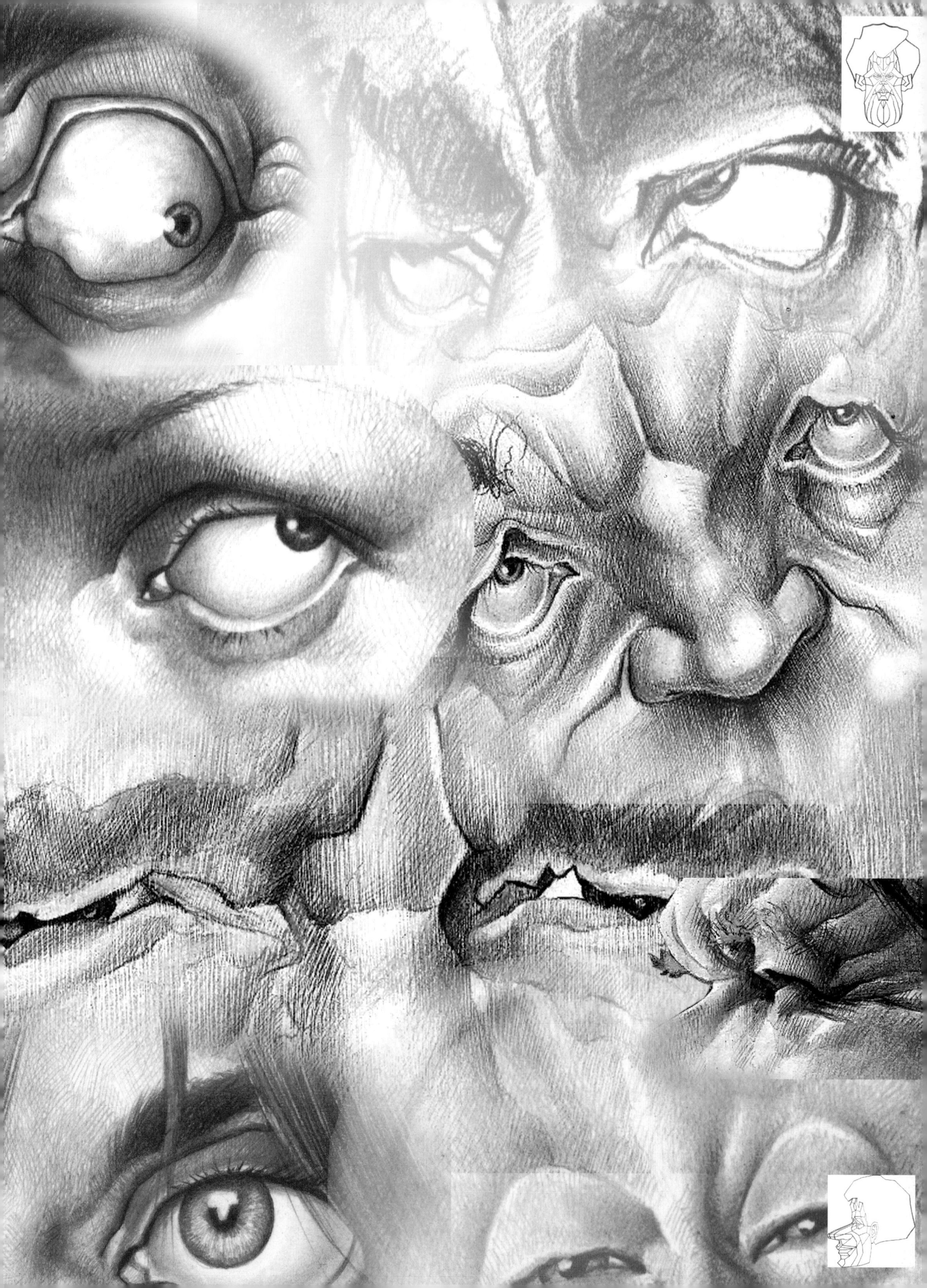

4.5.2.

LE NEZ

De profil, le nez est certainement la partie de la tête la plus facile à dessiner. De plus, et c'est capital, le plus amusant pour le caricaturiste.
Le nez a quelque chose d'impersonnel du fait qu'il ne livre aucun sentiment. Le dessiner lors d'une séance de pose est sans danger ! Les gens savent qu'ils ont un nez court, ridicule, gros, crochu, large ou normal ! Ils sont contents lorsqu'ils ne sont que "menés par le bout du nez".
Lorsqu'ils découvrent le dessin, ils le commentent : "Oui, je sais bien que j'ai un long nez, c'est comme cela qu'il devait être dessiné !"
Ils utilisent la langue de bois comme s'ils voulaient dire : "Si je commence par le nez, j'épargne le reste de mon visage." Ils évitent de mentionner des yeux qui louchent, une denture imparfaite ou un menton fuyant...
Nous écrivions d'abord que le nez est facile à dessiner. Il s'agit bien d'un dessin vu de profil. On observe une silhouette clairement détachée que l'on reproduit avec bienveillance sur la feuille.
C'est le profil du nez qui laisse rêveur. En plus, il n'y a qu'une narine visible, ce qui rend la tâche plus facile. La seule chose à prendre en compte, c'est de vérifier si la narine intérieure se voit. Il faut pour cela qu'elle soit très haute et laisse apparaître l'intérieur du nez !
L'éclairage a beaucoup d'importance. Un éclairage vif permet de faire ressortir franchement les ombres et les parties plus claires.

Un stade supérieur dans la difficulté de dessiner le nez est franchi lorsque l'on regarde de trois-quarts. Dans le meilleur des cas, on peut observer la pente du nez mais la deuxième narine est également présente dans une version plus courte ! La difficulté réside dans le placement exact de celle-ci. Il faut donc créer du volume en mettant des ombres qui feront ressortir le nez par rapport à l'ensemble du visage.

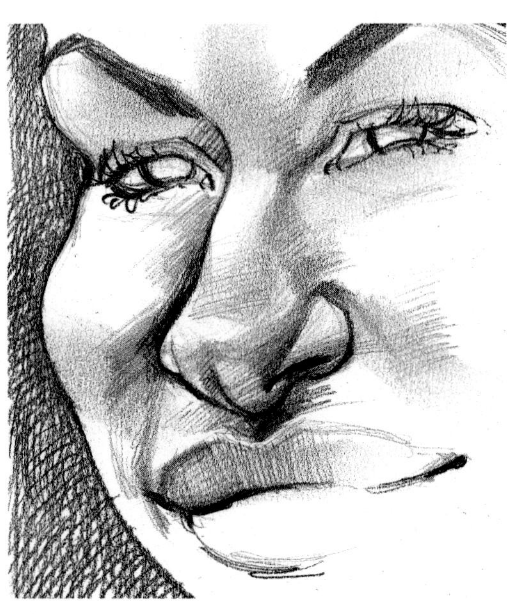

Le plus ardu dans le cas du nez, c'est le rendu à obtenir pour représenter son avant-plan.
C'est une faute traditionnelle chez les débutants. Leurs dessins comportent une quantité de détails qui se réfèrent au nez mais, en fait, la ressemblance avec le modèle est loupée. La mémoire du dessinateur est en cause.
Pendant l'enfance, on a appris quelques trucs, de l'école ou d'un membre de la famille, pour représenter facilement un nez. En voici quelques tristes exemples ci-dessous :

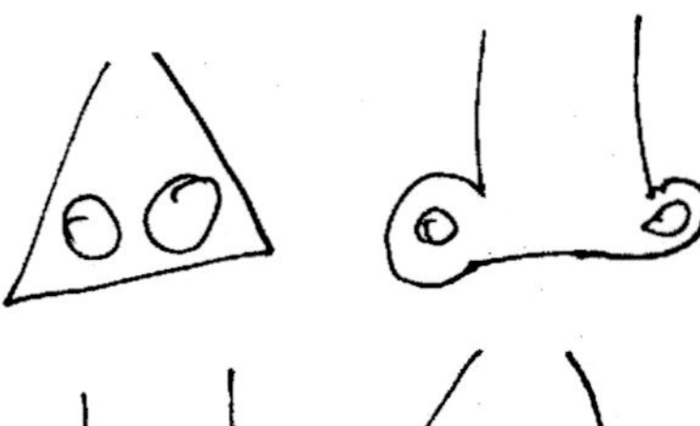

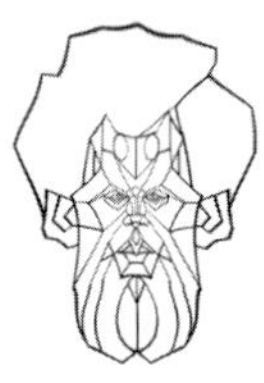

Le but de cette suite de dessins exemplatifs et de ce livre en général est de faire progresser le candidat dessinateur en utilisant le langage même du dessin.
Les formes apprises antérieurement étaient inspirées de vues de face et dessinées au trait.
La solution proposée ici est aussi facile : oubliez la pente du nez tant que vous travaillez l'arrête nasale au trait. Dessinez en priorité le bas du nez.
Ne commencez pas par les narines mais laissez les pour la fin car elles sont les "accompagnatrices" du bout du nez.
Trop souvent, les dessinateurs sousestiment le bout du nez au profit des narines.

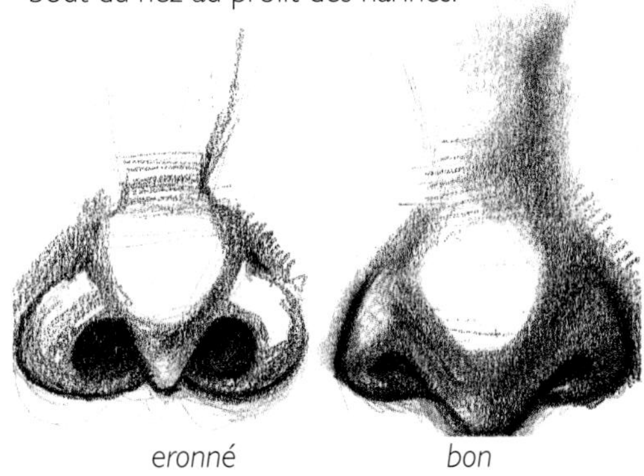

eronné *bon*

Si l'on ne peut dessiner l'arrête nasale d'un seul trait, que faut-il faire ?
La solution, c'est d'ombrer ! A l'aide de couleurs claires et de dégradés plus sombres, on peut obtenir un résultat très réaliste. Dans ce cas-ci, encore plus que pour le dessin de trois-quarts, il est important d'utiliser les dégradés pour placer le nez efficacement dans le visage.
Sur cette page, d'autres trucs sont présentés pour résoudre les problèmes auxquels on peut être confronté en dessinant les premiers nez. Tenez bien compte qu'il s'agit ici de réalisations fidèles.
Page suivante, nous donnons d'autres conseils pour obtenir de véritables caricatures de nez !

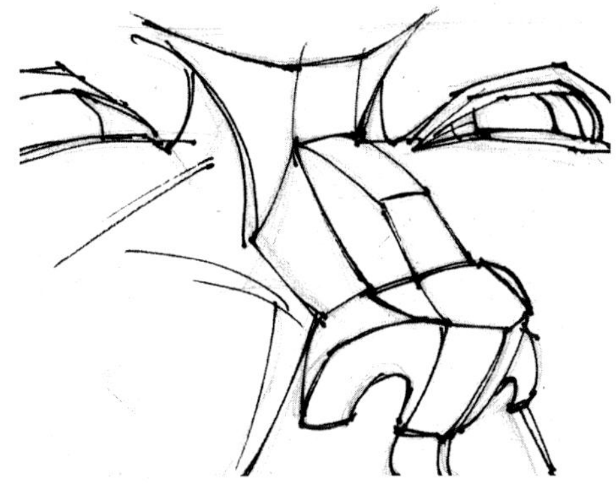

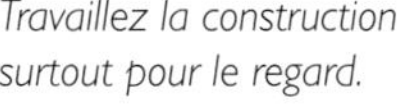

Travaillez la construction surtout pour le regard.

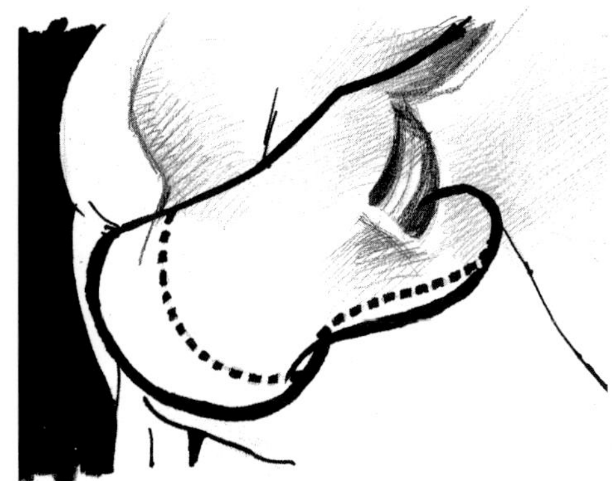

Les personnes âgées ont plus souvent que les jeunes des longs nez.
C'est la croissance constante du crâne qui est responsable.

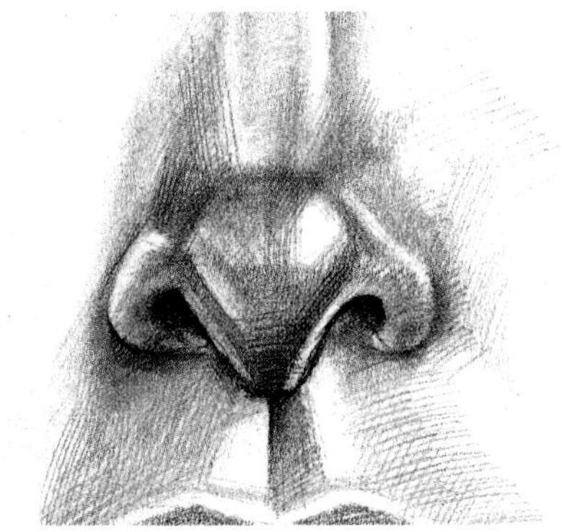

Dessinez toujours le nez en trois dimensions en indiquant les zones claires et les sombres.

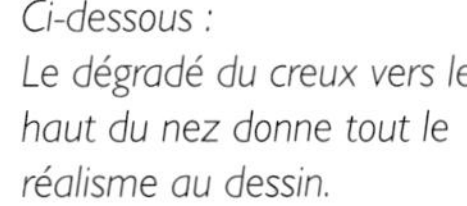

Ci-dessous :
Le dégradé du creux vers le haut du nez donne tout le réalisme au dessin.

L'erreur la plus courante dans l'exécution du nez de face est la reproduction de la pente du nez.
Dans les meilleurs cas, une ombre complète le dessin mais casse la transition entre le nez (avant-plan) et les joues (arrière-plan).

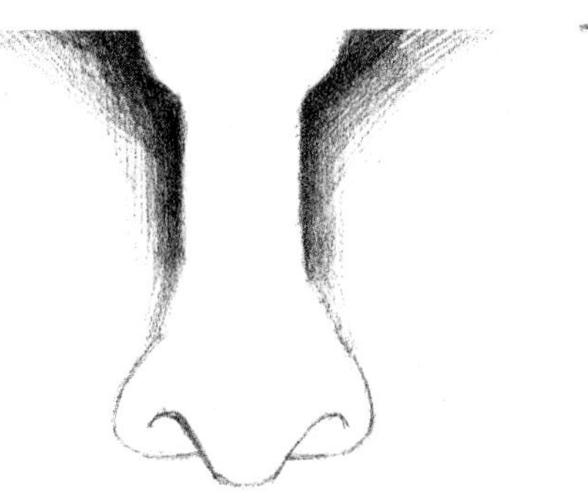

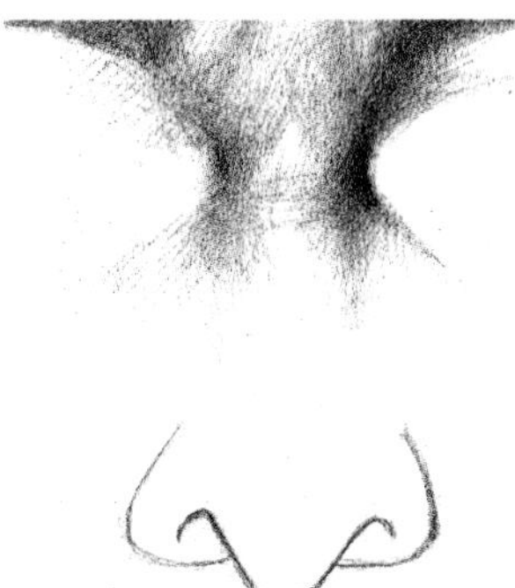

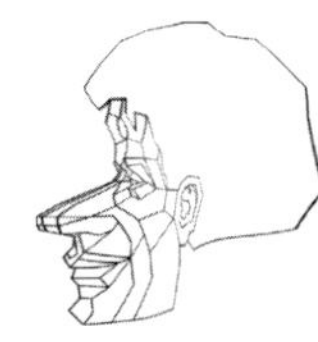

QUELQUES TRUCS POUR CARICATURER DES NEZ...

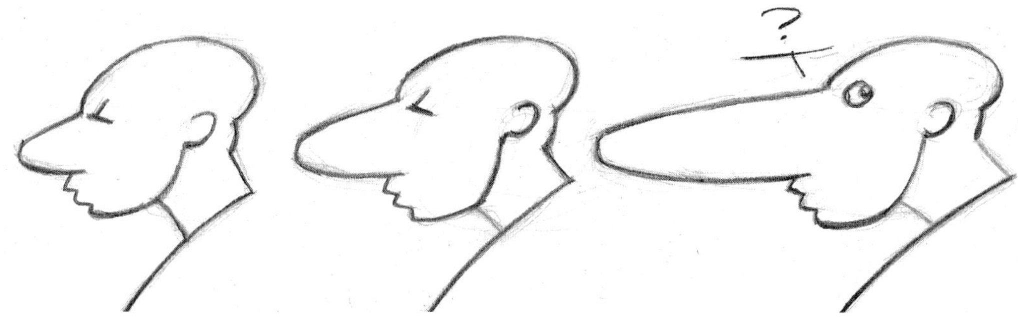

Une exécution exagérée conduit à une rupture avec la réalité.

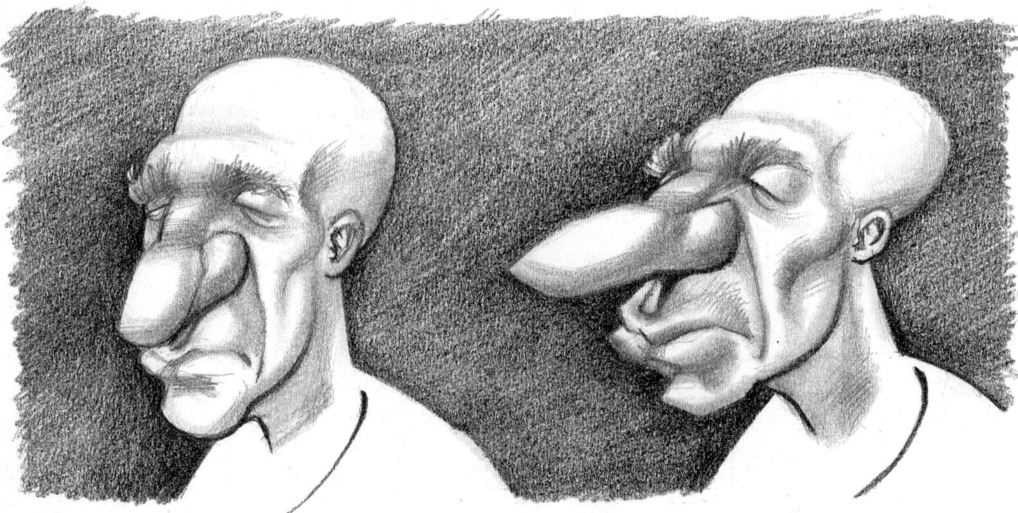

Si l'on étire le nez en profil il vaut mieux privilégier le sens horizontal ou vertical.

Etirement vertical (1) l'entièreté de la tête prend un sens vertical.

Etirement horizontal (2) le nez n'est pas agrandi à sa base mais dans la longueur. Le résultat est encore meilleur grâce au rétrécissement du crâne. Plus d'espace est laissé à la bouche et au cou.

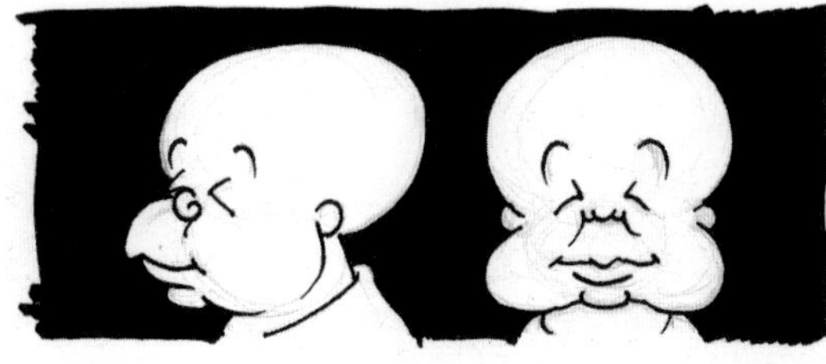

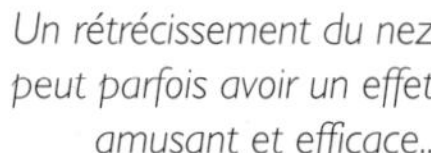

Un rétrécissement du nez peut parfois avoir un effet amusant et efficace..

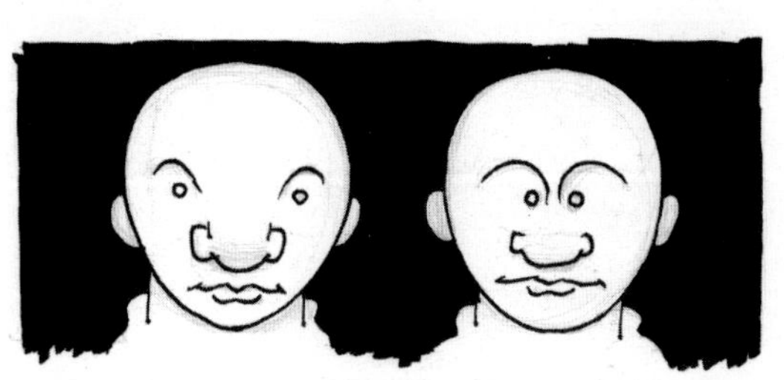

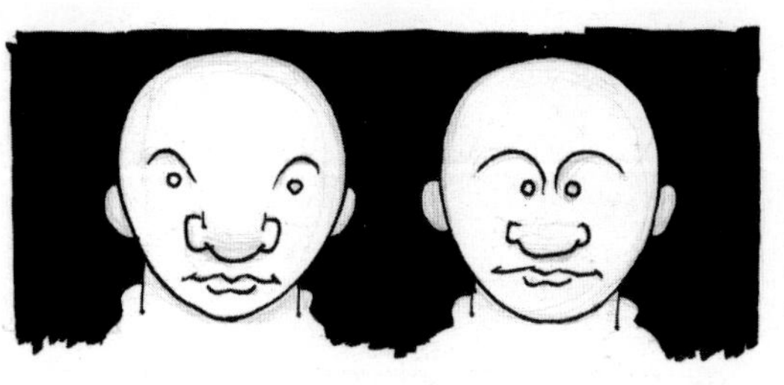

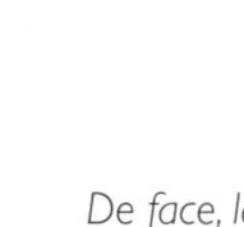

De face, la forme du nez est très importante: large ou étroite ?

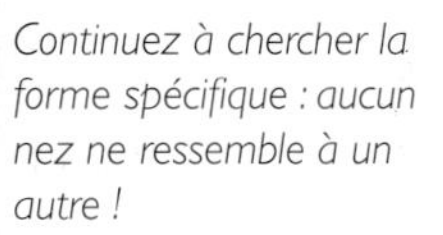

Continuez à chercher la forme spécifique : aucun nez ne ressemble à un autre !

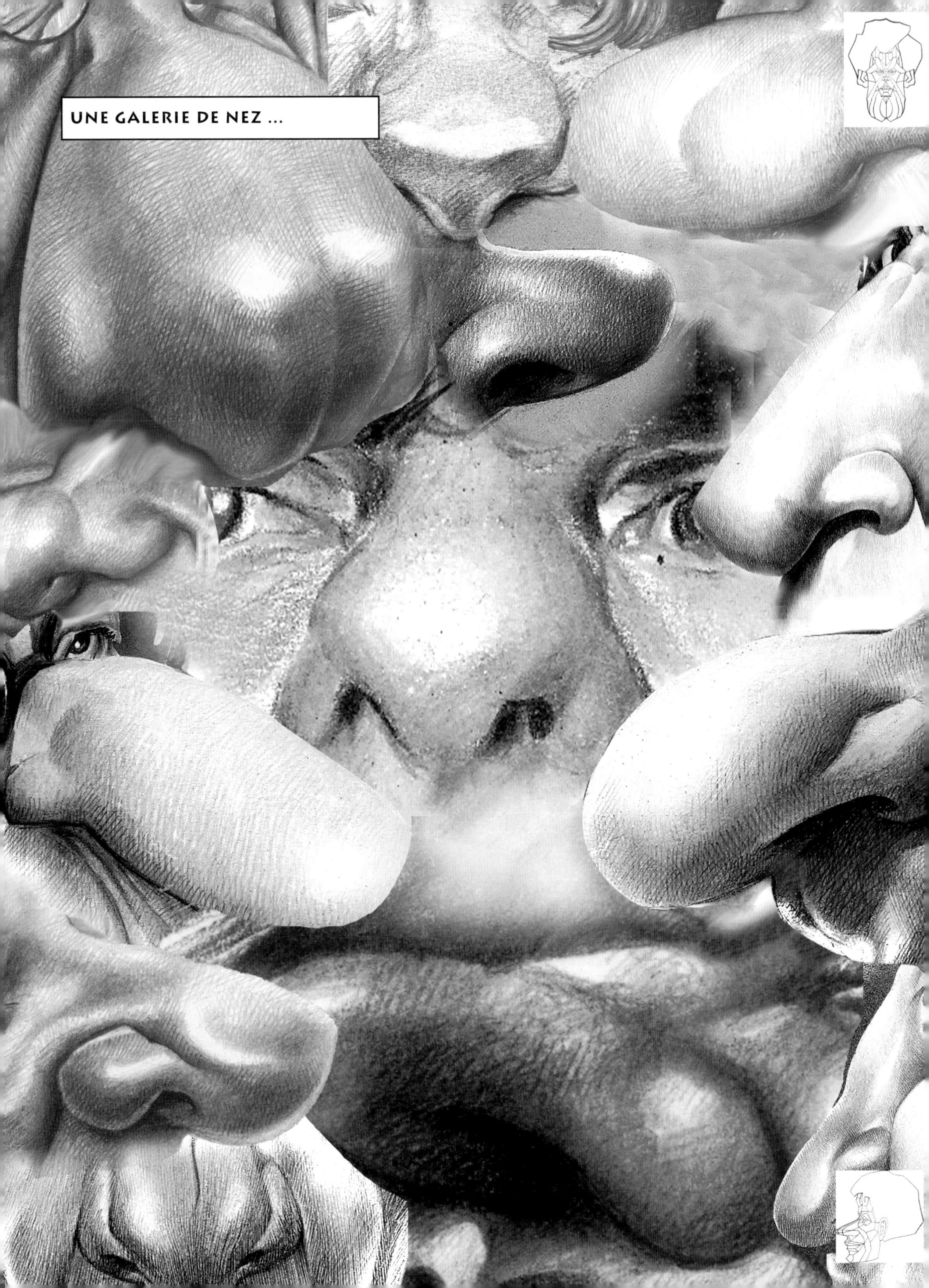
UNE GALERIE DE NEZ ...

4.5.3.

LA BOUCHE.

Expliquer comment on peut dessiner une bouche est très difficile car, en soi, la bouche n'existe pas. Il est vrai qu'elle peut avoir bien des formes. Elle est riche d'expressions, est le porte-parole de notre pensée, nous permet de manger et boire, d'embrasser et bien d'autres choses.
Tout cela est possible parce qu'elle est pourvue d'un système musculaire approprié (autour de la bouche et dans les lèvres).
Parmi les nombreuses expressions, nous pouvons d'abord les classer en deux groupes distincts : celles qui dévoilent la dentition et celles qui la cachent.
Une bouche fermée pose moins de problèmes pour dessiner qu'une bouche ouverte; les dents n'étant pas de la même "matière" que la peau, elles exigent un traitement différent.

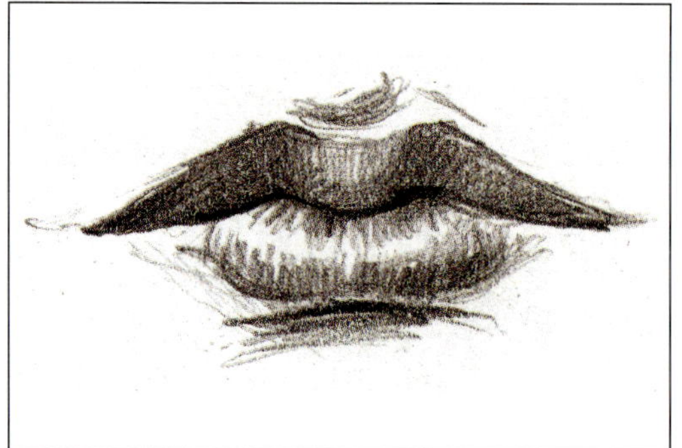

La bouche présente différentes attitudes où les dents jouent un rôle de par la matière distincte de la peau.

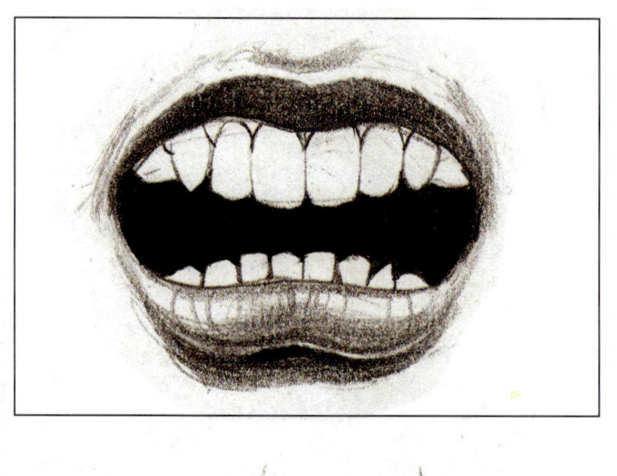

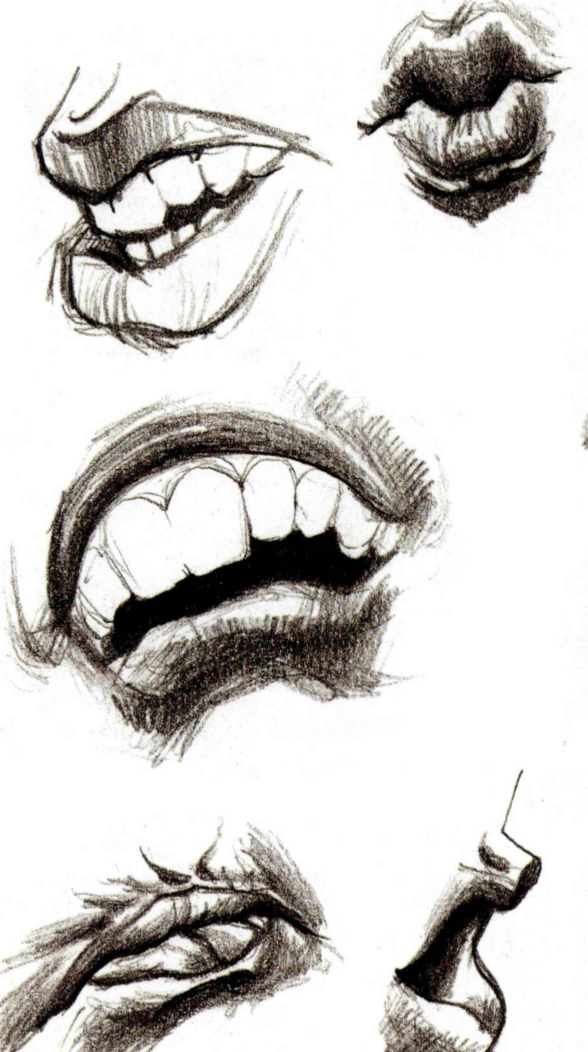

Voici quelques exemples de formes expressives de la bouche.
Les lèvres ne sont pas les seuls détails importants dans une caricature mais, l'âge du sujet, la position du menton, la position et la forme des dents le sont également.

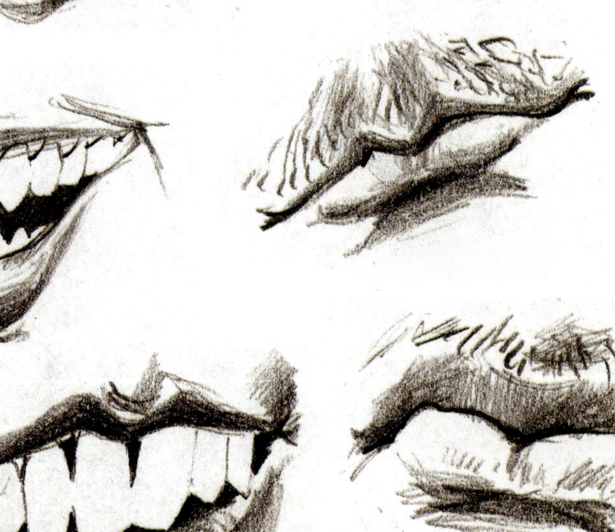

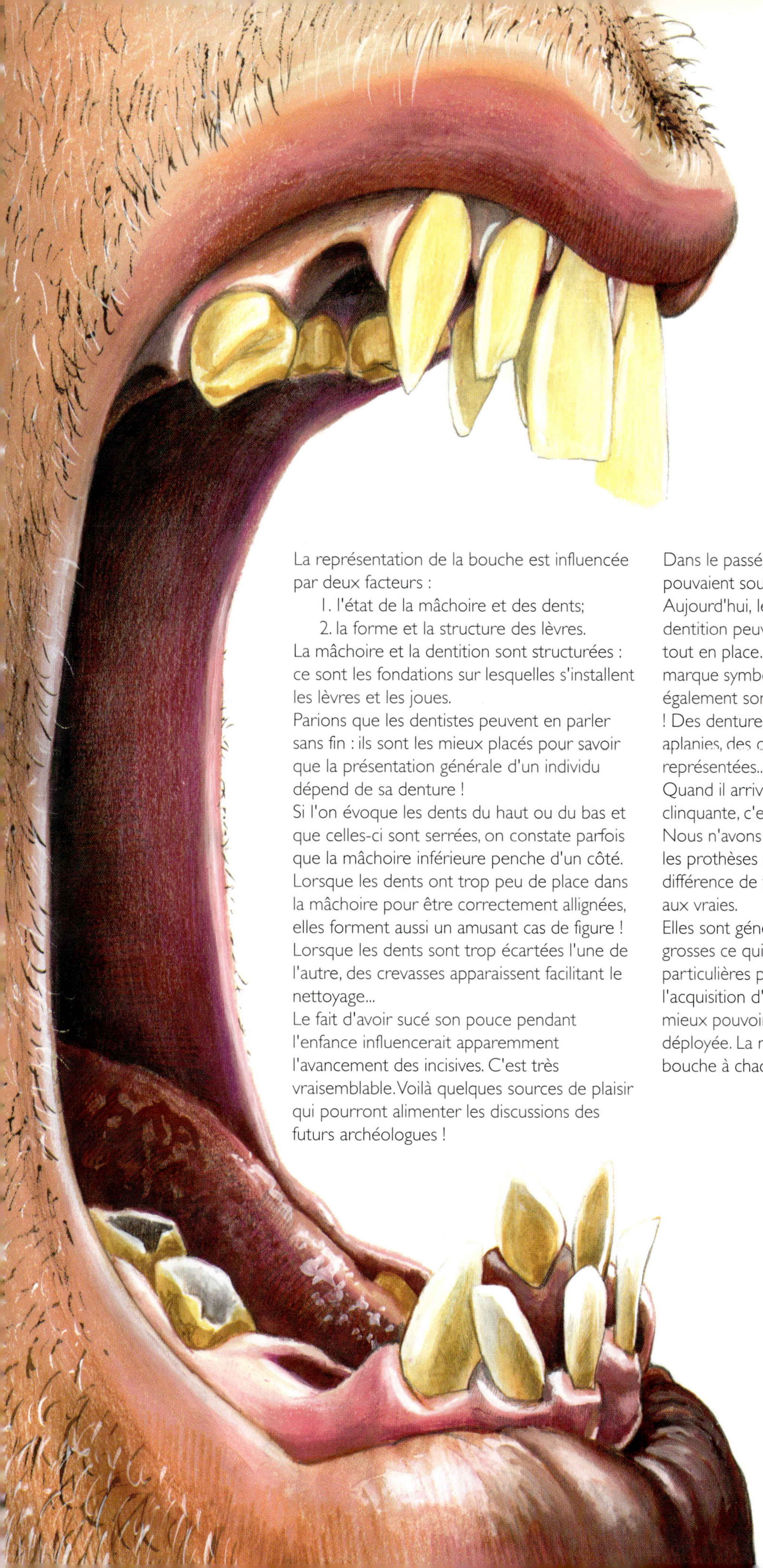

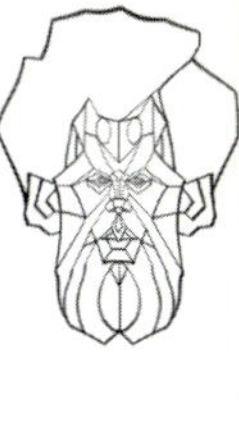

Chaque bouche diffère...*

La représentation de la bouche est influencée par deux facteurs :

1. l'état de la mâchoire et des dents;
2. la forme et la structure des lèvres.

La mâchoire et la dentition sont structurées : ce sont les fondations sur lesquelles s'installent les lèvres et les joues.

Parions que les dentistes peuvent en parler sans fin : ils sont les mieux placés pour savoir que la présentation générale d'un individu dépend de sa denture !

Si l'on évoque les dents du haut ou du bas et que celles-ci sont serrées, on constate parfois que la mâchoire inférieure penche d'un côté.

Lorsque les dents ont trop peu de place dans la mâchoire pour être correctement allignées, elles forment aussi un amusant cas de figure !

Lorsque les dents sont trop écartées l'une de l'autre, des crevasses apparaissent facilitant le nettoyage...

Le fait d'avoir sucé son pouce pendant l'enfance influencerait apparemment l'avancement des incisives. C'est très vraisemblable. Voilà quelques sources de plaisir qui pourront alimenter les discussions des futurs archéologues !

Dans le passé, seules les stars de cinéma pouvaient sourire toutes dents déployées. Aujourd'hui, les victimes d'une mauvaise dentition peuvent, non sans mal, faire remettre tout en place. Si la denture est devenue une marque symbolique du status social, elle a également son importance pour le caricaturiste ! Des dentures incomplètes sont parfois aplanies, des carries sont soigneusement représentées...

Quand il arrive que l'entièreté de la bouche est clinquante, c'est le résultat de la dentisterie. Nous n'avons rien contre les fausses dents ou les prothèses mais on remarque toujours une différence de forme ou de volume par rapport aux vraies.

Elles sont généralement trop petites ou trop grosses ce qui provoque des grimaces particulières pour le propriétaire. Après l'acquisition d'une nouvelle denture, il vaudrait mieux pouvoir rire spontanément à gorge déployée. La main ne devrait pas cacher la bouche à chaque fou-rire.

* HEUREUSEMENT!

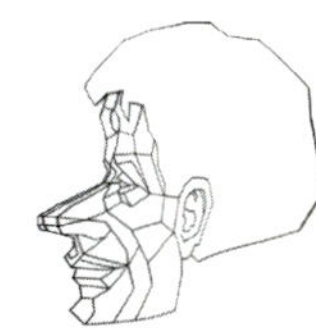

TRUCS POUR DESSINER LA BOUCHE.

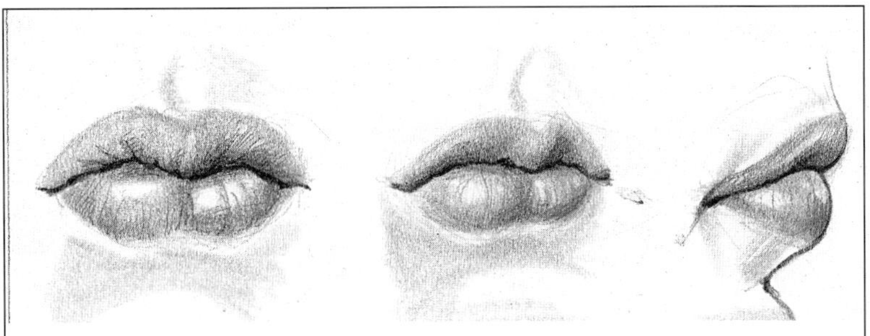

La bouche de face, de trois-quarts et de profil.

Faites attention au rétrécissement de la partie la moins visible des lèvres lorsque l'on observe la bouche de trois-quarts. Cette partie est dissimulée par la courbe des dents.

De profil, les lèvres supérieures surplombent toujours les inférieures. Si ce n'est pas le cas, vous avez affaire à quelqu'un souffrant de malnutrition!

Les ombres des lèvres supérieures diffèrent. Cela est sans doute dû au fait que la lumière vient d'en haut et projette l'ombre de la lèvre supérieure sur celle d'en bas.

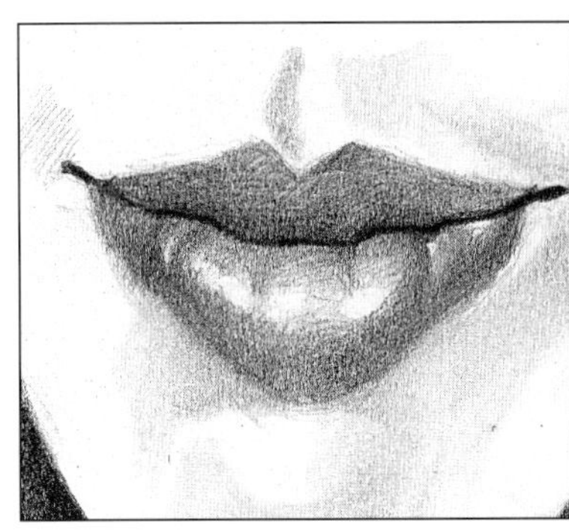

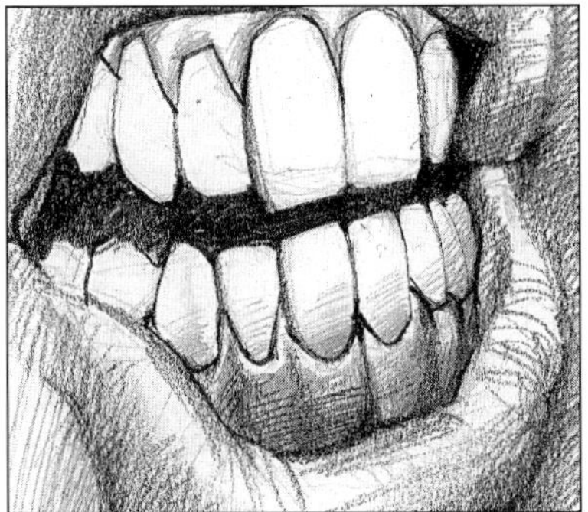

La gencive suit la forme de la denture et est donc clairement tracée. Cependant, l'humidité provoque parfois un éclat excessif.

Les dents ont beaucoup d'importance dans l'expression de force d'un visage. Suivez la courbure des dents lorsque la tête est en arrière. Un bon exercice est de dessiner la gencive en fonction de la forme de la denture vue en contre-bas.

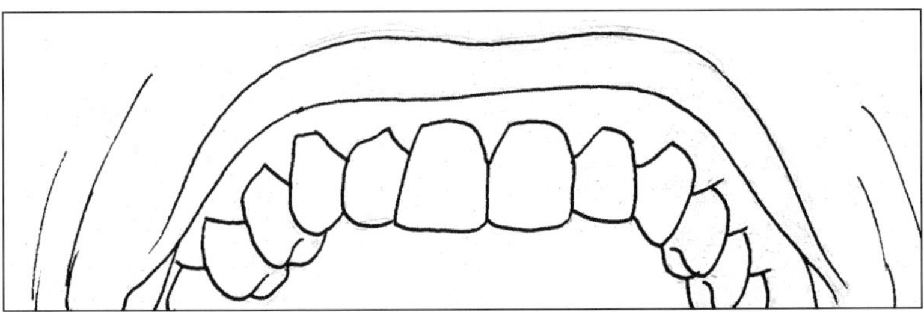

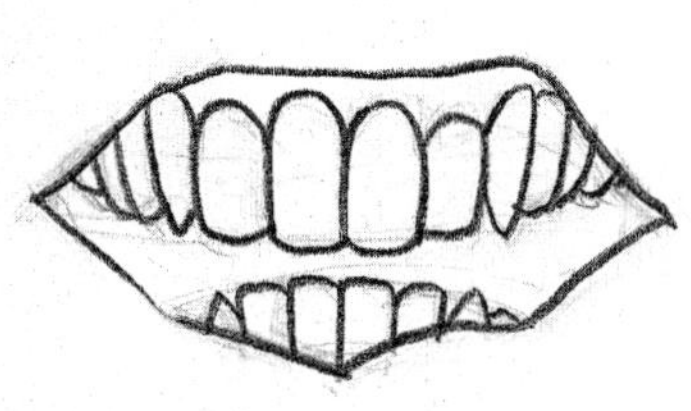

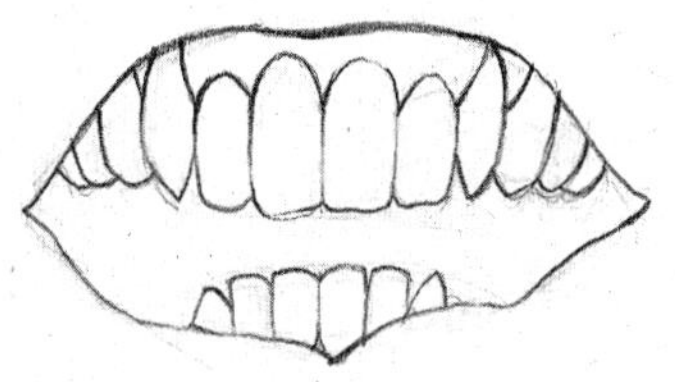

Souvent, la séparation des dents est accentuée par des traits trop lourds. Plus les traits seront fins, mieux sera le résultat. Dans le cas contraire, on dirait qu'il y a une ouverture entre les dents, et le portrait est totalement modifié !

Comment obtenir des dents blanches sur la feuille sans pour autant utiliser de la couleur blanche ? Il suffit d'utiliser le blanc du papier ! Plus grand sera le contraste, plus blanches seront les dents ! Pour faire ressortir la courbure de la mâchoire, dessinez les dents arrières en gris.

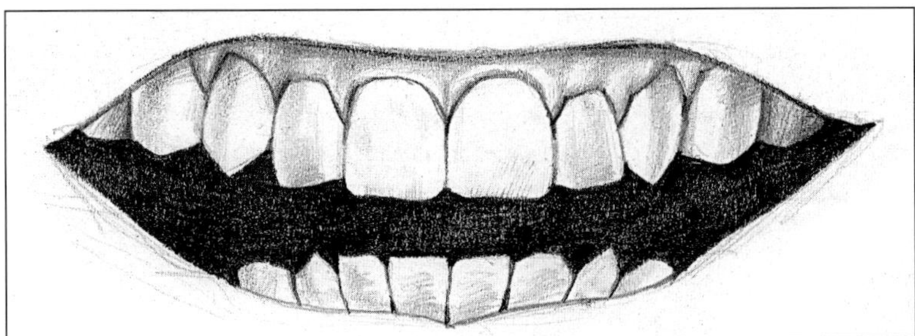

TRUCS POUR CARICATURER LA BOUCHE.

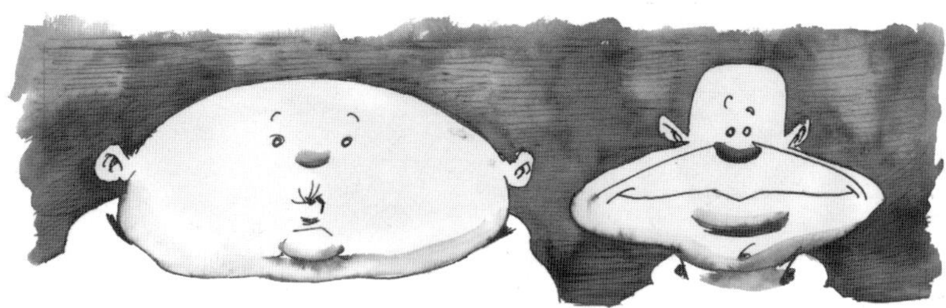

Définir correctement l'importance de la bouche dans un visage est très important.
Si vous pouvez la marquer en l'accentuant dans le visage, vous augmenterez l'effet désiré.

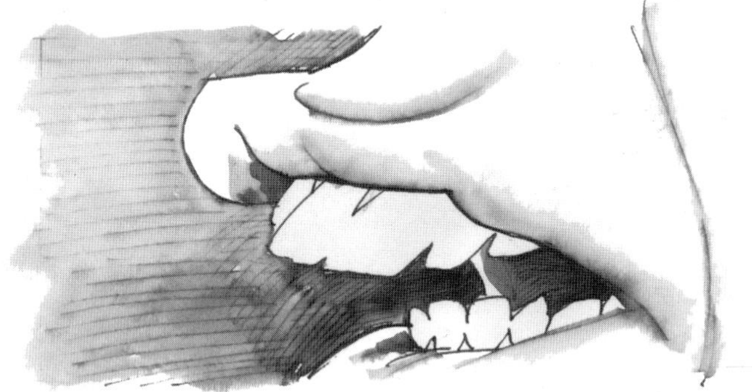

La lèvre du dessus tombe souvent chez les individus ayant une mâchoire supérieure avancée.

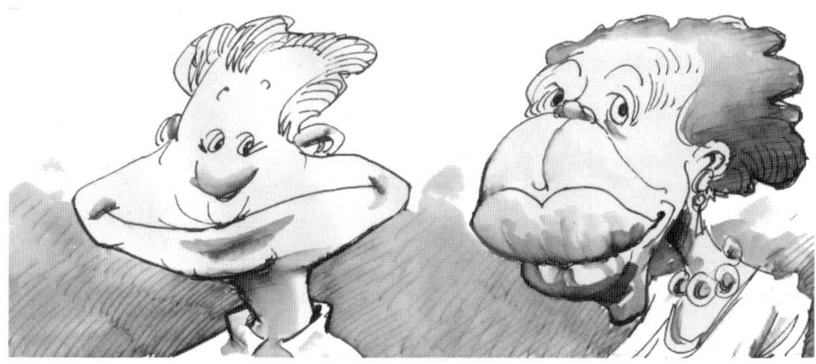

Vous pouvez aller très loin dans la transformation de la bouche.
Le puzzle du visage doit bien aboutir à un bon résultat !

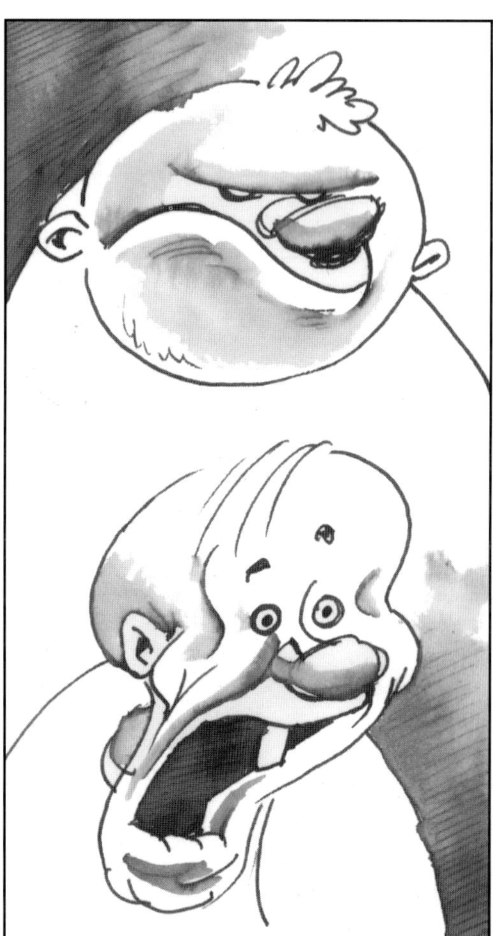

La partie inférieure du crâne est en mouvement par rapport au sommet. Cherchez dès lors les différentes expressions dues à la mobilité de la mâchoire inférieure.

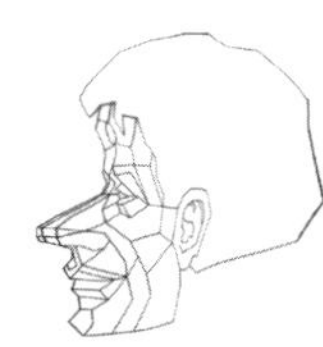

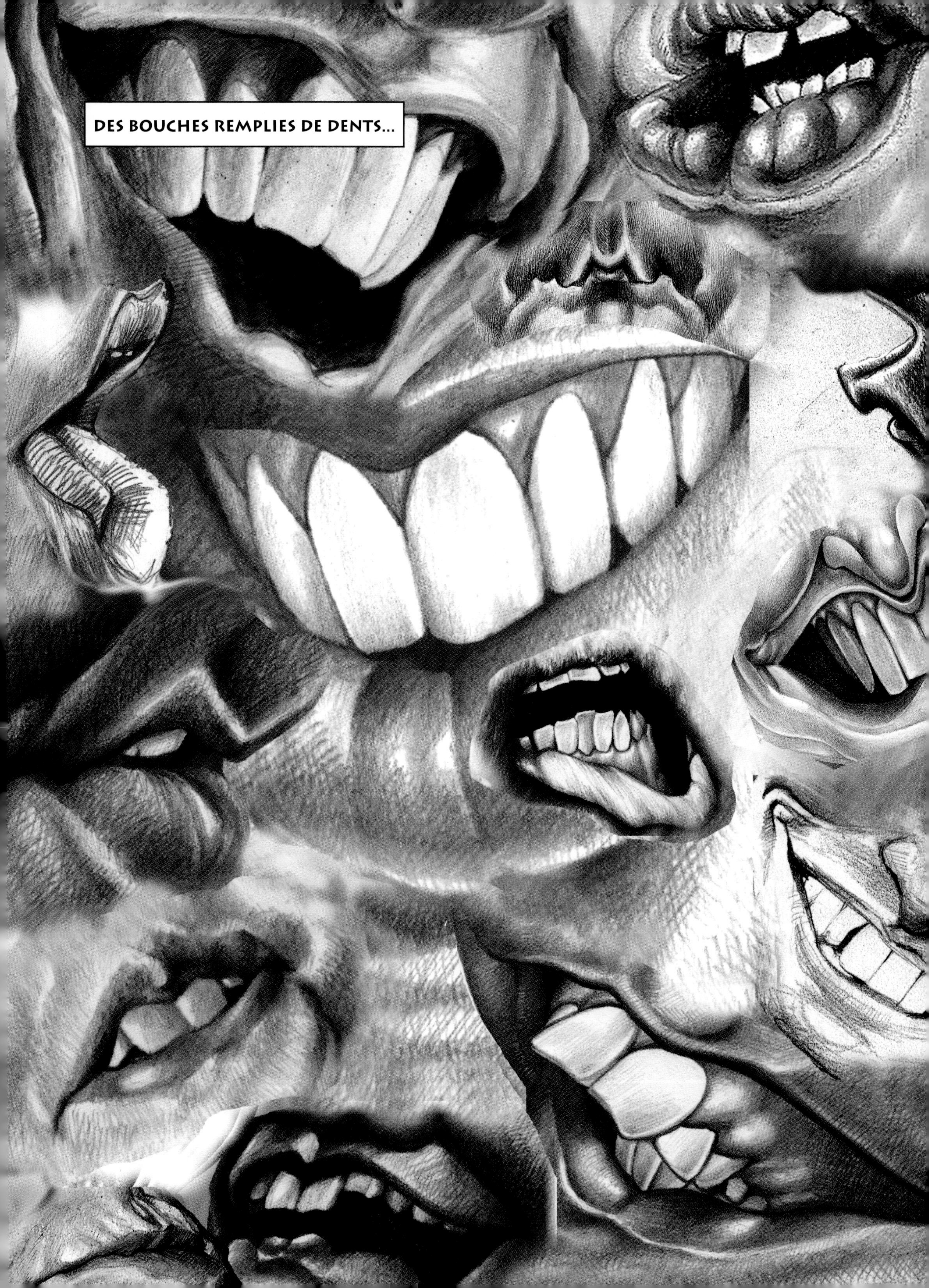
DES BOUCHES REMPLIES DE DENTS...

4.5.4.

LES OREILLES.

Le moins que l'on puisse dire d'une oreille, c'est qu'elle ressemble à un paysage. Elle peut être décrite par des pentes et des vallées, profondeurs et collines.

Toutes ces merveilles existent pour assurer une bonne ouïe ! Non seulement pour une bonne audition mais aussi pour permettre de différencier les sons et les doser, comme lorsque l'on veut suivre une conversation alors qu'une musique résonne en toile de fond.
Apparemment, Dame Nature a testé bien des formes d'oreilles pour atteindre le même but ! On peut parler de grandes ou petites oreilles, pointues ou rondes, plaquées au visage ou décollées, avec ou sans lobe pendant, avec un large bord, etc...

Pour la caricaturiser, l'oreille est quasiment aussi impersonnelle que le nez. Elles peuvent donc être plus librement représentées. Bien que, dans le cas d'un individu aux oreilles largement décollées (et par là, on pense à celles qui bougent avec un vent légèrement violent...), la caricature de la personne peut bénéficier de cette caractéristique.

Comme chez le nez ou tout autre appendice à la forme très spécifique, l'exagération doit être prudente.
L'exécution d'une caricature ne vise pas nécessairement le but de la ressemblance à outrance.
Elle peut reprendre facilement les traits d'une photo, mais elle n'aura du caractère qu'après un énorme effort d'observation. C'est pourquoi, les oreilles ont leur importance dans le processus de la caricature. Pas toujours comme le dernier élément à ajouter, quasiment banal.

Un détail qui a toute son importance : la localisation des oreilles. Page 37, nous avons vu la grandeur des oreilles.
En ce qui concerne leur localisation, il faut prendre garde à la position de la tête; si celle-ci est en arrière, le sommet des oreilles est situé en-dessous de la ligne des yeux. Bougez la tête vers le bas, le sommet des oreilles sera situé au-dessus de la ligne des yeux.

Oreilles de face, de profil, vue de dos et de profil.

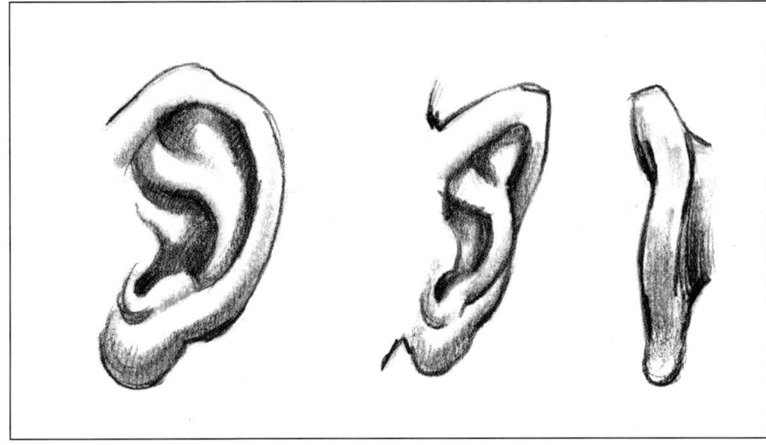

Oreilles en drapeau, contre la tête ou largement déployées !

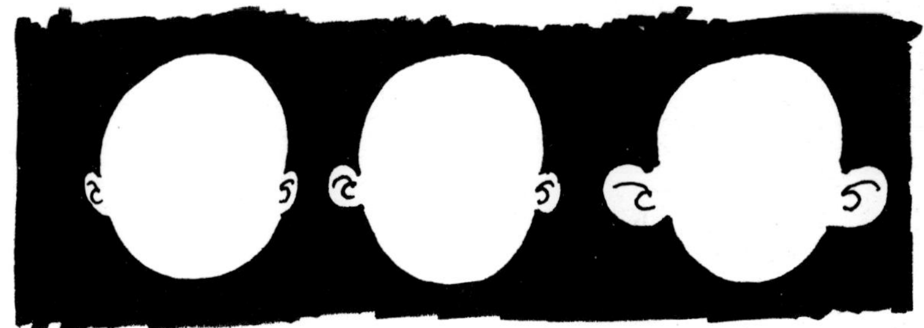

Lobe indépendant *Lobe incorporé*

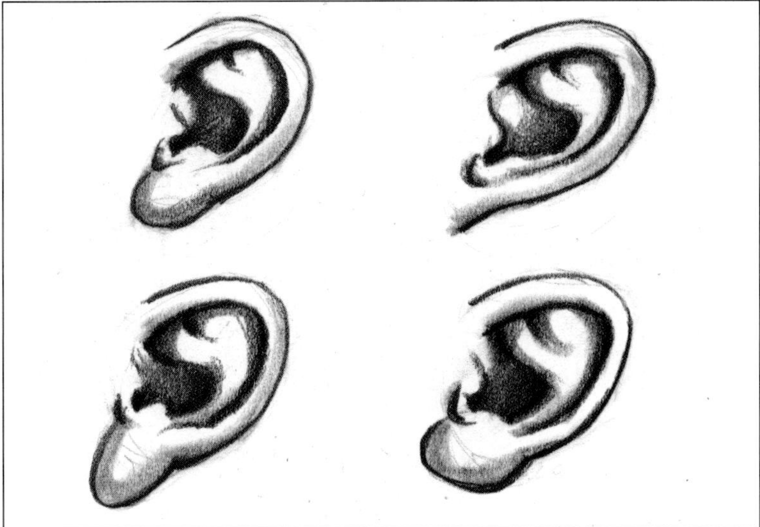

Long lobe *Lobe en boule*

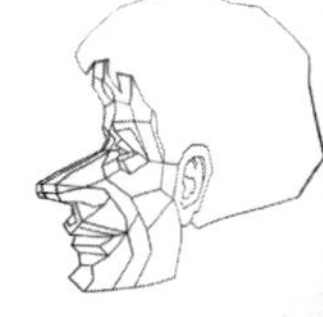

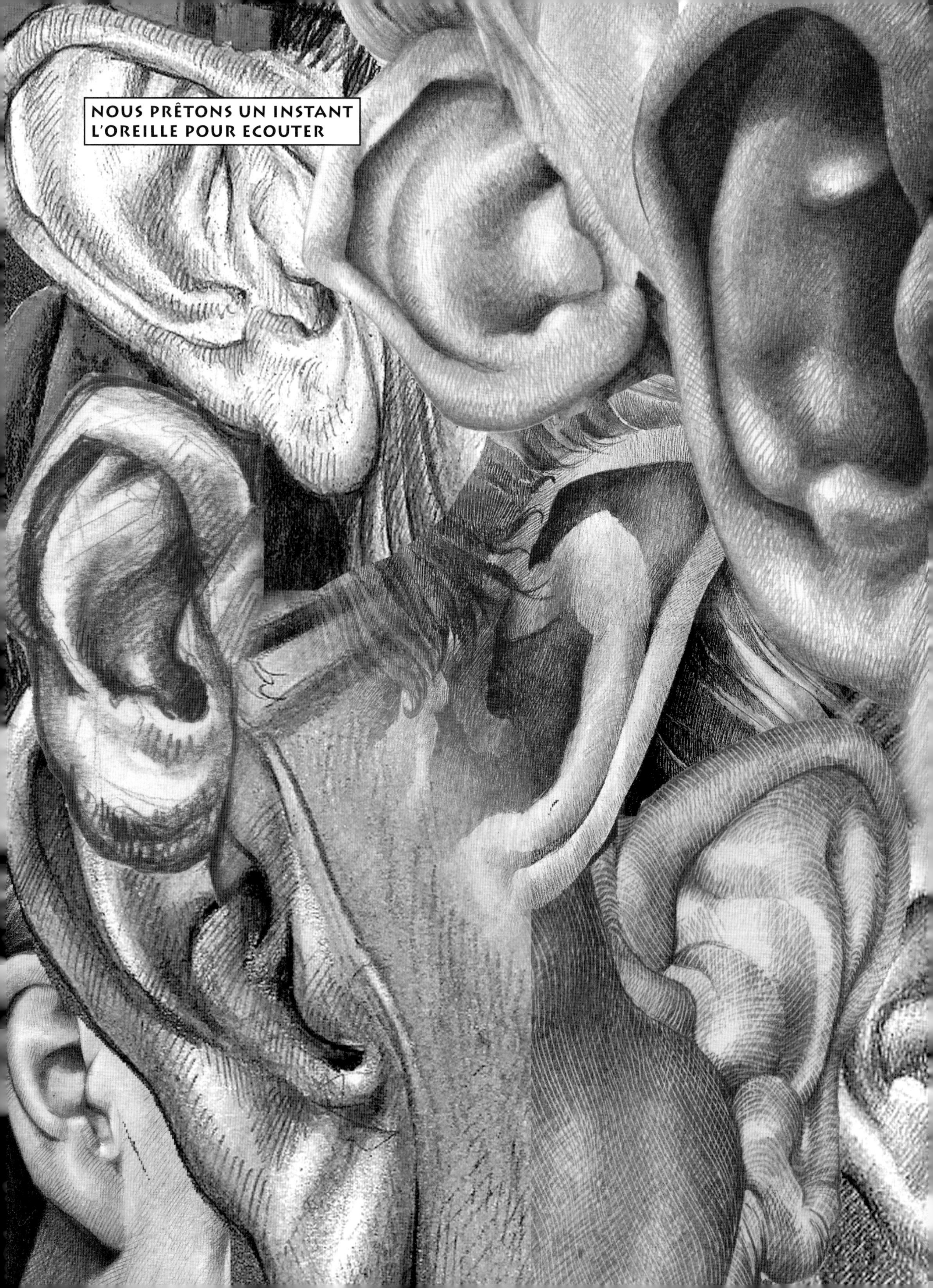
NOUS PRÊTONS UN INSTANT
L'OREILLE POUR ECOUTER

4.6.

L'AXE CENTRAL INCLINÉ

L'oubli de l'axe central est une erreur courante dans la représentation d'un visage incliné de 3/4. Cela est dû au fait que cet axe est vertical et bien centré lorsque l'on dessine le visage vu de face.

Si cet axe est incliné, on constate aisément que la pente du nez et celle de la bouche le sont également.

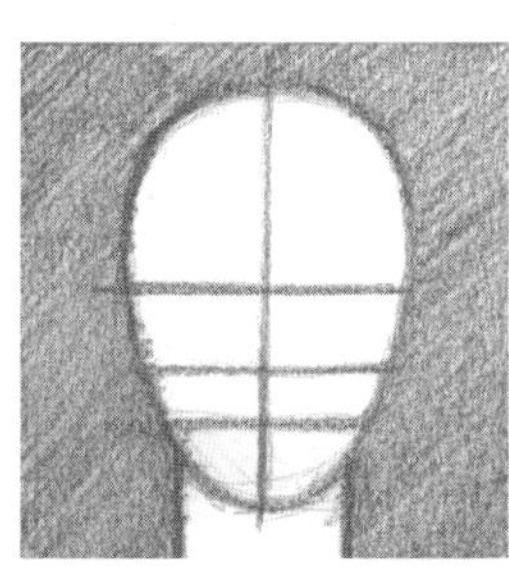
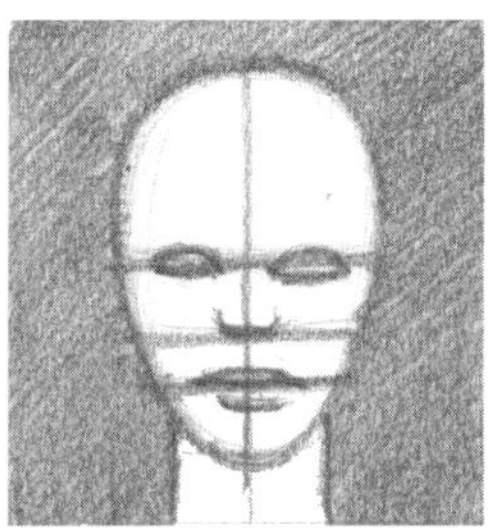

Beaucoup de débutants placent ainsi horizontalement les yeux, même si la tête du modèle est inclinée.
Dans certains livres d'art, on peut également trouver des portraits signés par des artistes de renommée mondiale dont les yeux sont incorrectement placés. Mais, ils ont pour signature Van Gogh ou Kokoschka !
On peut lire dans ces regards intentionnellement obliques une énorme expressivité de l'ensemble du modèle.
Heureusement, il y a peut-être une explication. L'artiste concerné n'avait vraisemblablement pas, au moment où il exécutait le portrait, encore toute sa maîtrise.

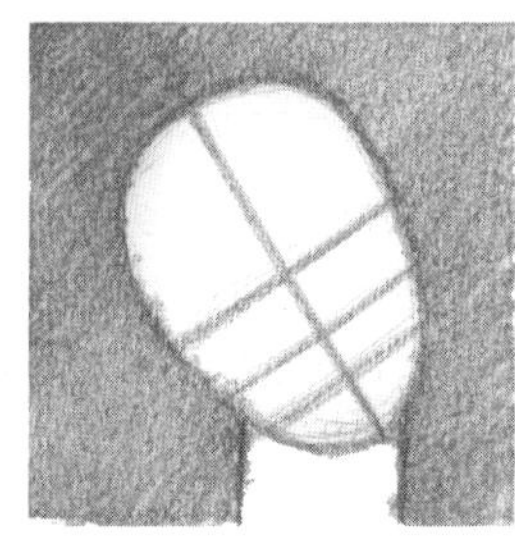
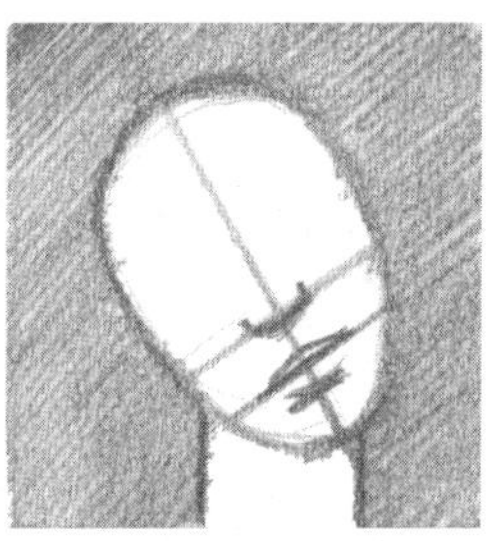

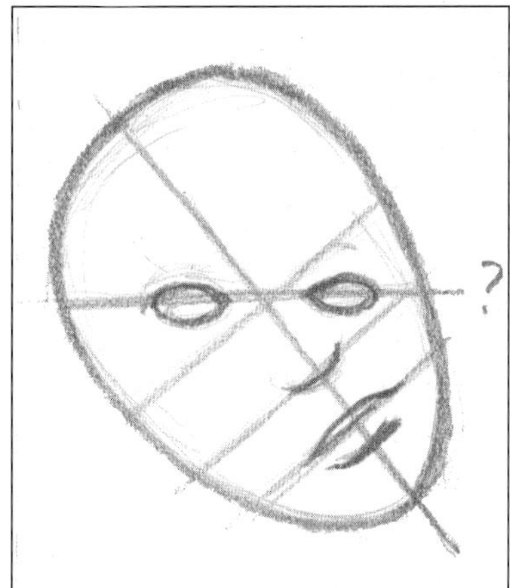

Si vous ne trouvez pas du premier coup l'emplacement exact des yeux, vérifiez en regardant votre dessin dans un miroir. Tout deviendra clair !

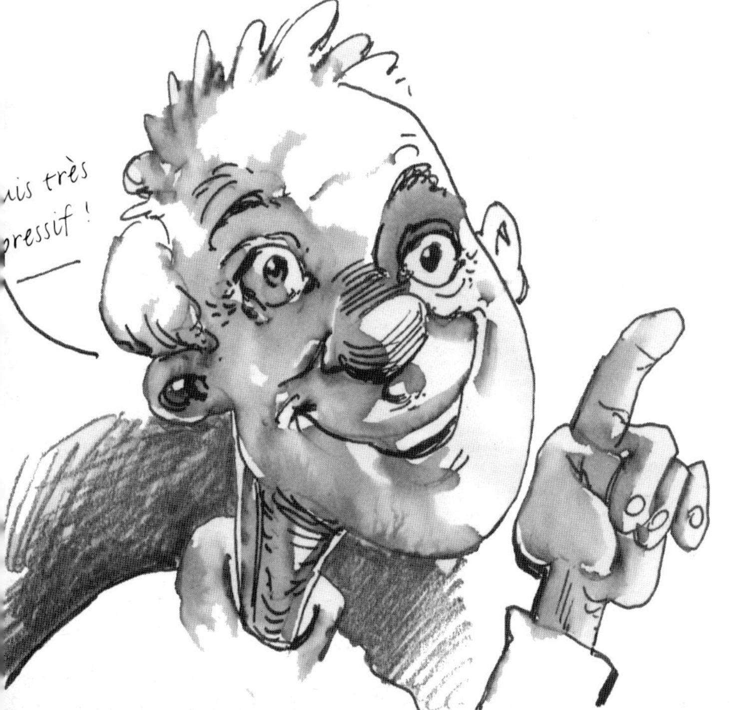

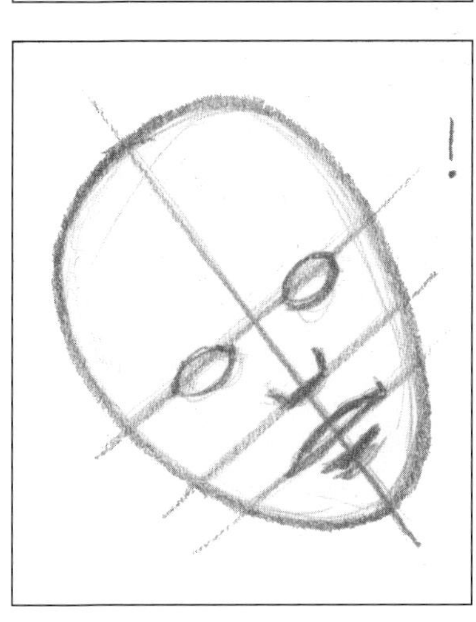

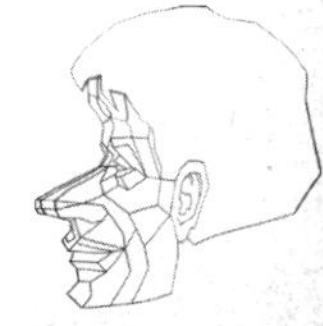

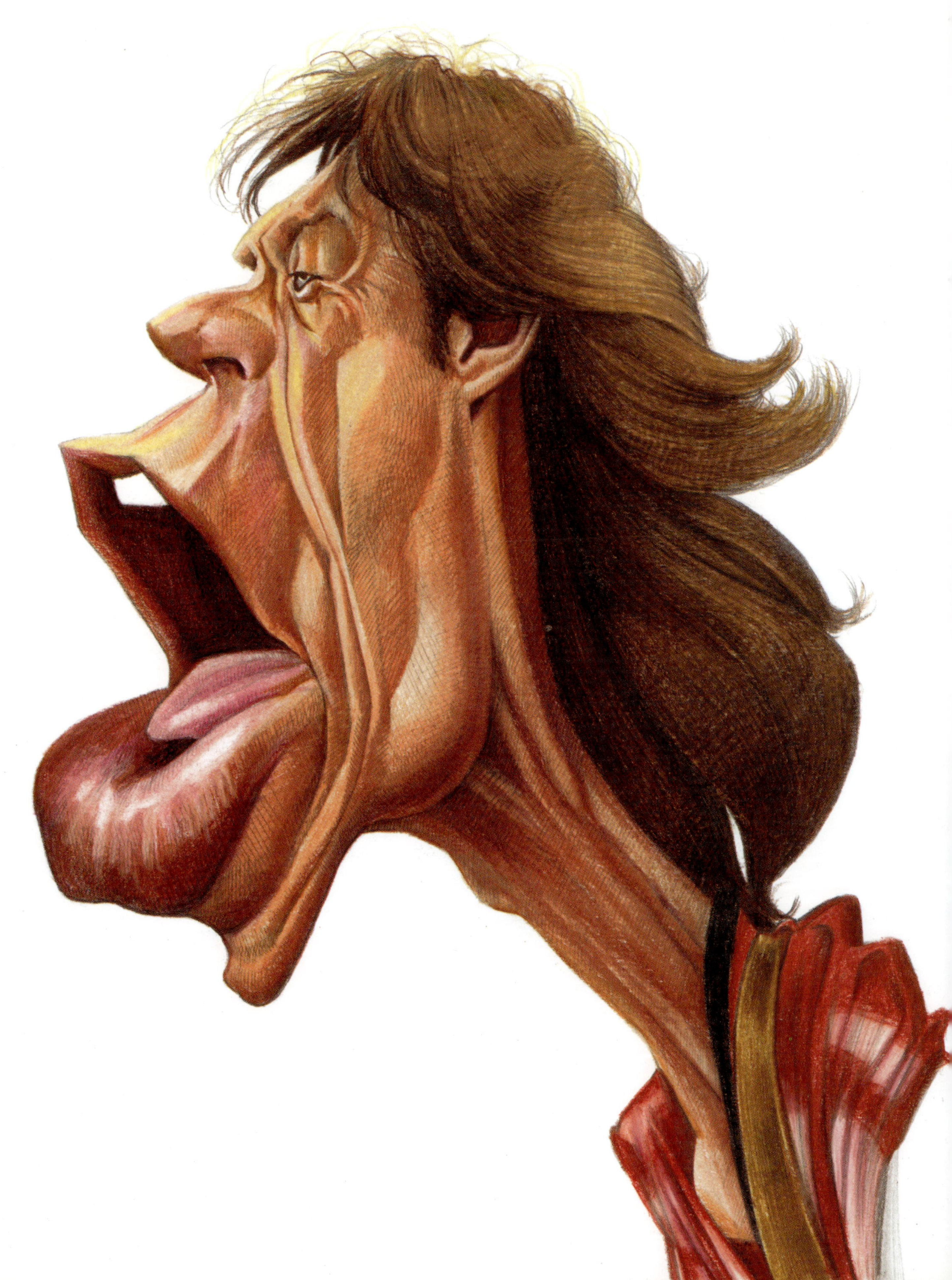

CHAPITRE 5

DESSINER D'APRÈS MODÈLE VIVANT.

Arrivé au stade où vous vous sentez l'âme d'un dessinateur chevronné et que vous en avez assez de contempler vos crayons, il faut se jetter à l'eau et se risquer à dessiner un modèle vivant.

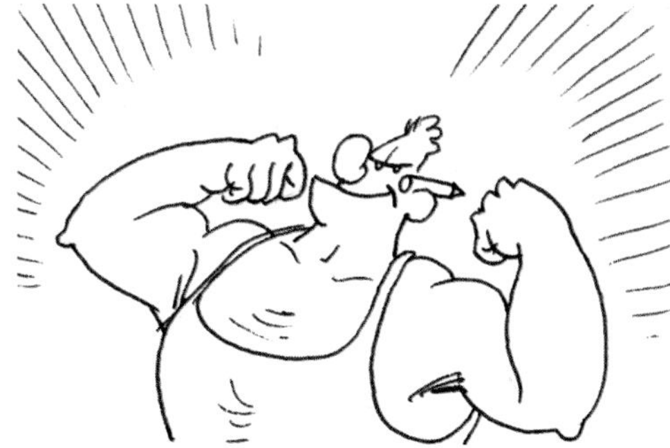

Selon les dessinateurs, cette étape est un martyre ou au contraire un plaisir. Les "pro" se souviennent du premier trac et de l'angoisse qu'ils connurent lors de leur premier dessin en "life". Il faut admettre que tous vos dessins n'auront pas la même qualité. De plus, certaines personnes sont beaucoup plus difficiles que d'autres à dessiner. Dans le doute, on craint d'être mis au pilori par les critiques qui regardent avec sarcasme le premier dessin !

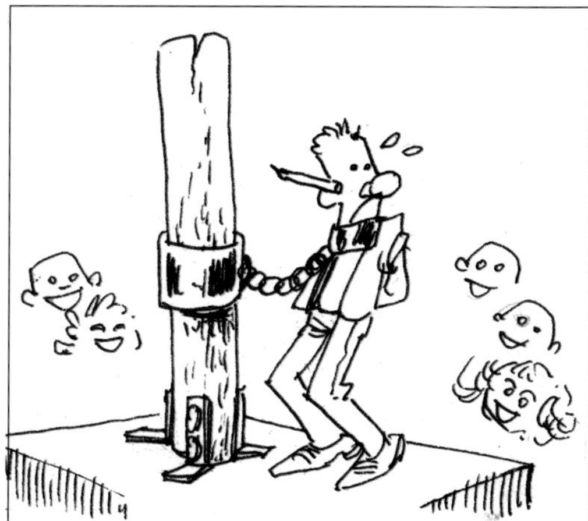

L'un des problèmes recontrés lors d'une première séance de pose est le manque de liberté de la main, son absence de virtuosité. En fin de séance, une impression de lassitude s'installe et l'on a l'impression de la baisse de qualité des croquis. Ce sont sans doute les principaux problèmes recontrés par le débutant lors d'une première séance de pose. Il faut donc dépasser ce stade et se maîtriser.

Un peu de stress positif est excellent pour la santé malgré la poussée d'adrénaline !
Au départ, il faut établir un bon contact avec les gens. Ils sentent directement si le courant passe entre eux et le dessinateur.
Une petite conversation arrange bien les choses.

Jusqu'où peut-on aller dans la déformation ?

La règle d'or est de respecter celui que l'on va caricaturer. Celui qui accepte de poser craint généralement les railleries des spectateurs. Lui-même doit admettre que le dessinateur peut transformer la réalité mais il préfère sans doute que la séance se fasse dans une meilleure intimité.

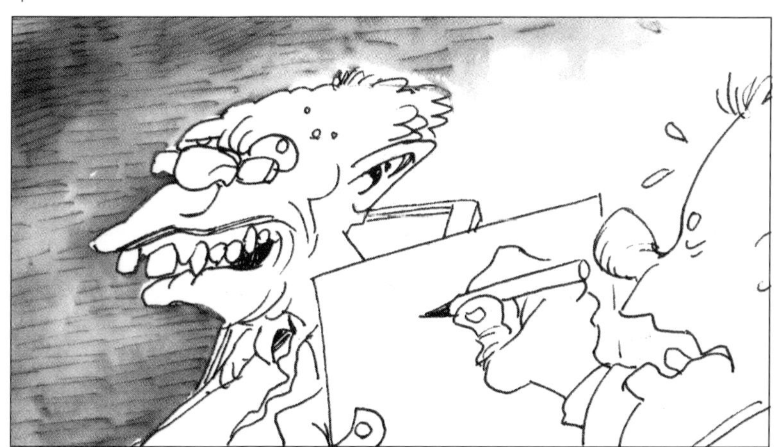

Ceux qui assistent ne sont en fait que des personnes extérieures. Il faut montrer son sens du respect, tant du modèle que du travail. Lors des présentations, il n'est pas inutile de marquer la reconnaissance que l'on porte à la personne qui accepte de poser. Pendant le temps de pose, un lien réel peut s'établir entre le modèle et le dessinateur : un étranger reste assis devant vous, un ami se lève de temps en temps.

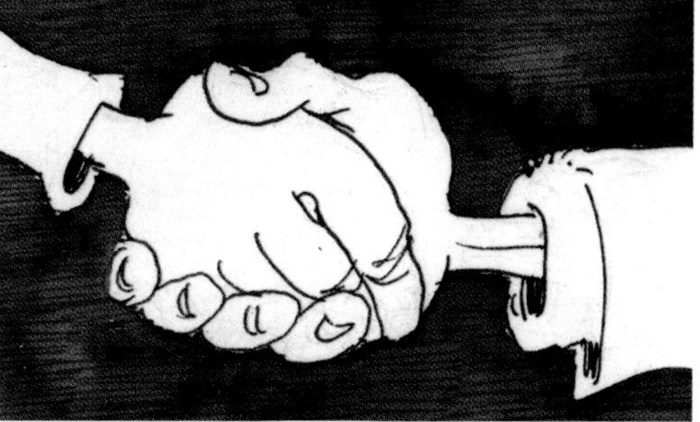

Ce lien ne peut pas gâcher le travail. Le client sait qu'on fait sa caricature; cela ne doit pas l'empêcher de vous apprécier un minimum.

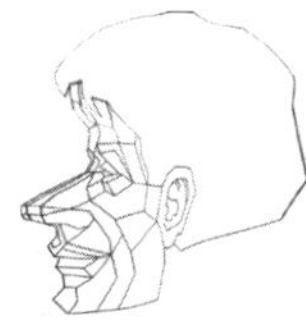

Il faut préciser : n'hésitez pas à travailler à fond les déformations, mais restez très attentif dans le rendu des détails blessants. La nuance est grande entre : "Mon nez est-il vraiment aussi long ?" et "Ai-je la peau aussi ridée que celle d'un rinhocéros?" A vos risques et périls !

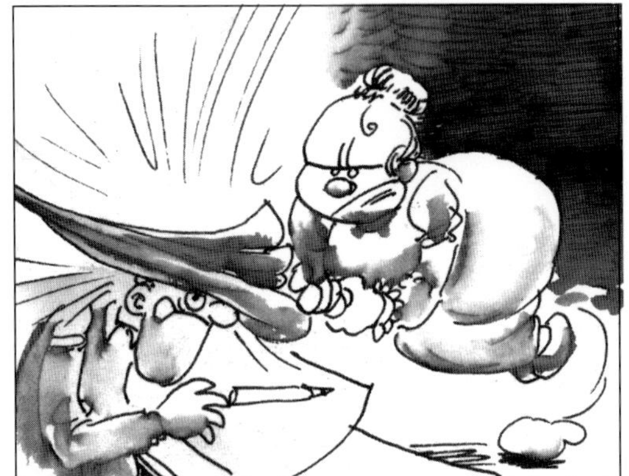

Vous pouvez vous prémunir des réactions intempestives en adressant au préalable un petit courrier à votre prochaine victime où vous lui précisez que vous ferez sa caricature à condition qu'elle puisse subir un choc.

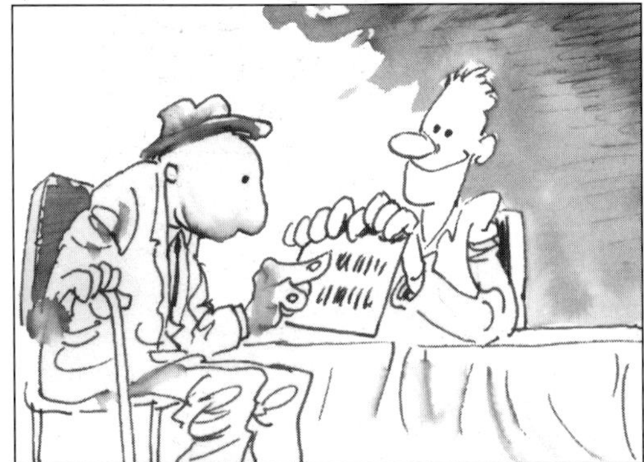

Une autre solution plus diplomatique est d'exposer quelques exemples de votre travail. Prenez garde à bien sélectionner vos oeuvres et n'oubliez pas que des artistes comme Mulatier, Morchoisne ou Ricord existent bel et bien et qu'il est inutile de se vanter !

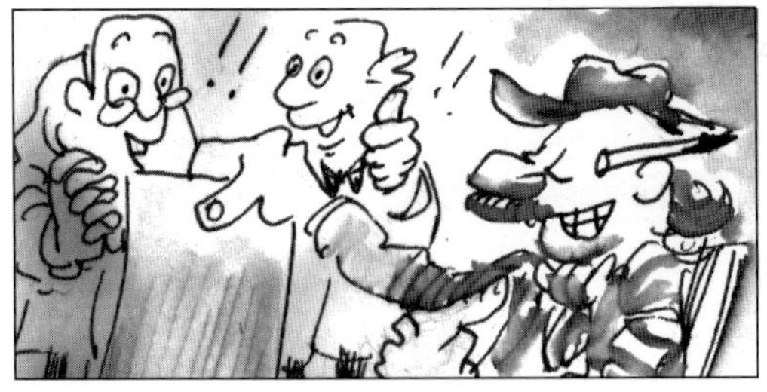

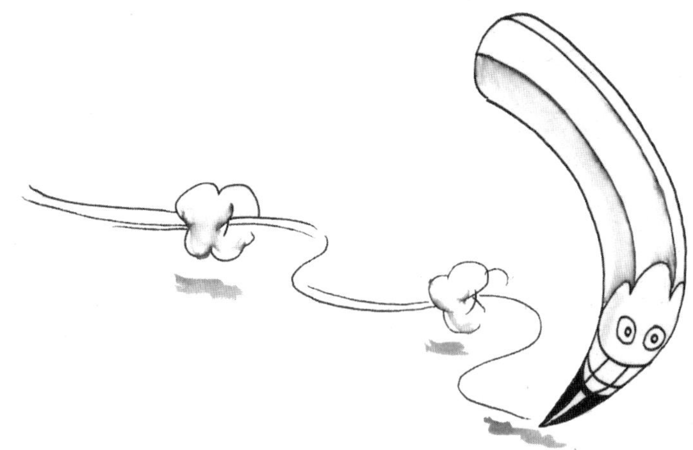

Le temps imparti à la réalisation d'une caricature dépend de chacun. Les exemples existent : les véritables professionnels qui manient le fusain en dégradé sur des feuilles de grand format, ils jettent les lignes avec aisance et bonheur - ce sont des virtuoses - pour obtenir une bonne ressemblance. Pour ma part, je suis plutôt du genre lent : j'ai besoin d'une dizaine de minutes d'observation et même d'un quart d'heure si possible.
Je prend volontiers le temps de regarder ce qu'il faut voir : la caricature doit d'abord exister dans ma tête avant d'apparaître sur le papier.

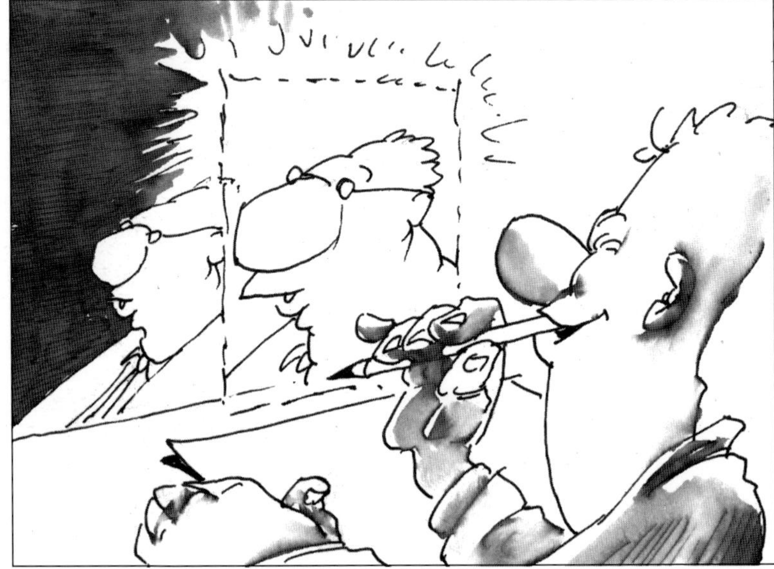

C'est un stade difficile à expliquer. La meilleure manière d'y arriver est la suivante: regardez le modèle avec attention pour en retirer les grandes lignes de force (ce qui n'est pas difficile) afin d'optimaliser l'observation. Arrivé à ce stade, c'est comme si un véritable écran transparent se formait entre le modèle et mes yeux, sur lequel s'imprimait - sans détails - les lignes principales du visage. A ce moment précis, le dessin s'avérera hésitant, bon ou excellent. En fait, cela dépendra de l'inspiration, du coup de chance. L'expérience joue également un grand rôle.

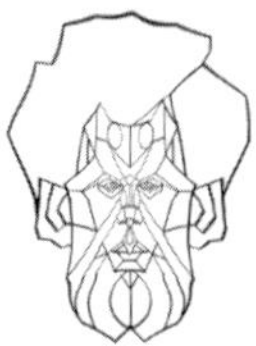

Le crayon étant mon matériel préféré, je l'utilise également pour dessiner rapidement. Je ne m'arrête que lorsque toutes les ombres et les détails sont en place. Les gens apprécient souvent que la caricature soit devenue votre manière de gagner sa vie. Mais je dois l'avouer : c'est la moins fatigante (et aussi la moins rentable).
Concernant le temps de pose, il faut s'en tenir au quart d'heure. Cela vaut pour le dessinateur - fonctionnaire, mais surtout c'est nécessaire pour le modèle.

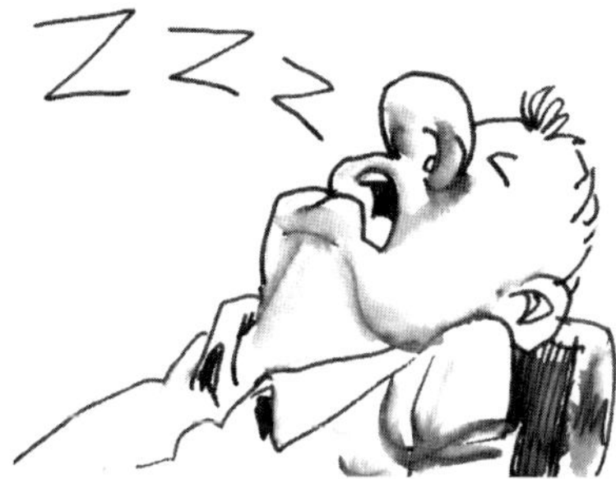

De face, de trois-quarts, ou de profil?

Le choix de la position de la tête, face, trois-quarts ou de profil, est subjective.
Personnellement, j'estime qu'il est plus facile de dessiner quelqu'un d'après nature de profil.
Les règles de symétrie dans le visage passent au second plan puisque l'on ne voit qu'un côté. En outre, le nez offre de meilleures possibilités de profil. Il se détache nettement et livre le contour de la tête. Il se laisse donc plus facilement jeter sur le papier.
A la longue, on constate que la plupart des gens préfèrent se voir tirer le portrait de trois-quarts.
Il ne reste qu'à imposer son choix au candidat !

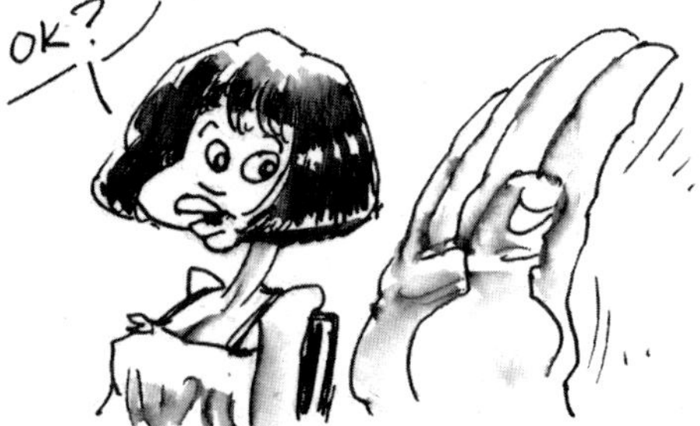

N'hésitez pas à lui demander de pencher la tête vers l'avant ou l'arrière d'une dizaine de centimètres, alors que huit vous conviendraient, au risque d'être mal installé; ce qui aura des conséquences pour votre travail.

Dessiner debout ou assis?

On demande parfois à un caricaturiste de croquer les participants d'une réunion professionnelle sans que ceux-ci s'en aperçoivent. Cela entraine qu'il faudra passer la soirée debout. Certains caricaturistes n'en sont nullement gênés.
Pour ma part, je préfère être assis; le travail est déjà suffisament fatigant et demande beaucoup de concentration pour encore subir cet handicap.
Je n'ai qu'à m'en prendre à moi-même s'il m'arrive de refuser une telle invitation à travailler debout !

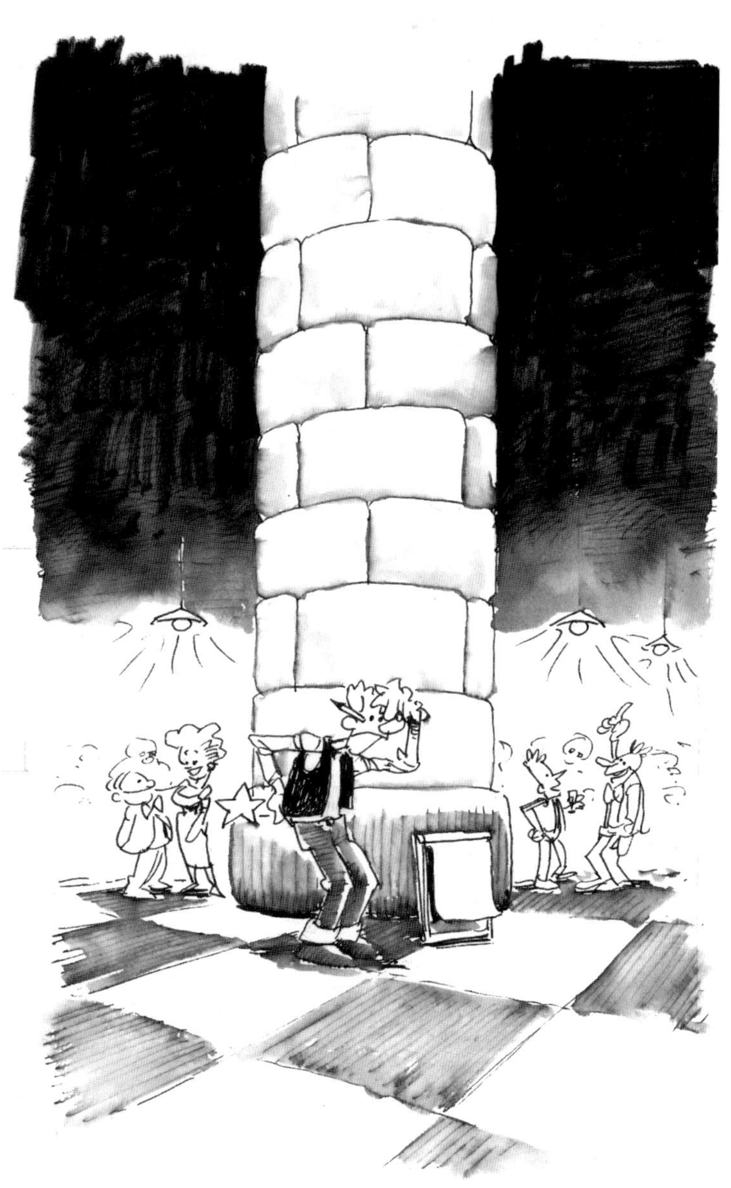

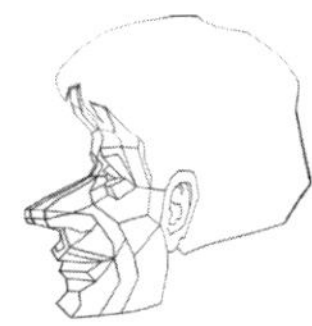

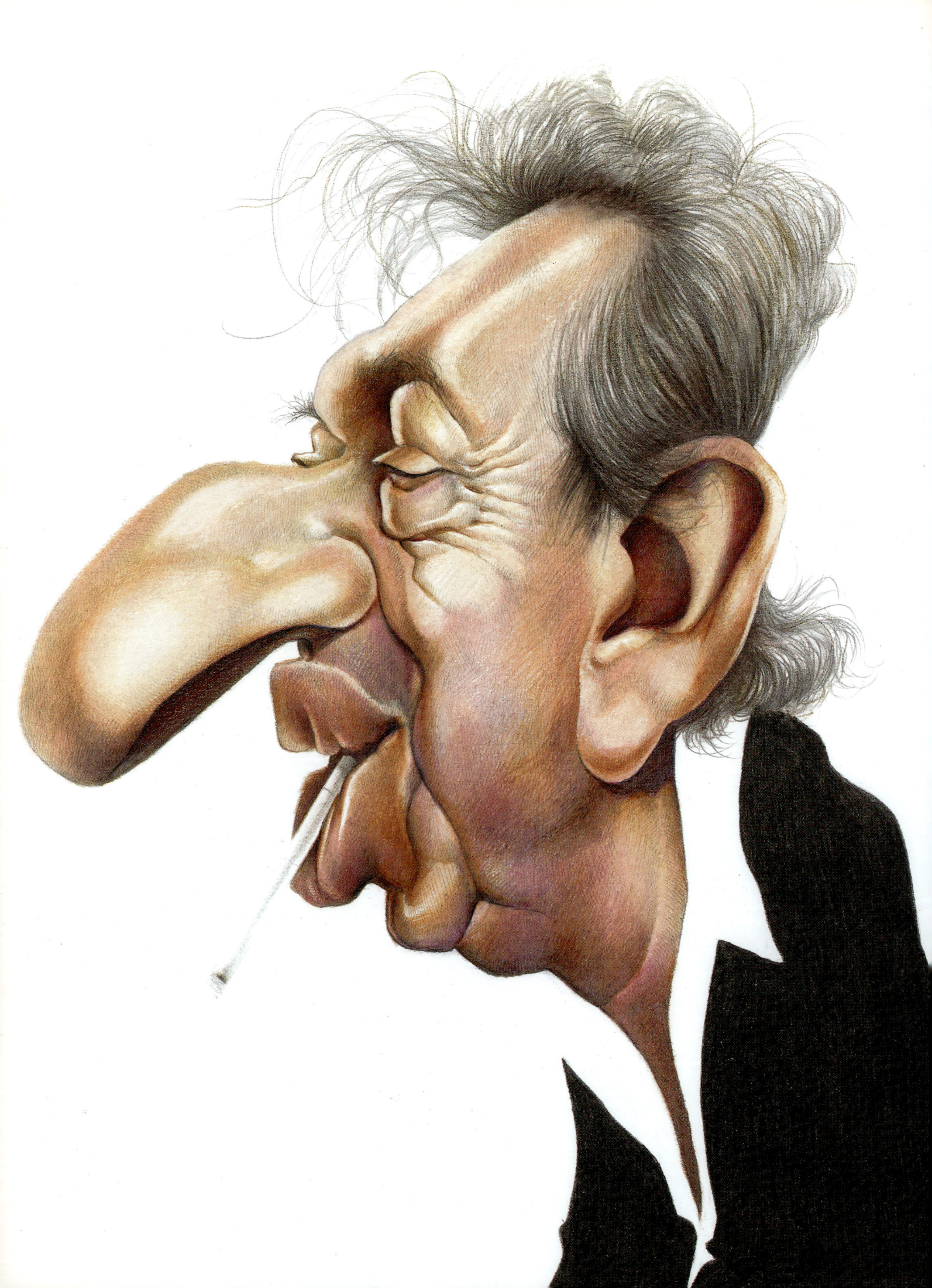

CHAPITRE 6

DESSINER D'APRÈS PHOTO.

Dans tous les cas, il n'y a aucune comparaison entre dessiner d'après modèle vivant et d'après photo.
Platement dit, la grande différence est là : dessiner d'après modèle c'est mettre sur papier trois dimensions.
En partant d'une photographie, il s'agit uniquement de reproduire une forme plate en deux dimensions.
C'est une grande différence; il est vrai que dessiner d'après photo offre beaucoup de facilités. Le problème du temps de pose est balayé. En travaillant d'après modèle, il faut en effet lui écourter la corvée !

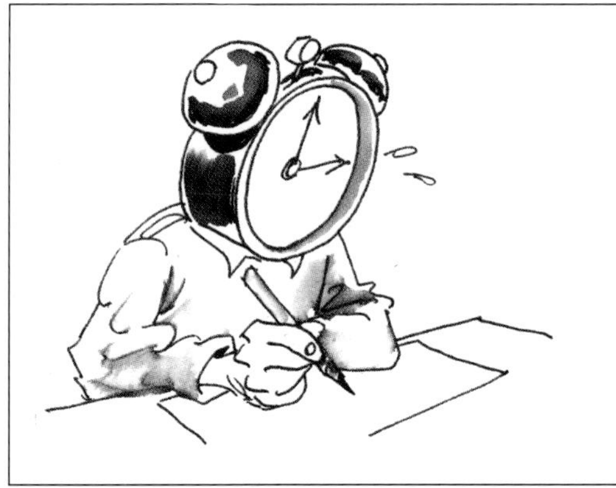

D'autres différences apparaissent. En dessinant d'après un document, le contact n'existe évidemment pas avec le sujet, seulement avec le commanditaire, si celui-ci existe.
Il ne faut pas perdre de vue que réaliser des caricatures est avant tout un plaisir pour soi. Souvent, ce sont les amis et connaissances qui vous sollicitent. Ce n'est pas sans préjudice pour le futur.
Il faut parfois mieux refuser lâchement la proposition pour éviter des réactions d'incompréhension devant les dessins réalisés.

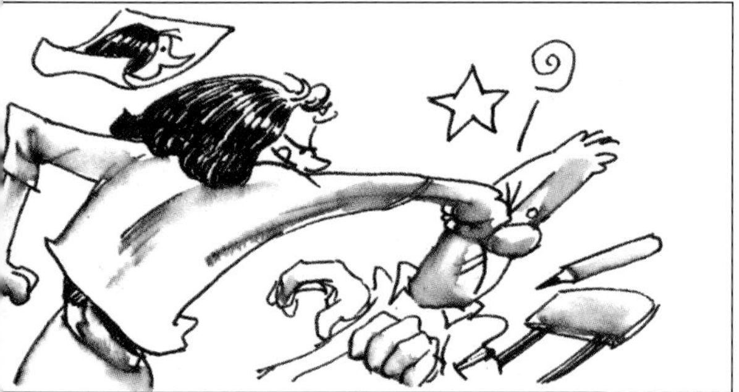

Reaction immédiate..

En dessinant d'après photo, on se prive par contre des réactions immédiates. Un avantage par rapport au modèle vivant, est de travailler dans des conditions optimales, bien installé chez soi, à son bureau ou à la table à dessin.

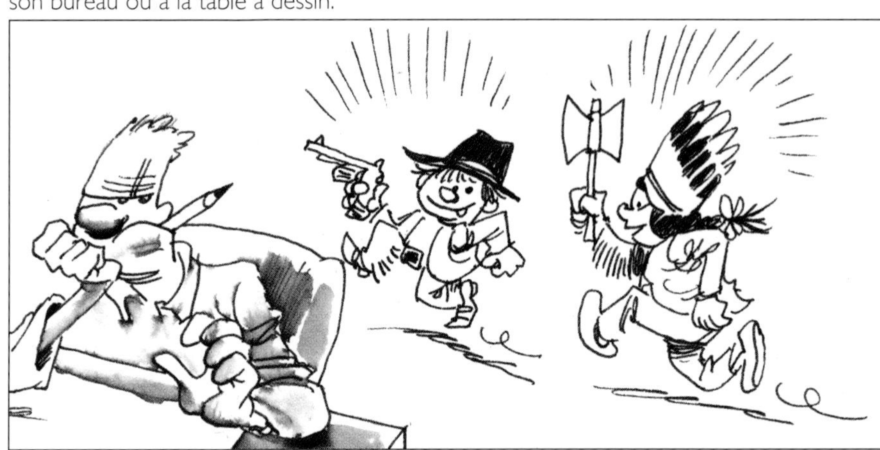

Rassembler des archives photographiques est une chose importante pour un caricaturiste.
Il faut alors mettre de côté toute photo de personnages un tant soi peu connus. Il suffit de puiser, avec de bons ciseaux, dans les revues et journaux utilisant de bonnes reproductions. C'est en outre l'occasion de mesurer ses connaissances générales et sa mémoire visuelle tout en classant le tout par ordre alphabétique. Ce n'est pas nécessaire de s'abonner à une série de revues pour archiver un maximum; bien des connaissances se débarasseront avec plaisir de leurs vieux journaux.

Essayez d'obtenir plusieurs photographies de la personne qui vous intéresse. Le visage et la tête d'une même personne comportent beaucoup d'aspects qui ne sont pas toujours perceptibles sur une seule photo.
De plus, n'importe quelle photo n'est pas représentative d'un individu ou n'est pas toujours ressemblante...
Prenez tant les photos de personnes entières que de gros-plan. Les images vidéo peuvent également être de grande utilité bien que peu pratiques dans la réalité.
Une bonne utilisation de la vidéo est de capter les meilleures poses d'une personne en mouvement et de les sélectionner en arrêt sur l'image. La représentation de la personne est souvent plus riche et complète en vidéo qu'en photo. En ce qui concerne les personnes célèbres, vous savez certainement où trouver les bonnes photographies. Leur présentation est soignée et souvent protégée. Nous sommes confrontés à leur "image" à la télévision.
Si l'on s'intéresse aux présentateurs, il faut les représenter tel qu'ils apparaissent à l'écran. Cela n'a pas de sens de représenter le journaliste du 20 heures de profil alors qu'il apparaît toujours de face !
Si l'on vous demande de dessiner quelqu'un que vous ne connaissez pas (cadeau d'affaire pour une société, une surprise pour un anniversaire, etc...), il faut absolument connaître le format souhaité. Cela doit être clairement précisé avec le commanditaire.

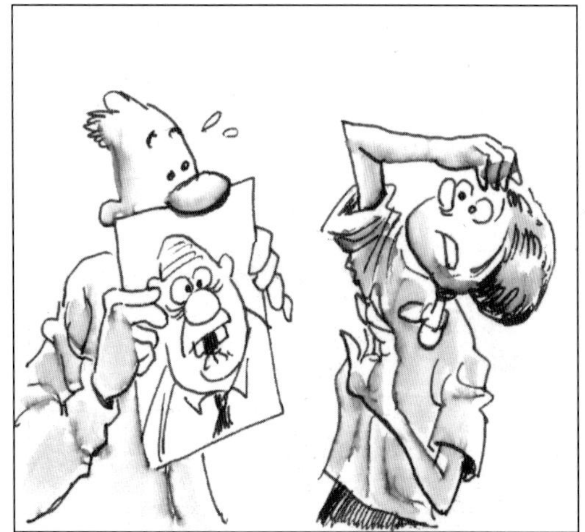

Dans ce cas comme dans les autres, essayez d'obtenir le maximum de photographies.
Il n'y a rien de plus ennuyeux que d'être limité à une seule photo et d'être, par la suite critiqué sur tel ou tel détail qui manquait.
En outre, veillez, dans la mesure du possible, à obtenir au minimum trois photos, une de face, une de profil et une de trois-quarts.

Eventuellement, obtenez du commanditaire des renseignements sur l'attitude la plus représentative du sujet. Il arrive que des commanditaires donnent trop de renseignements inutiles au dessinateur : pointure 43, amateur de femmes, cycliste ou amoureux du football...
Ces renseignements n'ont aucun sens lorsque l'on se retrouve en situation face au modèle.
Pour réaliser une caricature "pure et dure", cela importe peu : la photographie est la référence principale et donne, en principe, toutes les informations concernant la tête et le visage.
Cependant, bien des gens s'interrogent sur le fait du comment l'on peut dessiner la tête d'individu que l'on n'a jamais rencontré... Tout se trouve dans la ressemblance !
Les détails typiques du visage, les petites rides et bien d'autres traits permettent de prendre de la distance par rapport à une photo, quelque soit sa qualité.
Bien des informations intéressantes proviennent d'un visage hilare, quelque soit l'âge.

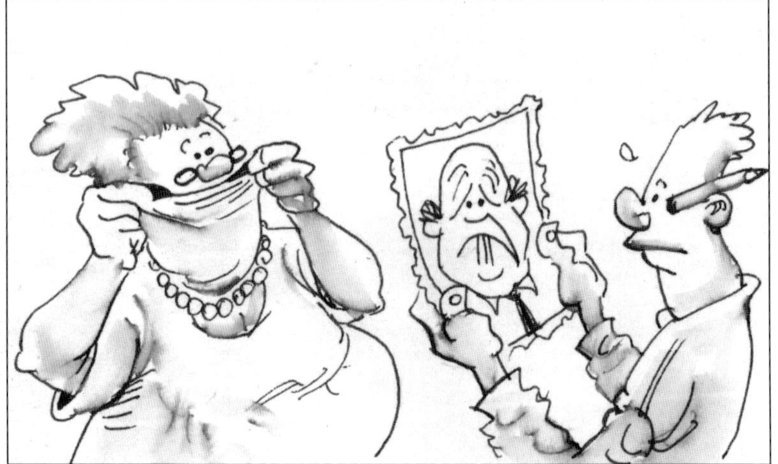

Si l'on vous demande de réaliser une caricature en couleur et que vous ne disposez que d'une photographie d'ensemble, n'oubliez pas de

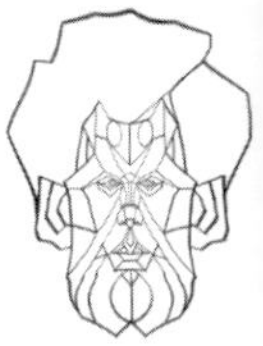

demander quelle est la couleur des yeux du modèle.
La photo fournie doit-elle être grande ou petite ? Quelle est votre préférence ? Cela varie : chaque format à ses avantages et ses inconvénients.
Un petit format a l'avantage d'être très précis sur l'ensemble de toute la tête; on perçoit plus facilement la forme de base. Par contre, les détails font défaut.
Ce n'est pas un inconvénient pour un croquis simplifié.

Si l'on travaille avec une photo de grand format, on peut détailler tous les aspects du visage; c'est

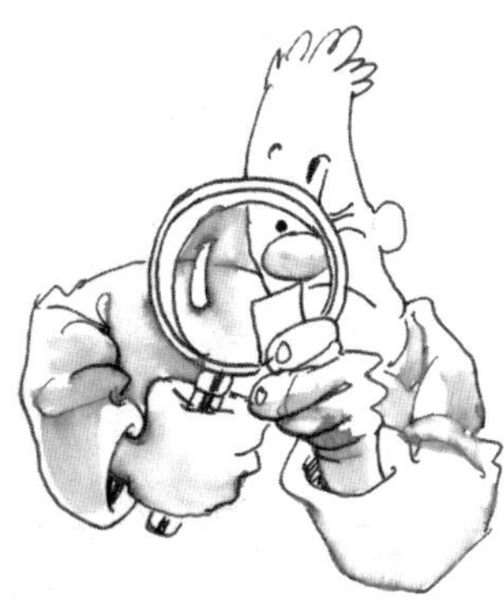

un avantage certain. Et il en découlera une meilleure fidélité.
Une photo de trop grand format n'est pas indiquée parce qu'elle ne donne pas toujours une vue d'ensemble immédiate de la tête. L'idéal est donc d'utiliser une petite photo que l'on peut tenir d'une main tout en complétant certains détails que l'on empruntera à une de plus grand format. Un bon truc est de réduire à l'aide d'une photocopieuse une grande photo pour obtenir un aspect général.

Mais la qualité de la photographie a plus d'importance que son format.
Et pourtant, il arrive bien souvent que l'on vous demande de réaliser un portrait très fouillé tout en vous donnant une photo pour carte d'identité ! Vous vous épargnerez beaucoup de difficultés en osant demander une photographie de meilleure qualité sous le juste prétexte d'obtenir un bon résultat.
Tout compte fait, c'est à l'avantage du client !

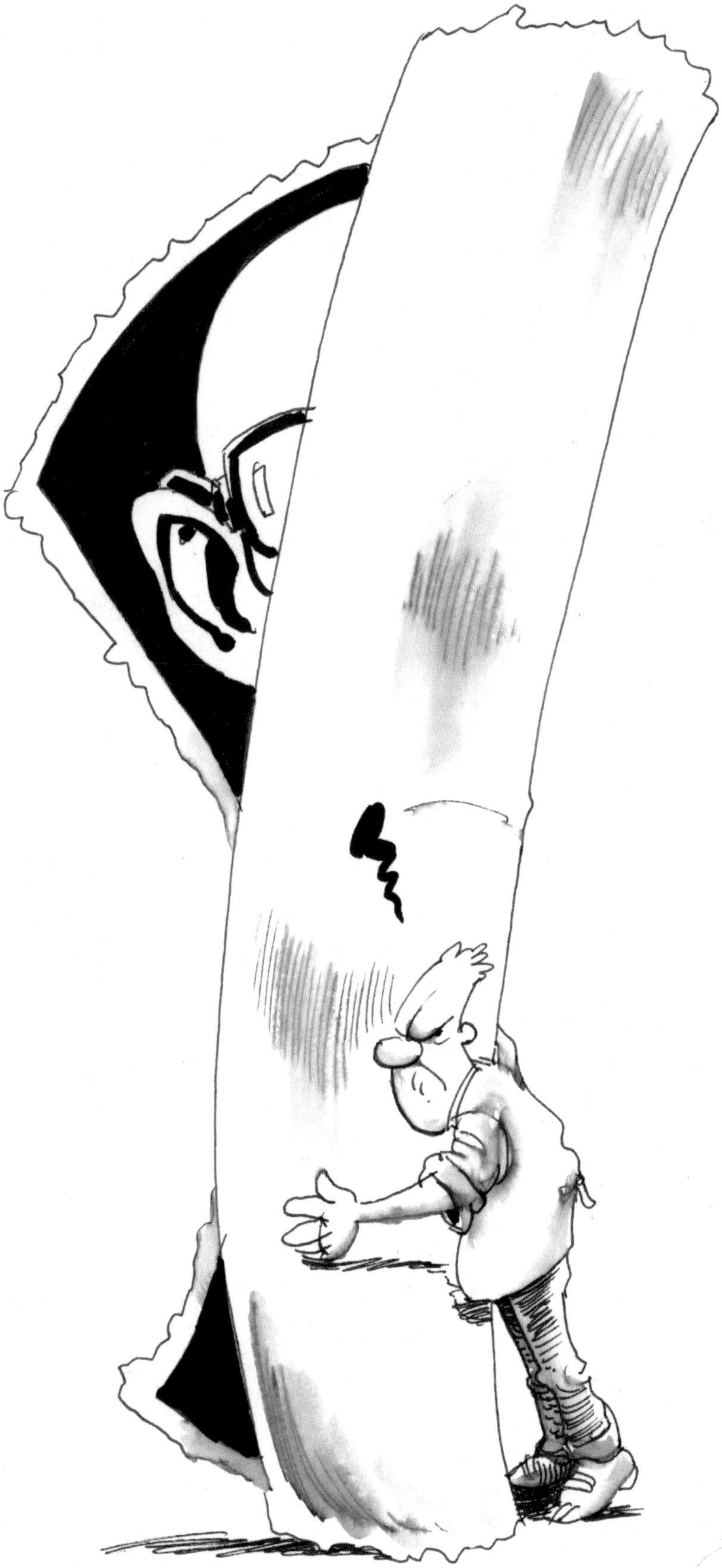

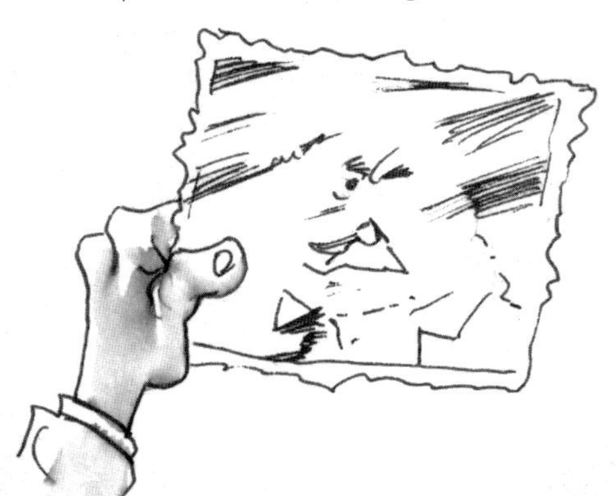

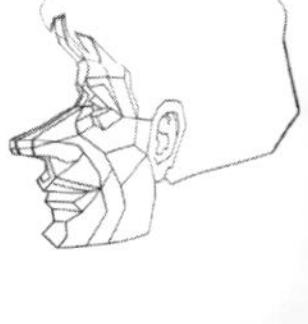

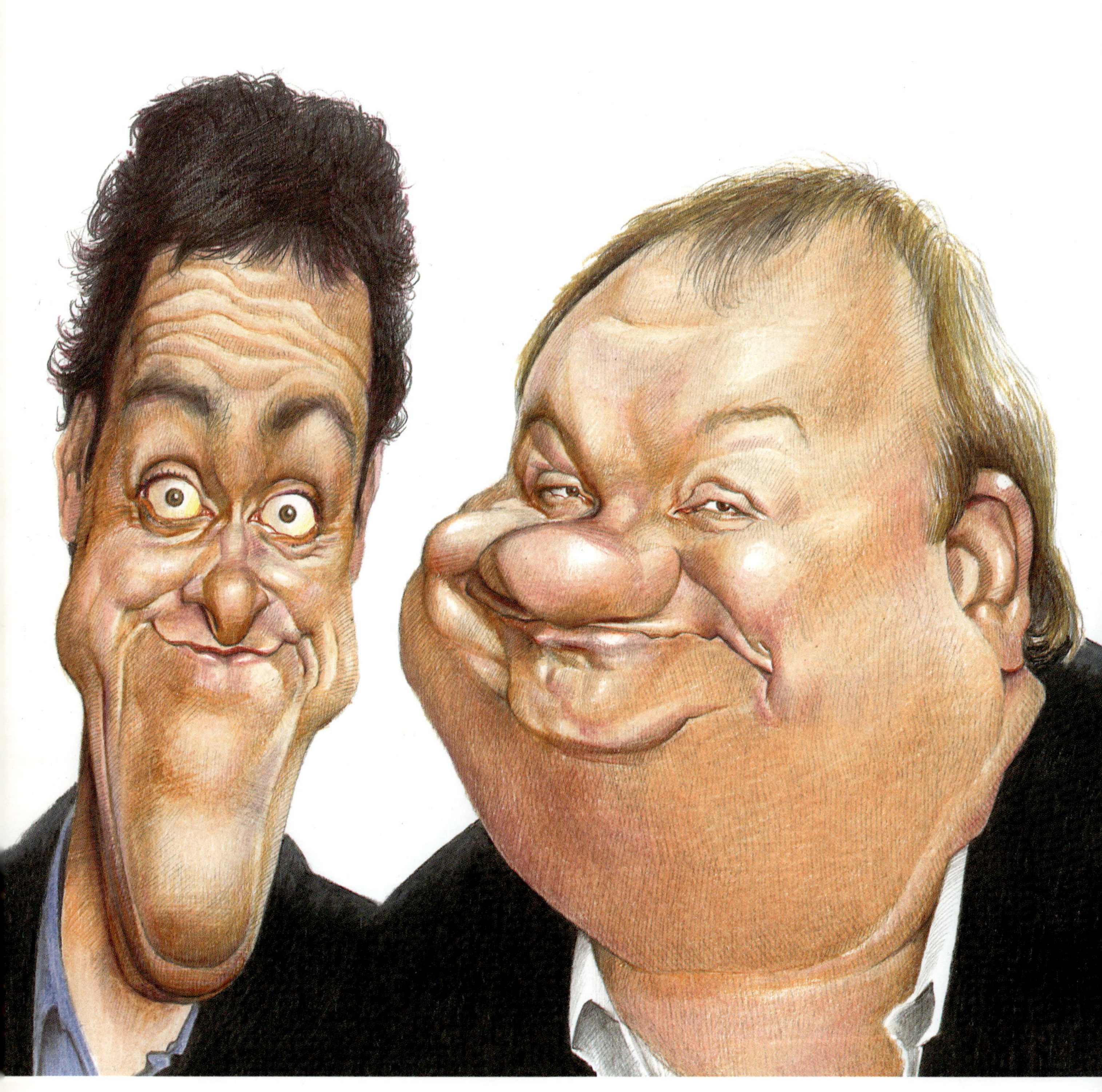

CHAPITRE 7

DESSINER EN SUBDIVISANT LE VISAGE

Plusieurs techniques peuvent être utilisées pour la caricature. Certains dessinateurs commencent régulièrement le travail en réalisant le nez. D'autres préfèrent les contours du visage. Mais on en vient toujours à la même chose : la modification des proportions à l'intérieur du visage.

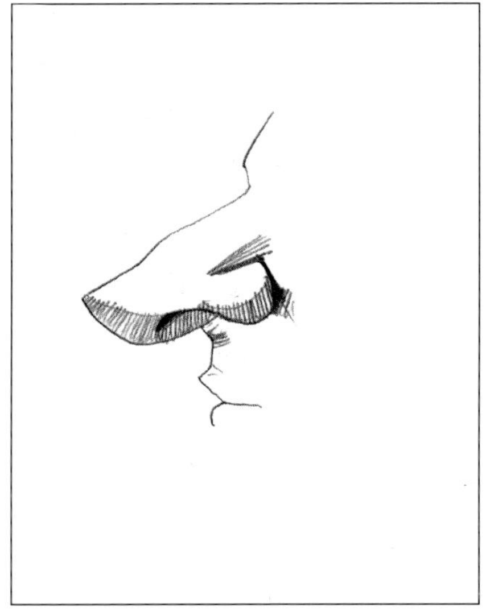

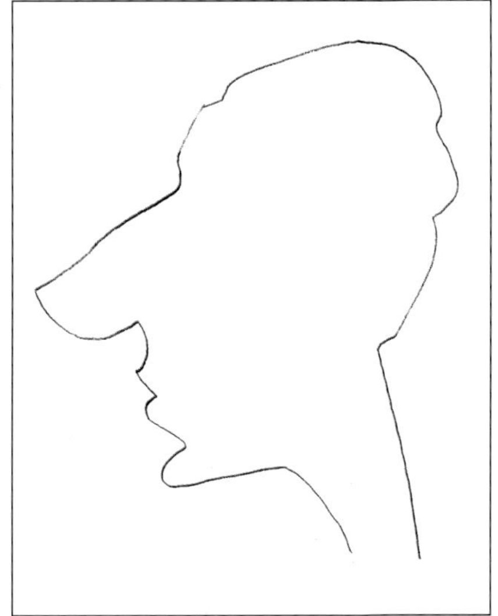

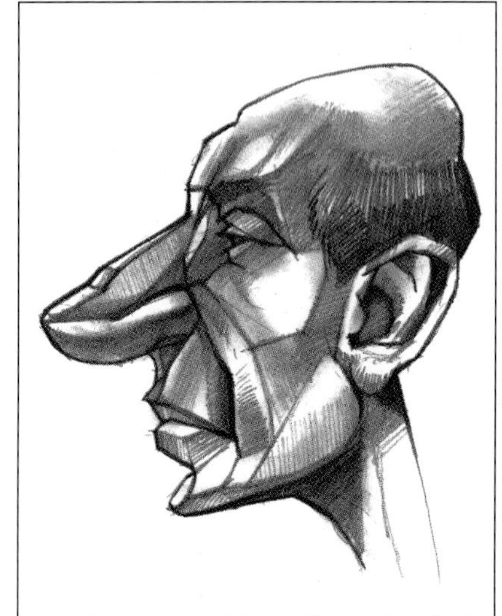

Une solution efficace pour résoudre ce problème est la subdivision de la tête en morceaux.
Sur base d'une bonne photo d'un visage humain, on peut diviser la tête en différentes zones. Cette subdivision repose sur les différences de niveau entre les parties du visage.
Si l'on dessine un visage comme une masse sans aucune nuance où l'on place les parties les plus connues, il est évident que certaines d'entre elles (le nez par exemple), vont ressortir exagérément tandis que d'autres (les orbites) ne seront pas suffisamment prises en considération. Chaque partie dépend de son propre relief.
Vous pouvez pousser très loin la subdivision d'un visage mais gare à perdre une vue d'ensemble harmonieuse. C'est pourquoi il est souvent préférable de styliser. Adoptez une règle simple : y-a-t-il une différence évidente de niveau ?
Chaque subdivision est propre à la personne et non générale. Un exercice qui s'impose est de voir jusqu'où vous pouvez aller dans la transformation du visage de base. En principe, cela n'a aucun rapport avec la réalisation volontaire d'une caricature mais c'est un excellent exercice dans le travail des subdivisions du visage.

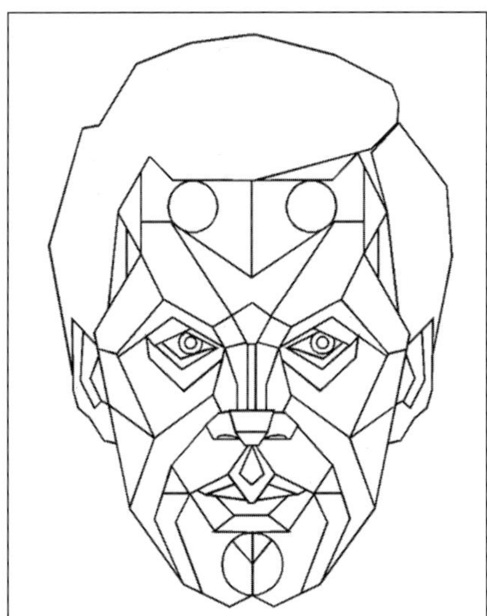

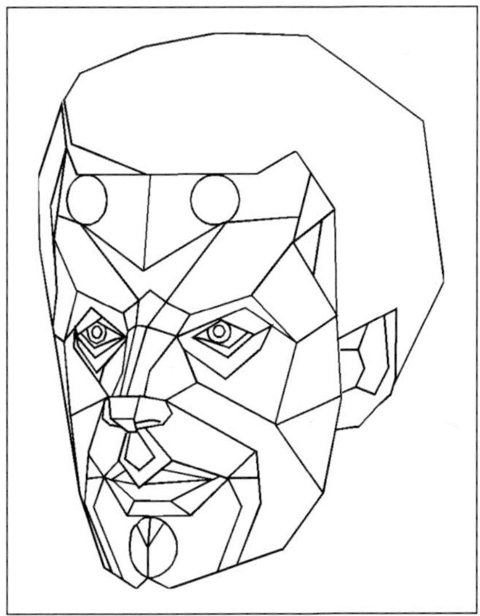

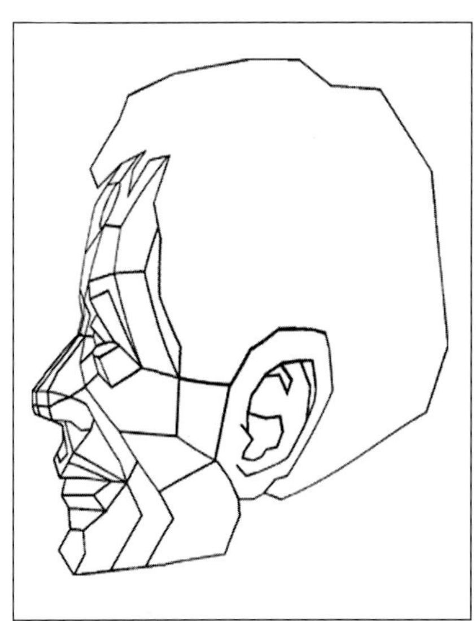

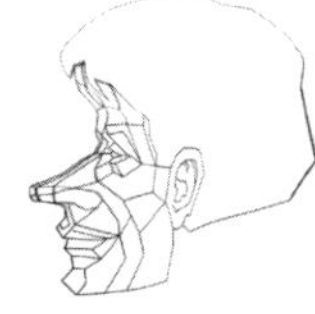

REMPLIR LES SUBDIVISIONS.

Le schéma proposé à la page précédente a naturellement peu d'intérêt à être utilisé tel quel. A droite, je vous propose des photographies d'un même personnage de face, de trois-quarts et de profil. Essayez de mettre en place le schéma subdivisant le visage sur les photos en grisé.
Ce qui importe ici, est de retrouver dans votre schéma toutes les zones déterminées dans le schéma de la page précédente.
Si vous craignez de ne pas réussir du premier coup, faites cet exercice sur du papier calque ou dessinez sur une photocopie de cette page.

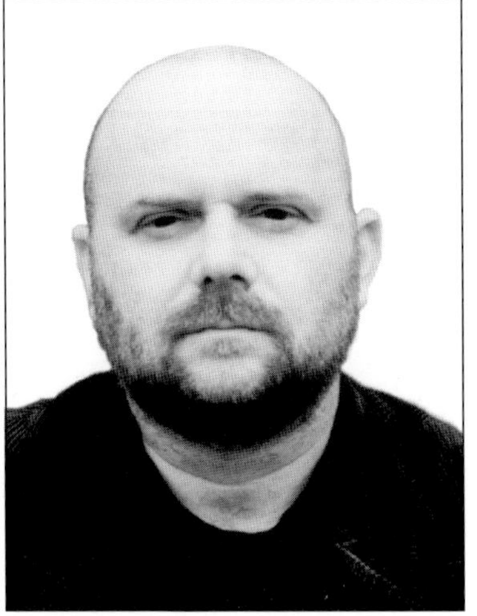
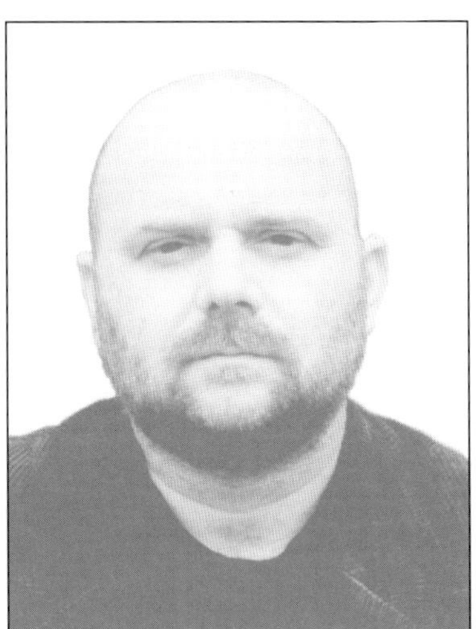
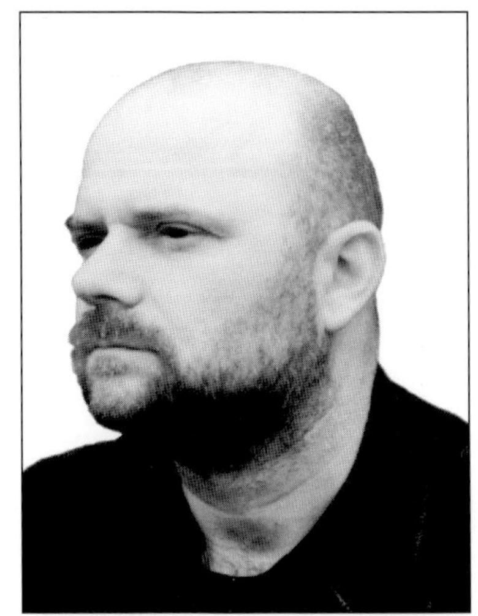
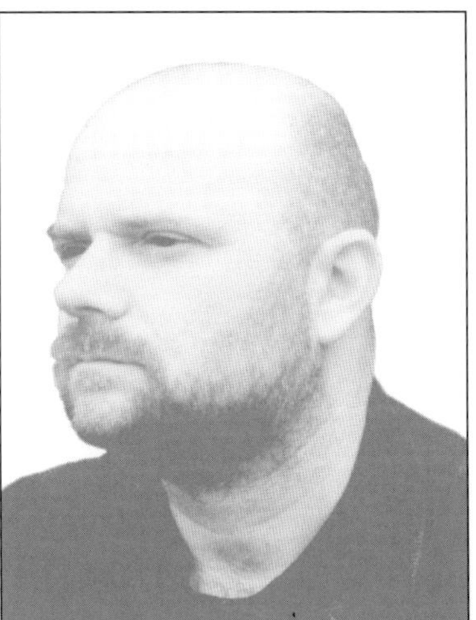
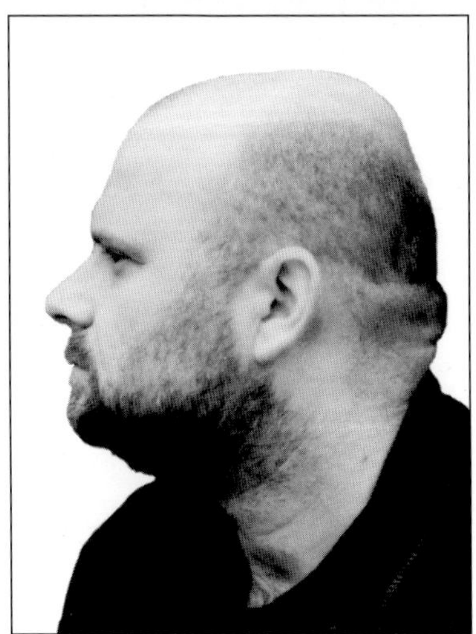
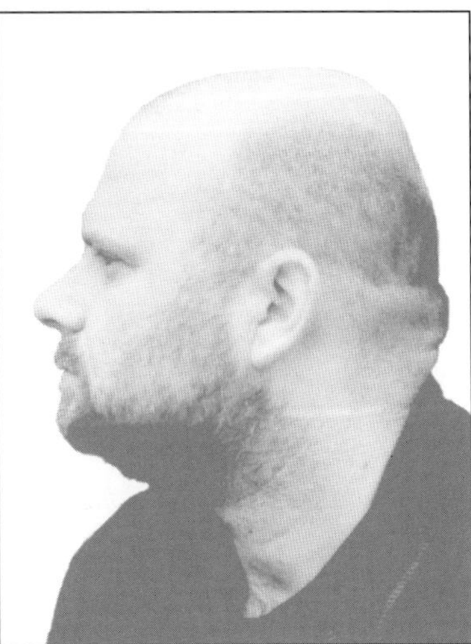

TRANSFORMATIONS LIBRES

Un exercice qui s'impose est de voir jusqu'où vous pouvez aller dans la transformation du visage de base.En principe, cela n'a aucun rapport avec la réalisation volontaire d'une caricature mais c'est un excellent exercice dans le travail des subdivisions du visage.
L'objectif est de réaliser trois versions différentes en partant du modèle de base en s'obligeant à utiliser au maximum les angles droits. Le dessin sera facilité par l'emploi d'une grille quadrillée qui s'adapte naturellement au cadre.Vous obtiendrez ainsi un visage en carré, deux autres étirés verticalement ou horizontalement. Il faut bien veiller à ce que toutes les subdivisions se complètent et forment bien un véritable puzzle.

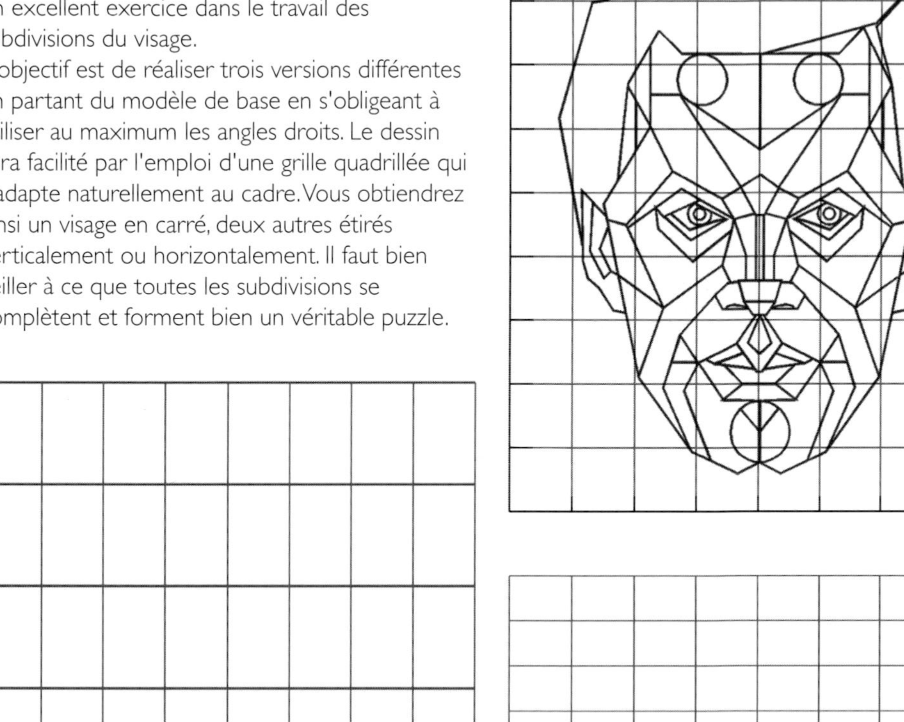

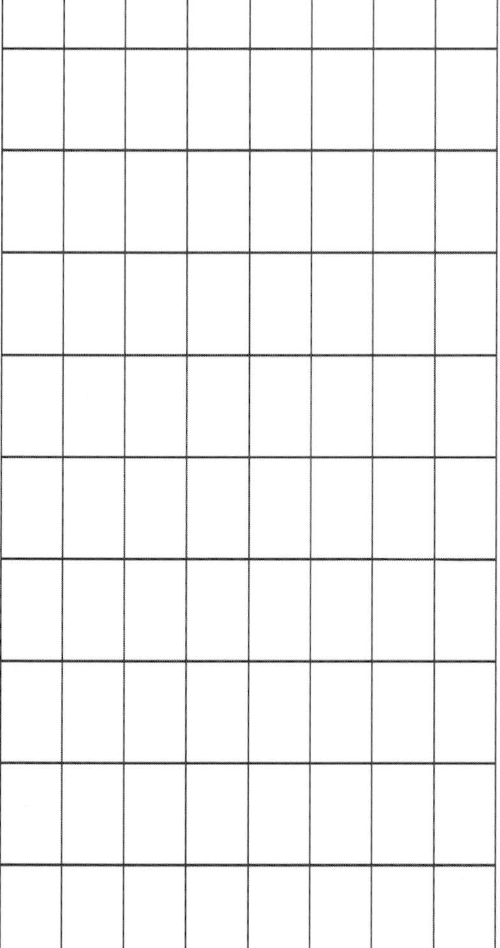

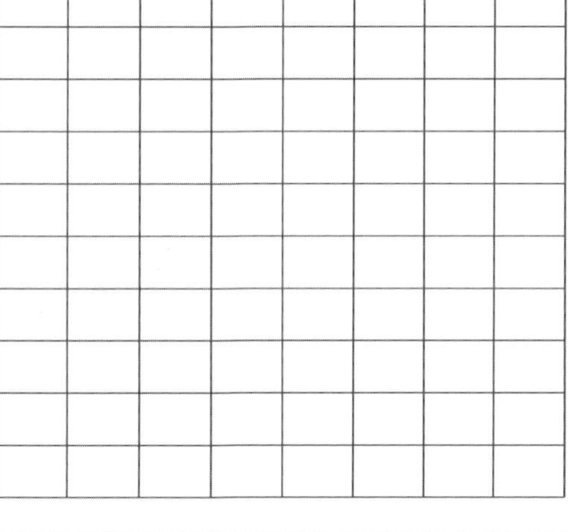

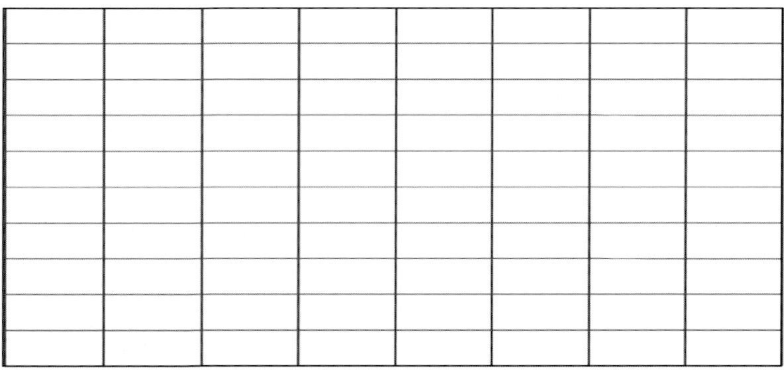

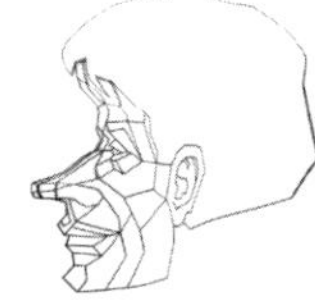

TRANSFORMER CORRECTEMENT.

En quoi consiste l'exercice ci-dessous ?
De la photo ci-dessous établissez les subdivisions à l'aide de la grille quadrillée ci-contre. Le visage peut être proportionnellement étiré ou rétréci; vous pouvez par exemple agrandir la zone du nez ou la rétrécir.

Tous les visages subdivisés se transforment dans le cadre 3 selon vos choix. Dans le dernier cadre, dessinez à nouveau le visage, définitivement. Cette technique est valable pour l'apprentissage des subdivisions.

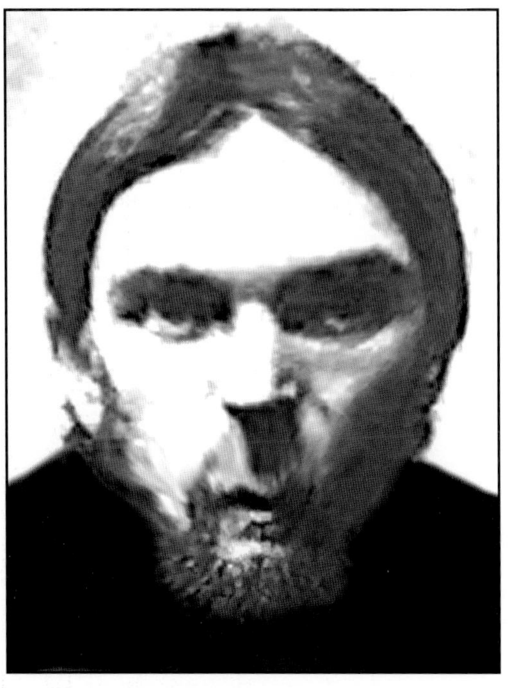

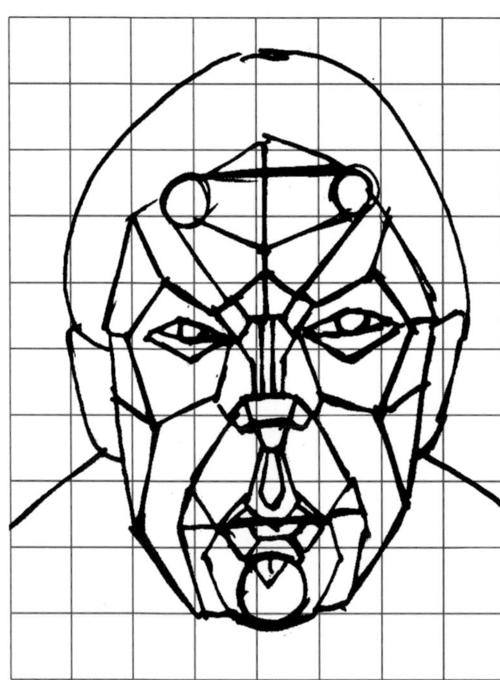

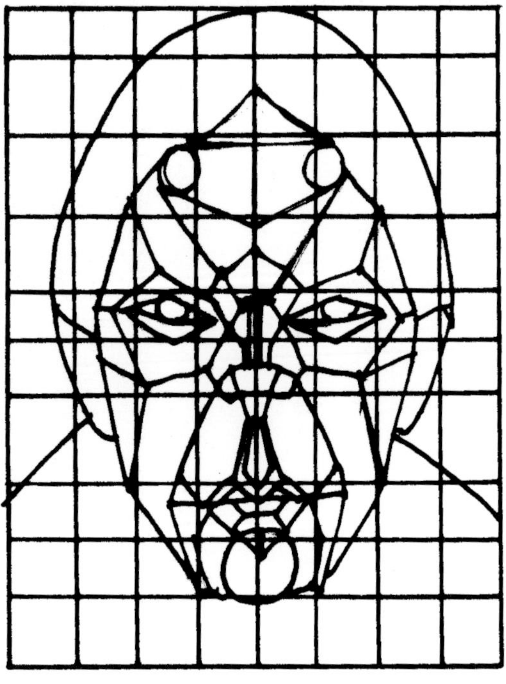

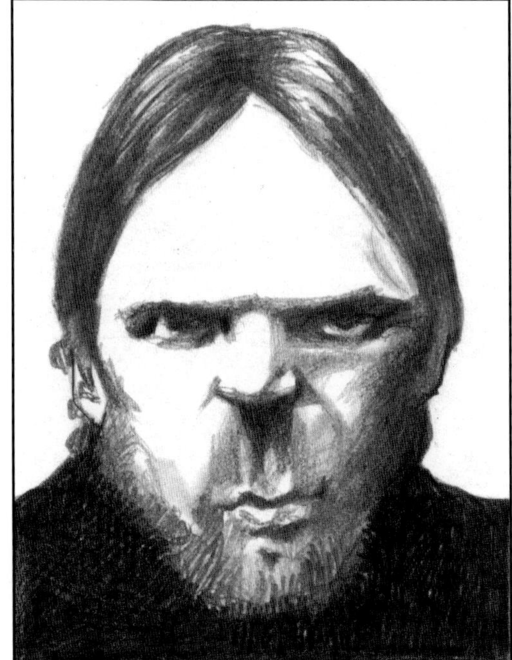

PAGE D'EXERCICE

Utilisez cette page afin de faire un exercice sur la subdivision du visage, similaire à celui qui précède. Utilisez les cadres comme ceux de la page précédente. N'oubliez pas que vous pouvez modifier le schéma de plusieurs manières.

Par exemple, vous subdivisez le visage à l'aide de triangles droits ou uniquement de trapèzes. Vous trouverez des exemples d'autres grilles dans les pages suivantes.

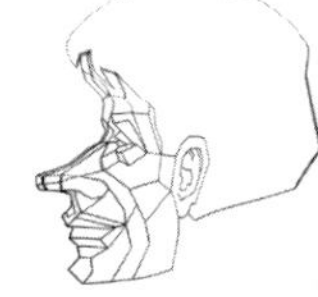

D'AUTRES SCHEMAS POUR DES EXERCICES SUPPLEMENTAIRES.

Sur ces deux pages, vous trouverez différentes représentations qui montrent les variations obtenues en racourcissant, allongeant, élargissant ou diminuant par rapport à l'original. Les carrés peuvent voir leurs angles droits modifiés et perdre même leurs coins.

Si vous dessinez une tête selon ce schéma, vous obtenez évidemment des résultats étonnants qui peuvent être très amusants. Considérez ces dessins comme des exercices plutôt que comme la recherche d'une caricature définitive.

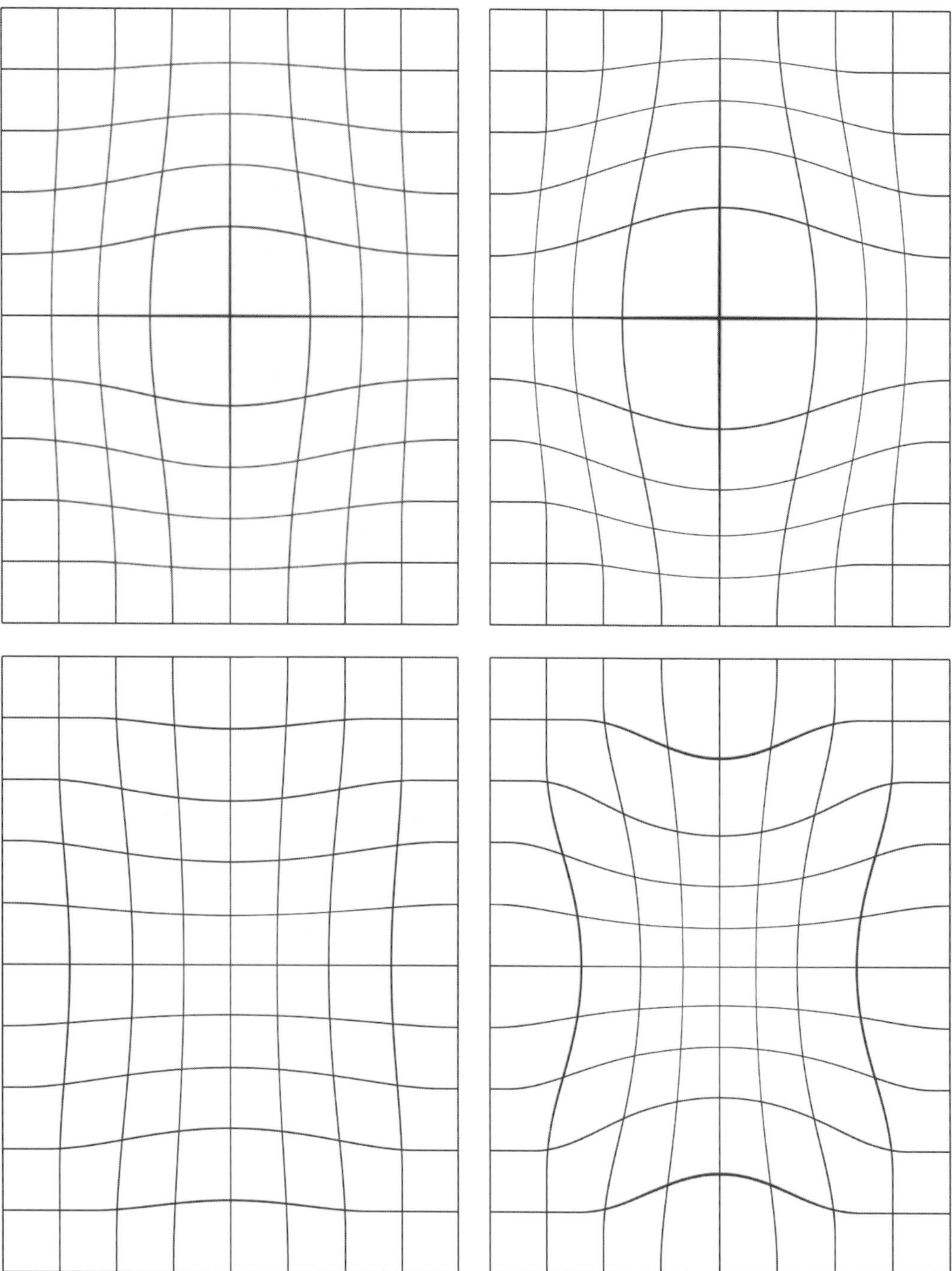

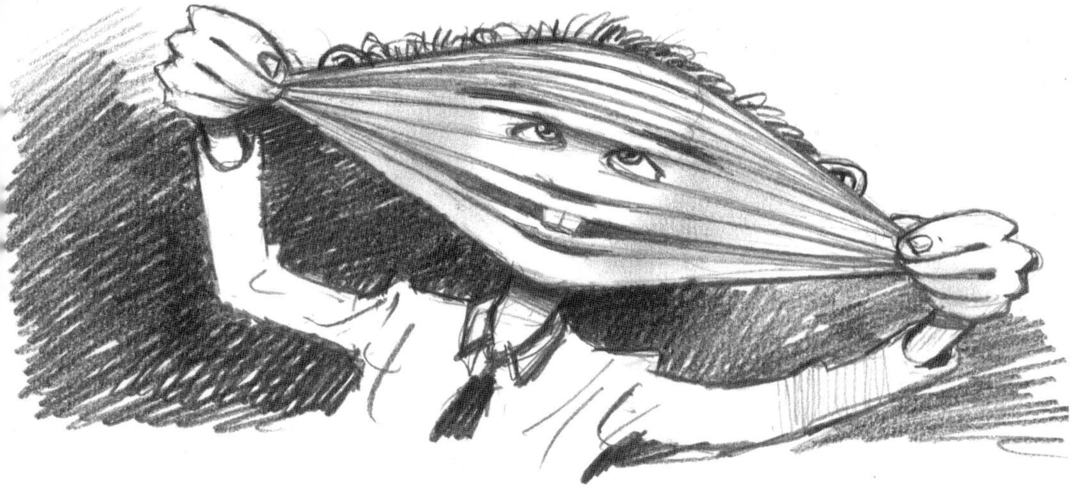

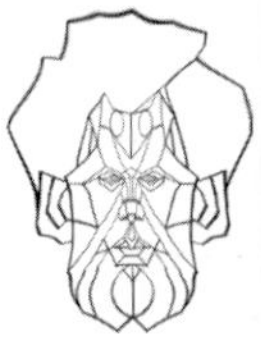

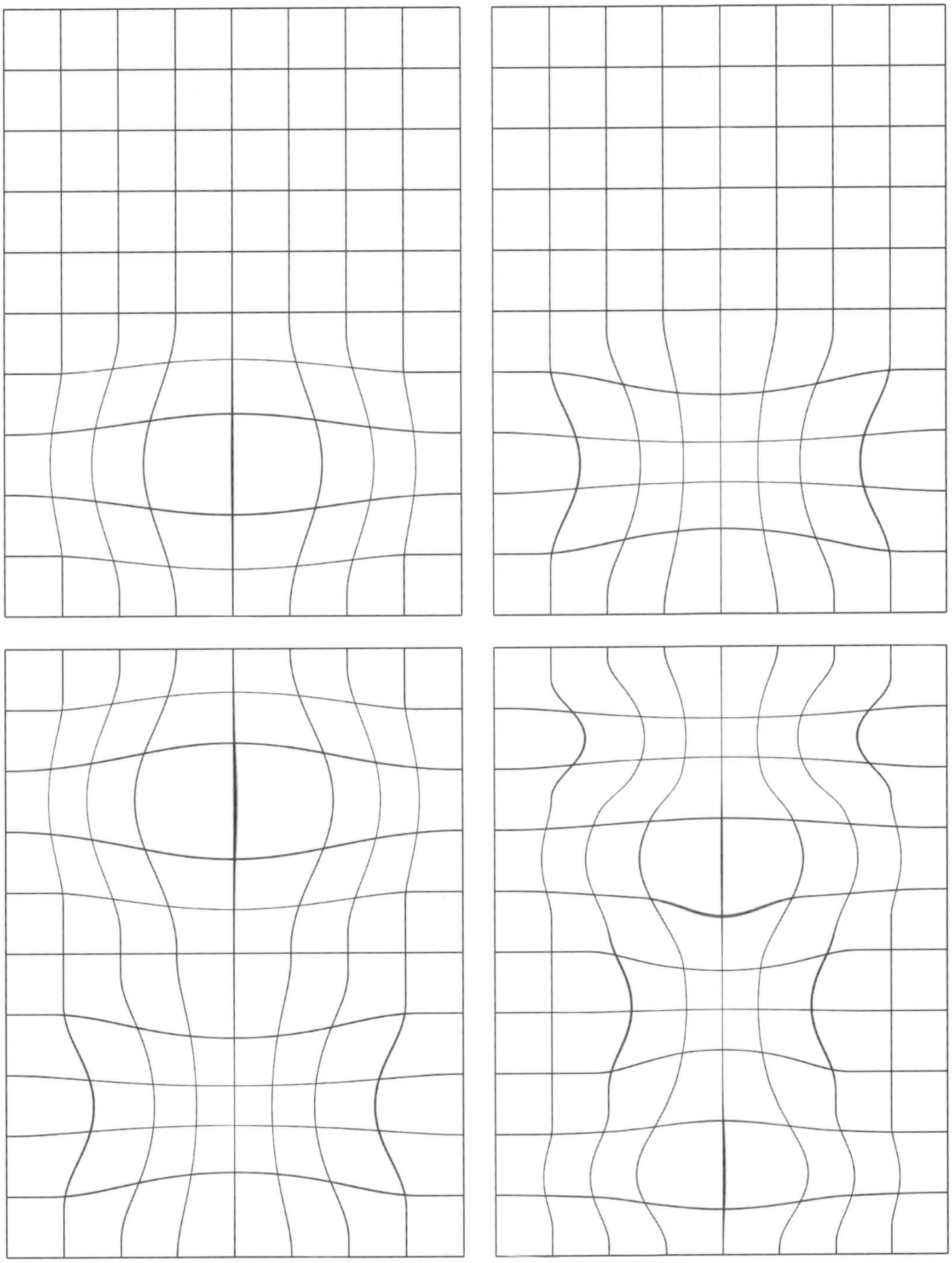

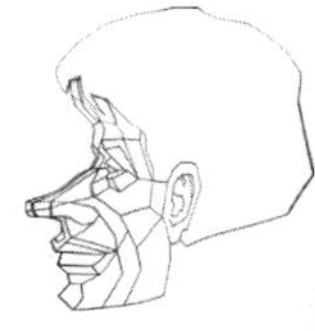

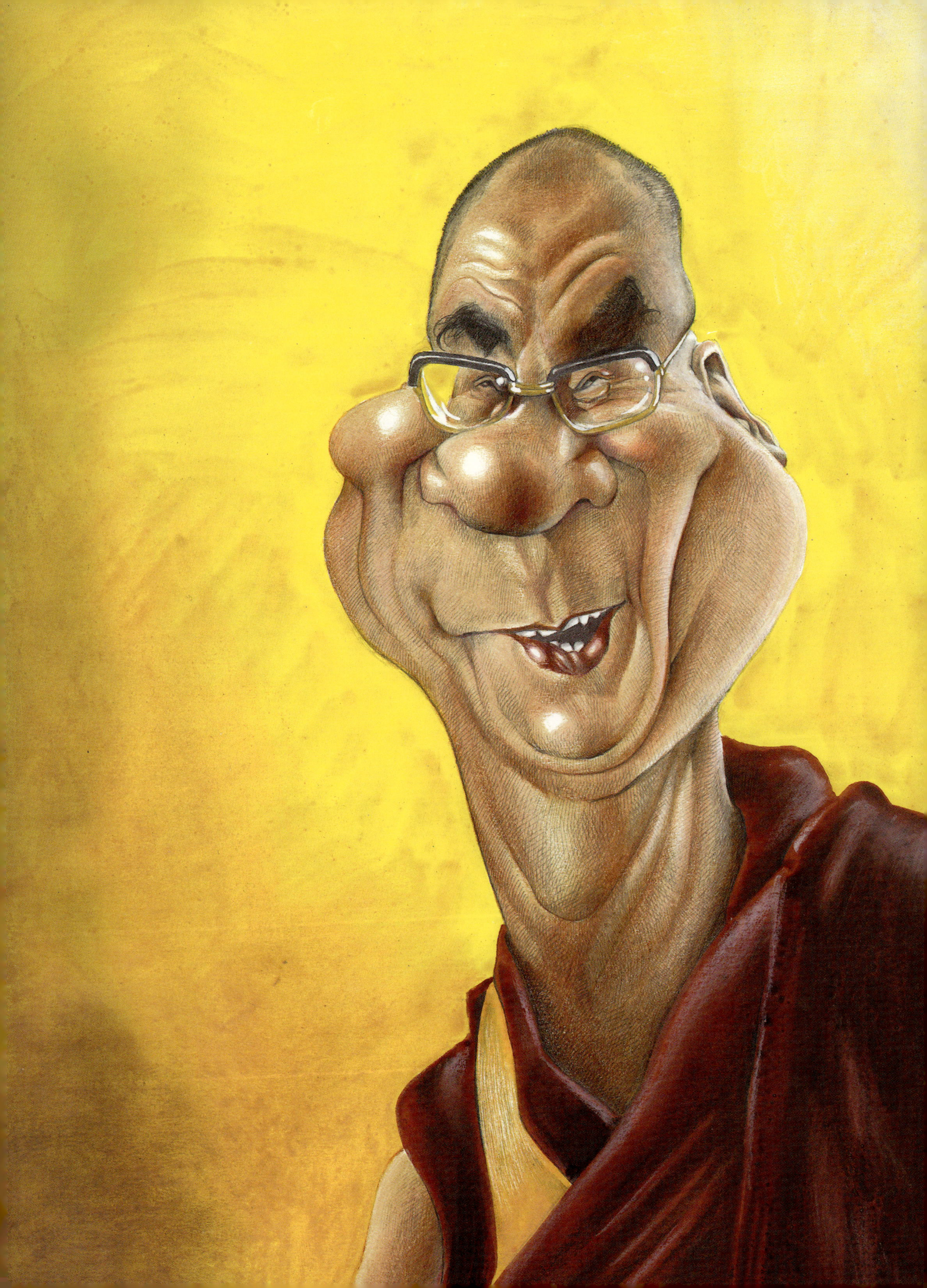

CHAPITRE 8

ASYMÉTRIE DE LA FACE.

La plupart des gens considèrent qu'il est plus facile de dessiner quelqu'un de profil que de face. Lors des séances d'après modèles, la plupart des dessinateurs présents choisissent cette position. Plusieurs facteurs concourent à faciliter le profil : il n'y a qu'un oeil à prendre en considération, le nez et la bouche se détachent clairement du reste en quelques lignes. Le plus difficile pour rendre un visage de face : c'est la symétrie. La position des yeux est déterminante pour l'ensemble du visage. On ne peut en fait pas parler de véritable symétrie mais bien d'une quasi-symétrie. Parfois, on se base uniquement sur les mesures d'un seul des côtés du visage que l'on utilise également pour l'autre; on obtient ainsi un dessin erroné du visage. Par contre, ce que l'on peut mesurer, c'est la hauteur des pupilles (et de l'iris des yeux) ainsi que l'écart entre elles par rapport à la verticale centrale. Dès l'instant où un détail ressort, graisse, mâchoire ou rides; il n'est plus nécessaire de suivre des règles strictes de symétrie. Si vous projetez une diapositive dans le mauvais sens, vous voyez tout de suite que quelque chose ne va pas. C'est dû au fait que les deux parties latérales d'un visage ne se ressemblent pas. Lorsque l'on se voit dans un miroir, l'asymétrie joue aussi son rôle. Ce n'est pas vous que vous découvrez dans le miroir mais bien votre reflet qui est différent de ce que vous êtes réellement et tel que les autres vous voient. On entend souvent dire par quelqu'un qu'il ne se reconnaît pas sur une photographie. Erreur ! La photo représente bien la réalité, pas l'image que l'on a de soi-même !
On peut rapprocher ce fait de l'impression que l'on a en écoutant sa voix enregistrée sur un magnétophone. Notre perception de notre voix est déformée par la résonnance dans notre crâne. Cette asymétrie n'est pas limitée à la tête mais est établie suite à des expériences réalisées à l'aide de miroirs. Un bon exemple est le joueur de tennis droitier dont le bras gauche semble parfois très mince par rapport au bras droit beaucoup plus développé et musclé. Un autre exemple évident nous vient des "body-builders" qui ont toutes les peines du monde pour obtenir un corps musclé de façon symétrique.
Pour la caricature, l'asymétrie du visage est une aubaine. Comme pour tout ce qui diffère de la normale, le dessinateur doit savoir en sentir l'intérêt et en tirer le maximum.

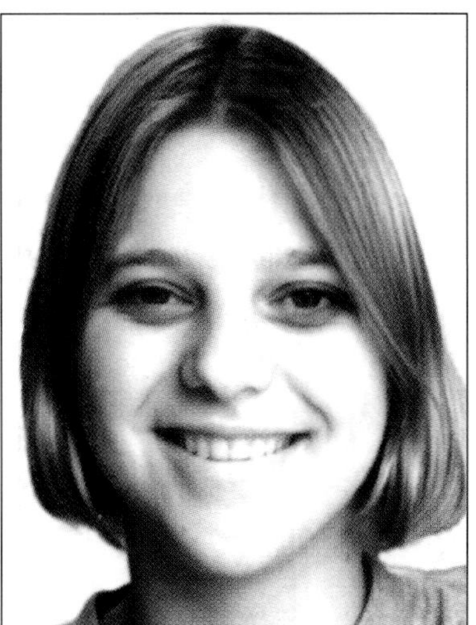

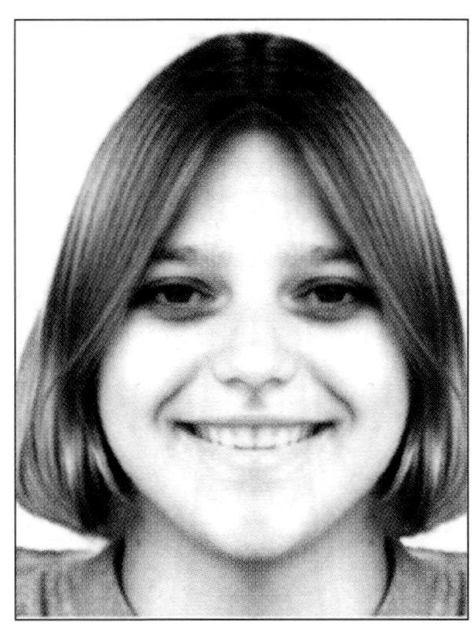

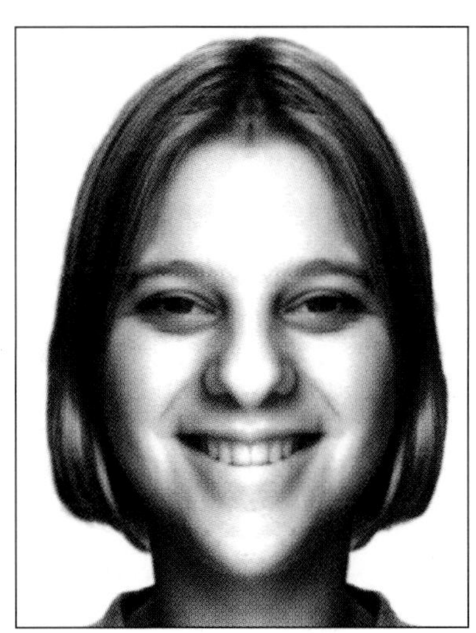

L'asymétrie du visage est ici évidente.
A gauche, vous voyez une photo normale.
Les deux autres photos sont conçues respectivement avec le côté droit pour le côté gauche du visage.
Chaque moitié a été dédoublée.
Il en résulte deux visages différents.

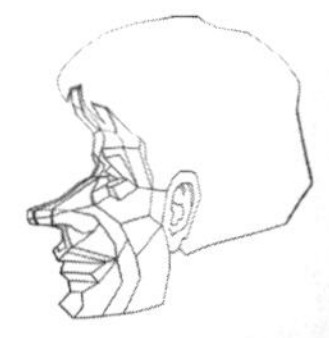

FACTEURS ASYMETRIQUES

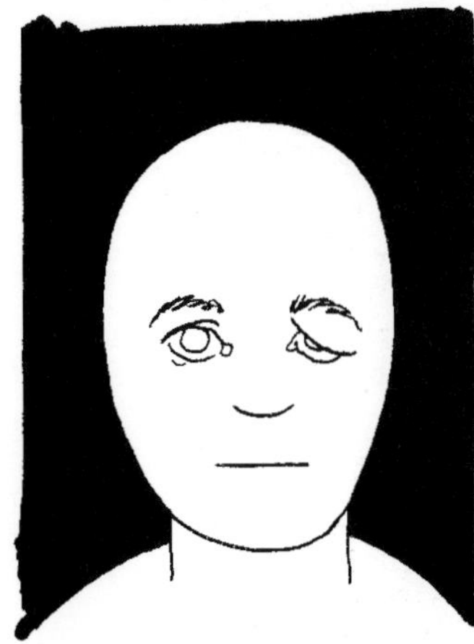

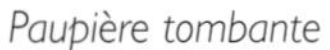

Paupière tombante

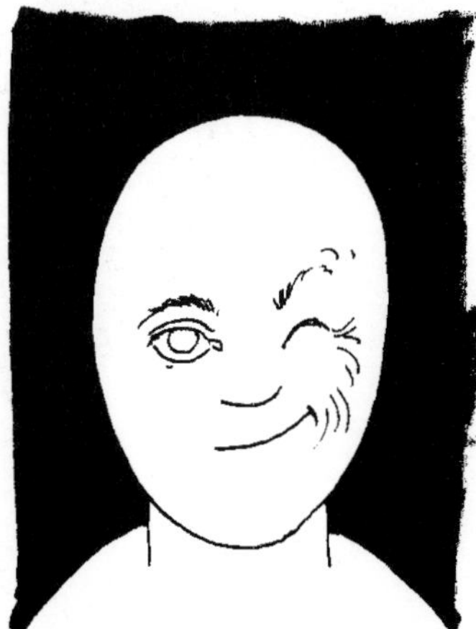

Une seule demi-face ridée

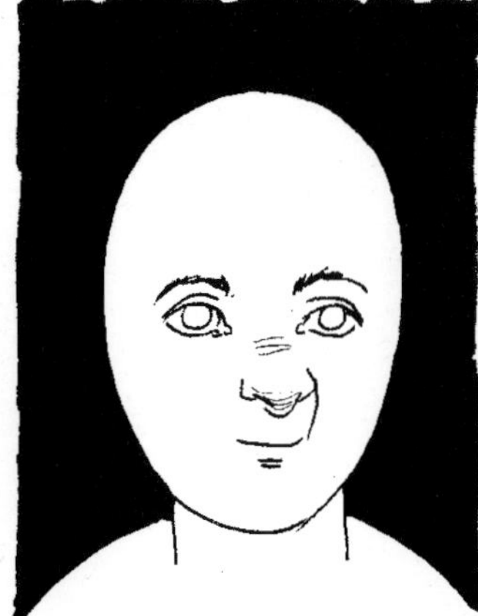

Nez de travers

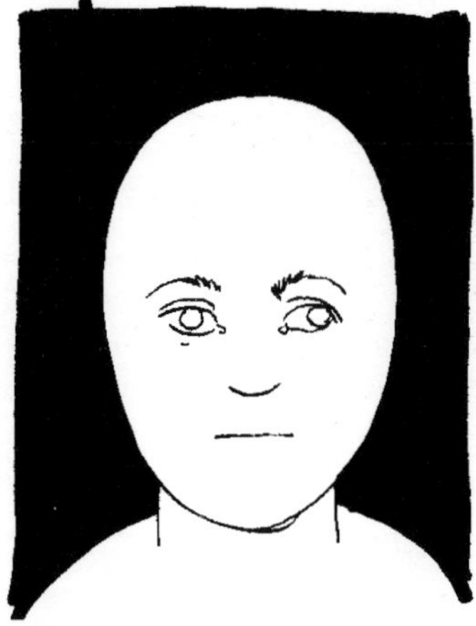

Strabisme divergent

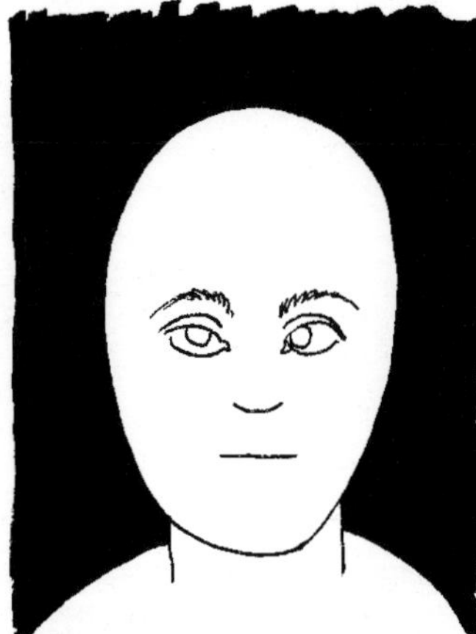

Strabisme convergent

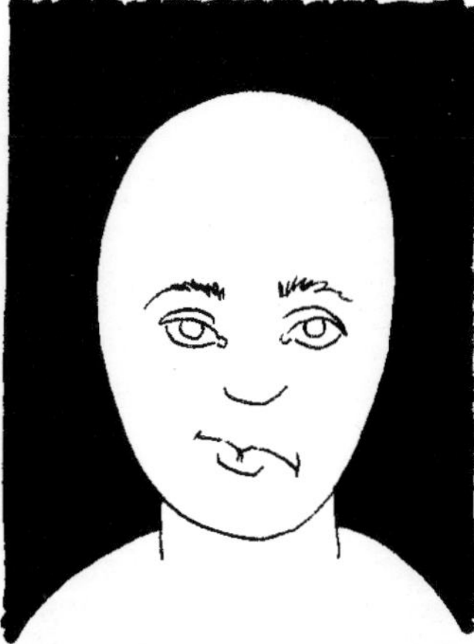

Bouche de travers

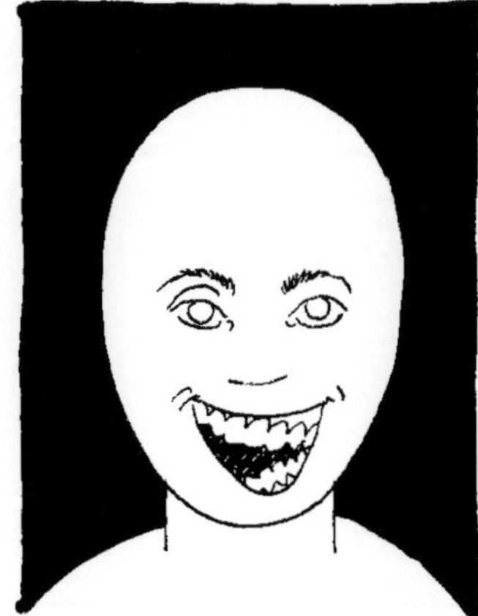

Mâchoire de travers

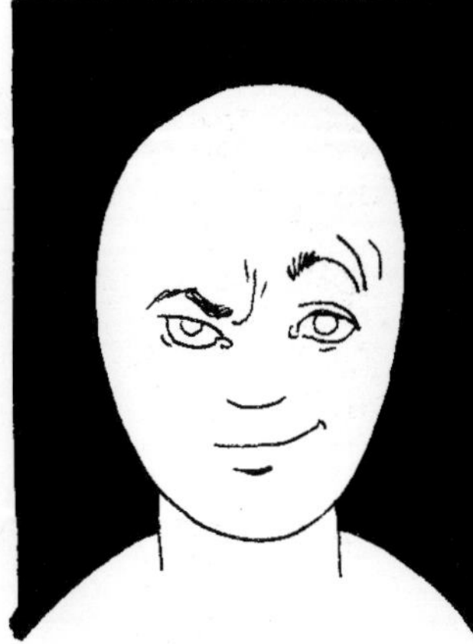

Sourcils asymétriques

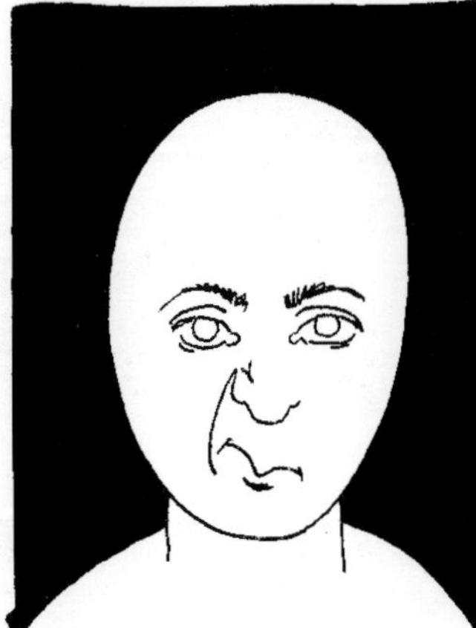

Nez crochu

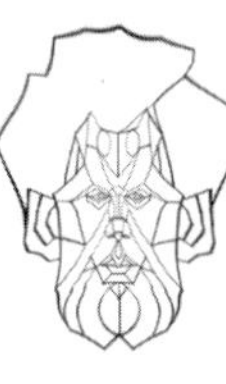

MONSIEUR DOUBLEFACE...

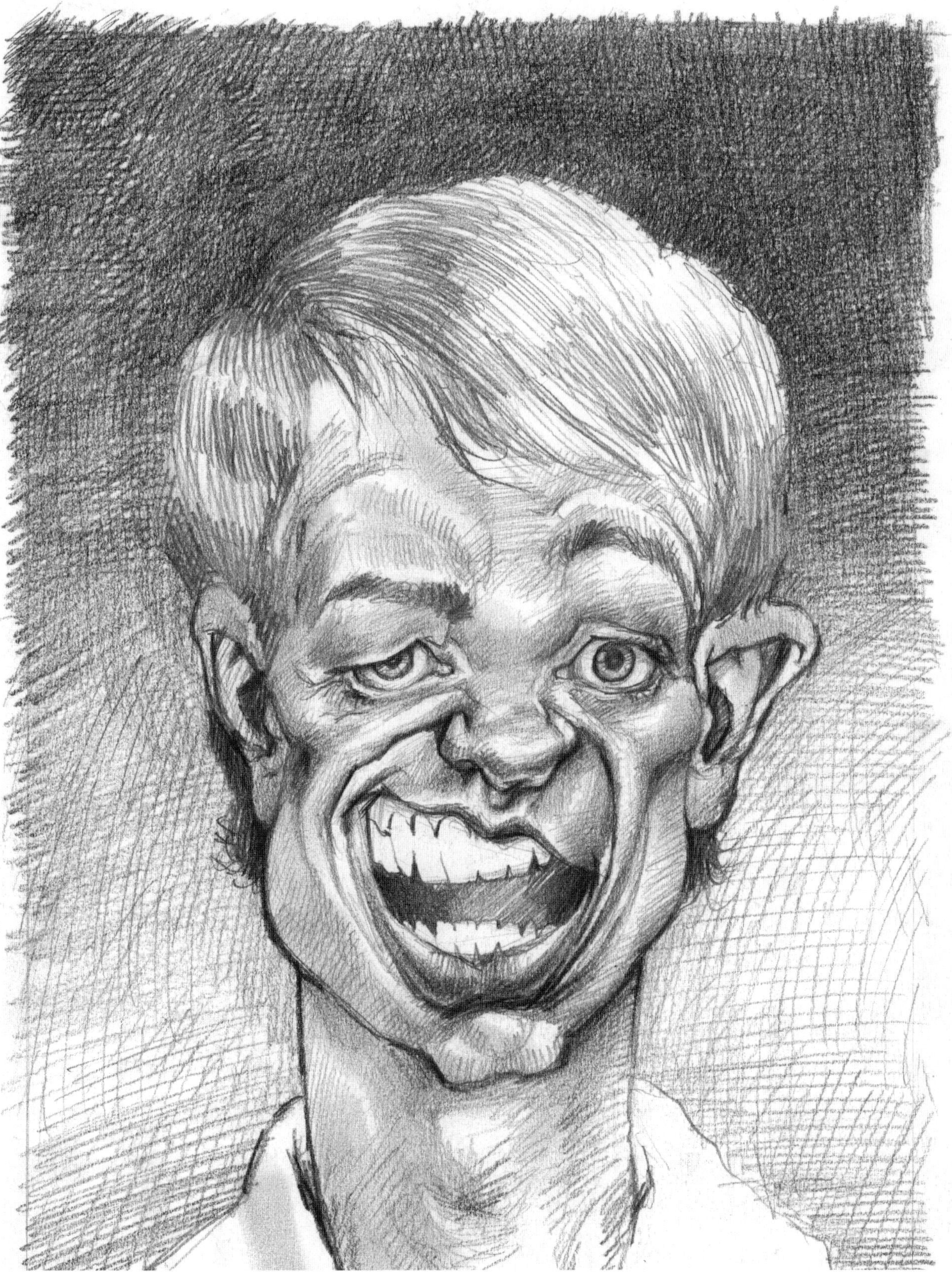

... ne vous ressemble-t-il pas ?

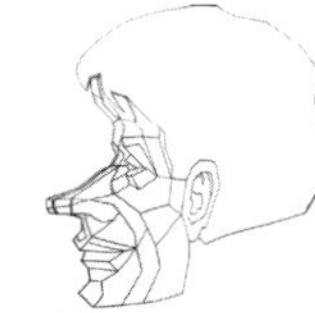

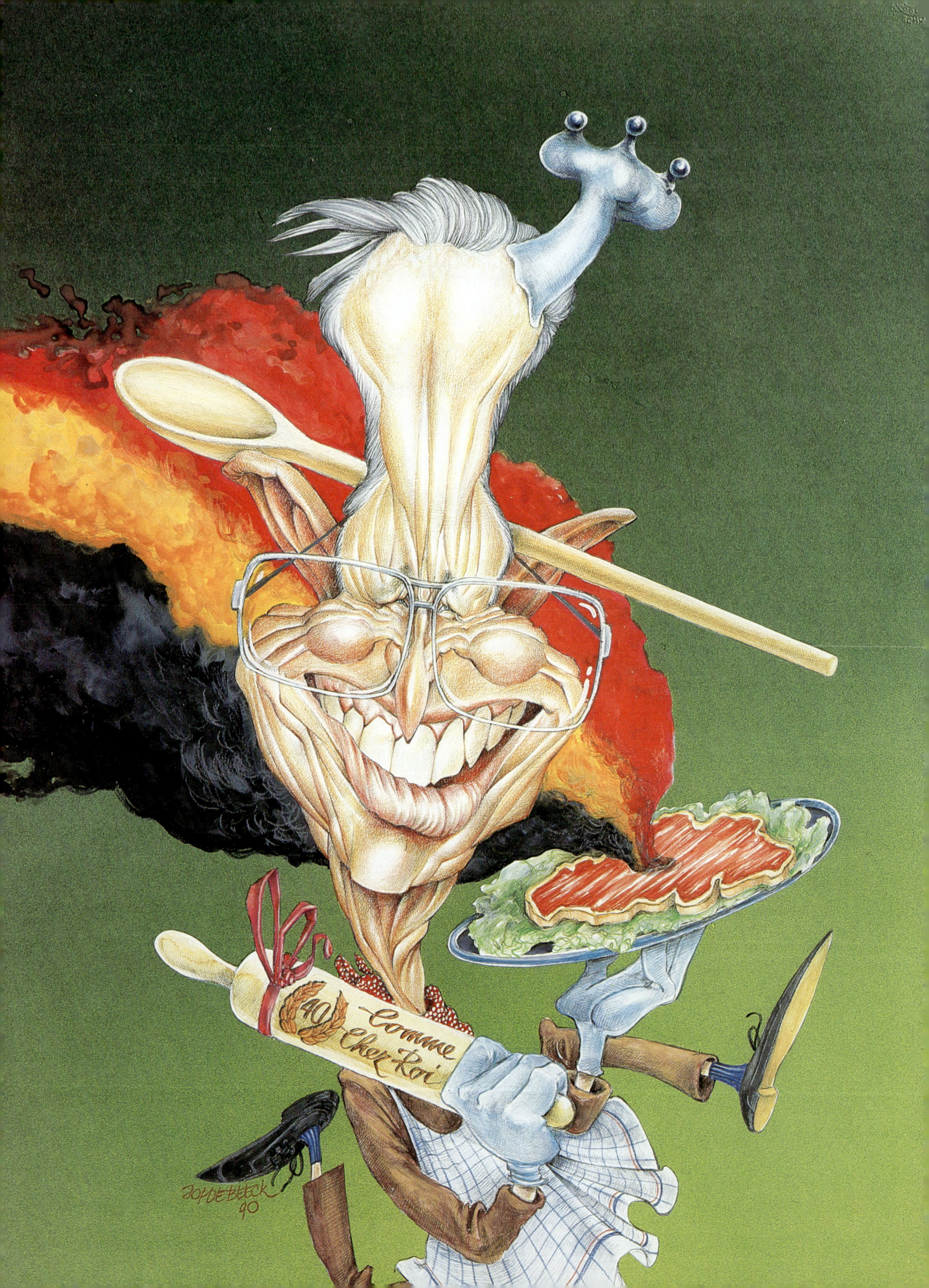
40
Comme
Chez Roi
JOPDEBEECK
90

LES RIDES TRAHISSENT LA VIE.

Le visage d'un nourisson est comparable à une feuille blanche. Il n'a encore connu aucune tension, aucune émotion qui auraient pu laisser une trace sur son visage. En outre, la peau du bébé est très élastique.
Au cours de l'existence, la peau perd graduellement de cette élasticité et est donc sensible à la gravitation.

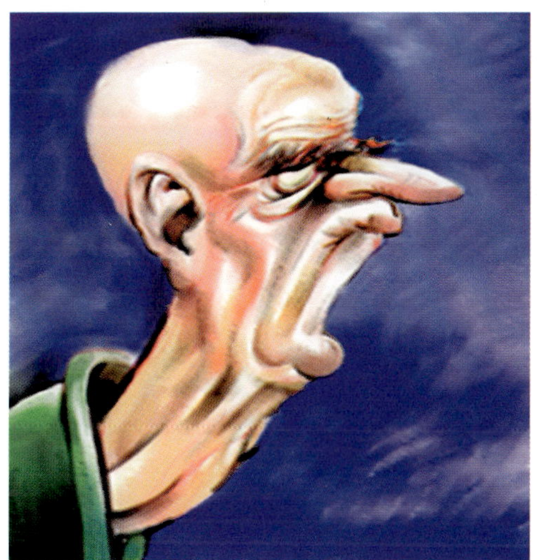

Les émotions que nous ressentons mettent nos muscles à l'épreuve et donc en mouvement. Quoique l'on fasse, et bien que l'on ne soit pas pressé, notre peau se creuse et nous en supportons les marques.

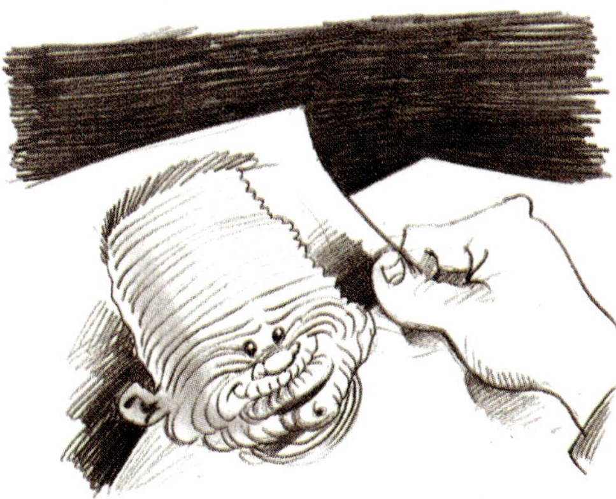

L'expression de nos sentiments détermine comment notre visage va élovuer avec le temps et à quoi il va ressembler. Jusqu'à un certain point, vous pouvez "lire" le déroulement de la vie d'une personne en observant son visage.

Ceux qui ont connu une vie dure, ingrate et éprouvante auront un visage nettement plus marqué que ceux qui n'ont guère eu de difficultés et ont vécu sans soucis majeurs.
Une personne âgée qui présente un visage sans ride est vraisemblablement quelqu'un qui cache ses émotions et a donc un caractère introverti.
Cette idée que la formation des rides livre autant d'informations sur la vie de quelqu'un, est très importante; il faut en tenir compte et en donner une juste interprétation.

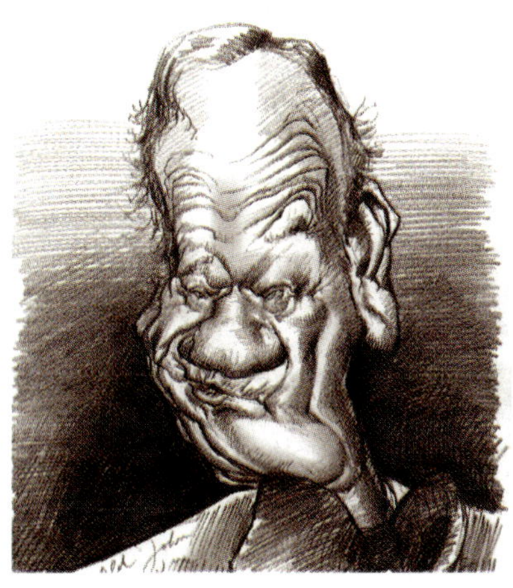

Les rides ont une importance capitale dans l'exécution d'un dessin poussé mais sont de moindre utilité pour un petit croquis rapidement effectué. Dans ce dernier cas, vous n'avez ni le temps ni l'espace pour en tenir compte. En outre, elles peuvent nuire à la clarté du dessin.
D'où proviennent les rides ? Elles se marquent dans le visage à cause des muscles : lorsque l'on rit, des petites rides apparaissent près des yeux et aux extrémités de la bouche.

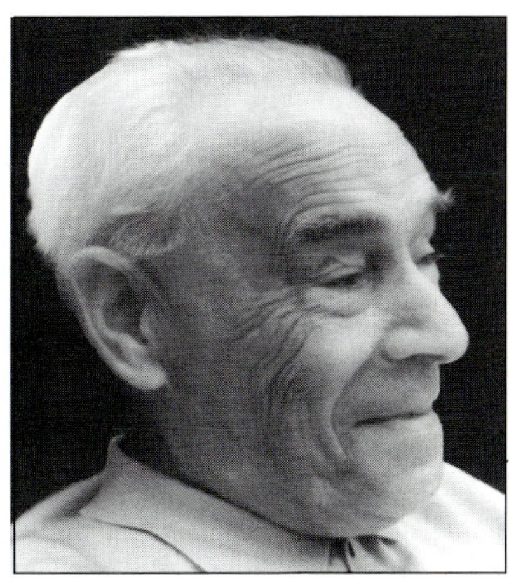

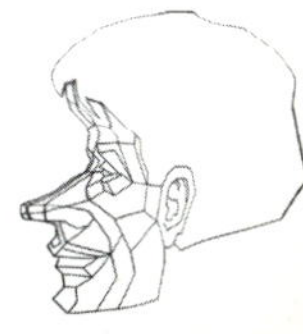

Colère, souci et soupçon provoquent des petites rides verticales au-dessus du nez.

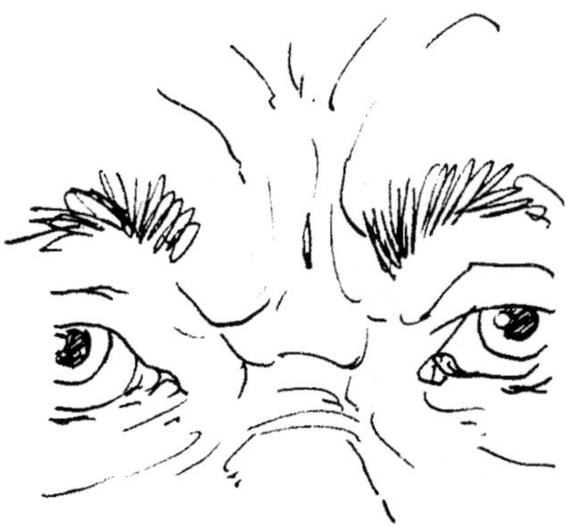

L'affliction mais aussi l'étonnement provoquent des rides horizontales sur le front.

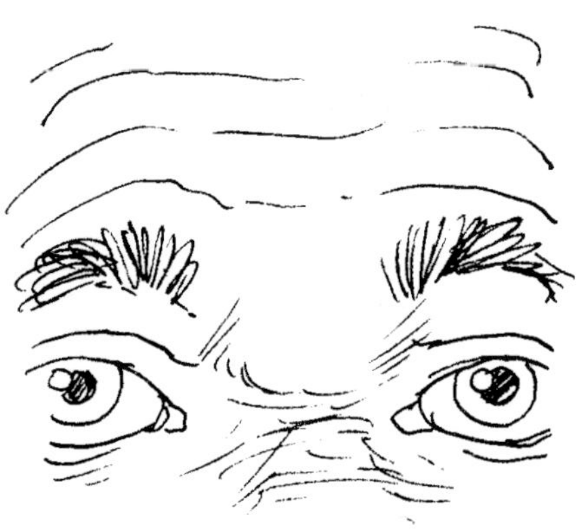

Le bouche en cul de poule chez une personne qui réfléchit, s'accompagne de rides tout autour de la bouche.

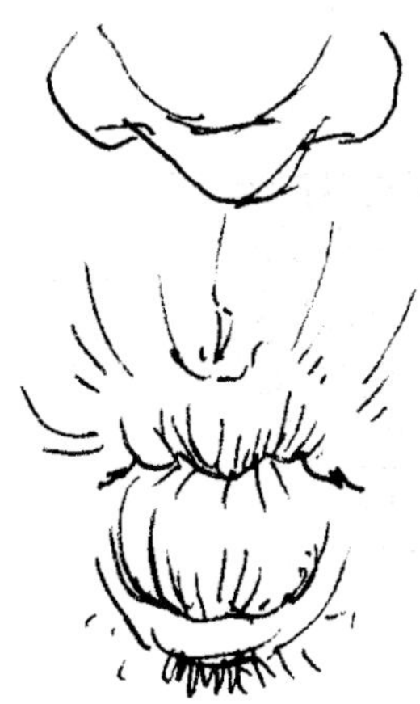

Toute forme d'émotion correspond à un dessin spécifique du visage. Vous pourriez dans votre jeunesse extrapoler vos émotions pour déterminer votre futur visage !
Le poids d'une personne a aussi de l'importance : chez un individu malingre, les rides du front risquent d'être plus nombreuses et plus fines. Il est plus difficile de dessiner correctement les rides frontales d'une personne enveloppée.

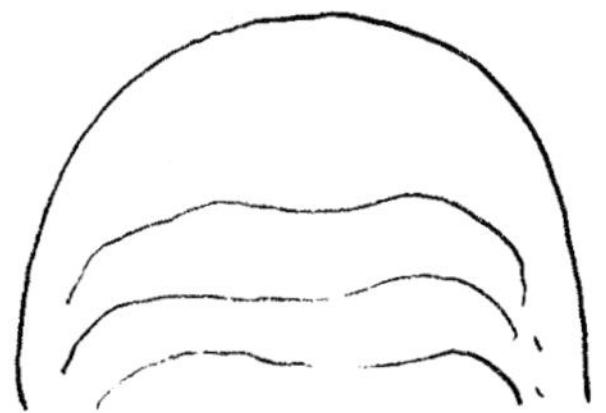

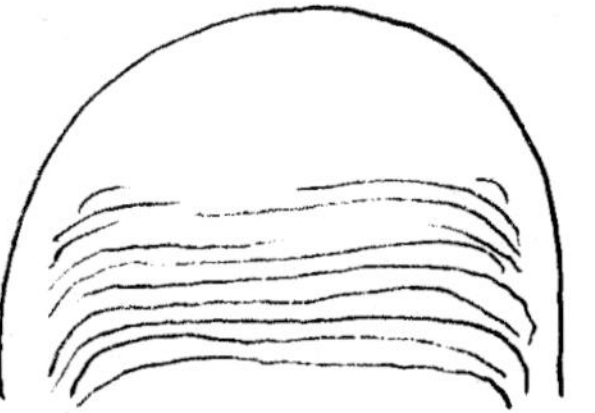

Nous montrons ici un front d'un "gros âgé" moins ridé qu'un "âgé mince". C'est sans doute pour cela que l'on dit communément qu'une grosse personne paraît plus jeune qu'une mince du même âge.
Les conditions climatologiques ont également leur influence sur l'élasticité de la peau. Le soleil, le vent, les soins intensifs de la peau pour le bronzage ou la lutte contre son délabrement sont autant de facteurs. Ceux qui vivent dans des conditions exceptionnelles comme les Tibétains ou les Eskimaux, ont une peau qui se ride très vite par rapport à ceux qui vivent dans des contrées au climat plus favorable comme les Européens du nord qui ont moins l'occasion de porter des chapeaux de soleil !

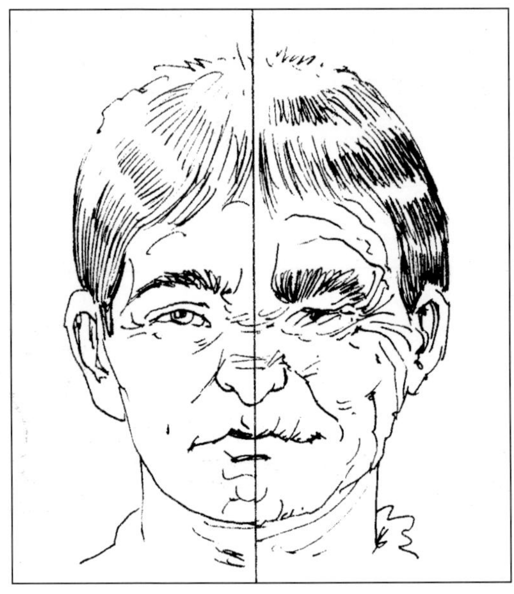

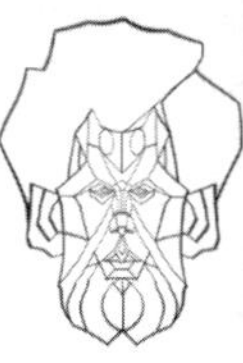

DESSINER DES RIDES

Si l'on veut obtenir une caricature d'où ressort du volume et qui soit suffisamment réaliste, il est primordial de souligner les rides du visage.
Les portraits comportent très souvent des petits traits qui évoquent les moindres reliefs.

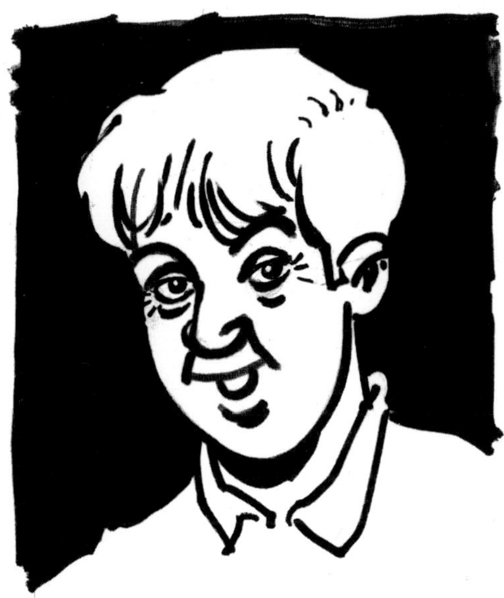

La représentation de ces reliefs n'est pas trop ardue. Le principal est de rechercher la succession exacte du clair et du sombre.

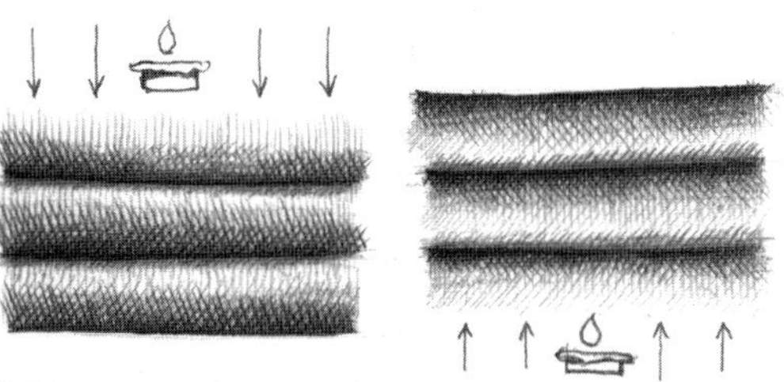

Plus profonde est la ride, plus sombre est le trait qui doit la représenter. Vous pouvez prévoir un passage entre la ligne la plus profonde (la plus foncée) et la partie la plus claire de la ride adjacente.

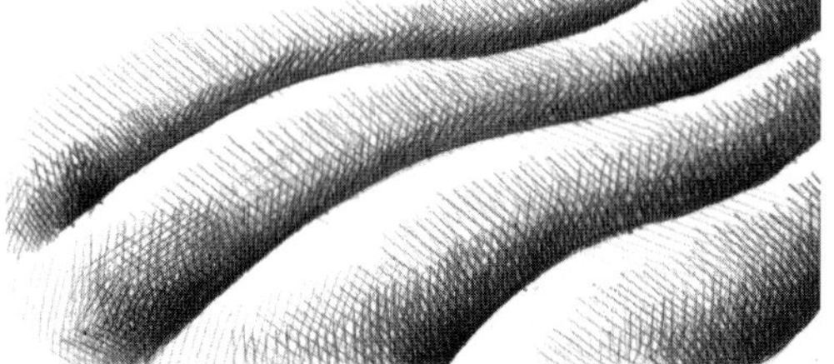

Une ride n'est pas nécessairement limitée à un trait : les plus profondes se marquent par une partie dégradée allant du sombre au clair.

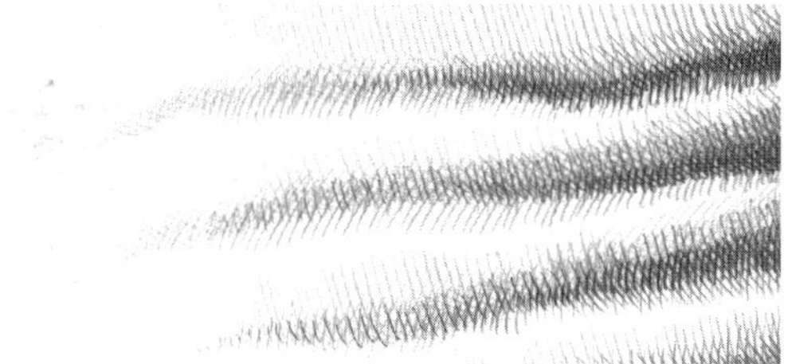

Une ride peut également évoluer du plus profond vers une tonalité moyenne : en premier vous dessinez un trait qui s'amenuit dans un passage ombré.

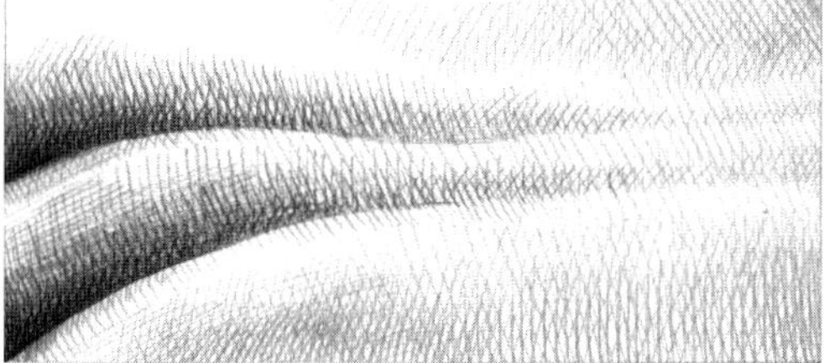

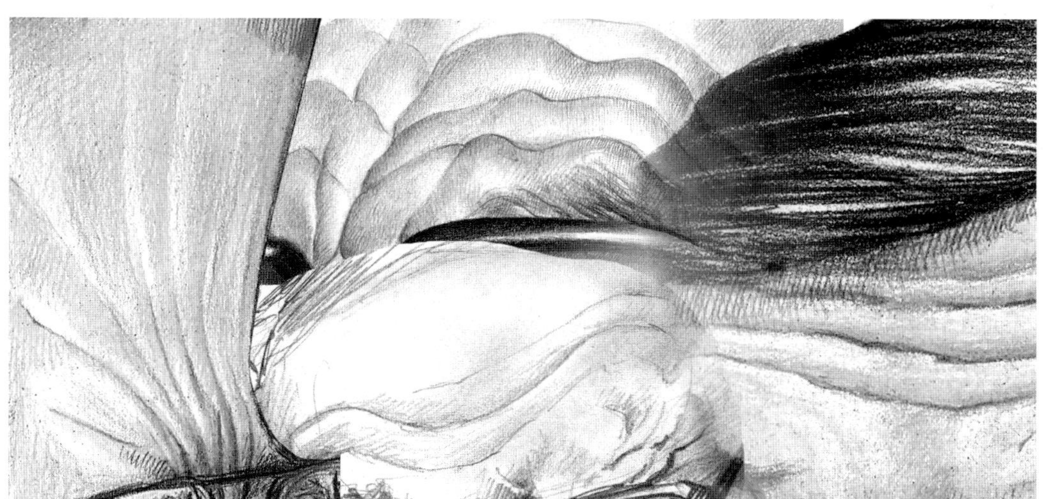

Quelques exemples : veuillez à ce que les traits les plus courts suggèrent bien la transition entre le sombre et le plus clair.

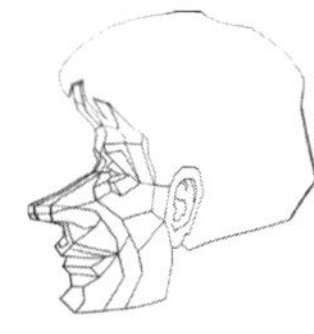

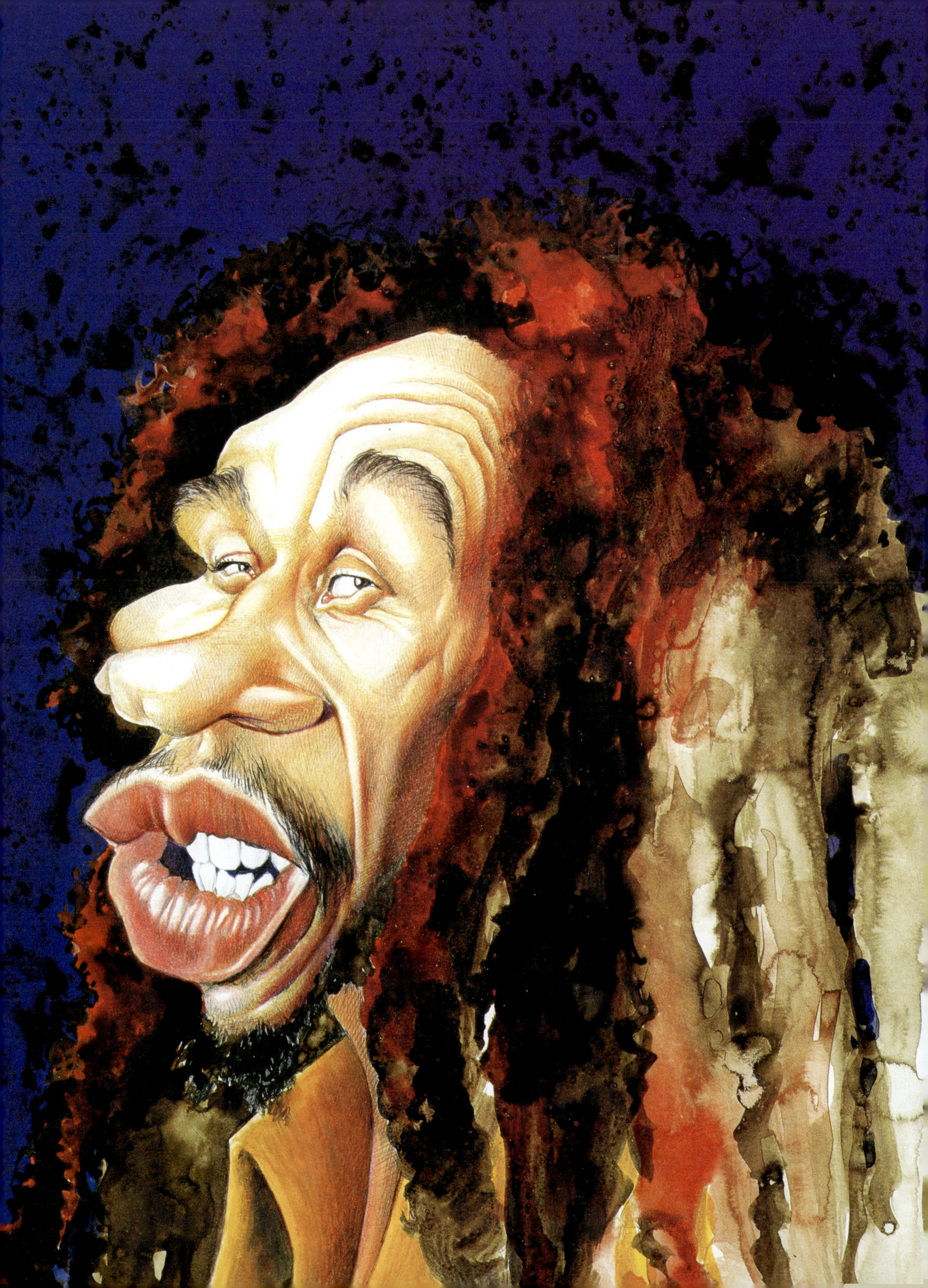

CHAPITRE 10

LES CHEVEUX

La parure des cheveux est un bienfait pour le monde de la caricature ! Les cheveux permettent aisément les exagérations même chez les sujets à la coiffure conventionnelle. C'est le cas des enfants (chez qui vous pouvez augmenter la masse des cheveux car ils ont la boîte crânienne très développée) et des femmes qui dans le domaine de la caricature ne nous rendent pas la vie facile. En outre, et c'est très important pour le dessin d'après modèle vivant, nous ne sommes personnellement pas sensibles au fait que la coiffure ait subi de grandes transformations. Si le modèle n'est pas satisfait du résultat, on peut rapidement modifier la chevelure, ce qui n'est pas le cas du nez, de la bouche ou des yeux.

Quelques croquis rapides pouvant aider un dessinateur débutant dans la recherche de l'exagération de la coiffure.

En caricaturant les cheveux, il faut d'une part tenir compte de l'élaboration de la coiffure comme un tout; d'autre part de la manière de dessiner les cheveux eux-mêmes. En principe, ils ne sont que l'habillage de la tête, avec une fonction biologique précise. D'autre part, il faut reconnaître qu'ils ont également une signification sociale. Avec eux, on veut donner une impression. Selon que l'on soigne ou non ses cheveux, qu'ils soient courts ou longs, collants, colorés, crollés ou défrisés; on peut situer un individu par rapport aux autres et au reste de la société.
L'aspect esthétique vient en première place. Les cheveux sont une partie intégrante de notre présentation extérieure. Sans doute essayons-nous de corriger certains détails de notre visage ou plus simplement apparaître au mieux de nous-même. Ce n'est pas pour rien que les personnes trop vaniteuses attendent avec appréhension les premières représentations de leurs cheveux.

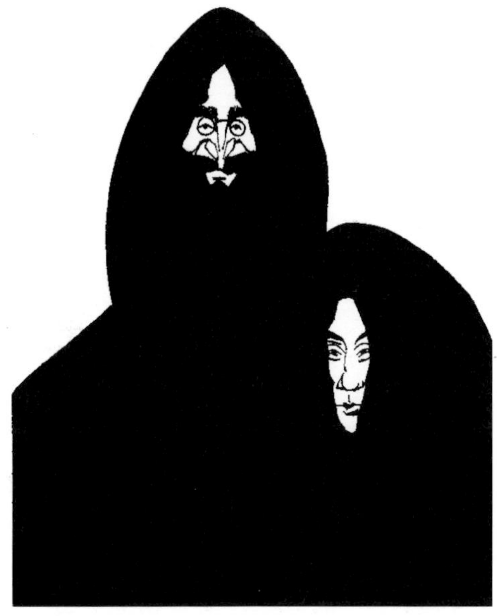

Pour ces raisons, nous considérons la coiffure comme une partie intégrante de la tête, et peut-être faudrait-il dire de l'image que nous avons de la tête. Cela est dû au fait qu'en caricaturant, il faut tenir compte de leur mesure. Vous pouvez commencer le travail en les dessinant en premier. Rapidement, vous mesurerez leur importance dans la difficulté du dessin. C'est quasi identique dans le cas des moustaches et des barbes : ils participent pleinement au processus de transformation.

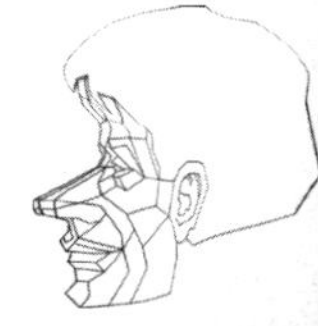

On peut dire beaucoup de choses sur le rendu même des cheveux.
Qu'un cheveu soit aussi raide qu'une corde ou aussi crollé que la toison d'un mouton, la chevelure présente une vue d'ensemble très diverse; non seulement dans la globalité mais aussi dans la structuration et la direction des cheveux eux-mêmes.
Certains ont la chance d'être naturellement dotés de cheveux luisants tandis que d'autres ont des cheveux ternes semblables à du blé séché.

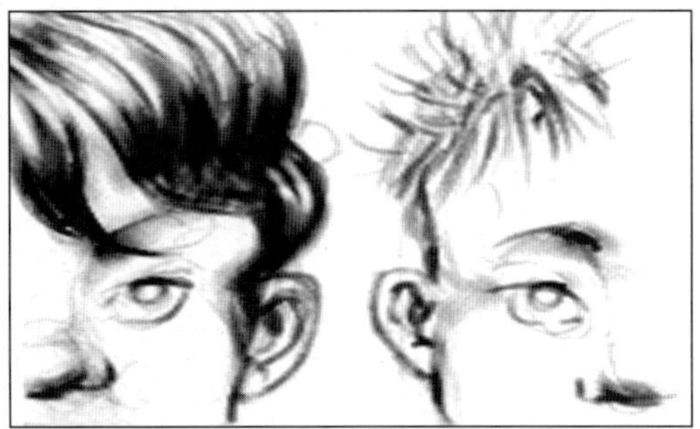

En outre, chacun détermine quelle forme il donne à sa chevelure. Pensez seulement à la coiffure rasta à peine comparable à celle d'un cocker sortant du bain !

La chevelure a donc un rôle important à jouer dans l'élaboration d'un croquis. Elle offre, après un travail en profondeur du visage, l'occasion de donner une touche sympathique au travail. Des traits nerveux, des hachures franches ou des lignes estompées : tout est bon ! De plus, le dessin de la chevelure ne nécessite pas des heures pour occuper une part importante de la page. Le but principal reste de marquer le contraste entre la façon de travailler le visage et la chevelure. Dans un croquis préparatoire, il ne faut pas détailler tous les cheveux. Il faut clairement faire ressortir comment les cheveux se placent, s'ils sont peignés ou non, comment la lumière les éclaire, quelle importance ils ont par rapport à l'ensemble du visage.

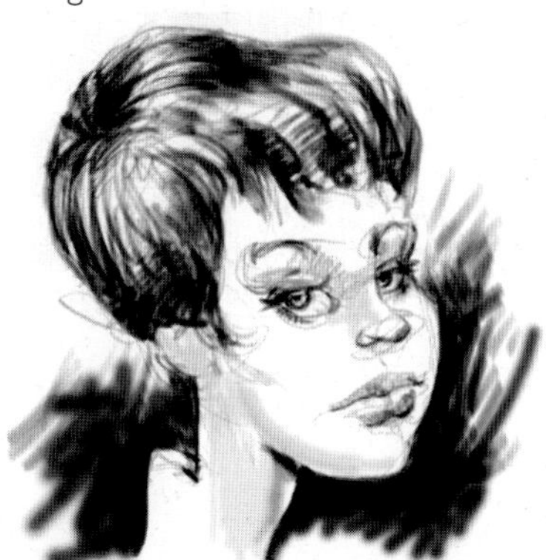

Dans un dessin définitif, des cheveux brillants doivent être reproduits comme tel, les ondulations doivent être fidèlement tracées, des cheveux blonds ne doivent pas être blancs mais ressortir comme un ensemble de tons contrastés. Des cheveux blonds seront mieux reproduits si un arrière-fond sombre ou coloré complète le dessin.

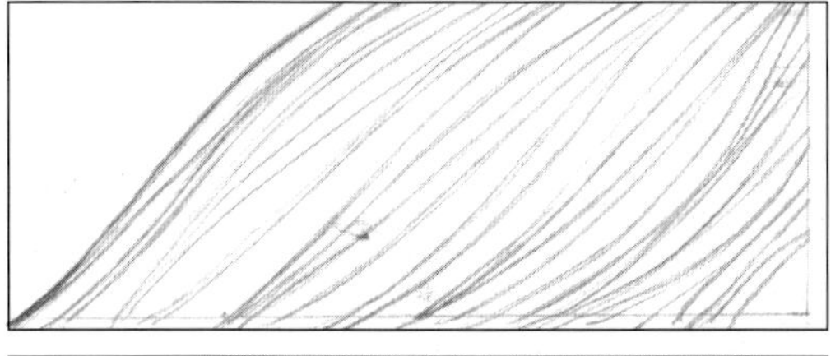

Prenez le temps nécessaire pour obtenir un bon rendu des cheveux. Il en résultera la justesse de la brillance.

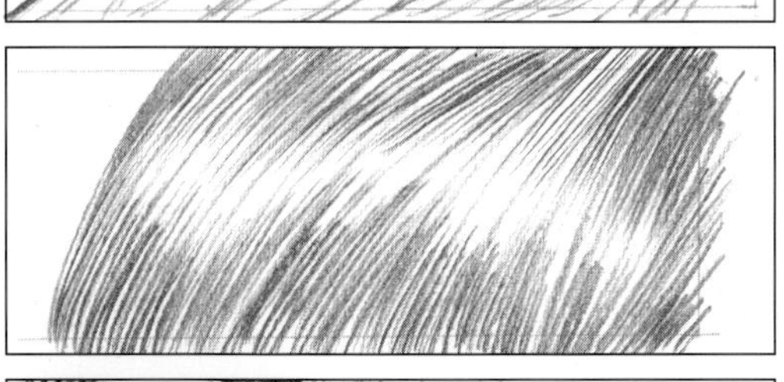

Des cheveux brillants : dessinez les boucles. Exécutez les lignes du plus sombre au plus clair. Faites cela des deux côtés tout en gardant un espace clair entre chaque mèche. De temps en temps, un trait plus prononcé améliore le tout.

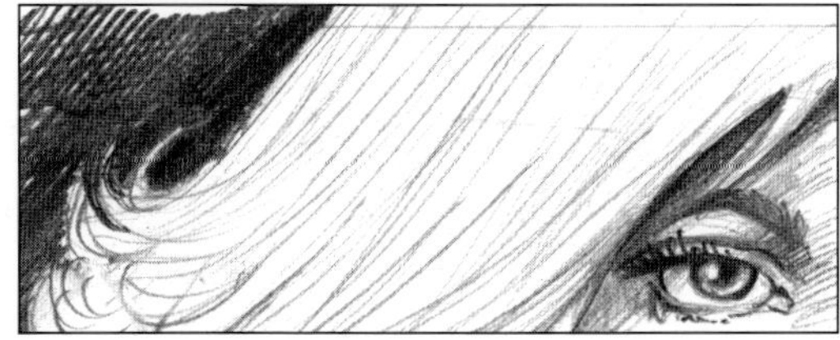

En arrière-fond de cheveux blonds, il est intéressant de contraster à l'aide d'un crayon gras. On évite ainsi d'assombrir le visage. Le plus clair ressort mieux sur un fond sombre.

Des crânes dégarnis sont également plaisants à dessiner : ils livrent le secret de la forme même du crâne qui a évolué depuis la petite enfance.
Il n'y a aucun regret à avoir un crâne amusant!
Une fontanelle hors du commun offre bien des possibilités pour réaliser une bonne caricature.

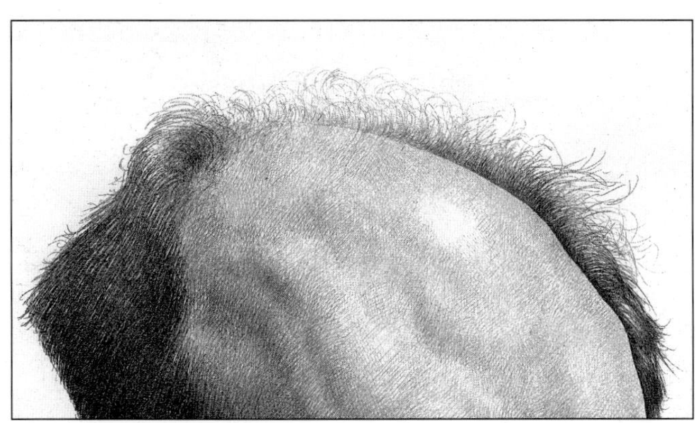

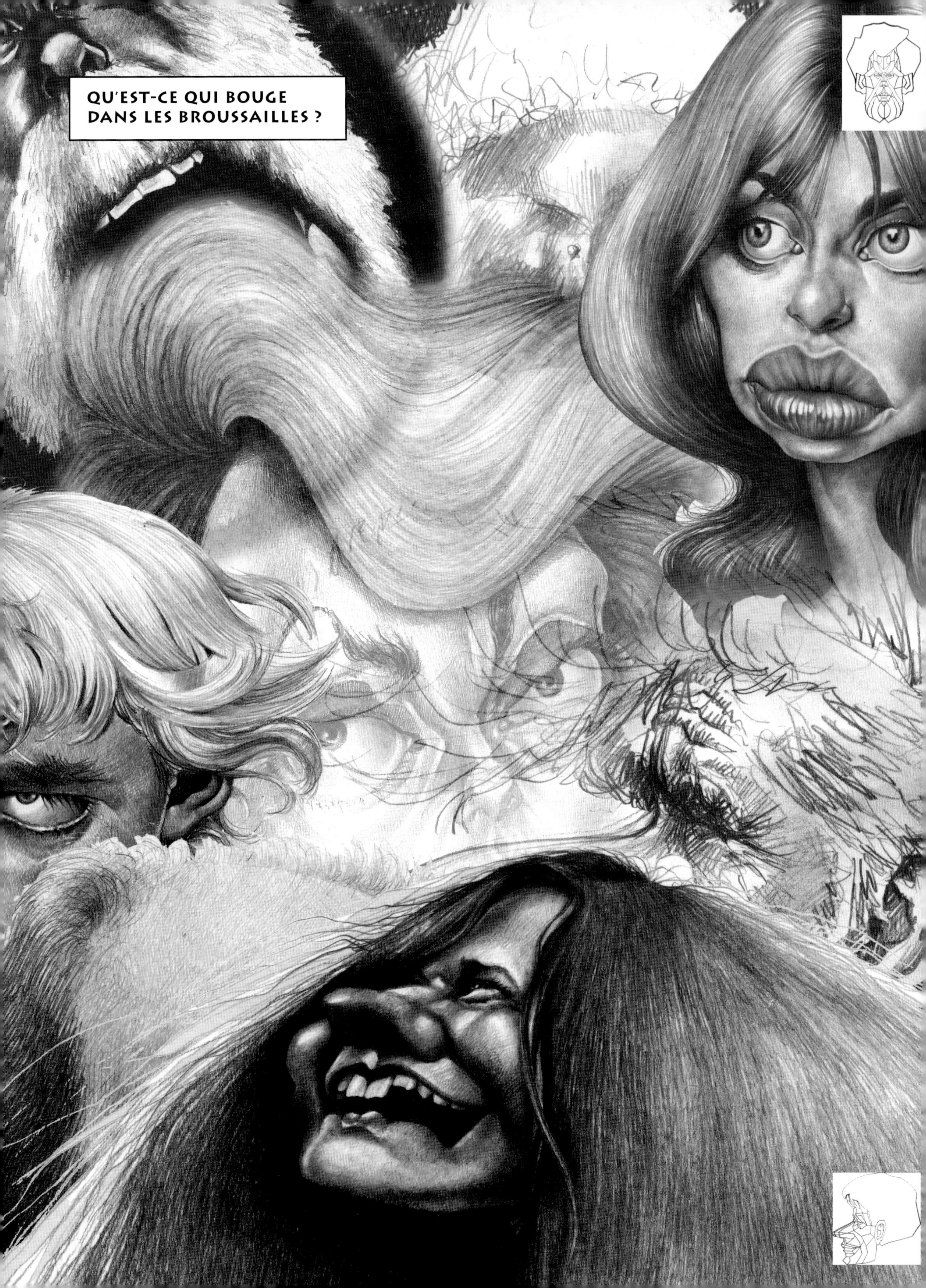
QU'EST-CE QUI BOUGE
DANS LES BROUSSAILLES ?

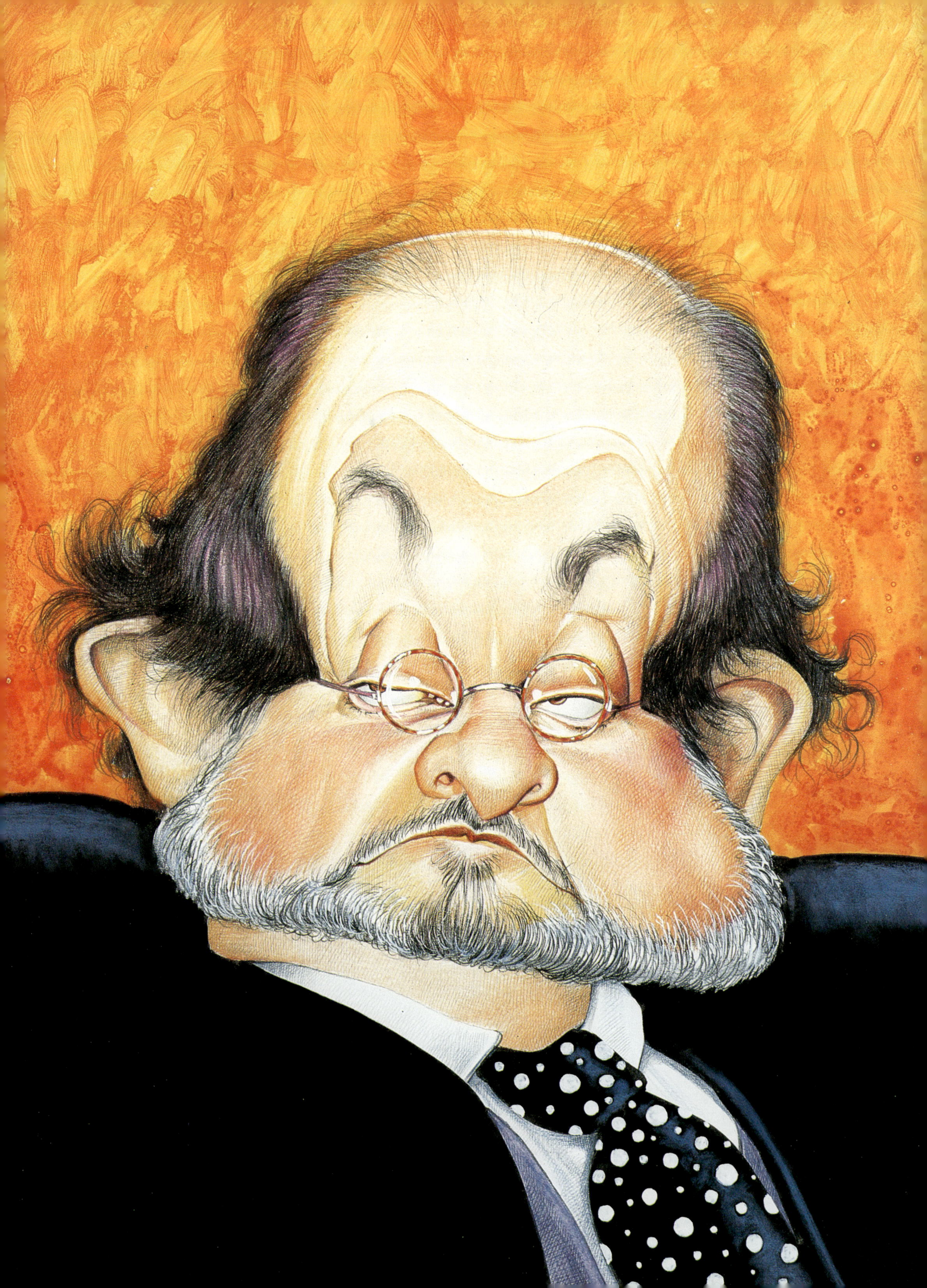

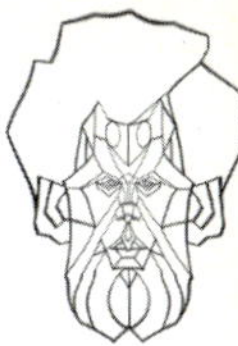

L'EXPRESSION DU VISAGE.

Parmi les primates, l'espèce humaine a le visage le plus expressif . Chaque situation émotive correspond à une expression provoquée par un mouvement musculaire dans le visage. Nous ne contrôlons pas tous les mouvements : souvent nous laissons apparaître nos soucis quotidiens, même si nous ne le souhaitons pas. L'expressivité du visage résulte d'un ensemble de contractions musculaires. Il n'est pas évident de donner une interprétation correcte à l'expression de quelqu'un. Ce n'est pas le but d'analyser et commenter dans ce livre toutes les expressions humaines. Pour réaliser une caricature, il est important de faire la différence entre une expression habituelle d'un visage ou une représentation exagérée. Exagérer une expression c'est livrer une image mélangée marquée par divers détails. Pour marquer le rire, on peut par exemple souligner les sourcils abaissés : ce sont des détails qui parlent d'eux-mêmes. En prononcant une asymétrie de manière exagérée, on peut accentuer l'expressivité. Enfin, on peut aussi dessiner les muscles du visage et leurs incroyables traces. Pour dessiner une incroyable bouche de travers ou son ouverture en arrière, le dessin des muscles faciaux s'avère très utile. Le caricaturiste a pour mission de rechercher dans le visage d'une personne ce qui la caractérise le plus et, par la suite, utiliser cette expressivité en exagérant divers éléments.

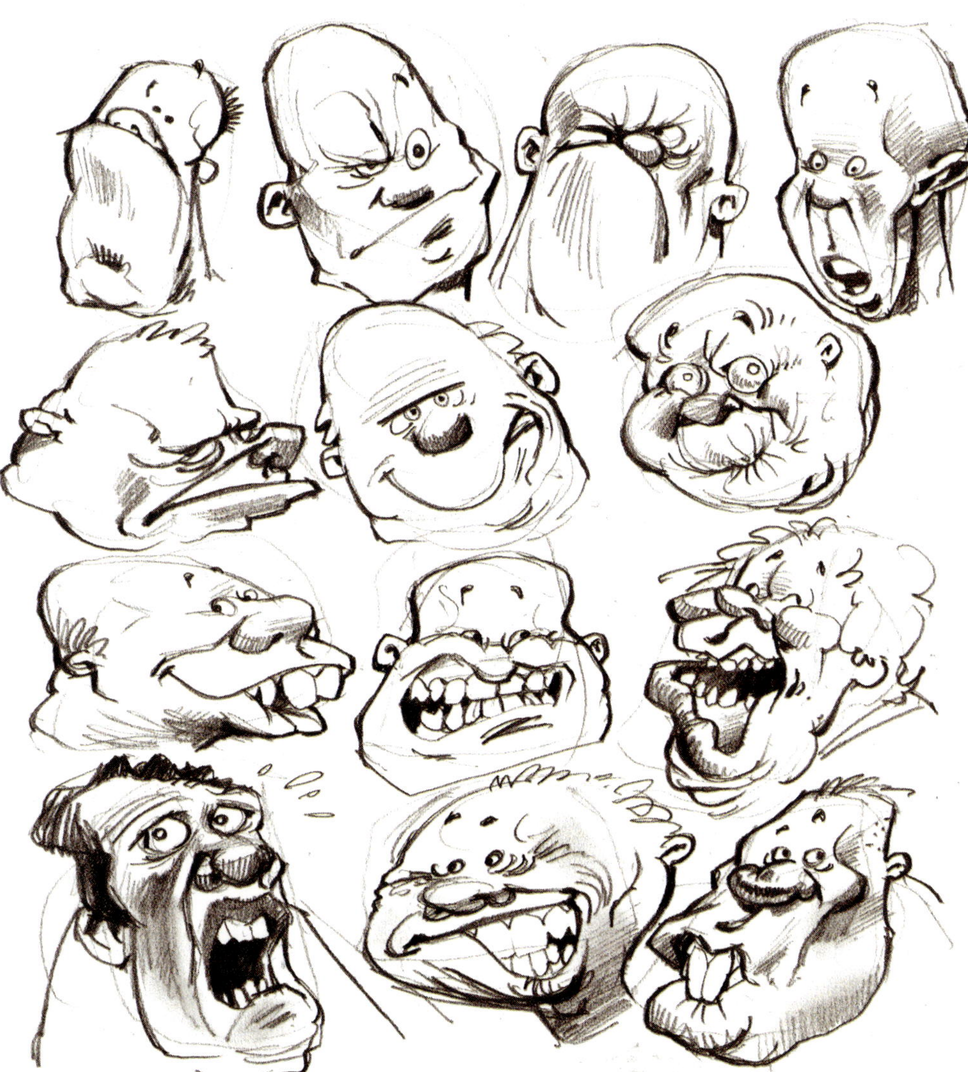

Prenez ces expressions et redessinez-les en exagérant de plus en plus le visage. Créez vous-même de nouveaux modèles à étudier.

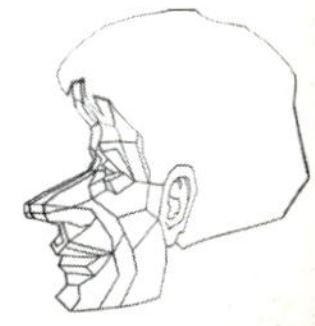

Lorsque vous demandez à un dessinateur non-expérimenté de réaliser un visage expressif, vous obtenez la plupart du temps un bonhomme schématisé au visage stéréotypé.
Si le résultat plaît mieux, il n'a pas toujours atteint l'expressivité souhaitée. Ce n'est pas toujours évident pour quelqu'un qui n'observe pas en silence le visage humain. Souvent, la plupart ignore qu'il faut représenter le visage d'une personne en colère avec des sourcils froncés !
Vous trouverez sur cette page quelques expressions-type. Comment le visage exprime la gaité, la tristesse, la colère ou l'étonnement.
Ils sont présentés de manière graduelle dans l'expression.

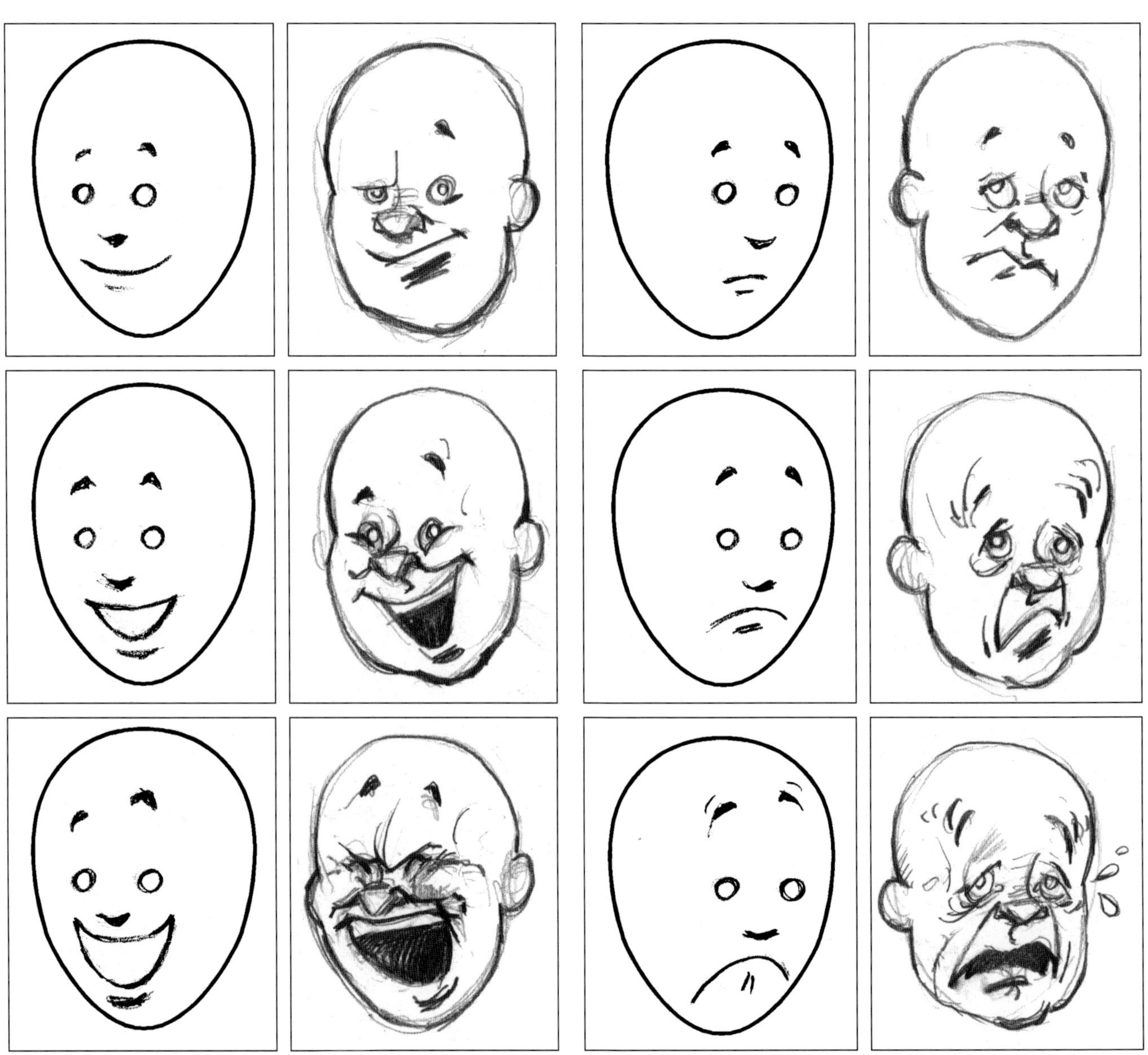

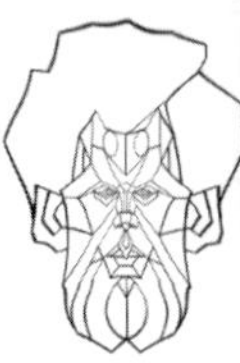

La joie peut aussi évoluer du sourire à l'éclat de rire. La tristesse débute par une inquiétude naissante pour aboutir au profond chagrin. La colère se marque par un léger dépit pour exploser en fureur colérique. L'étonnement croît en nervosité et se termine en une panique angoissée.

A chaque expression correspond un dessin standard du visage : le visage ovale avec yeux, nez, bouche et sourcils. A côté de chaque visage standard, vous trouverez la même expression plus profondément marquée.

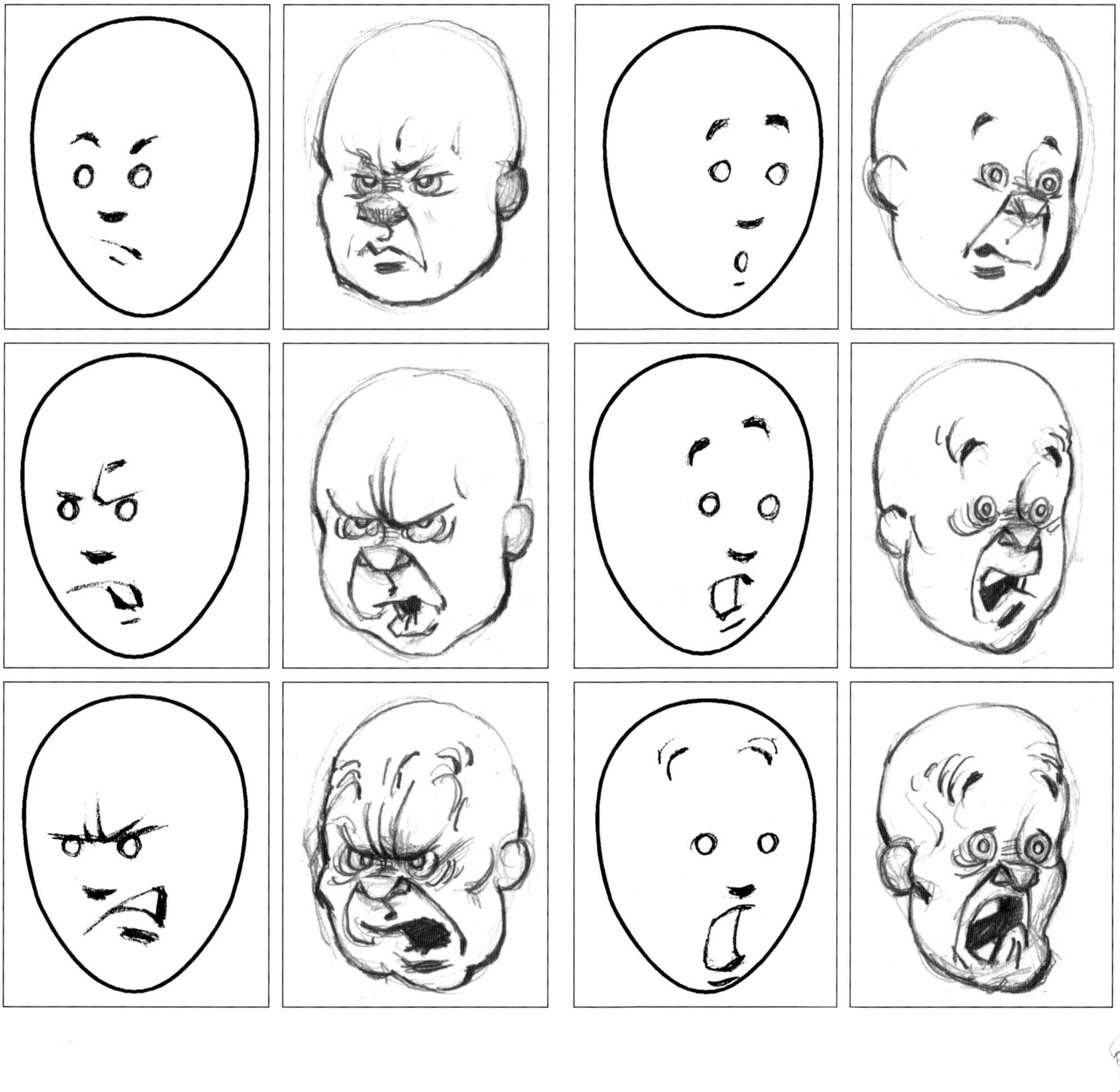

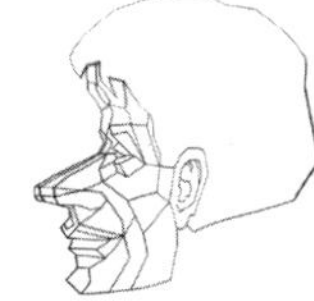

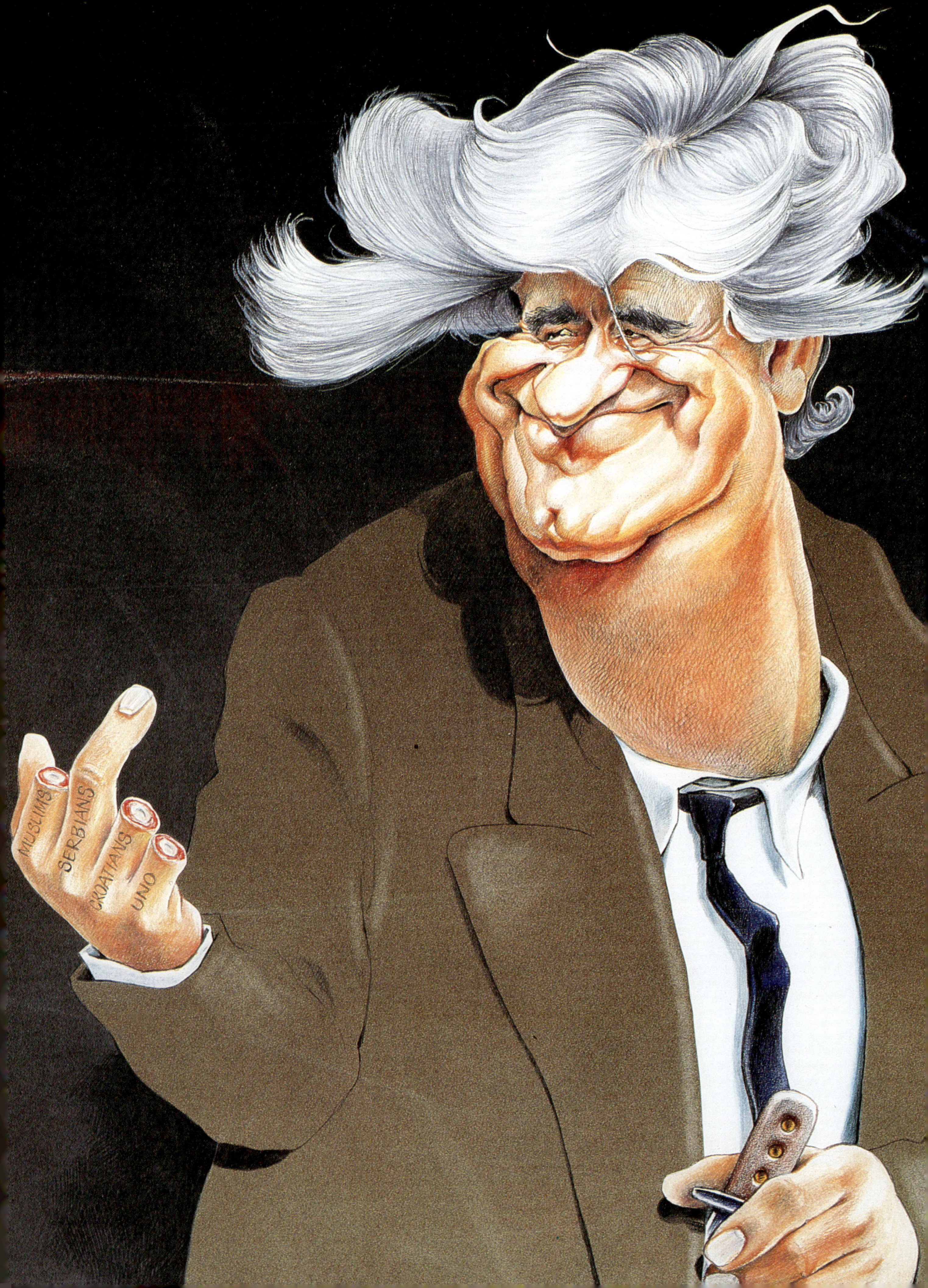
MUSLIMS
SERBIANS
CROATIANS
UNO

CE QUE L'ON SAIT, QUE L'ON PEUT, QUE L'ON DOIT FAIRE.

Le but final d'un portrait réalisé est d'être le plus fidèle par rapport au modèle, d'être reconnaissable. Le facteur de reconnaissance évolue lui-même sur une échelle : des traits de reconnaissance à l'hyper-réalisme.
L'objectivité totale est absente du portrait, bien que l'on tente habituellement d'y accéder.
Dans le domaine de la caricature, le facteur transformation intervient. Ce facteur est très contraignant et subjectif. Il en découle que la caricature est liée à une interprétation subjective, souvent de manière justifiée - comme dans le domaine de la politique. La vision personnelle du dessinateur est dans ce domaine indispensable et donc subjective.

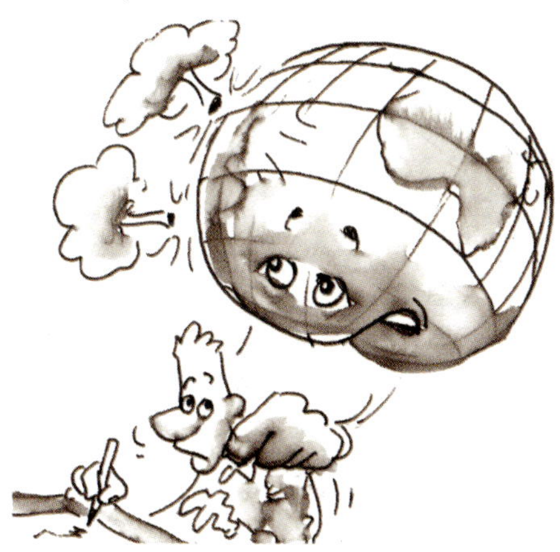

A cause de cette subjectivité, la réalisation de caricatures peut être une occupation à risque ! Au cas où le dessin est mal accueilli, le dessinateur n'a plus qu'à disparaître discrètement. Mais le dessin manque son but lorsque la personne à qui il est destiné le trouve trop lourd et va jusqu'à contester sa réalisation.

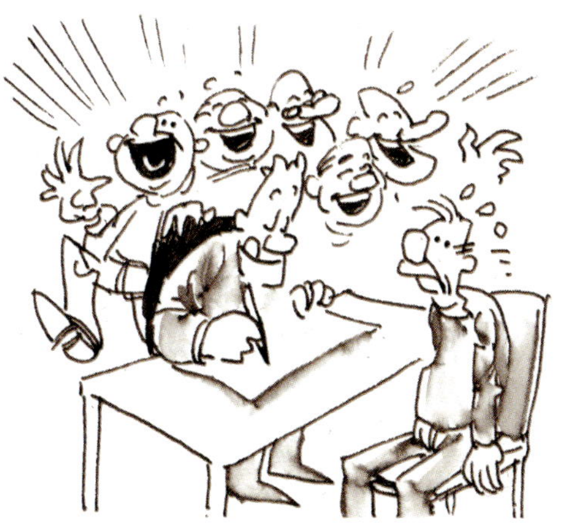

On peut donc se poser la question : qui peut-on caricaturer et dans quelles circonstances ? Pour répondre à cette question, on peut déterminer deux groupes de personnes : les personnalités connues du grand public et tous les autres, les inconnus. Pour le public, les célébrités - les VIP - ne sont à l'abri d'aucune règle : prenez ce que vous pouvez ! Ces gens vivent de la reconnaissance publique ! La célébrité amène, comme dans tout, des avantages et des inconvénients; la fortune mais aussi l'absence de vie privée...
Caricaturer des personnes célèbres peut se comparer à utiliser des toilettes publiques.
Tout le monde peut y aller mais il arrive qu'elles ne soient pas toujours propres !

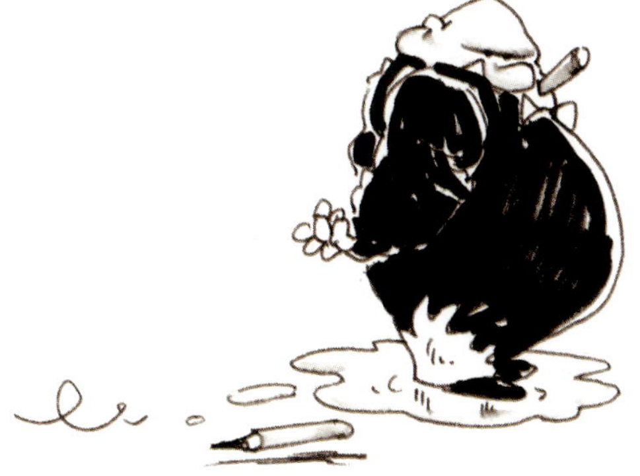

En outre, le fait d'être caricaturé est une forme de notoriété, de reconnaissance du statut ! Un recueil de caricatures consacré aux vedettes de la pop-music n'est plus concevable sans par exemple Michael Jackson. Ce type de vedette ne reste-t'elle pas au devant de l'actualité en lançant un nouveau disque ou en étant mêlé à un scandale quelconque, voire en changeant de compagne ?

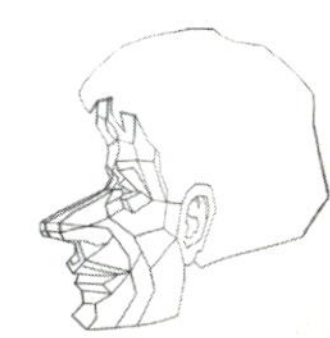

La caricature politique est un garant de la démocratie et doit n'être sujette à aucune censure. Les règles en usage pour la presse d'opinion doivent être les mêmes pour les caricatures politiques.
La critique est nécessaire. Le problème de la caricature, c'est qu'elle est très efficace, directe, compréhensible immédiatemment par tous. Dans les pays où la démocratie est faible, la caricature est limitée et sévèrement contrôlée. Parfois, elle est tout simplement interdite et considérée comme une forme d'illégalité.

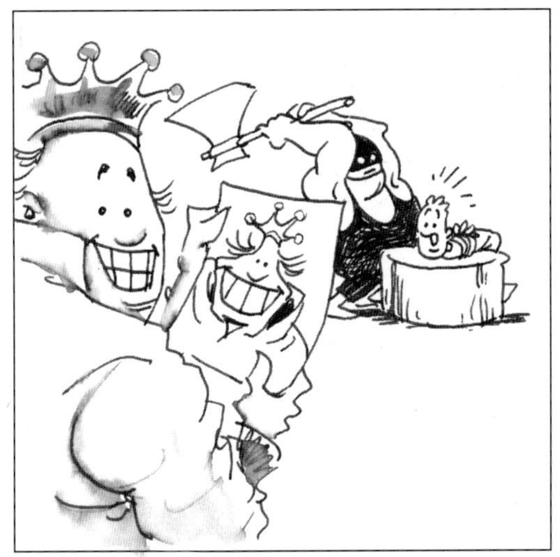

Cependant, ne nous faisons pas trop d'illusions sur la liberté d'expression dans les démocraties occidentales. Innombrables sont les dessins refusés par les rédactions de journaux qui les jugent contraires aux intérêts des parties ou groupes économiques qui les financent. Aucune personnalité n'est caricaturée sans son accord. Il en est ainsi lorsqu'elle accepte de participer à une séance de dessins lors d'un salon du livre, un séminaire de société ou une fête de famille, réunion, ouverture de centres commerciaux etc... Il arrive que, lors d'une des ces occasions, un individu soit "couché sur le papier" sans son accord. Quelqu'un qui se laisse librement dessiner donne un accord tacite pour que l'on tire son portrait, pas nécessairement pour qu'on le caricature. Il est bon d'être prudent si l'on dessine quelqu'un en présence d'autres personnes. Dans ce cas, vous enregistrez immédiatemment les réactions et, peut-être, les réprobations du public; il est alors temps de prudemment s'éclipser !

Si vous caricaturez une femme, il faut surtout veiller à ne pas l'enlaidir et, en particulier, de ne pas la faire paraître plus âgée qu'elle n'est. Gloître et double menton ne facilitent pas les choses. Le rendu des poches sous les yeux et du maquillage n'est pas sans risque. Dessiner des yeux aux paupières tombantes est un exercice difficile. La bouche peut ressembler à des sables mouvants avec un ensemble de rides en étoile !

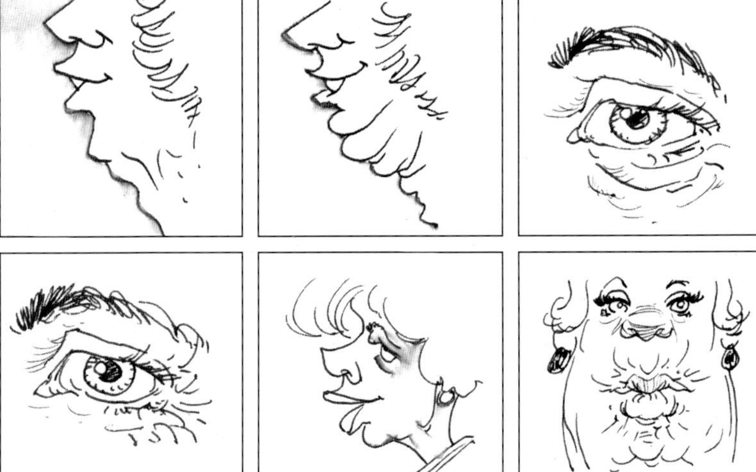

Les gens bien en chair craignent aussi la réalité. En les dessinant de profil, faites attention au tracé de la gorge allant du menton au bas du cou. Un visage bouffi sera plus acceptable avec un cou affiné.

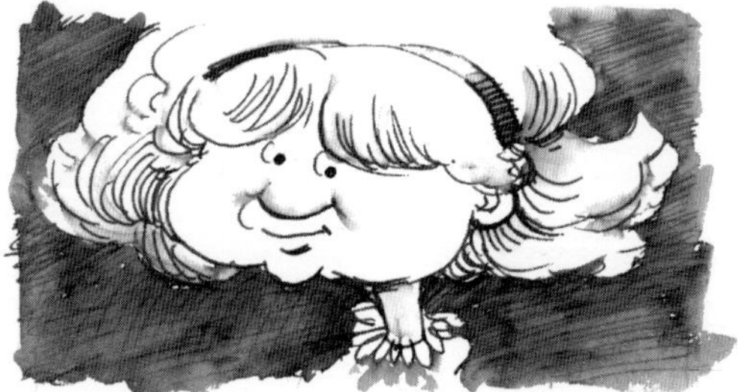

L'exagération du nez est moins dangereuse même si la forme n'est pas fidèlement respectée.
La bouche peut être librement dessinée sauf si vous êtes confrontés à un cas très spécifique : une mâchoire inférieure avancée ou la supérieure en surplomb. Faites bien comprendre que vous l'avez remarqué mais réalisez la caricature dans des limites respectables.

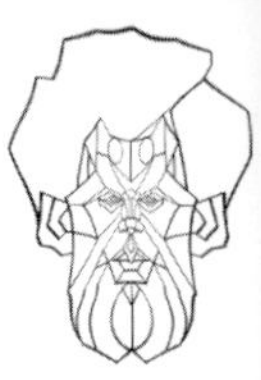

Les hommes sont, en principe, moins sensibles que les femmes à leur aspect extérieur. La calvitie est cependant un point sensible. Ce n'est pas tellement le cas des chauves mais plus celui de ceux atteints par le problème de la calvitie et qui constatent que le processus est en marche !

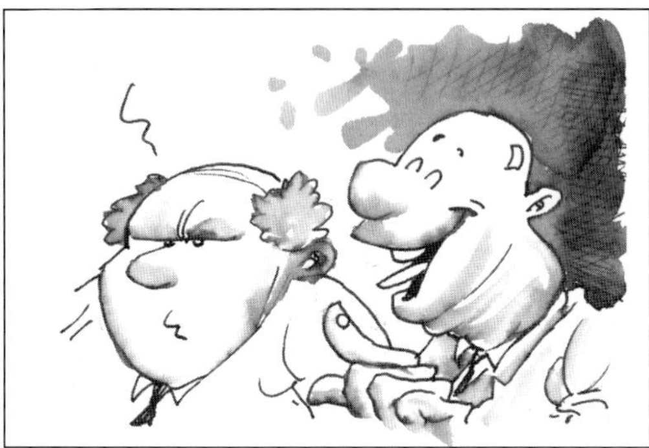

Des détails comme une barbe ou une moustache sont providentiels. Ceux-ci peuvent être utilisés à coeur joie car toute décoration à base de poils n'est pas directement partie intégrante du visage.

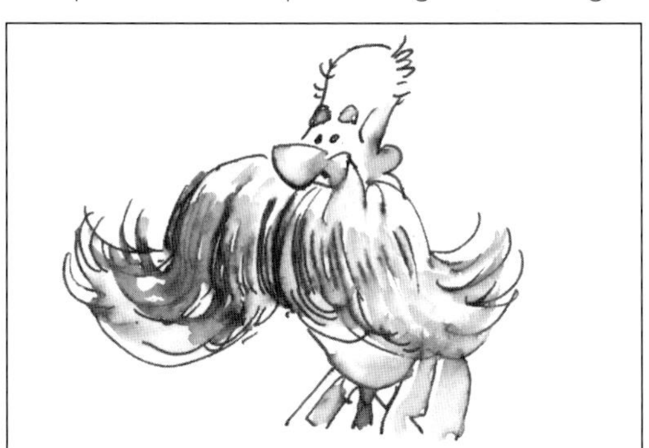

Les nez peuvent être également malmenés sans rancune. La plupart des victimes masculines sont reconnaissables et donc plus faciles à dessiner.

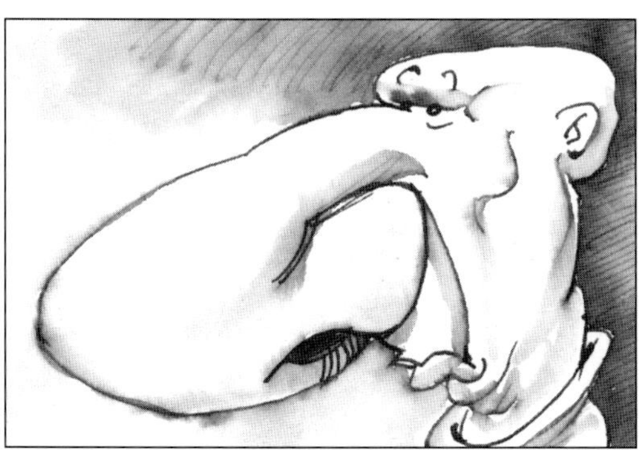

Vanité des vanités, tout est vanité !
Tenez vous à l'écart des belâtres, le genre "vedette de cinéma" qui tient beaucoup à son aspect extérieur.
Vous savez d'avance qu'il ne sera pas d'accord avec le moindre changement apporté à son visage.

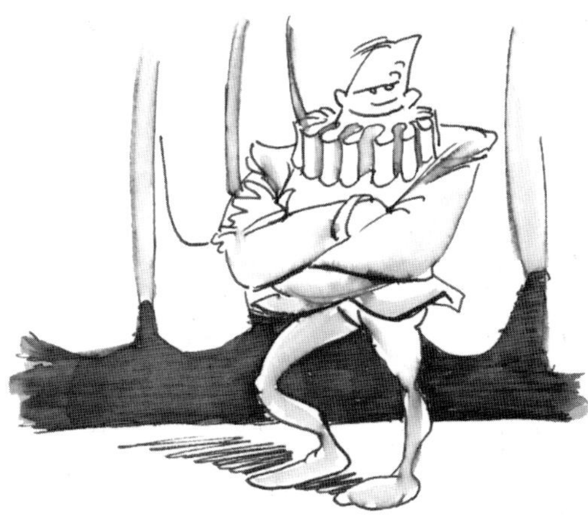

Les gens doivent comprendre qu'être caricaturé est une faveur.
J'ai pu le constater lors d'une séance de dessins au cours de laquelle j'ai été confronté à un handicapé se déplaçant en chaise roulante. Il s'exprimait avec peine et son aspect général était très marqué par son handicap. Sa tête était volumineuse. Cependant, l'homme était rasé de près, des cheveux noirs en brosse.
Au-dessus des petits yeux, les sourcils noirs ne faisaient qu'une seule ligne. Le front était étroit et le cou équivalait au double d'un cou normal. Son visage était gonflé et la bouche marquée vers l'avant. Enfin, son rictus partait d'un coin de la bouche.
D'abord déconcerté, j'interrogeais du regard la personne qui l'accompagnait. Elle me fit clairement comprendre que cet handicapé souhaitait vivement être caricaturé. De plus, il ajouta : "Allez-y à fond ! Ne l'épargnez pas!"
Dès cet instant, j'ai compris que le fait d'être caricaturé était un droit pour un handicapé, une sorte de reconnaissance de son état, exactement comme tout un chacun. J'ai joué le jeu. L'homme me regarda avec reconnaissance lorsqu'il prit connaissance du résultat. Son compagnon partagea son avis. Lorsque je rencontre quelques problèmes avec des personnes trop fières d'elles-mêmes, je repense à cette expérience et je me demande qui des deux est le véritable handicapé.

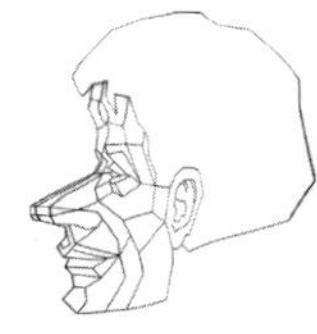

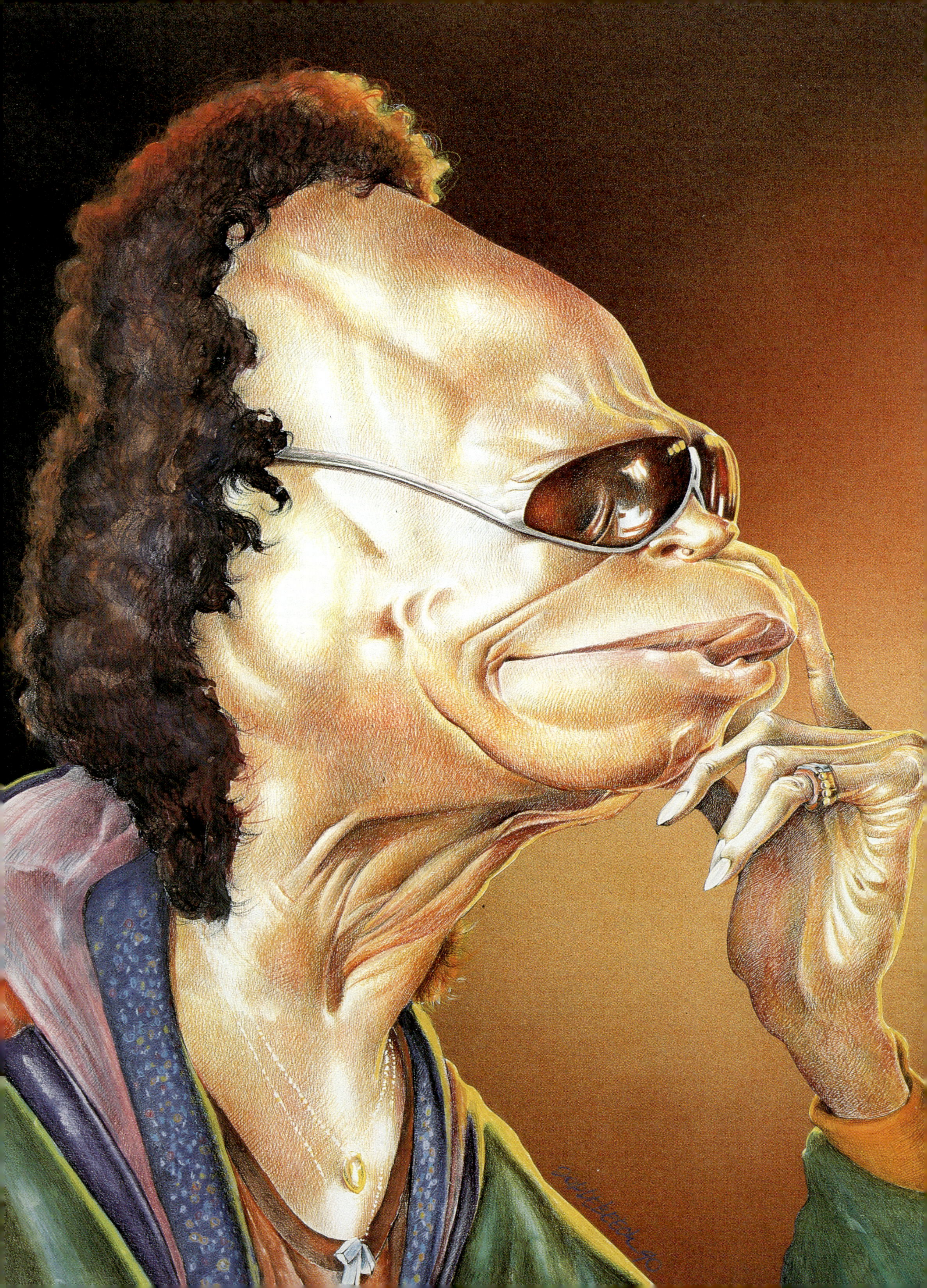

CHAPITRE 13

CINQ CROQUIS EN TROIS ÉTAPES.

Dans ce chapitre, nous proposons quelques exemples de caricatures d'après des modèles concrets.
Nous expliquons l'élaboration des dessins pour chacune des cinq personnes. Celles-ci appartiennent à mon cercle d'amis et sont donc des inconnus.
Je les ai choisis en tenant compte de leurs différents aspects extérieurs. Tout en leur étant reconnaissant pour leur collaboration, j'ai travaillé comme s'il s'agissait d'un cadeau à faire à une connaissance. Je les ai donc librement traité, ce qu'ils nient tous farouchement !

Pour chacune des personnes, j'avais trois photos en ma possession : une de face, une de profil et une de trois-quarts. C'est le point de départ idéal. Il est rare d'avoir les trois positions différentes d'un individu lorsqu'il ne s'agit pas d'une célébrité. Pour chacun, j'ai justifié mon choix de la photographie utilisée.
Vous remarquerez que, dans la plupart des cas, j'ai opté pour la photo prise de trois-quarts. Il est vrai qu'un profil ou un portrait de face ont moins d'intérêt, tout en ayant des solutions qui leurs sont propres. Ils sont moins dynamiques et trop statiques.
Ils nous rappellent tant bien que mal une photo d'identité pour un document officiel. Le portrait de profil à l'handicap de ne privilégier qu'un seul des côtés du visage.

Le dessin se décompose en trois phases.

En premier lieu, il y a la mise en train, la phase primaire. La plupart du temps, le dessin se limite à quelques lignes générales, un rapide tracé de ce que sera le dessin plus élaboré.

Ensuite, on passe à la deuxième étape : le développement du dessin vers quelque chose de ressemblant. A cette étape, il y a parfois un détail qui ressort déjà. Parfois le dessin reste incertain. Vous remarquerez que cette phase de développement de la caricature diffère beaucoup d'un personnage à l'autre. Cela est dû au fait que l'on affronte cette phase dès le moment où l'on se sent à l'aise et que l'on peut poursuivre sans problème majeur.
Dans cette seconde phase, le dessin le plus poussé est celui dont les principales difficultés sont maîtrisées.

La troisième étape consiste à travailler le croquis, le préparer à le mettre au net à l'aide, par exemple, d'une table lumineuse.
Tous les détails sont précis, les volumes formés. Ce qui n'est pas définitif, c'est la technique.
Pour la mise au net, celle-ci doit être construite à son stade initial sans petits traits de croquis, ombres ou esquisses. Plus vous avez l'habitude de la mise au net, plus vous obtiendrez un effet de profondeur optimal.
Cependant, ce sont souvent les croquis que je préfère. Dans le croquis, on trouve en priorité les coups de crayon les plus purs. Dans tous les cas, le croquis est la phase la plus créative.
La mise au net est plus un travail de finition et une application d'une technique précise.

Autrement dit : le croquis est ce qu'il y a de plus gai à faire, la mise au net est ce qu'il y a de plus gai à avoir fait.

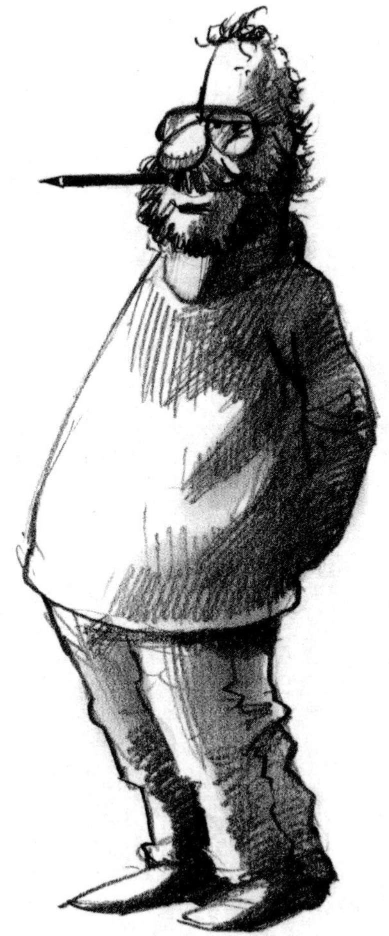

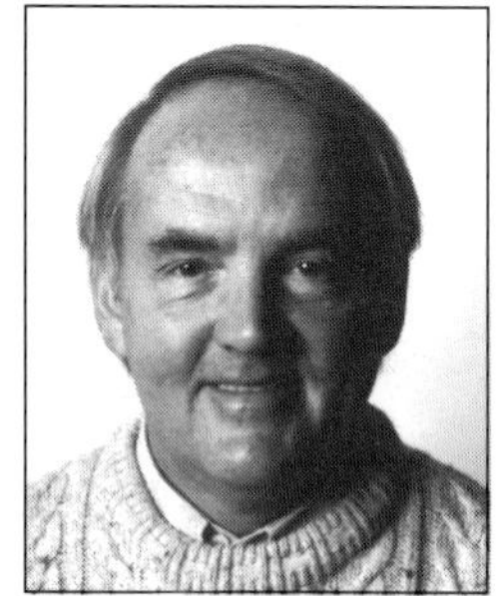

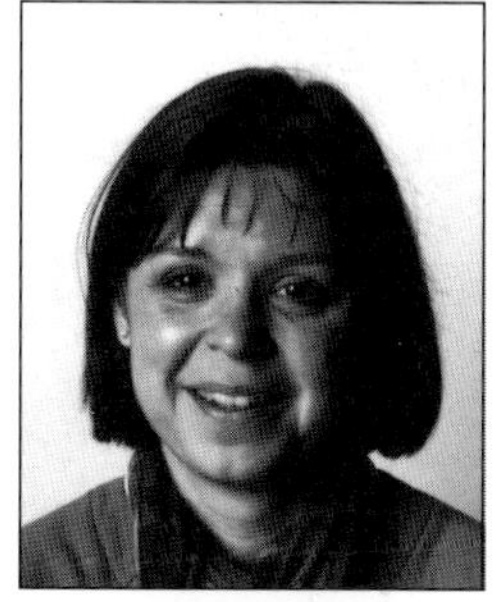

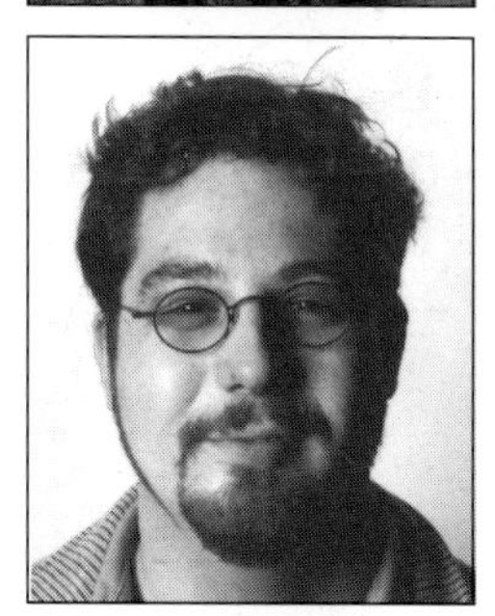

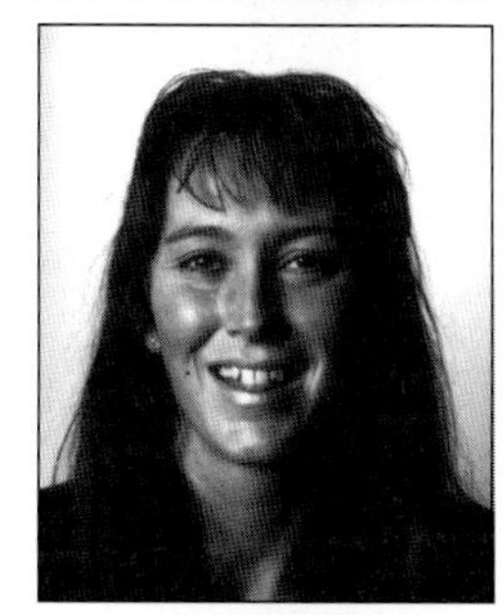

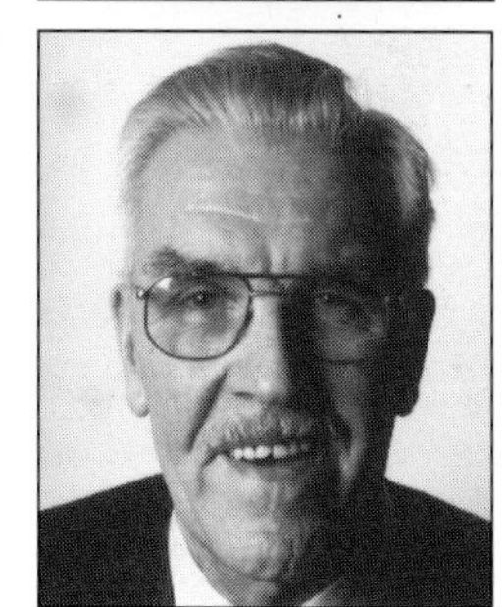

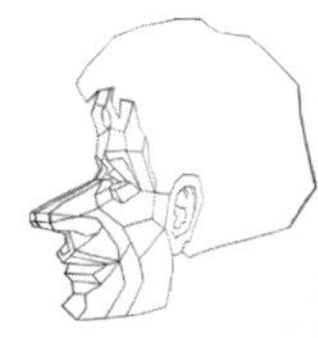

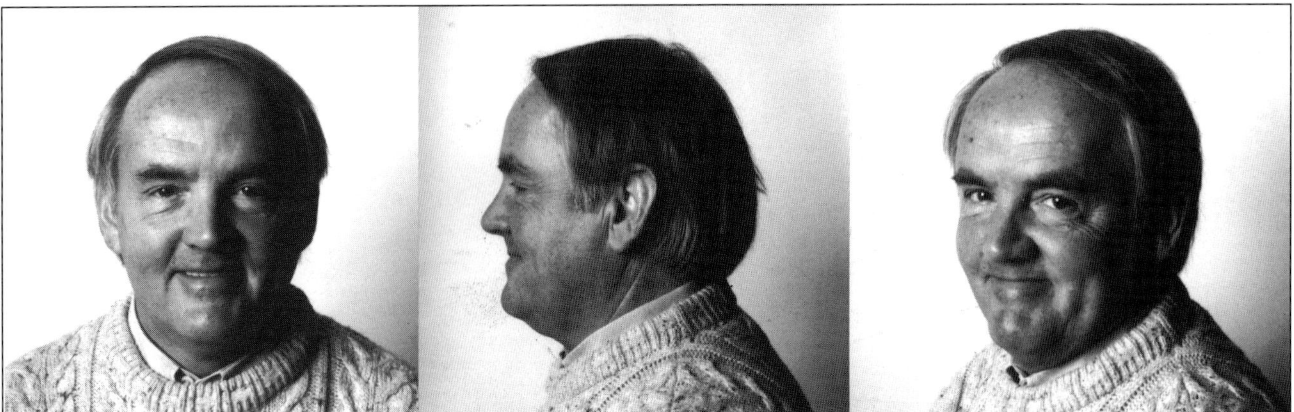

Justification du choix :
Ce portrait est un exemple de la mise en évidence de la position trois-quarts. Il présente l'avantage de montrer beaucoup de choses en même temps. Le front arrondi est mis en valeur par un bon éclairage. Les yeux sont clairement dessinés.
La partie inclinée entre le nez et la lèvre supérieure est bien visible tout comme dans la pose de profil.
Si vous choisissez d'approfondir le profil, vous pourriez être trompés par la coupe de cheveux. Le côté droit est en effet plus fourni que le gauche. En outre, la pose de trois-quarts est la plus naturelle.
Le fait que la tête cache des zones d'ombres accentue le côté naturel de cette pose.

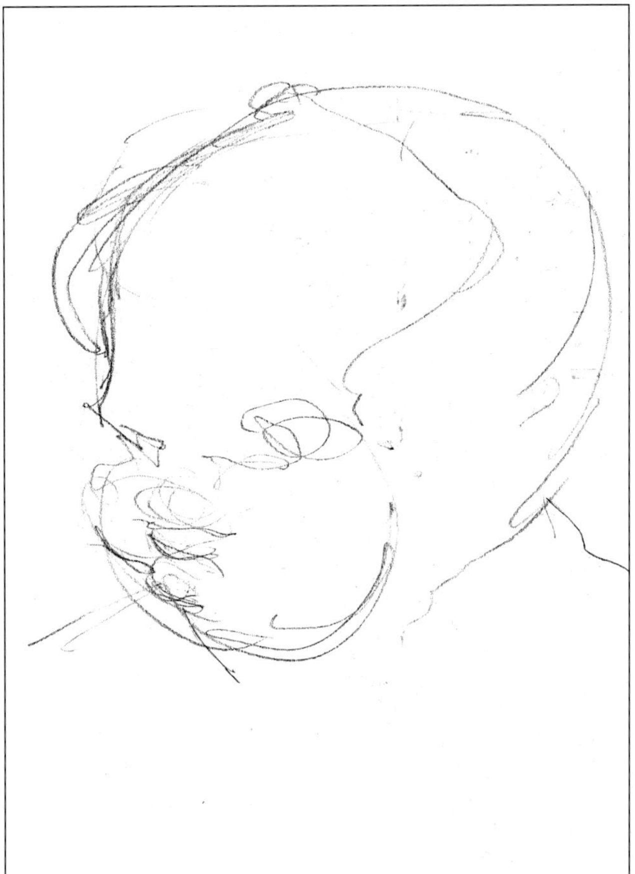

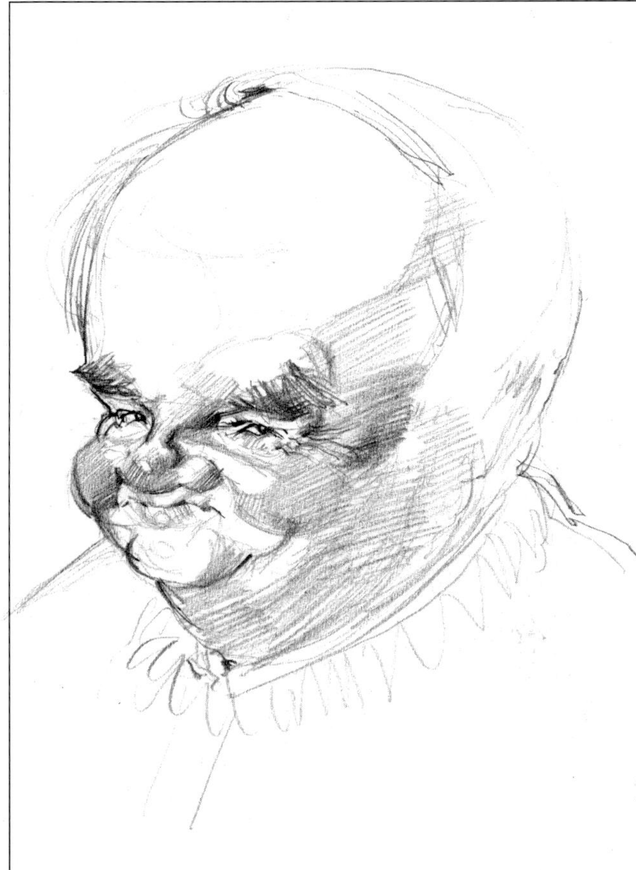

Ce premier croquis est très rudimentaire; il n'y a quasi rien sur le papier. Il peut néanmoins servir de base pour la construction du dessin. On devine dans quelle direction il va évoluer.
Le grand front va dominer. Les autres parties du visage vont donc être réduites. La distance entre le nez et la lèvre supérieure est racourcie. La chevelure est à sa place, tout comme la gorge annonce le cou.

Dans la deuxième phase, le visage proprement dit reçoit toute notre attention. C'est à ce moment qu'il faut veillez à ce que votre dessin soit reconnaissable par rapport au modèle. Déjà, les yeux doivent être bien dessinés. Les sourcils doivent également être correctement mis en place. La descente de la joue vers le menton doit être corrigée. La bouche est mieux soulignée pour donner un accent original au dessin. Les ombres peuvent être ajoutées dans les grandes zones, y compris près des lèvres et du menton.

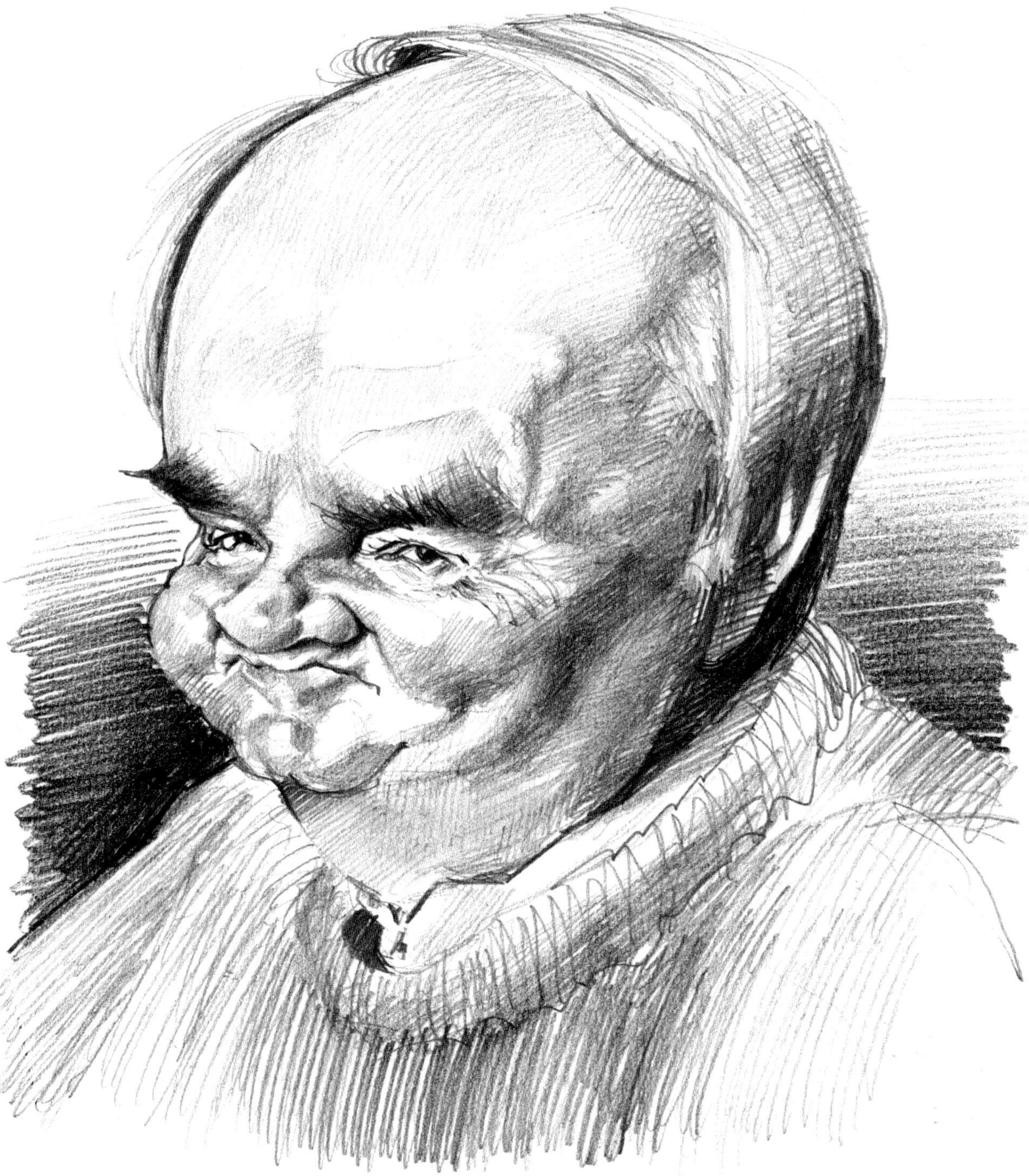

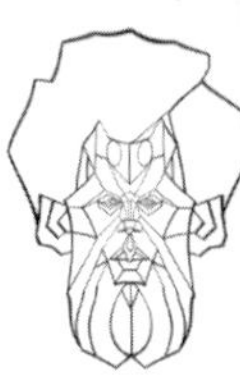

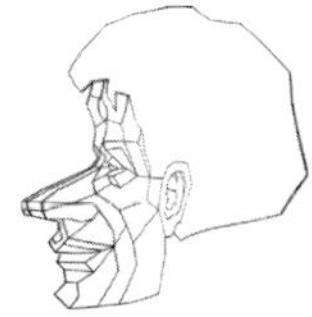

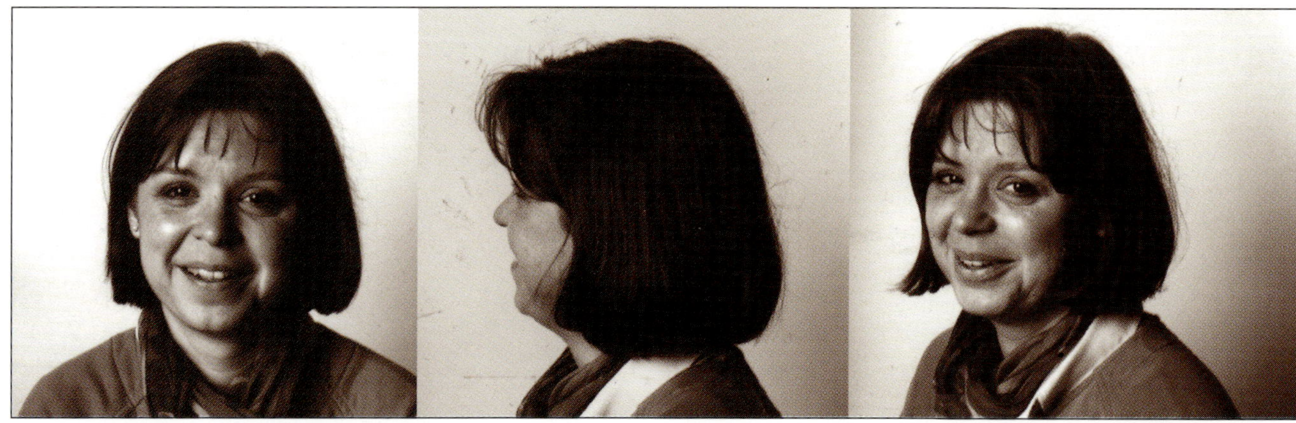

Justification du choix:
Les circonstances jouent ici un rôle dans le choix de la meilleure pose. La photo de profil ne livre pas le résultat souhaité du fait que la personne regarde trop à droite. La photo de face n'est pas mauvaise et pourrait servir à la réalisation d'une caricature. Ce qui ne convient pas dans cette vue de face c'est la position des yeux : ils vous fixent. Avec suffisamment d'expérience, vous pouvez adapter leur position. Nous nous tenons strictement à la photo livrée pour notre dessin. Notre choix se fait sur la photo de trois-quarts car c'est la pose la plus amusante, et qu'elle présente le meilleur éclairage des yeux, du nez et de la bouche. La répartition par zone de la chevelure et de la face est plus évidente que dans la photo de profil.

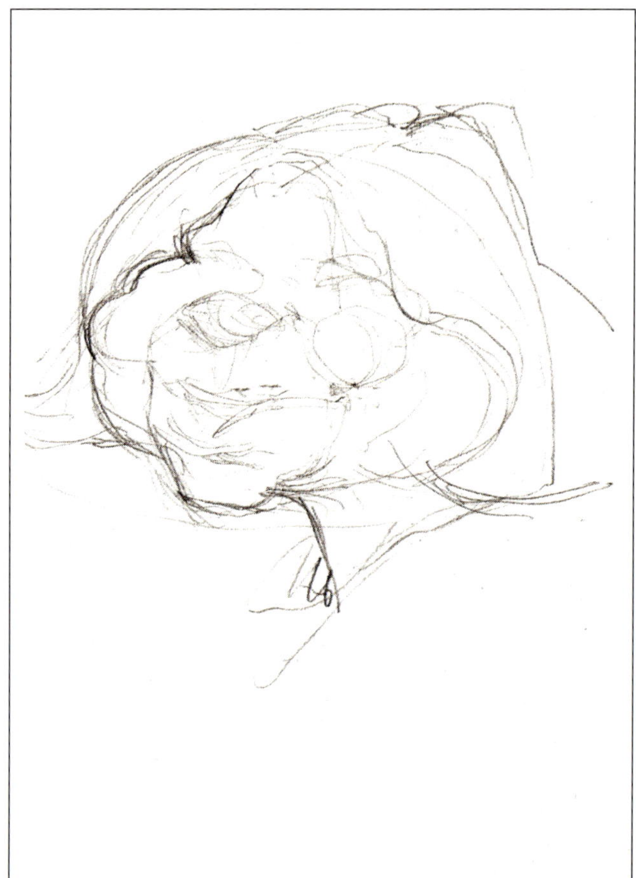

Le crâne est aplati par rapport au reste de la tête. La partie du visage depuis les pommettes jusqu'au menton est raccourcie afin que les joues soient soulignées.
Cette personne a tendance à avoir le coin droit de la bouche plus élevé que le gauche dans le cas où elle rit. Le nez peut être serré, au contraire de l'espace entre le nez et la lèvre supérieure.
En rétrécissant les joues, on fait de même avec les cheveux.

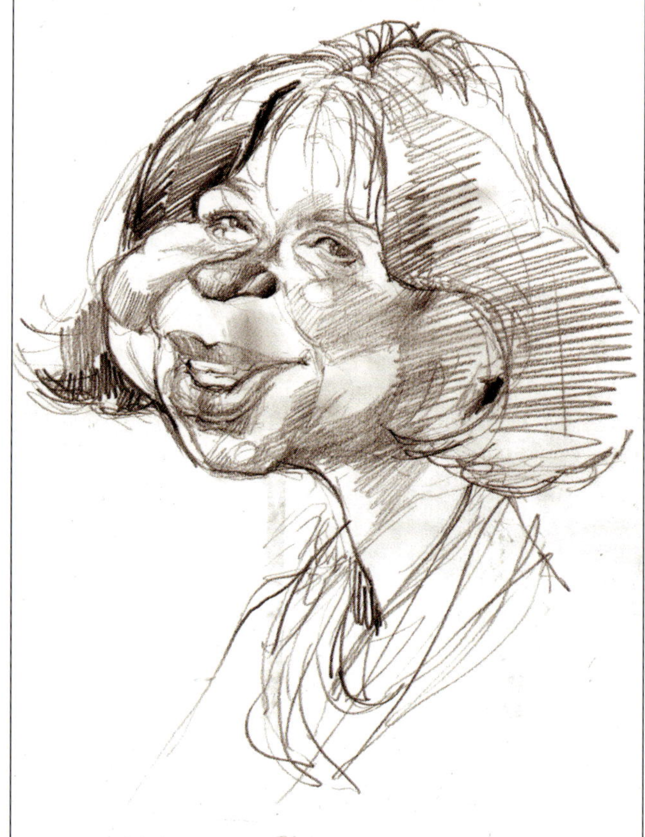

Dans le second dessin, on apporte une série de corrections. En premier lieu, les yeux sont trop écartés et n'ont pas été suffisamment bien placés. Le nez a dû être encore raccourci pour laisser placer à la bouche. Le cou est prolongé pour accentuer le rétrécissement de la mâchoire.
On reconnaît peu à peu le sujet en observant mieux les détails les plus typiques comme la bouche et les yeux.

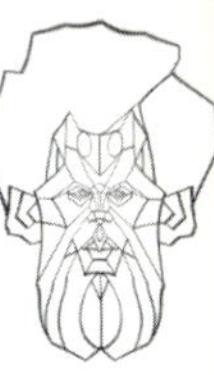

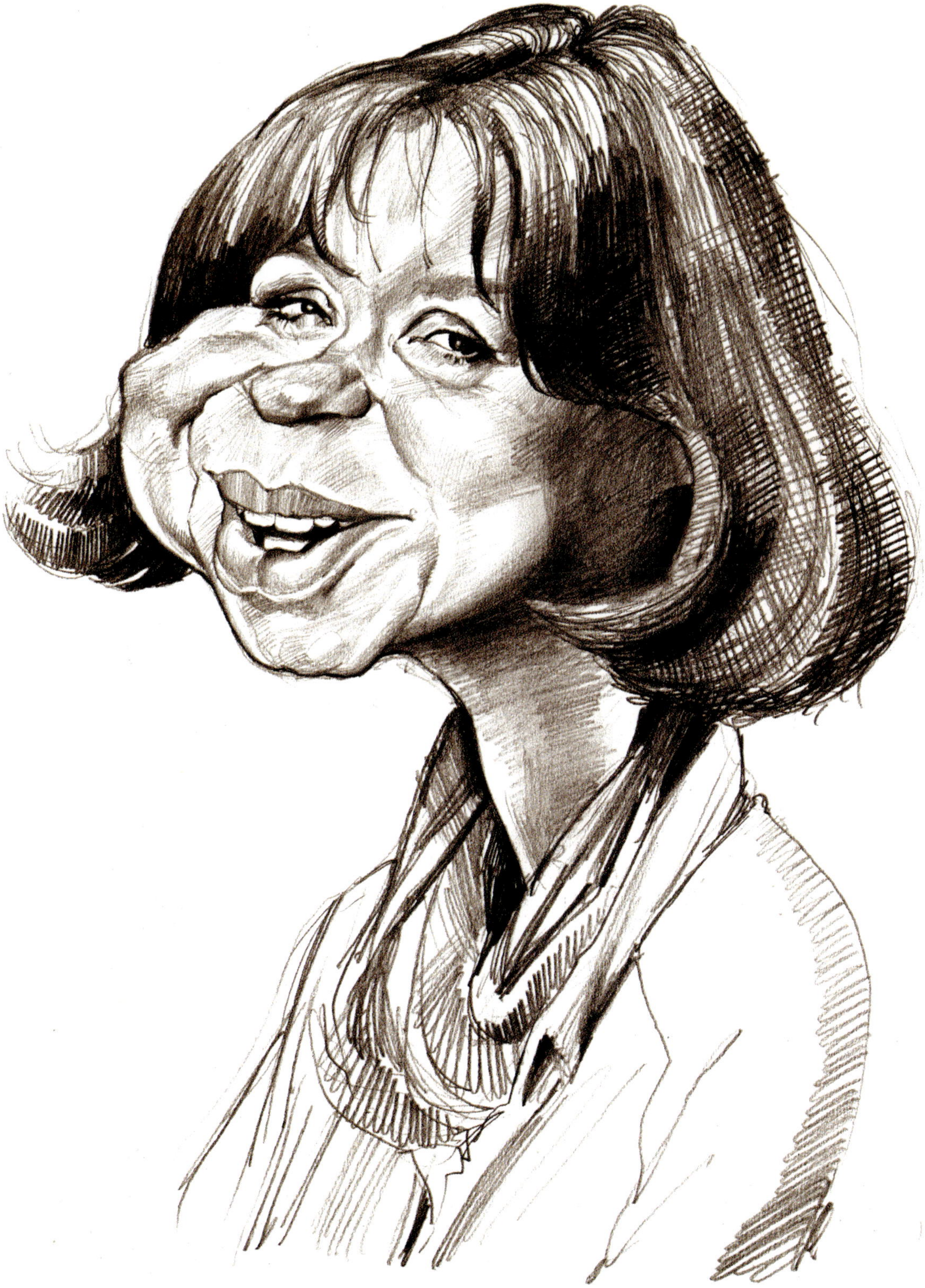

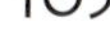

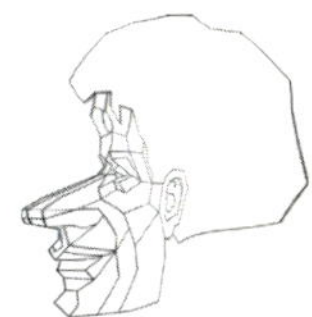

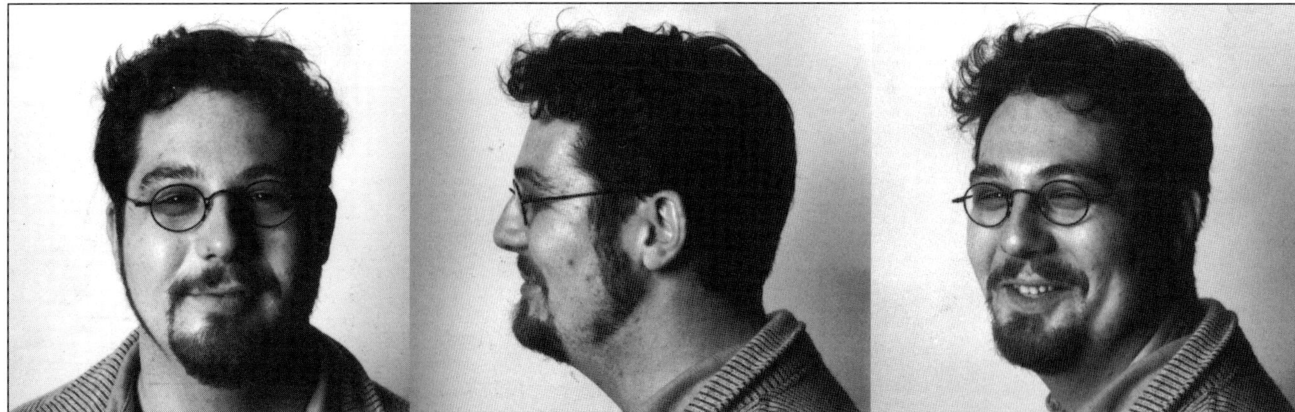

Justification du choix:
Comme point de départ, les trois photos peuvent servir à la caricature. La photo de face montre clairement que la partie du dessus et celle sous les yeux doivent être dessinées séparément. Dans ce cas, j'ai choisi de rétrécir la partie supérieure et, par contre, d'agrandir la partie inférieure. La situation de la bouche est amusante à cause de l'éclairage sur un côté. Ce n'est certainement pas l'expression habituelle de cette personne. C'est pourquoi il faut rappeller la prudence lorsque l'on dessine quelqu'un que l'on ne connaît pas et que la photographie n'est pas fidèle. Le profil est également aisé à réaliser. Regardez la ligne du front et du nez : le haut du crâne fuyant par rapport au menton plus en avant. La pose de trois-quarts est une fois de plus intéressante et, dans ce cas, la bouche rieuse offre bien des possibilités pour le dessin à réaliser.

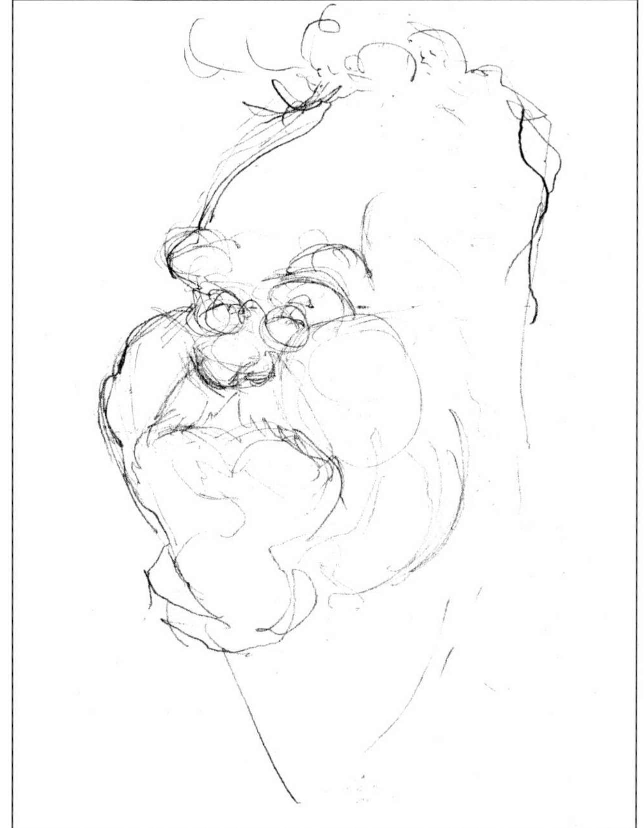

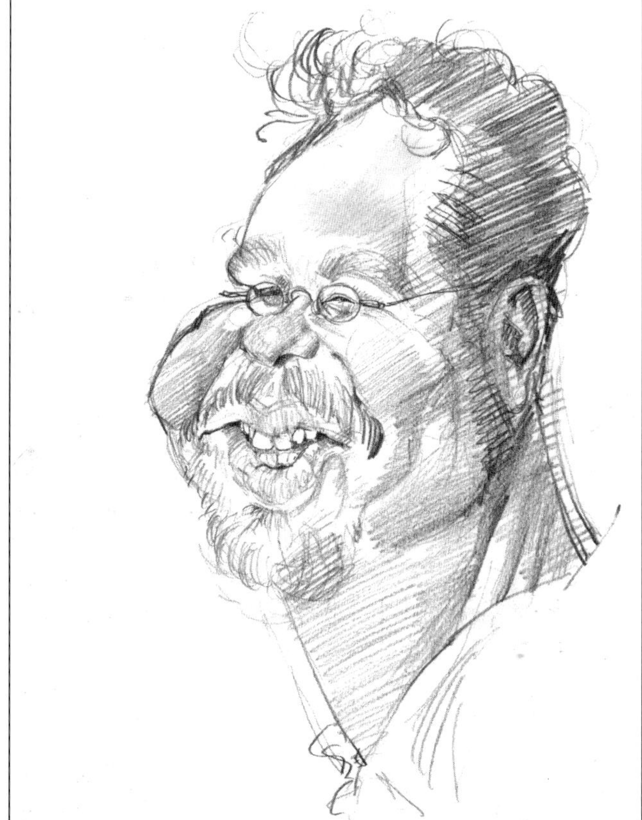

Après ce premier croquis, je suis déjà dans la bonne voie ! les volumes ont à peu près les bonnes proportions. Le front est fuyant. Ici, le but est de placer les cheveux tombant de chaque côté du front. Les yeux sont plus rapprochés tandis que le bout du nez prend plus de place. Les joues prennent quant à elles l'essentiel de l'espace.
La mâchoire inférieure droite est arrondie ce qui donne plus de stabilité à l'ensemble de la tête.

A ce stade, il faut surtout travailler l'expression du visage. La bouche a une forme particulière. Les dents sont bien alignées mais ont cependant une forme typique qui peut être rendue plaisamment. Les ombres sont plus ou moins bien placées. La partie du cou est ici plus élaborée que dans le premier croquis. Il est important de donner le volume exact au cou afin de suggérer la robustesse de la personne.

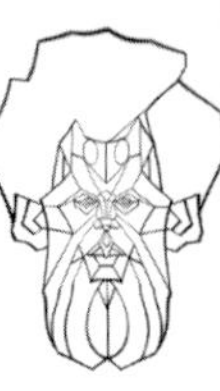

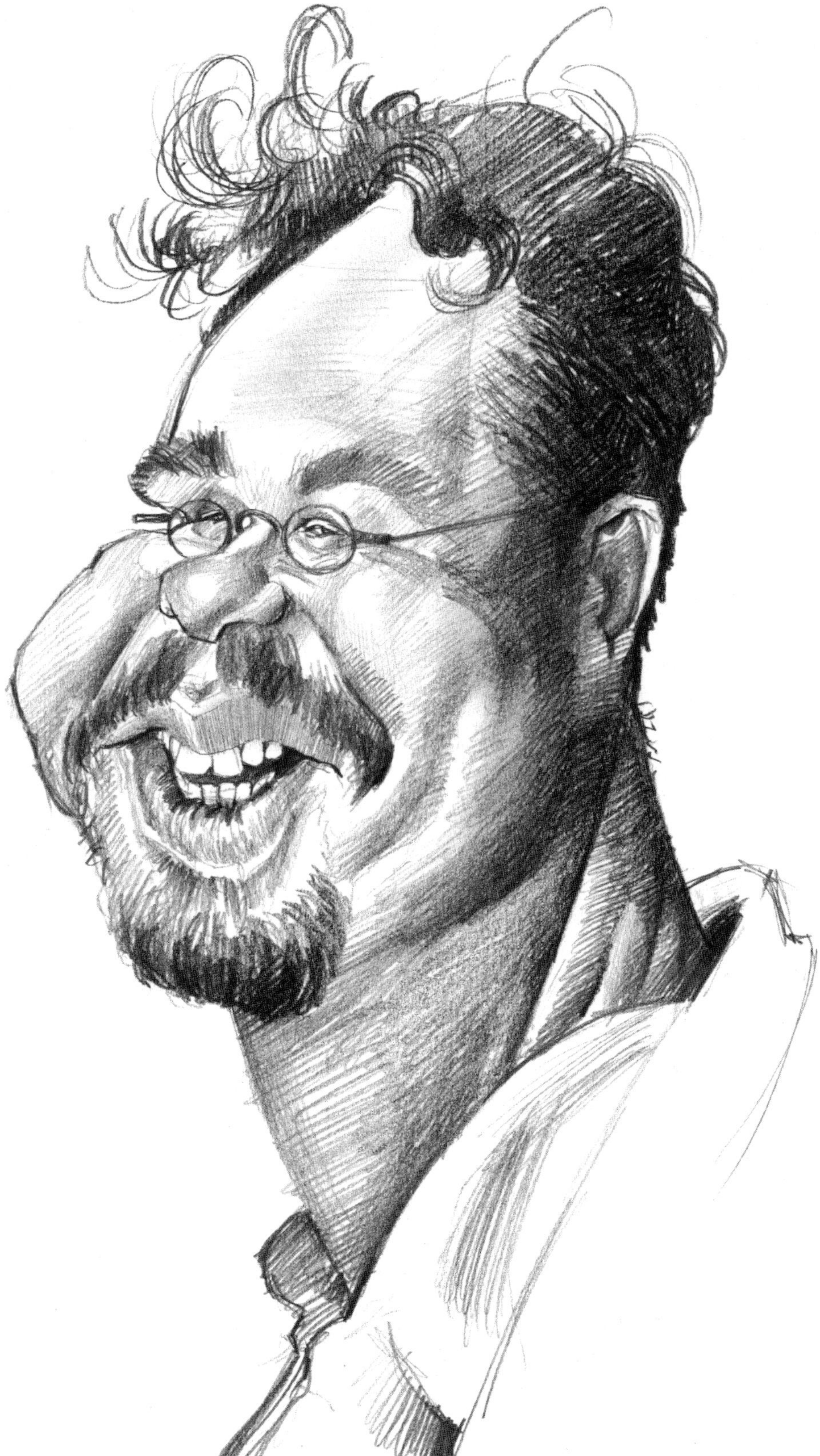

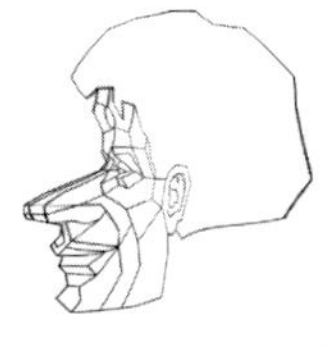

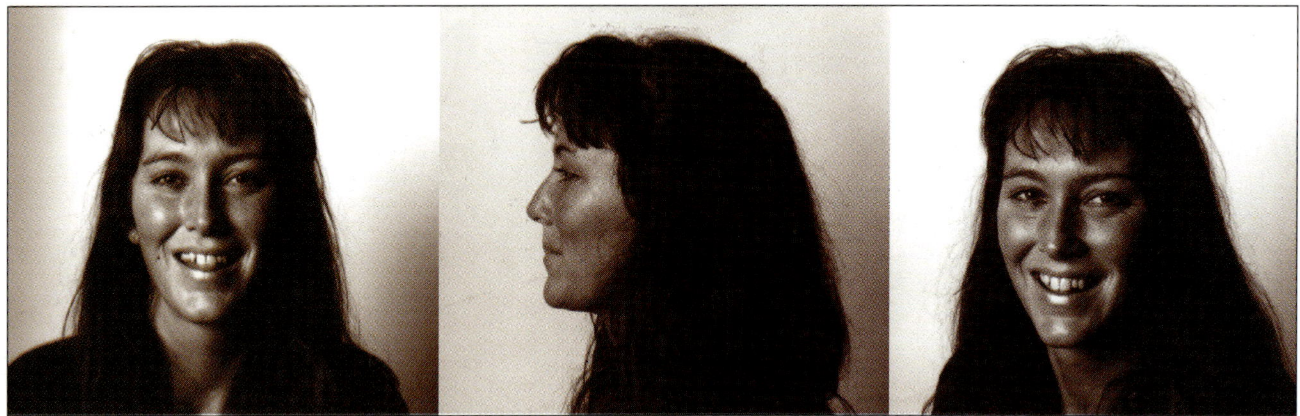

Justification du choix:
Sur ces trois photos, notre hésitation va entre la pose de face et celle de trois-quarts. Celle de profil peut être laissée de côté à cause de la bouche fermée qui trahit l'apparence habituelle du sujet. De plus, c'est une pose trop statique voire figée. Ce n'est donc pas la pose idéale à choisir comme point de départ d'une caricature. Les poses de face et de trois-quarts sont nettement plus prometteuses. Le trois-quarts n'est pas trop de biais. Dans cette dernière position, le sourire est naturel. En outre, la lèvre inférieure et le bout du nez sont bien éclairés par l'éclairage artificiel qui provoque des zones brillantes amusantes. A cause du regard latéral et de l'éclairage, le blanc des yeux est agrandi et éclairé. La position de trois-quarts offre également une forme trapézoïdale plus marquée dans les cheveux que dans la vue frontale.

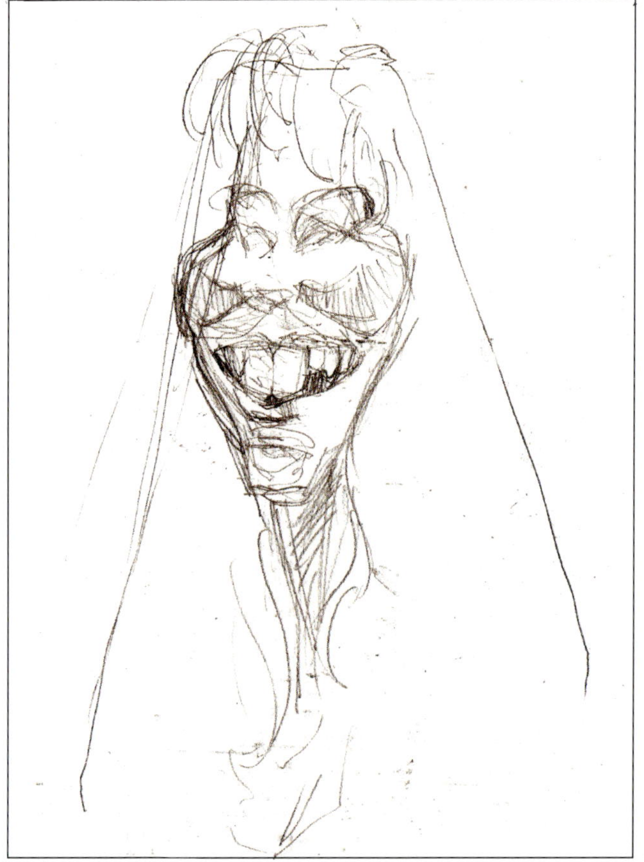

Dans le premier croquis, j'ai choisi quelques priorités : j'ai accentué la forme trapézoïdale des cheveux et ai agrandi la partie des pommettes. Un cercle rapide dans la partie inférieure des joues suggère le volume. Les dents du devant sont également agrandies. Un espace plus sombre sous les dents les éclaircissent.
Le cou est allongé et affiné.

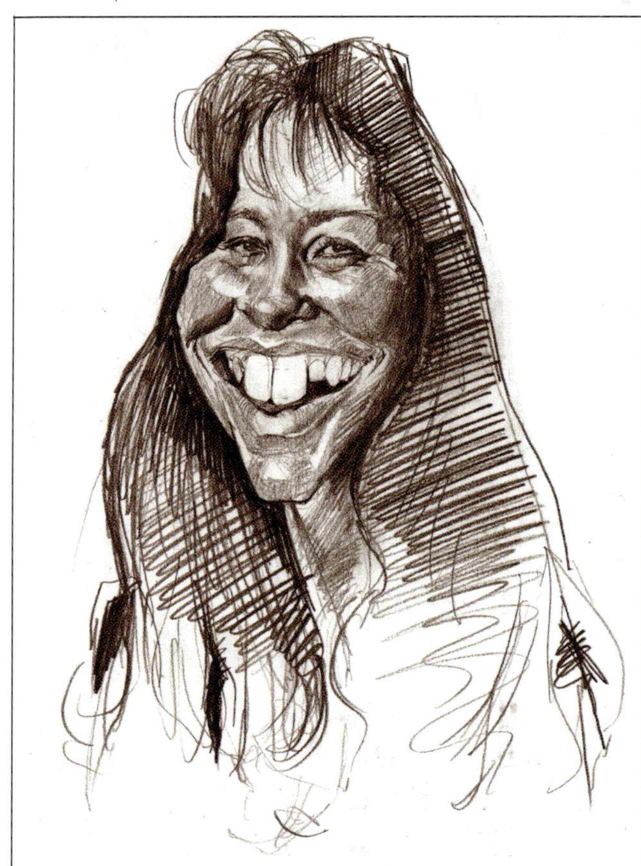

Pour cette seconde phase, il y a plus de travail parce que j'ai estimé que le premier croquis manquait de vraisemblance. La chevelure est dessinée avec plus au moins d'exactitude. Dans le visage, j'ai d'abord travaillé la bouche parce qu'elle me paraissait la plus évidente. Le nez a pris du volume, peut-être même un peu trop par rapport au premier croquis. Les yeux ne sont pas encore au point. Il faudra encore bien travailler lors de la troisième phase.

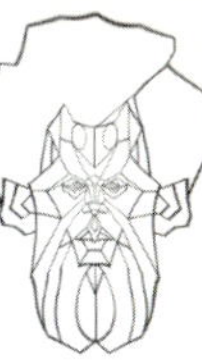

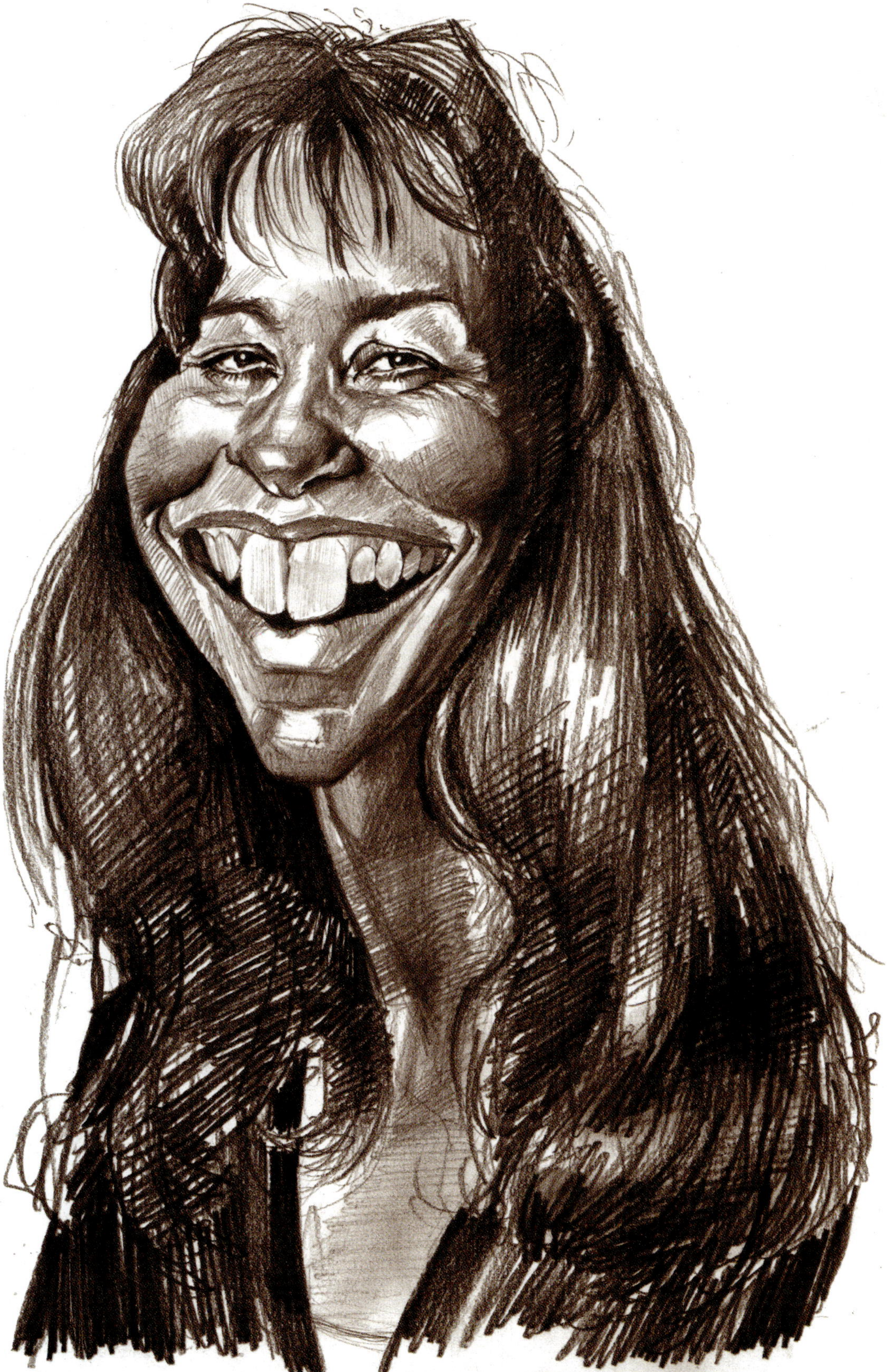

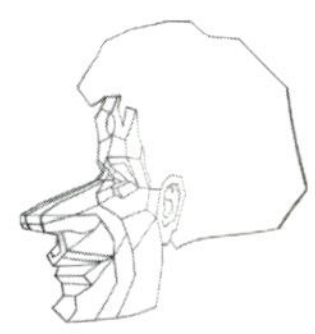

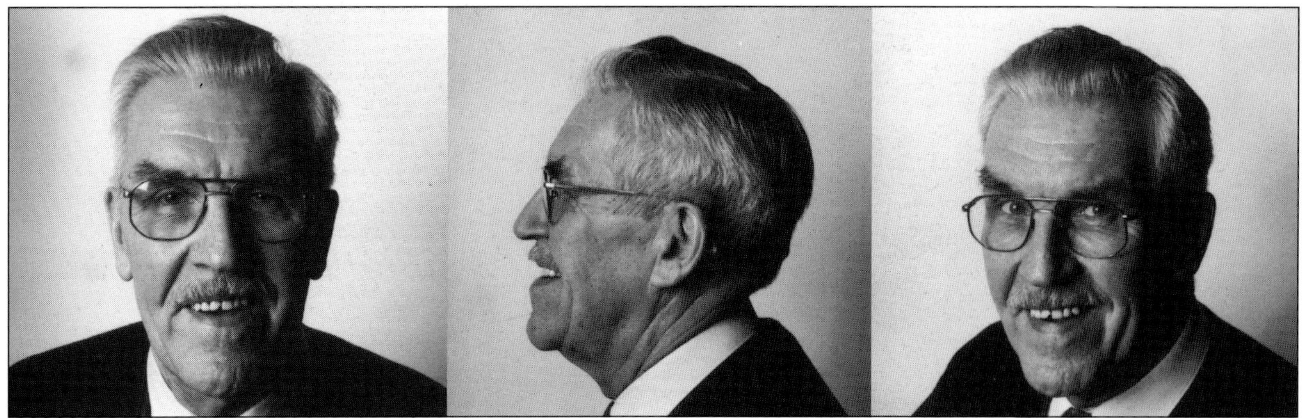

Justification du choix:
Dans cette série de photos, chacune d'entre elles peut convenir à une bonne caricature. La vue de profil ressort à merveille et serait une diversion bienvenue après avoir dessiné 738 têtes d'enfants lors d'une séance en public ! De plus, la partie arrière de la tête prend beaucoup de volume fournissant une assise solide pour une caricature. Cependant, parce qu'un profil ne laisse apparaître qu'un seul côté, on ne le choisit que rarement. Alors, de trois-quarts ou de face ? De face, le sujet est plus naturel que de trois-quarts, dans cette dernière position, il force son rire. De plus, la photo de face offre plusieurs avantages : la forme verticale évidente de la tête, la position privilégiée de la bouche et des lunettes, la façon de percevoir les limites des cheveux.

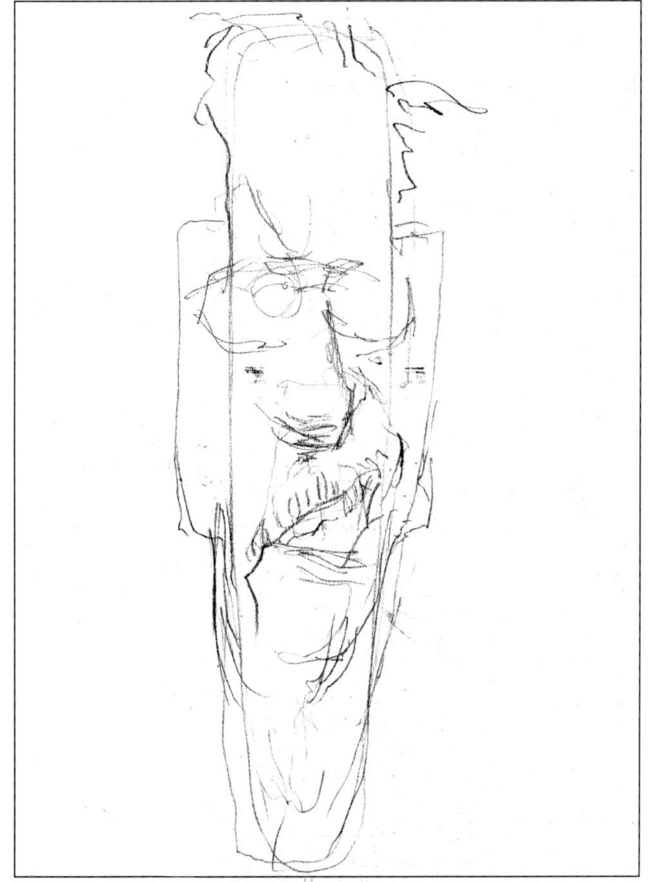

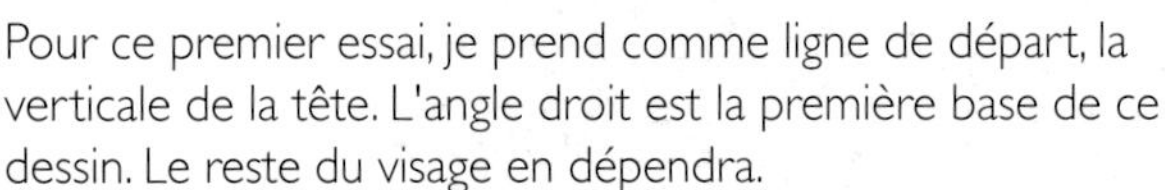

Pour ce premier essai, je prend comme ligne de départ, la verticale de la tête. L'angle droit est la première base de ce dessin. Le reste du visage en dépendra.
Les éléments qui suivront cette forme verticale sont: le front, le nez, les oreilles et le cou. La bouche pourrait en faire partie: elle va s'ouvrir davantage; elle peut être reprise telle quelle ou être légèrement élargie. Elle est en fait inclinée. Pour la chevelure, j'ai essayé de rendre librement les extrémités de manière amusante.

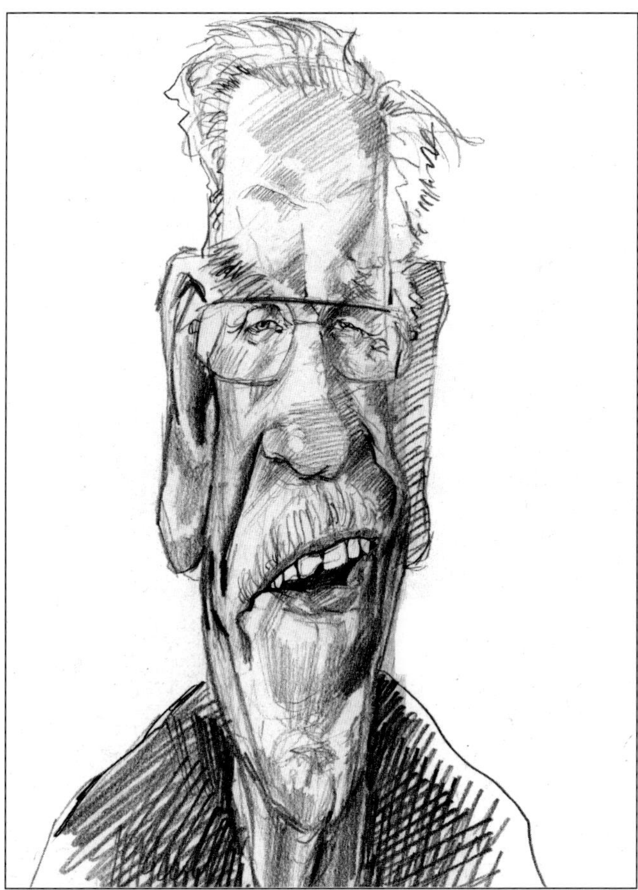

La seconde phase est déjà très élaborée, non pas parce que le dessin s'avérait difficile, mais parce qu'il en est ainsi. A certains moments, il est difficile de s'arrêter parce que tout se passe bien. Cette personne est facile à dessiner, peut être même trop. Le risque, dans ce genre de situation, est d'aller trop loin dans la déformation. La seule difficulté réside dans l'éclairage des cheveux. Dans la troisième étape, un fond arrière plus sombre est une solution à ce problème.

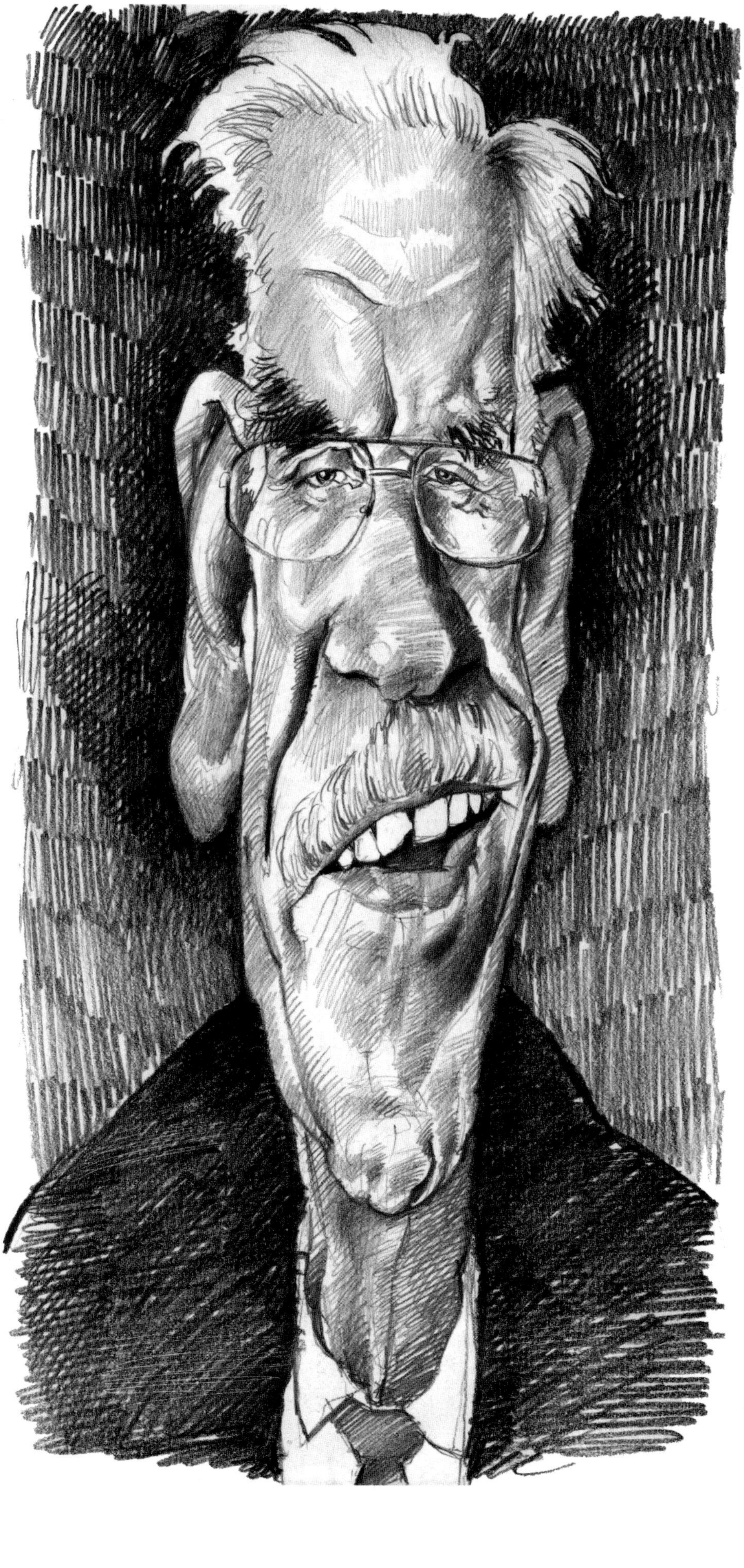

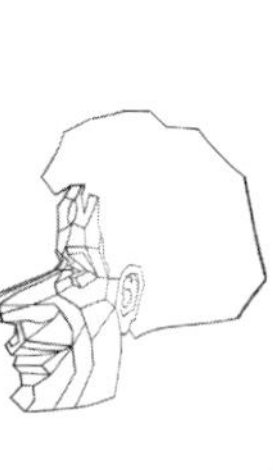

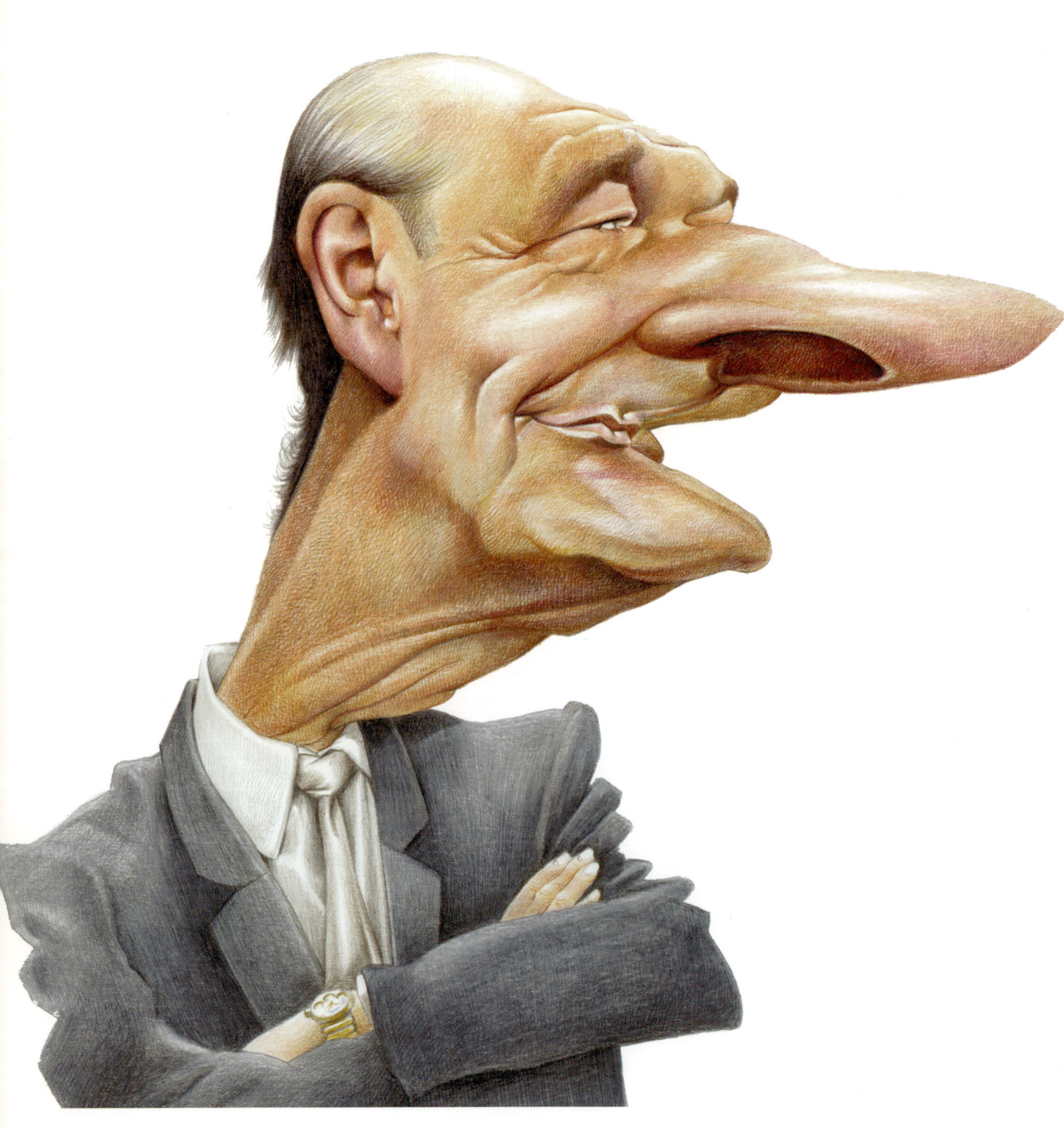

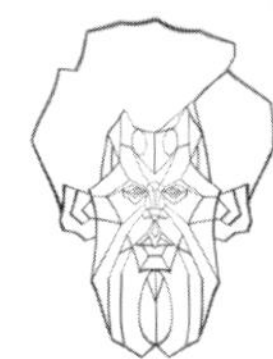

CHAPITRE 14

LES PROPORTIONS DU CORPS.

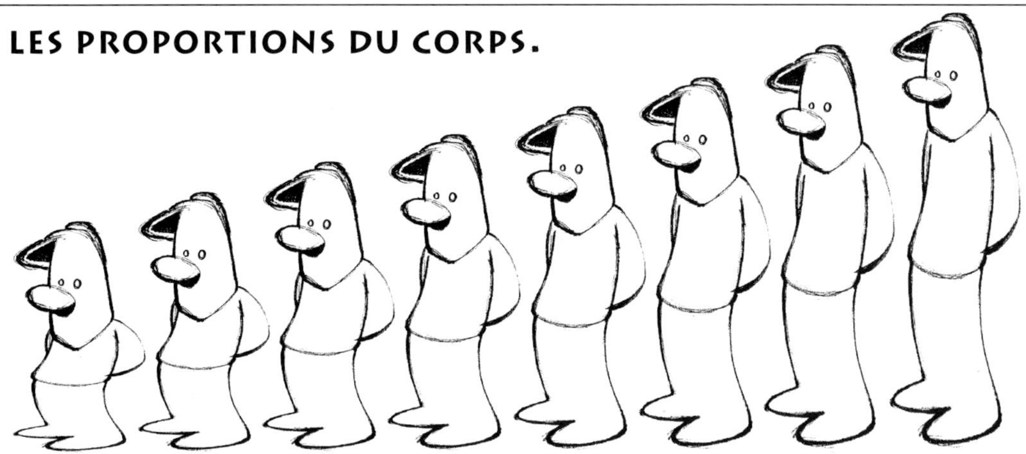

Lorsque l'on caricature quelqu'un, on peut également représenter son corps tout entier. La première chose que l'on apprend pour dessiner le corps humain concerne la mesure de la tête qui représente une part de la longueur totale du corps. Certains l'estiment à sept fois, d'autres huit ou encore sept et demi. Ce n'est donc pas très clair ! On peut dire beaucoup de choses concernant la proportion de la tête par rapport au corps. Le chiffre proportionnel n'est pas aussi précis. Prenez comme règle que : plus long est le corps, plus de fois la tête peut être comprise dans le corps. Un être humain n'a pas nécessairement une plus grosse tête parce qu'il est plus grand ! C'est applicable dans le sens inverse : plus petit vous êtes, moins de fois votre tête pourra être comprise dans votre corps. Dans le domaine de la caricature, le respect de cette proportion tête/corps est moins importante. Il est généralement admis de dessiner le corps petit ou plus gros afin de parfaire une caricature. Ce qui importe c'est que les proportions choisies donnent du poids au dessin. Trop souvent, les corps passent au second plan dans bien des caricatures ou des dessins. Des dessinateurs moins expérimentés se contentent de corps à peine esquissés ou très statiques qui ne rendent pas bien. Il faut privilégier des poses dynamiques. Les meilleurs exemples sont dans les planches des dessinateurs de bandes dessinées.

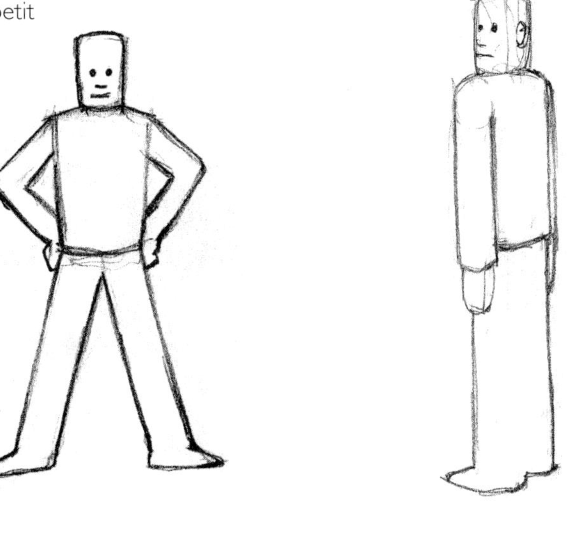

Des poses statiques n'ont aucun attrait et ne donnent aucune idée de vie. Elles font penser à des robots. Cela est dû à l'équilibre trop stable généralement partagé symétriquement entre les parties du corps (les pieds ou ici la chaise). Cet effet est encore pire lorsque l'on représente le sujet de face ou de profil. Le personnage représenté en haut de cette page est mieux représenté que ceux ci-contre parce qu'il est de trois-quarts et, surtout, que la tête est tournée sur un côté.

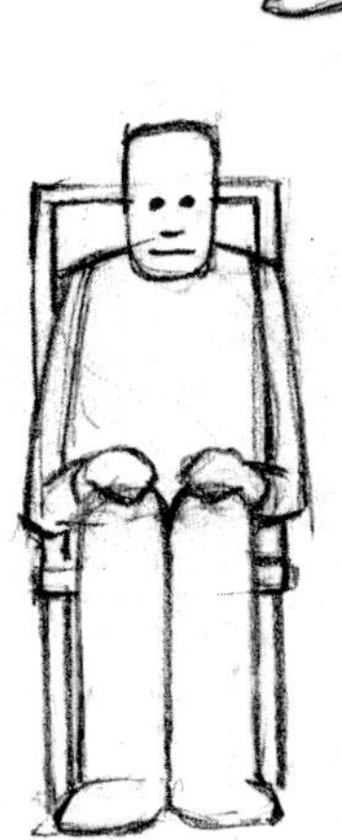

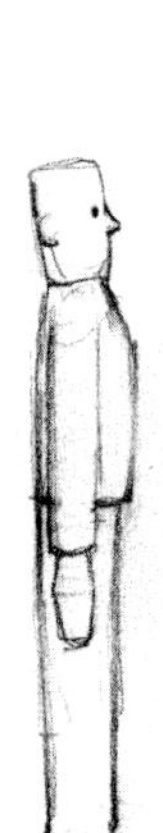

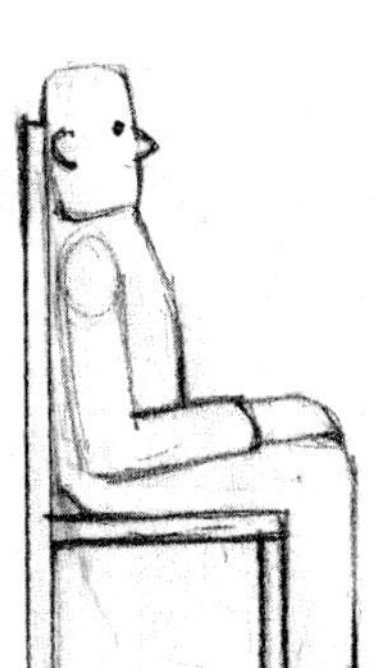

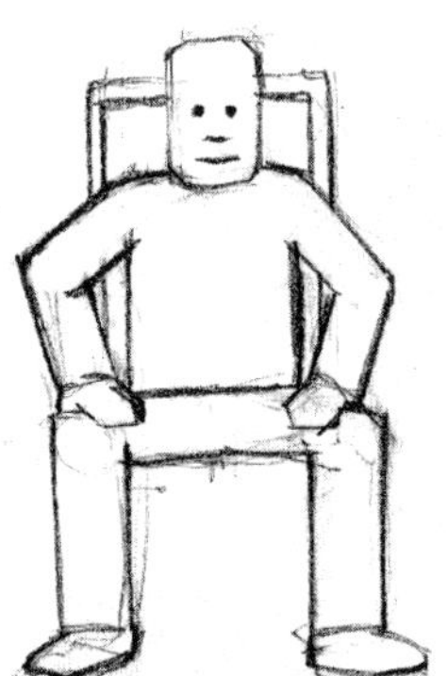

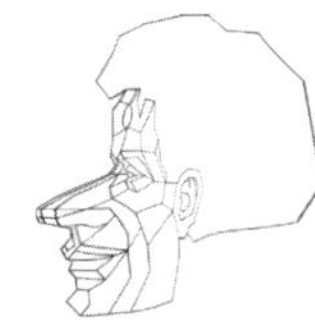

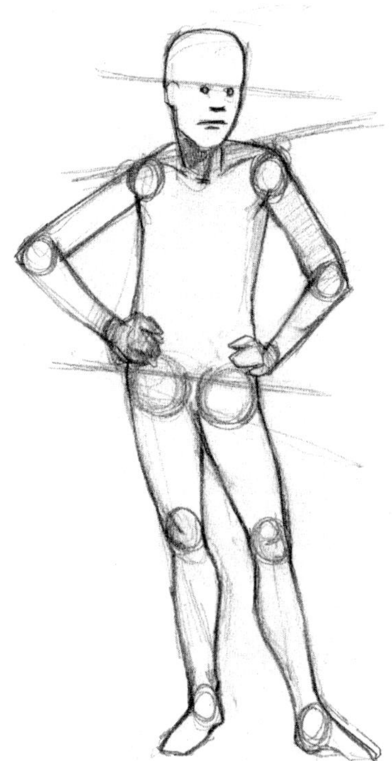

Pour obtenir des personnages suffisamment dynamiques, il importe de bien respecter l'équilibre du sujet, son centre de gravité. Un bon exemple est le maintien des mains sur les hanches. Tout le poids est reporté sur une jambe. Elle est la jambe d'appui. Dans cette position, le bassin change de place. La jambe qui porte le poids du corps est la plus élevée tandis que l'autre s'étire vers l'avant. Elle est "libérée" du fait qu'elle ne supporte plus le corps; la position de la hanche va plus loin. Cette jambe au repos peut donc être placée en différentes positions : pliées, étirées vers l'avant, etc... Une nouvelle position du bassin entraine le déséquilibre du corps. Cela se porte également sur la colonne vertébrale et ce sont les épaules qui vont restaurer l'équilibre. Du côté de la jambe d'appui (le point le plus élévé du bassin), on corrigera en final la position de l'épaule. Cette recherche du centre de gravité se fera également dans la pose de la tête. Celle-ci sera légèrement en retrait par rapport aux épaules.

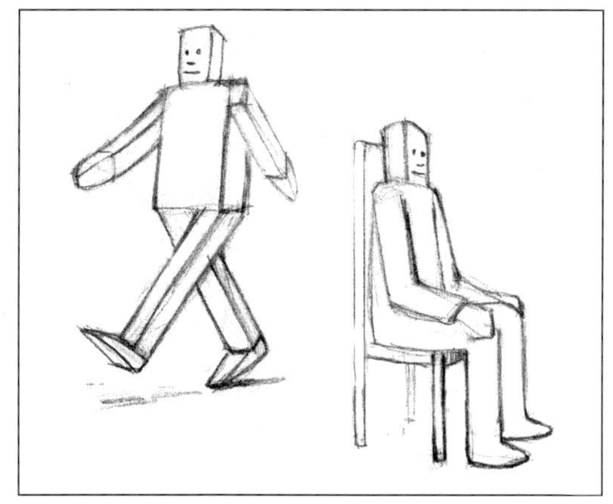

Evitez au maximum les poses de face ou de profil. Bien que les dessins ci-contre soient encore trop statiques et manquent de souplesse, ils profitent de la position de trois-quarts.

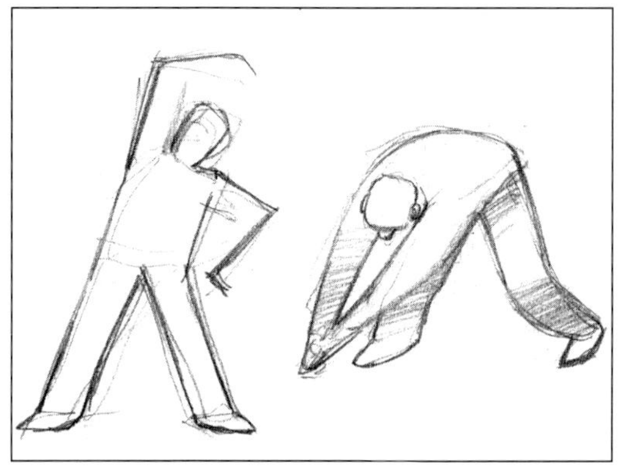

Tout en tenant compte du centre de gravité d'un personnage, il faut veillez à faire figurer un ou des points d'appui pour celui-ci. Une base donne de la stabilité au dessin.

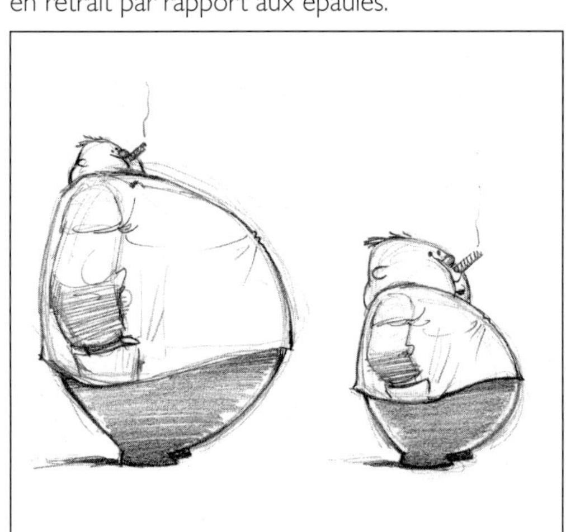

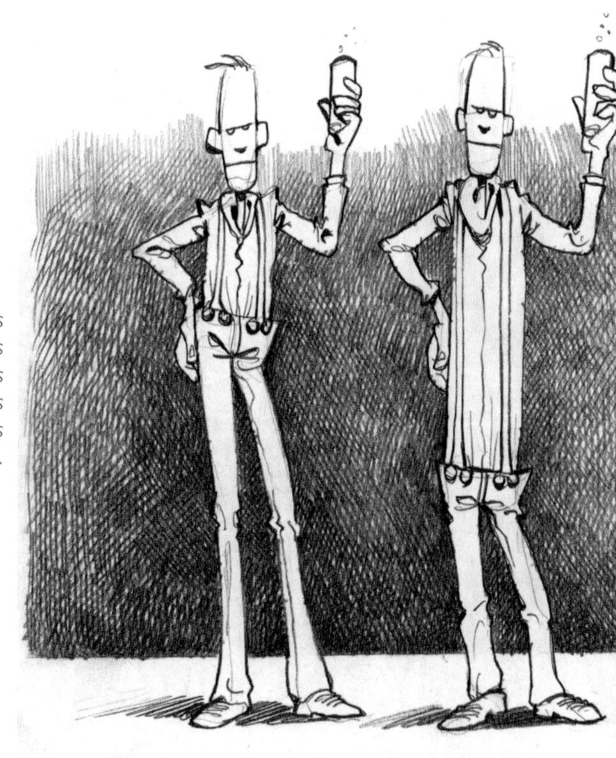

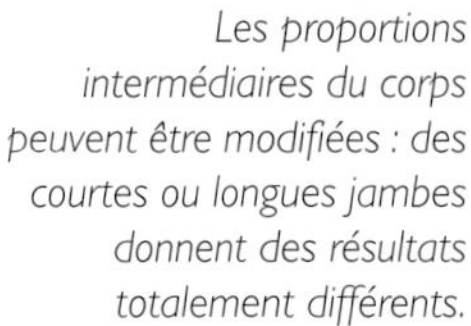

Les proportions intermédiaires du corps peuvent être modifiées : des courtes ou longues jambes donnent des résultats totalement différents.

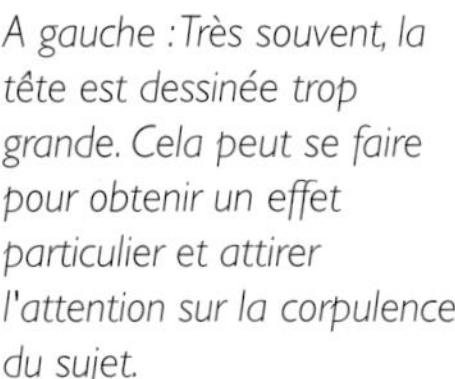

A gauche : Très souvent, la tête est dessinée trop grande. Cela peut se faire pour obtenir un effet particulier et attirer l'attention sur la corpulence du sujet.

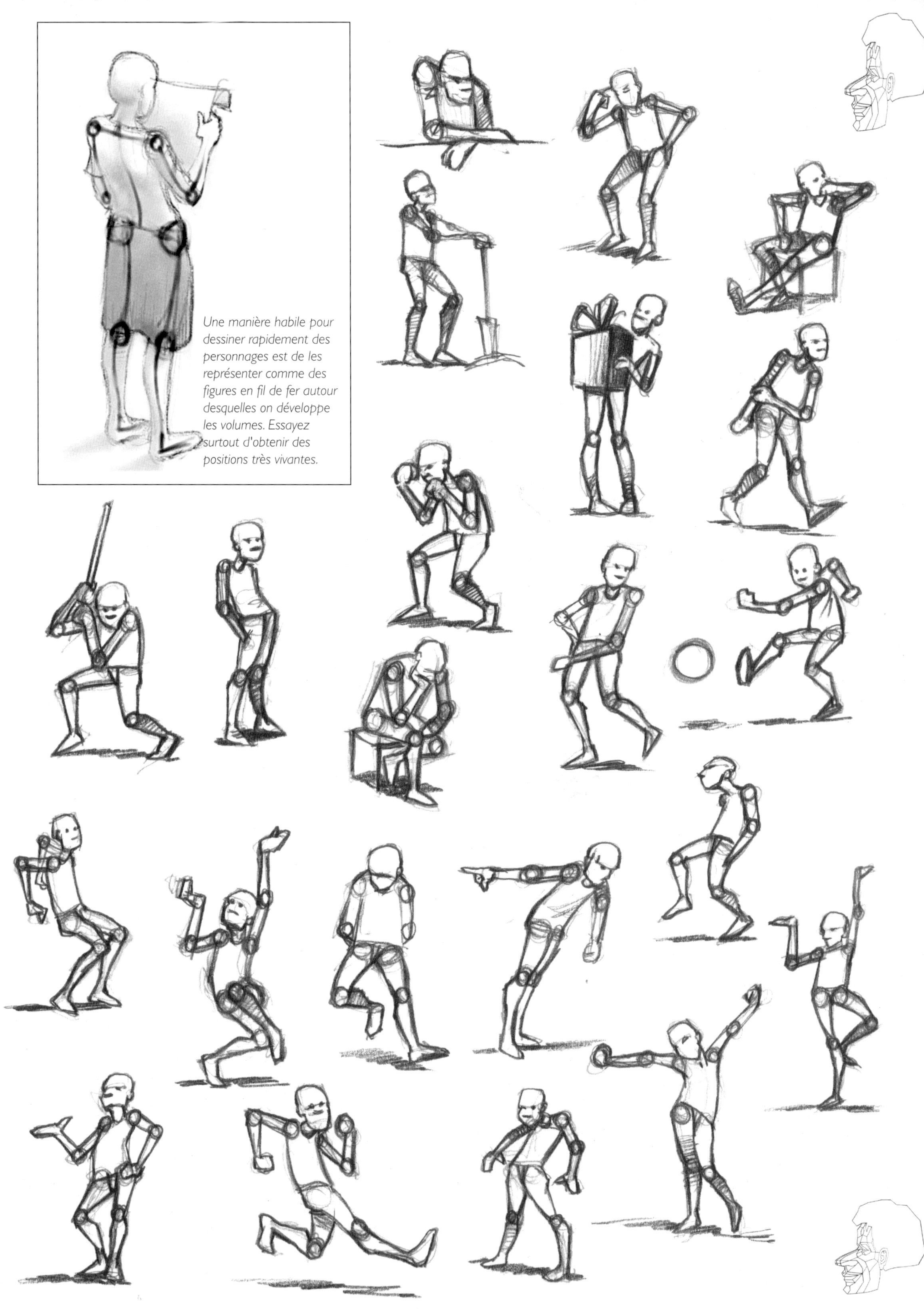

Une manière habile pour dessiner rapidement des personnages est de les représenter comme des figures en fil de fer autour desquelles on développe les volumes. Essayez surtout d'obtenir des positions très vivantes.

DES PIEDS ET DES MAINS

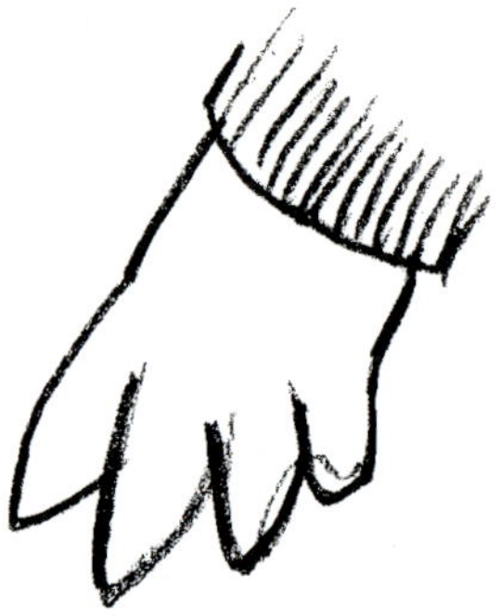

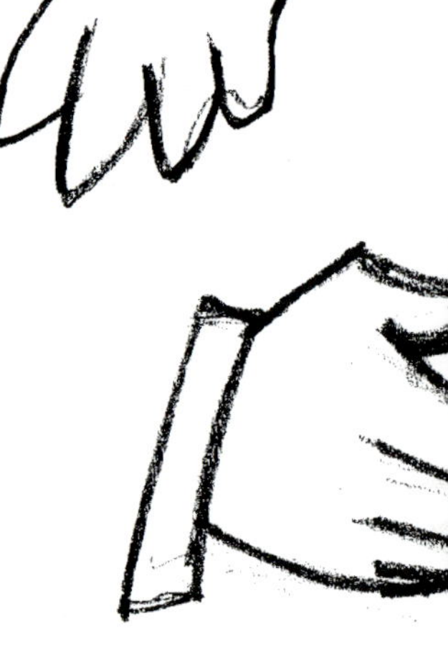

A chaque style de dessin correspond autant de façons de dessiner les mains et les pieds. Les mains sont le prolongement de nos yeux. C'est pourquoi elles ont autant d'importance. Ce sont nos "outils" priviligiés, nos tentacules sensibles, qui nous permettent de réaliser des actes bien précis. A dessiner, elles n'offrent pas tellement de facilité mais il faut tenter de bien les représenter. Enfin, il faut parvenir à dessiner les mains et les pieds de mémoire.

Pour cela, il faut exercer à fond ses dons d'observation jusqu'au moment où vous pouvez faire confiance à votre mémoire et à vos crayons. On peut utiliser des photographies pour s'exercer et constituer une collection de photos de pieds et de mains. Vous pouvez également travailler d'après le modèle de votre propre main, directement ou à l'aide d'un miroir. Une autre manière d'apprendre à dessiner des mains est de s'inspirer des modèles réalisés dans les bandes dessinées.

La BD regorge de trésors et de dessinateurs talentueux qui, chacun dans leur style, dessinent les mains les plus amusantes ou les plus belles. Quelques noms de dessinateurs humoristiques me viennent à l'esprit : Franquin, Morris, Ryssack, Janry, Jack Davis, Jack Ricard.

Tout comme le dessin d'un corps entier, celui d'une main est affaire de construction et d'habillage. Faites d'abord le croquis de base; commencez donc par la mise en place de la paume de la main à laquelle vous ajoutez les doigts selon la position désirée.

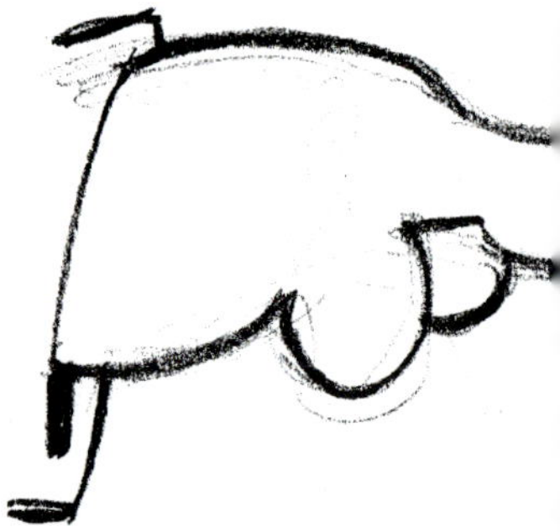

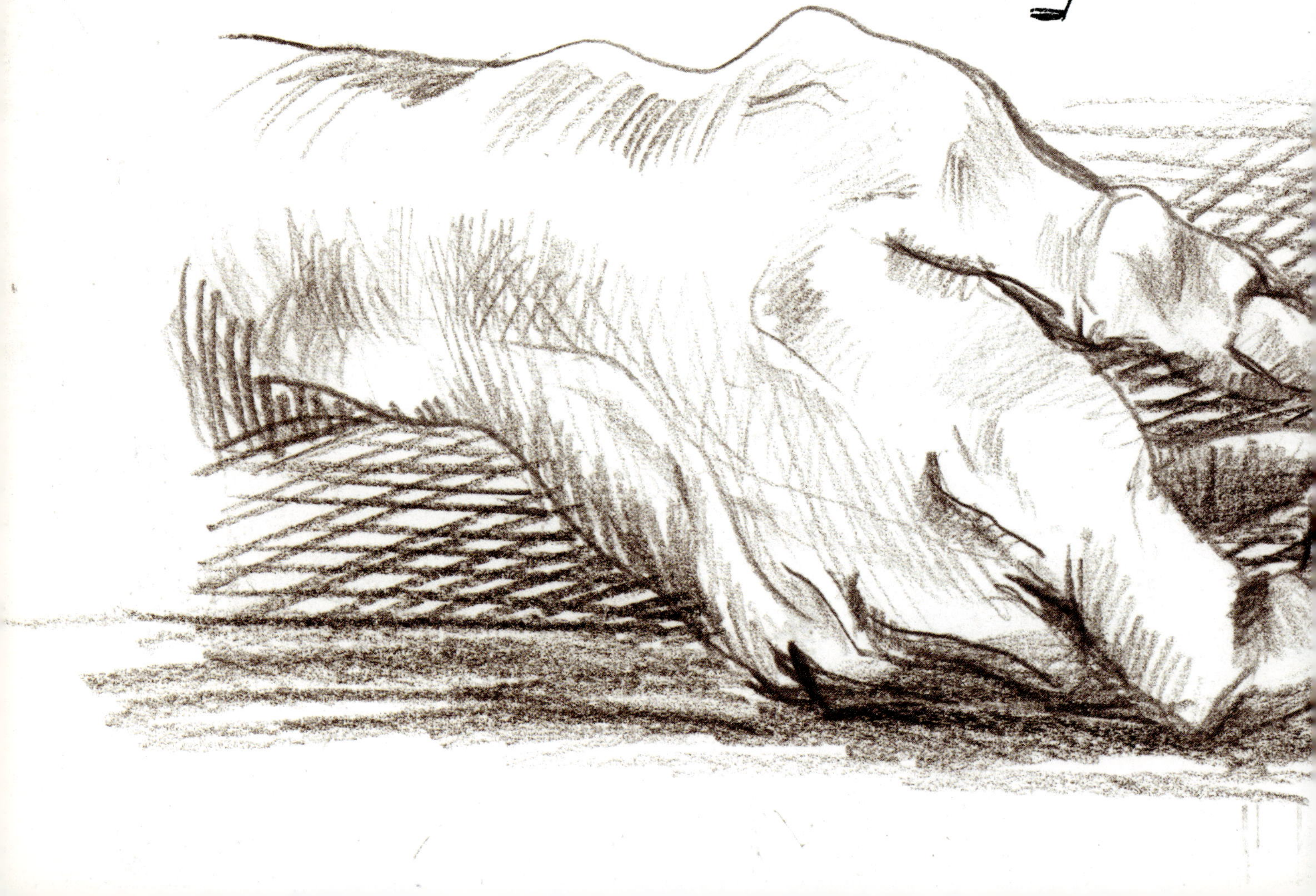

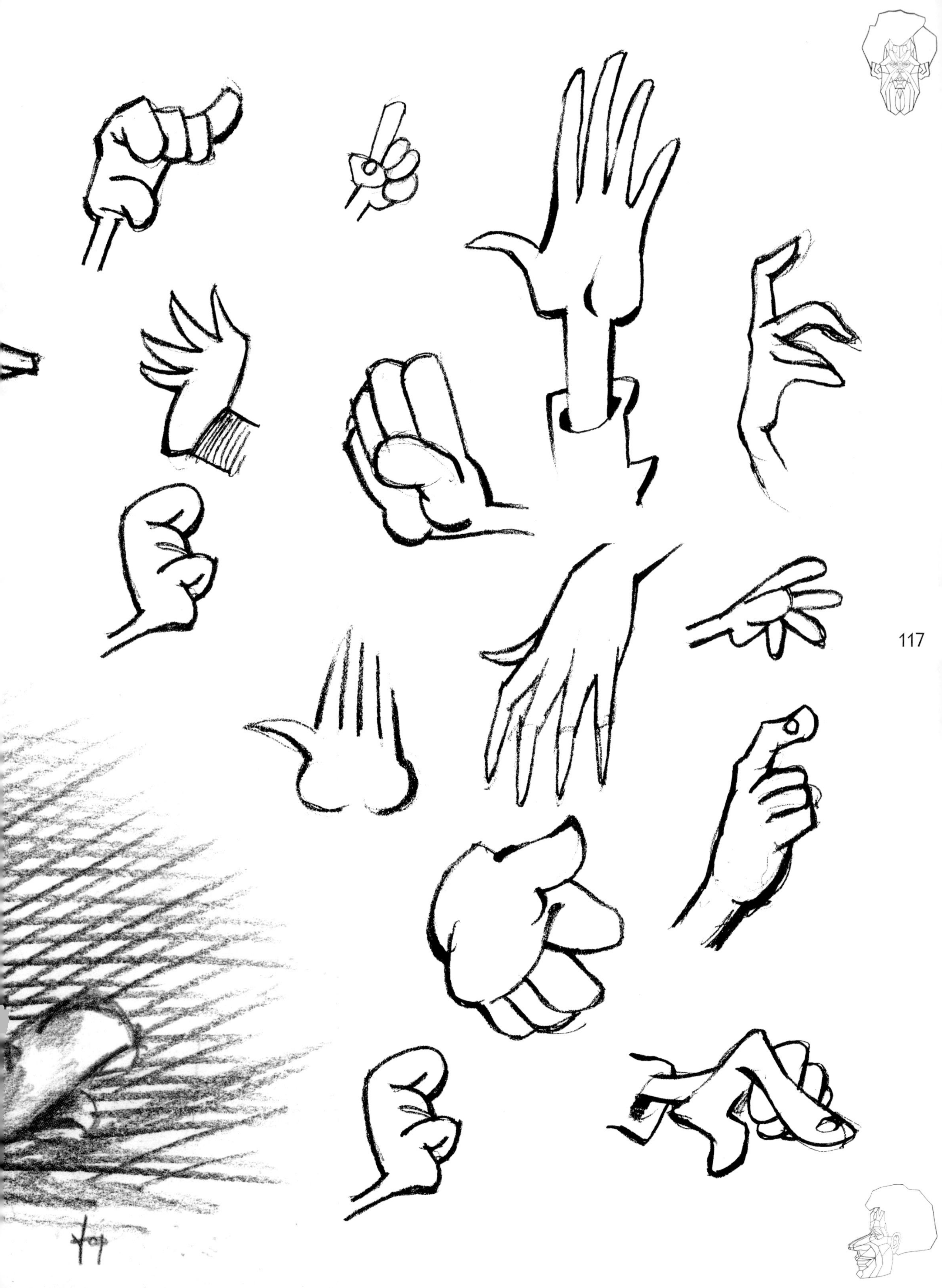

Ce qui a été décrit pour dessiner les mains vaut également pour la réalisation des pieds. Rien ne remplace les exercices. Veillez à les dessiner jusqu'à maîtriser votre propre style. Il doit former un ensemble : la tête doit être du même style de dessin que le corps, les mains et les pieds.

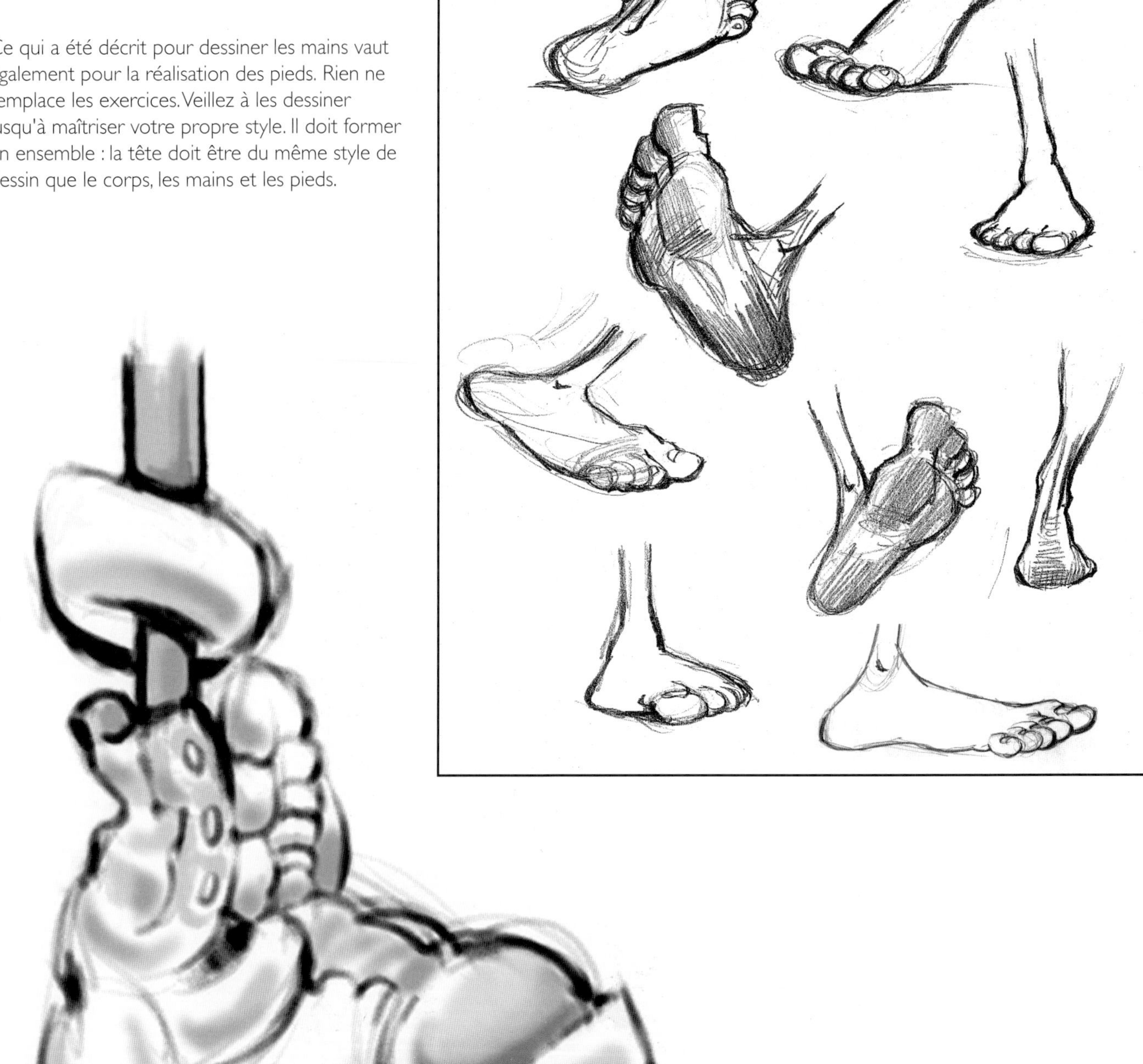

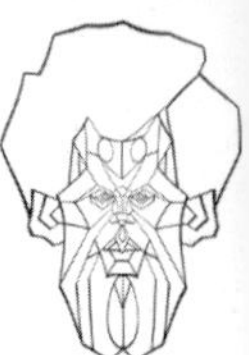

Dans une caricature, un pieds nu ne doit pas être trop rapidement dessiné. Souvent, le pieds est caché par le soulier. Dans le dessin également, il existe des variations infinies. On peut détailler à l'extrême un soulier ou, au contraire esquisser les lignes générales d'une paire de souliers. Il arrive que la ligne de la jambe ou du pantalon se confonde harmonieusement avec celle du soulier.

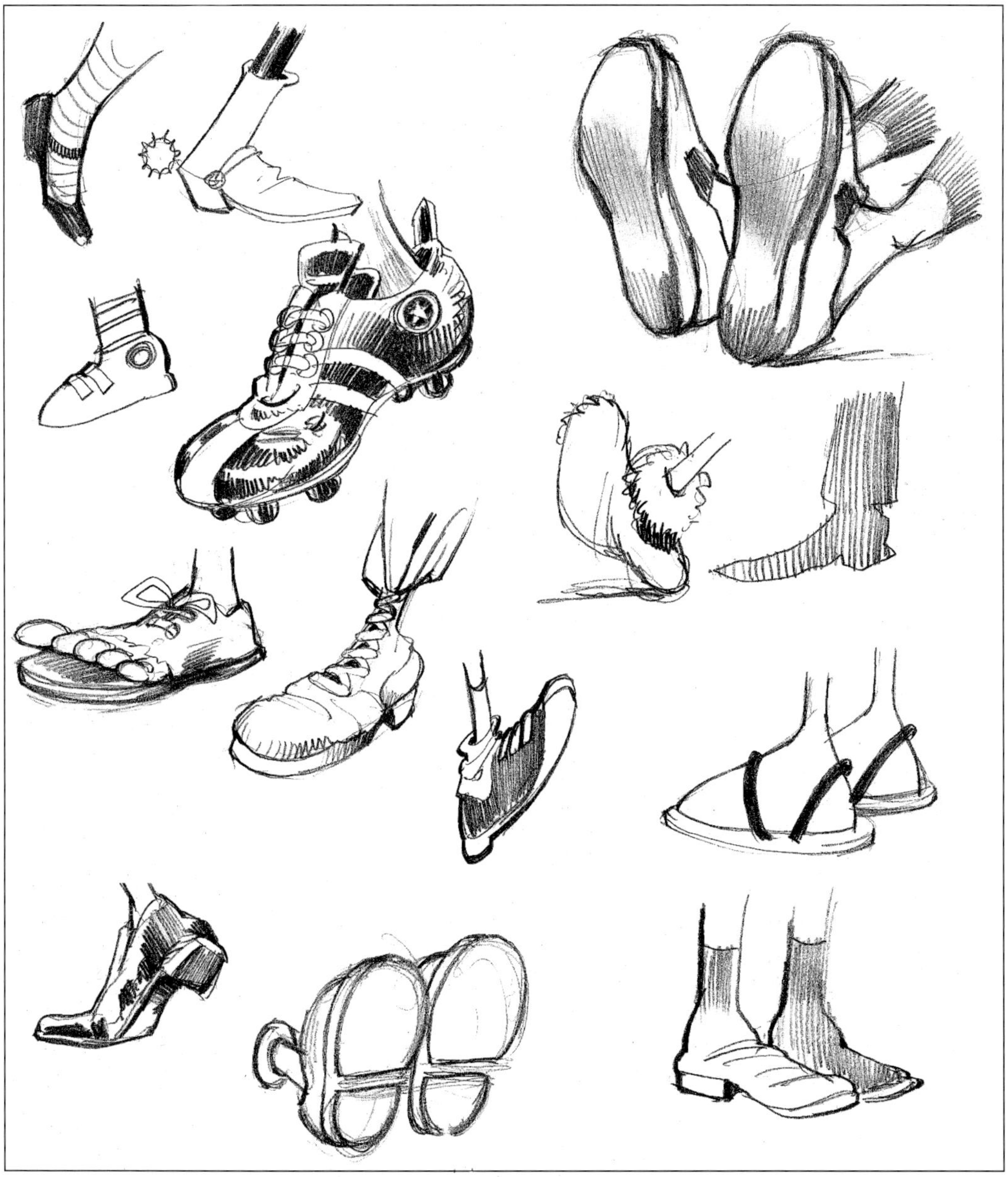

L'éventail des formes de souliers est très large. Documentez -vous. Des détails comme les souliers apportent beaucoup de véracité à un dessin et participent au portrait de la personne que l'on veut immortaliser.

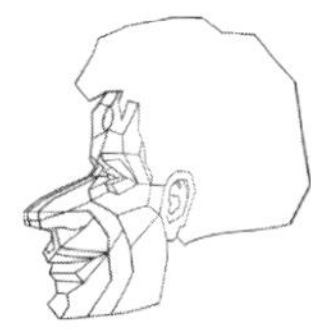

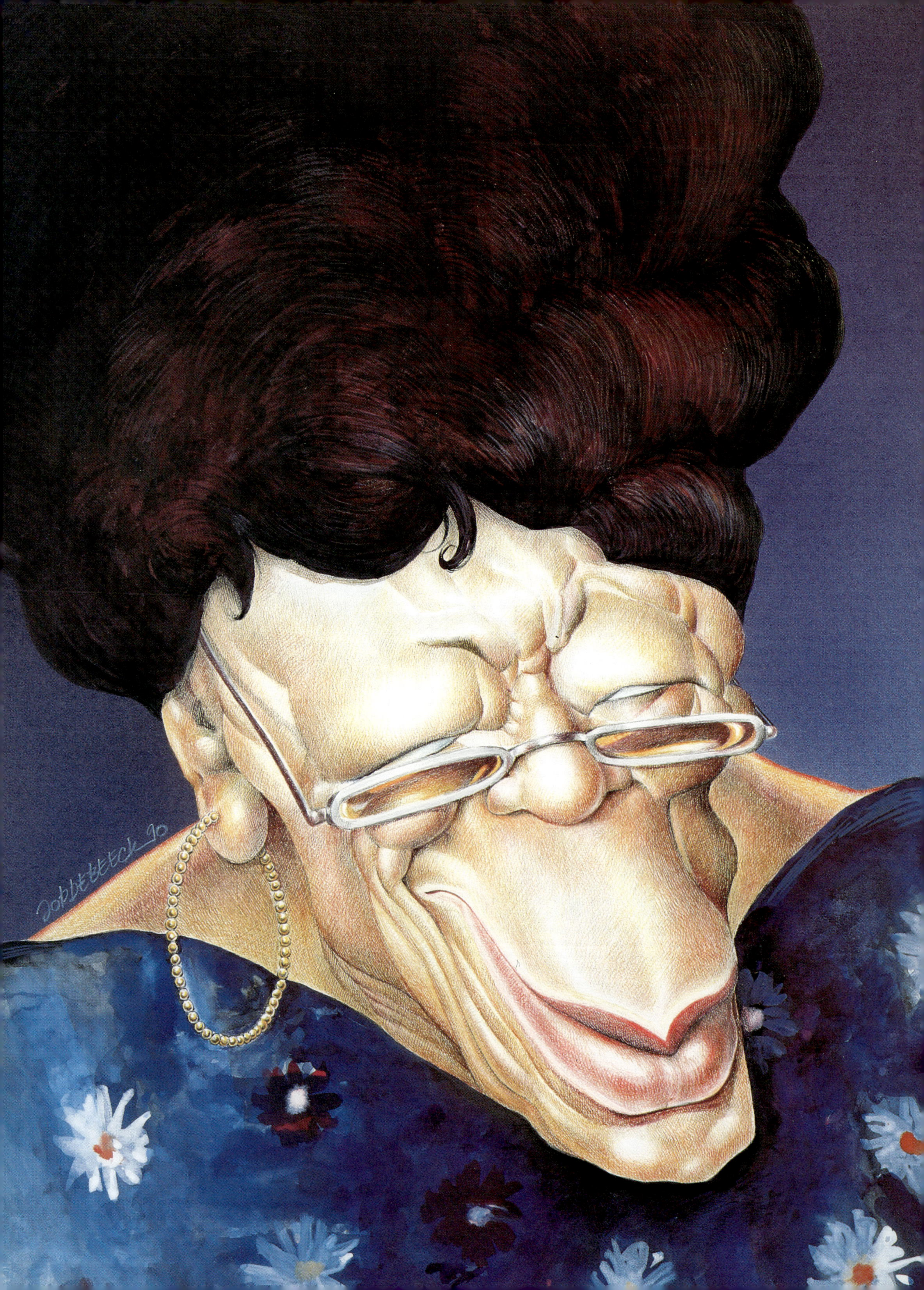

CHAPITRE 15

TECHNIQUES ET MATÉRIAUX.

En soi, la caricature est une forme d'art appliqué. Elle réclame, comme les autres, plusieurs formes de reproduction. C'est pourquoi, elle peut faire appel à tous les matériaux et techniques utilisables. La fin justifie les moyens.
Peu importe que vous choisissiez de travailler au trait fin ou à l'aide d'un matériel sophistiqué comme l'aérographe.

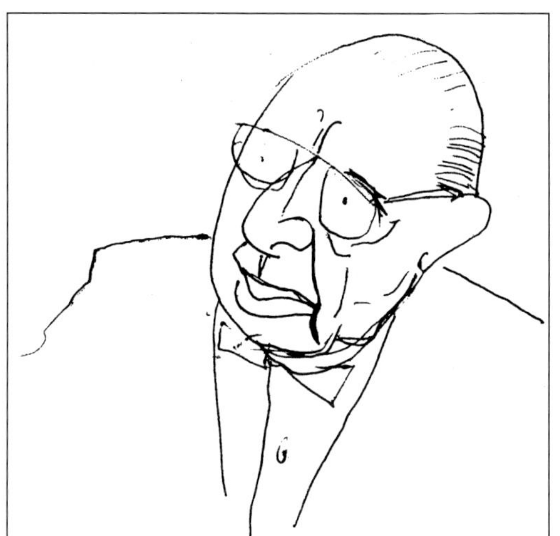

Stravinsky *Ill. Frans Op De Beéck*

Dans les pages suivantes, plusieurs caricaturistes renommés vous donnent leurs vues personnelles et leurs techniques. A l'aide d'exemples concrets, ils livrent quelques uns de leurs secrets.
Personnellement, je travaille de préférence au crayon et à l'aide de crayons de couleurs, mélangés avec d'autres matières selon l'effet désiré.
Durant les séances publiques, je fais mes croquis avec des crayons gras 2B de Rexel Cumberland/ Derwent Graphic. Je laisse chez moi mes crayons fins à qui je destine une toute autre fin. A l'aide des crayons gras, je peux obtenir des dessins tout en douceur ainsi que des contrastes noirs très appuyés qui donnent de la force au dessin.
Parfois, j'utilise une plume animale pour obtenir un gris velouté. La mise au net d'un croquis d'après photo nécessite soit le matériel déjà décrit, soit un porte-mine de 0,9 mm d'épaisseur et de force B.
Evitez de réaliser des croquis au porte-mine à l'épaisseur inférieure à 0,5 ou 0,3. Ces crayons ne donnent pas assez de possibilités dans la réalisation des lignes. La mise au net d'un dessin au crayon se fait comme suit : les croquis sont repris à l'aide du bac à lumière sur du papier à dessin fort. De celui-ci dépend la technique employée.

Je donne ici l'exemple sur base du papier Schoellershammer 4G. Les grisés sont affinés avec un porte-mine de 0,5 mm d'épaisseur. La première couche est travaillée avec un crayon 6H; j'assombris avec un 3H, un HB, et enfin un 2B.
Pour un dessin en couleurs, j'utilise la même technique de hachure avec les crayons couleurs.

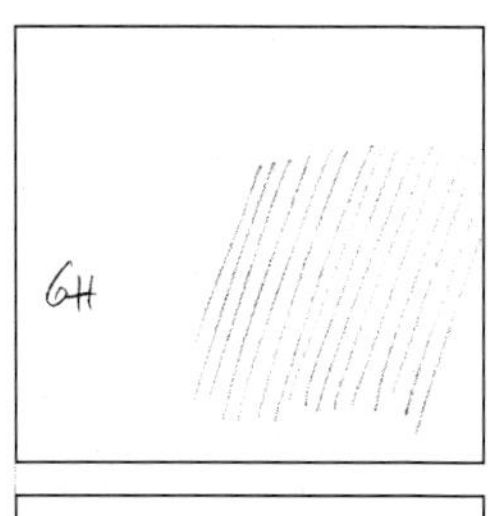

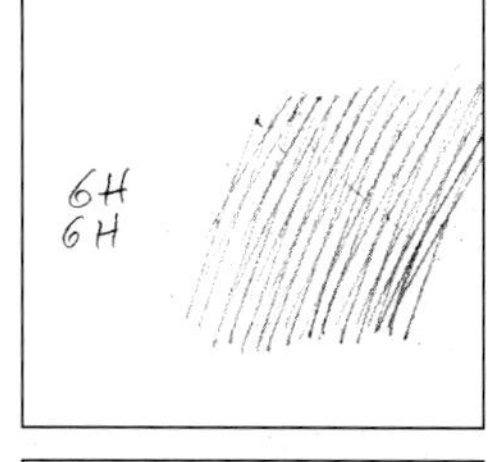

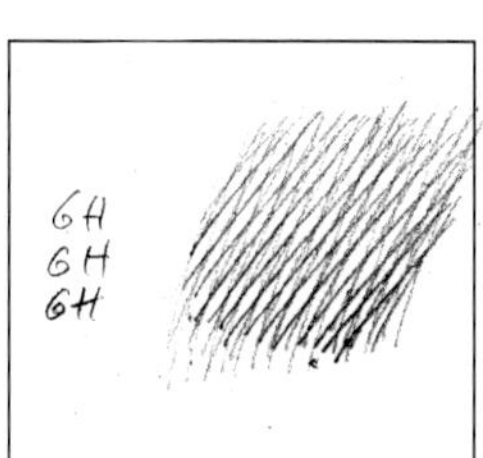

6H
6H
6H
3H

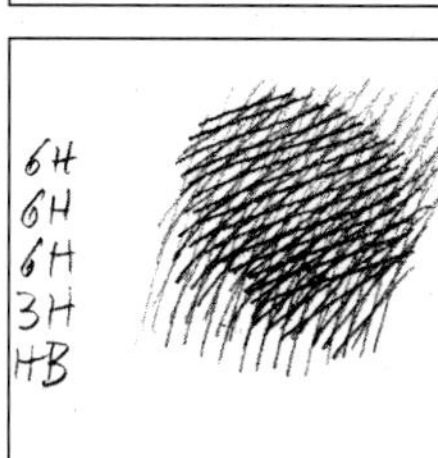

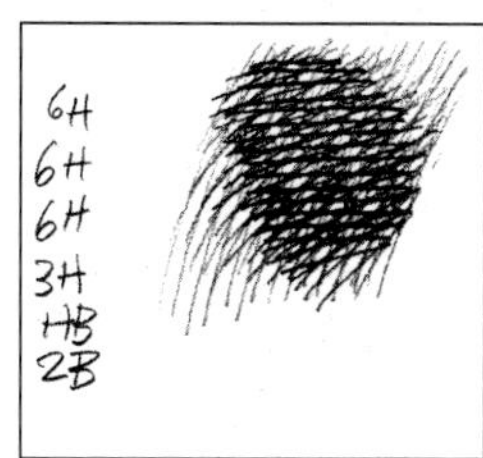

Les couleurs sont posées couche après couche afin d'obtenir celle désirée. Ma palette de base existe dans la marque Rexel Cumberland/ Derwent Artists, complétée par des crayons Stabilo Atelier et Caran D'Ache/Supracolor II Soft. Les crayons les plus gras appartiennent à la gamme Berol Karismacolor qui offre, selon moi, les plus belles teintes. Mis à part pour la tête, je travaille personnellement avec un mélange de crayons, crayons de couleurs, aquarelle et gouache. Lorsque vous superposez crayon et crayons de couleurs veillez à utiliser les crayons de couleurs en premier puis le crayon au graphyte. L'inverse n'est pas à conseiller parce que le crayon au graphyte risque de faire des tâches et ne supporte pas bien d'être recouvert de crayons de couleurs. Les crayons Stabilotone de Stabilo sont également très agréables à employer. Avec eux, on a le choix entre des couleurs très franches; elles sont indélébiles tandis que le crayon se fixe à l'aide d'un sèche-cheveux; ce qui peut donner des effets efficaces.
Les grands fonds sont réalisés à l'aérographe. Les peintures à l'eau disponibles sont relativement onéreuses mais d'excellente qualité. L'aérographe peut être remplacé par l'écoline ou la peinture à l'eau. N'oubliez jamais de fixer vos dessins. Achetez de préférence un bon fixateur qui n'altère pas vos couleurs.

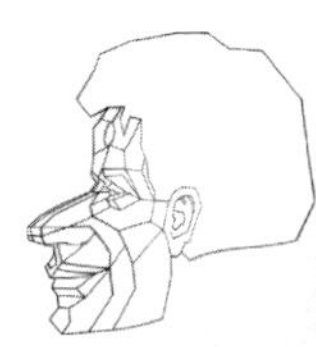

GAL

LA TECHNIQUE AU SERVICE DE L'IDÉE

Pour bien déformer, il faut bien observer, voir les attitudes. Il faut apprendre à remarquer les différences : si la lèvre supérieure est plus grande que la moyenne, elle doit l'être dans votre dessin. Le front, le nez et le menton sont les détails les plus faciles à mettre en avant.
La largeur du visage ou d'une partie du visage a également toute son importance. Nixon nous fournit un très bon exemple.

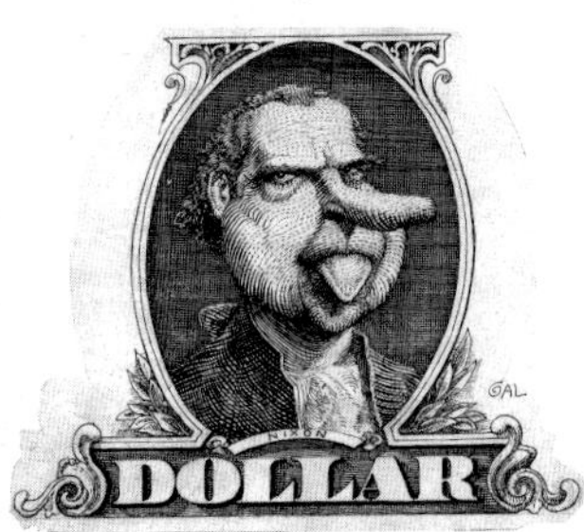

Lorsque l'on dessine un personnage, il est très important d'en donner une vue d'ensemble générale. Votre sujet a une certaine façon de parler, il offre sans doute des caractéristiques qui lui sont propres.
C'est pourquoi, il faut, autant que possible, se documenter au maximum à l'aide de photographies voire d'images vidéo.
Parfois, je m'interroge sur la manière de travailler des caricaturistes du passé; limités par des portraits figés. Sans doute, la reconnaissance des personnalités et le contrôle de leur image n'étaient pas aussi stricts qu'aujourd'hui. Toute personne a une autre image de soi-même. Avec la caricature, on peut corriger cette image.
Les femmes se trouvent toujours moins belles dans un dessin, à l'instar des hommes. Sans doute est-ce une manière de se protéger soi-même. En préliminaire à une caricature, il est nécessaire d'étudier les formes que peut prendre une tête. Il arrive que lors de la mise au net, je perds de la ressemblance. Il est alors nécessaire de la retravailler car celle-ci est primordiale.

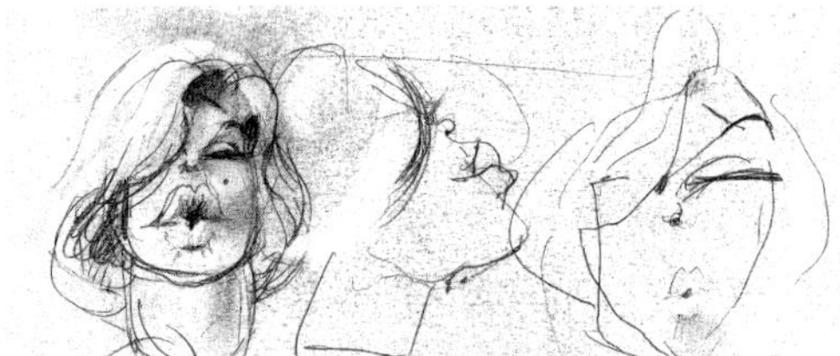

Quelques croquis préparatoires pour Marilyn Monroe.

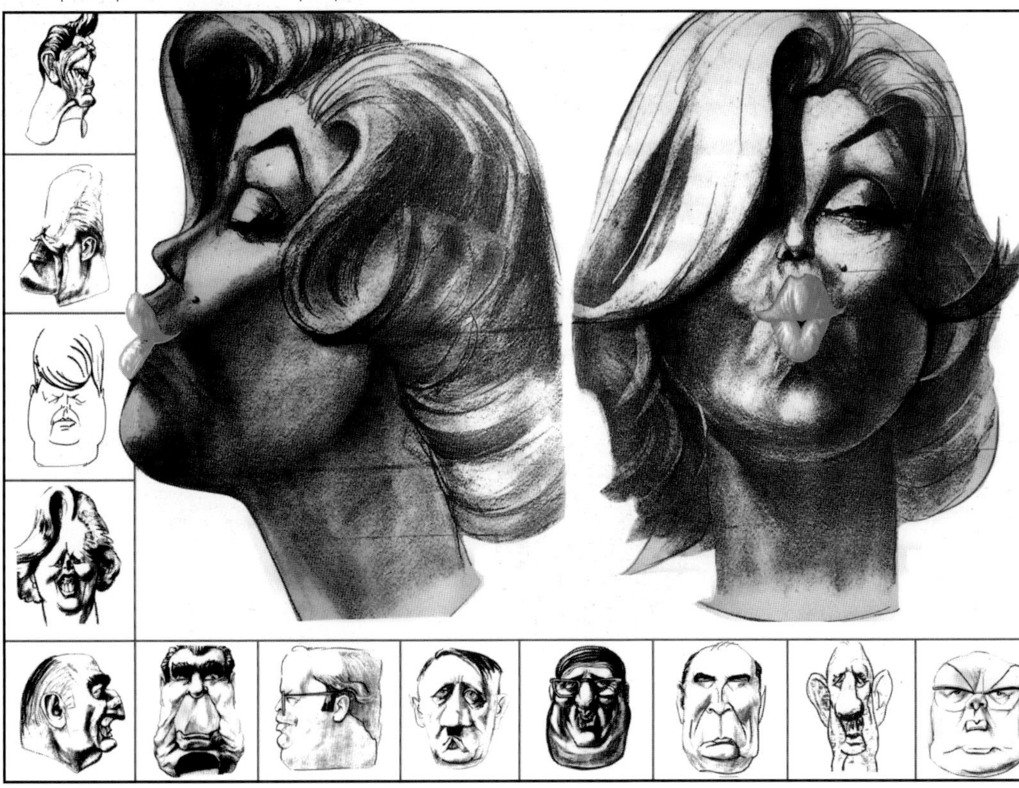

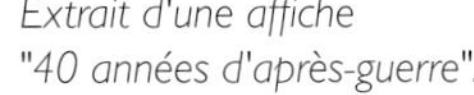

Extrait d'une affiche "40 années d'après-guerre".

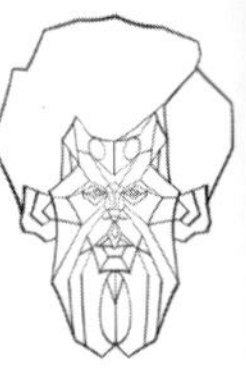

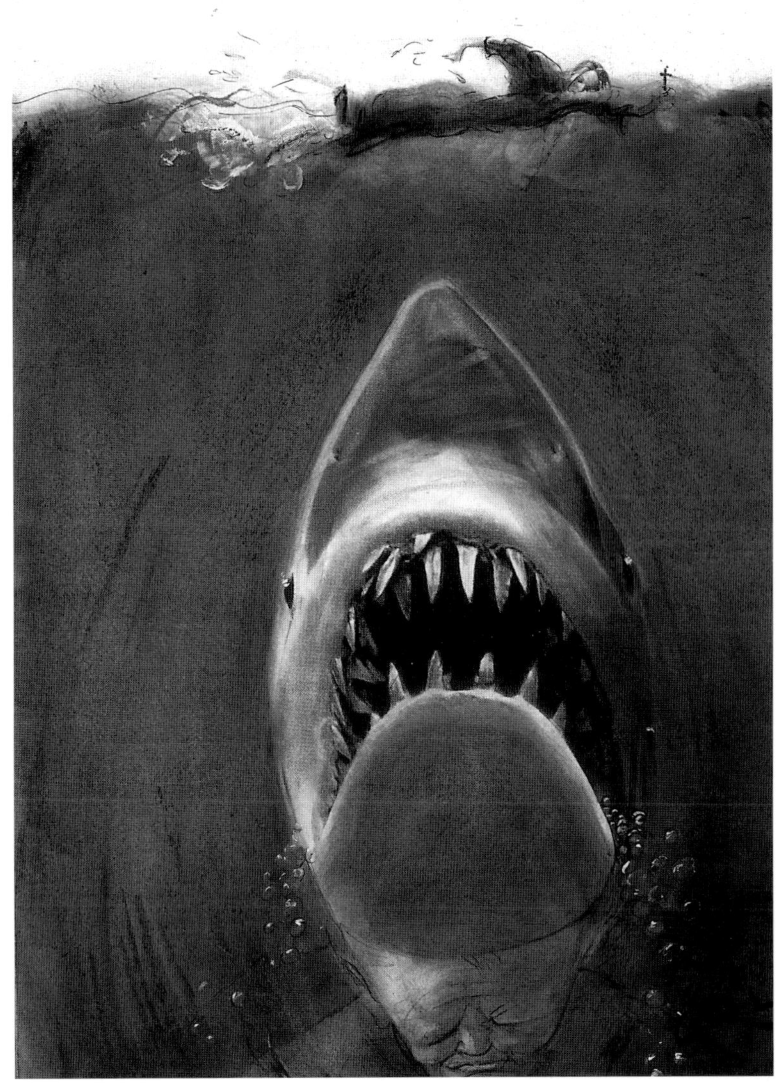

MATERIEL ET TECHNIQUE

J'utilise tout ce qui est à portée de main. Y compris les collages. Mes propres mains peuvent parfois être un outil de dessin !

La technique doit être au service de l'idée, pas l'inverse. Dès lors, il ne faut craindre aucune technique.

Je débute le dessin au fusain ou au pastel, au fur et à mesure que j'apporte les couleurs ou non. Ces matières me permettent de travailler rapidement. Entretemps, il est nécessaire de les fixer. Il faut veiller à ne pas les fixer trop lourdement au risque de saturer le dessin.

Pour mes dessins d'humour, j'ajoute parfois une carte géographique. Dans le passé je les dessinais en surimpression ce qui me prenait beaucoup de temps. Grâce aux nouvelles techniques graphiques, comme le scanner, je gagne beaucoup de temps pour cette phase de dessin.

Tout comme Warhol ou Hockney, je suis très intéressé par le développement de nouvelles techniques. Bien sûr, je redoute le temps d'apprentissage. En outre, le contact avec la feuille de papier l'emporte la plupart du temps.

Les relations entre l'église et la femme selon Gal.

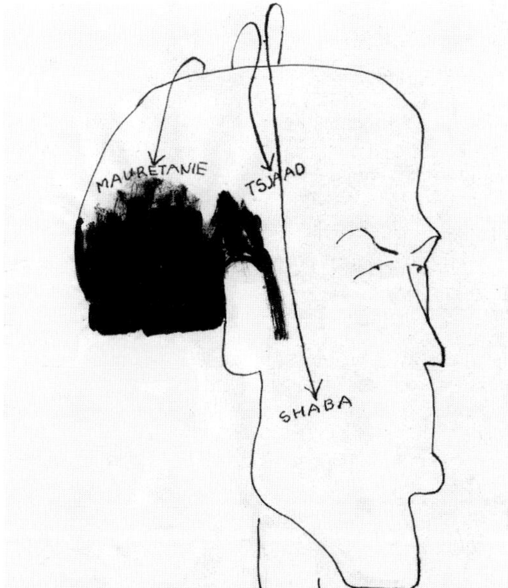

Giscard d'Estaing

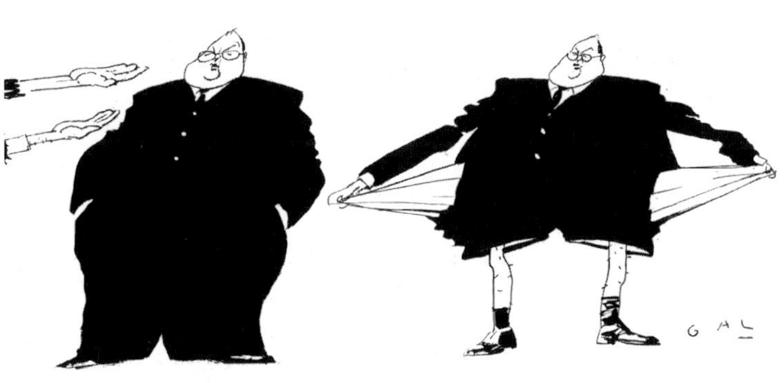

Jean-Luc Dehaene

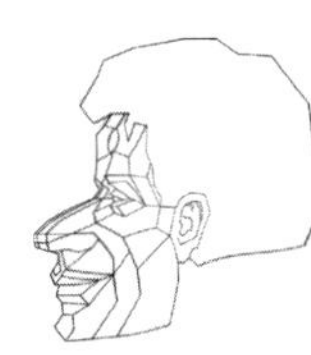

Les développements techniques dans le monde du graphisme peuvent également être néfastes. Il pourrait en découler l'idée que n'importe qui peut faire n'importe quoi, et plus vite qu'avant. Ce n'est pas sans nostalgie que nous pensons à l'époque où il fallait recommencer un dessin à zéro !

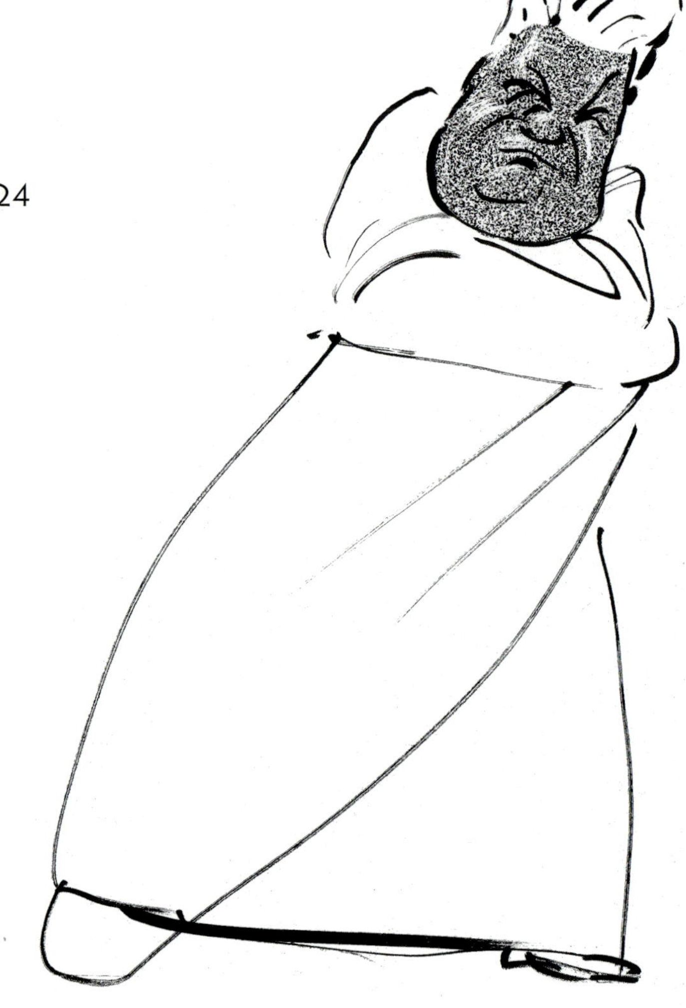

Boris Jeltsin

Jane Mansfield, Jerry Lee Lewis, le Roi Baudouin, Boris Pasternak, Nikita Kroutchov, Charles de Gaulle, Fernandel, Jean XXIII. Dessin réalisé lors de l'exposition universelle de Bruxelles de 1958.

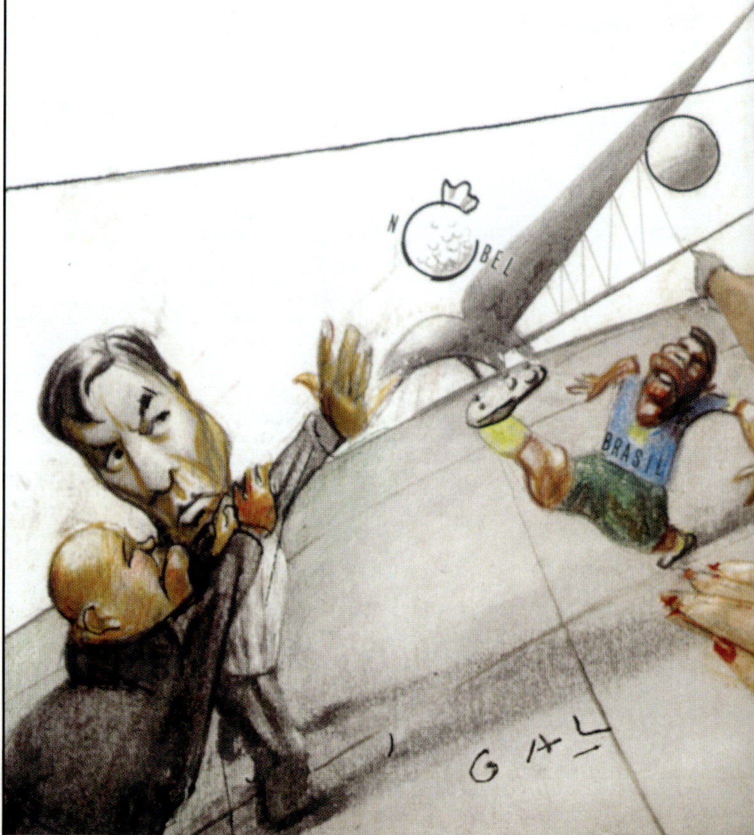

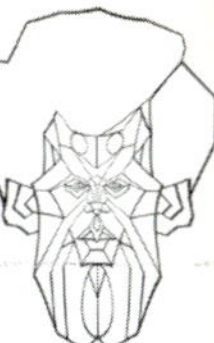

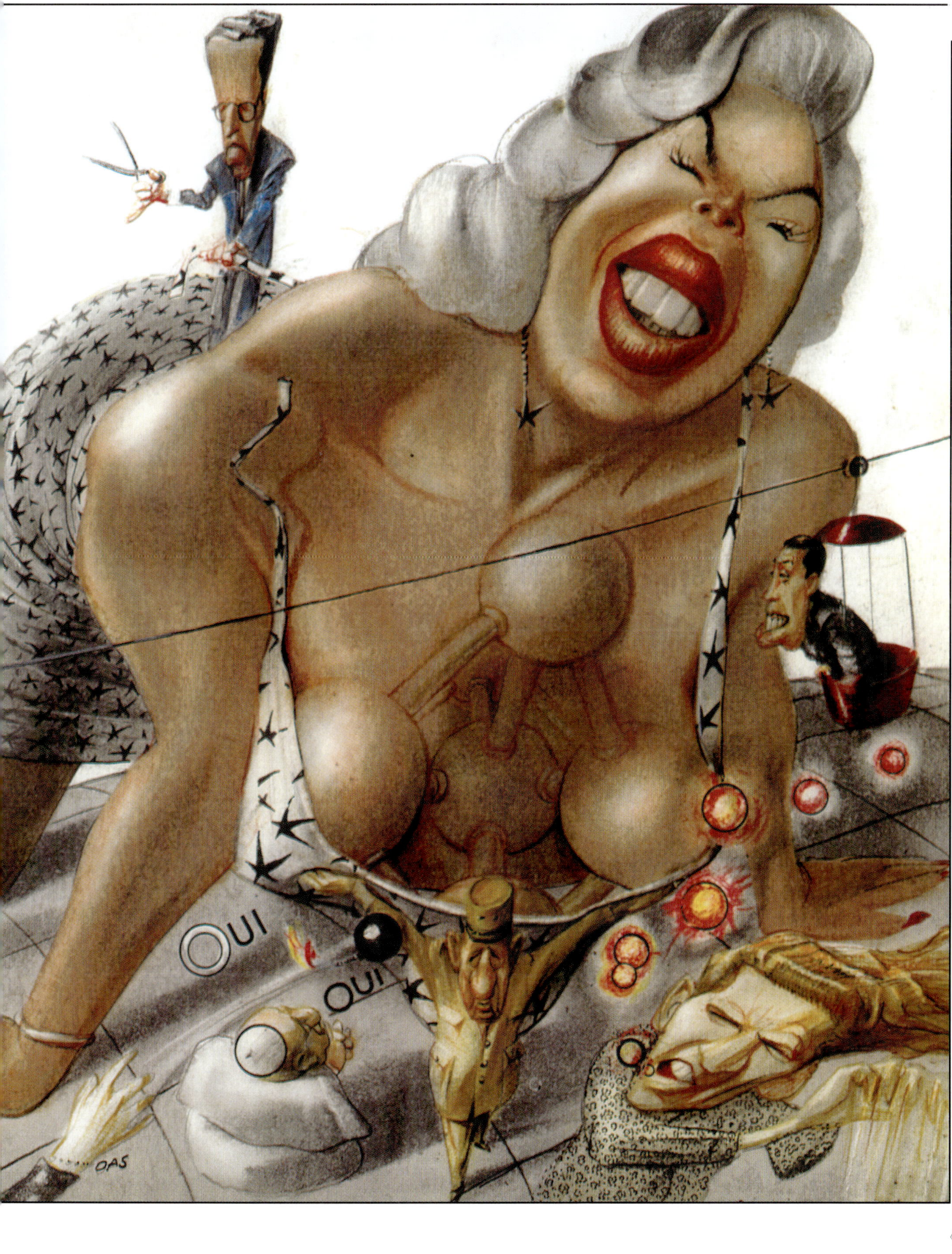

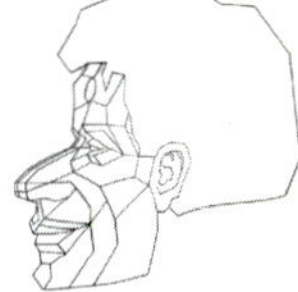

JUSTIN.

LA STYLISATION A L'EXTRÊME

A PROPOS DE TECHNIQUES

La construction du dessin est très systématique. La première étape consiste à rassembler le matériel de base (photo, extrait télévisé ou vidéo). Après, je choisis la meilleure pose (de front, de profil, de trois-quarts). Ensuite je cherche la forme de base (carré, triangle, cercle...) et je détermine quelle partie du visage va être mise en valeur. C'est le moment de faire les premiers croquis sur le papier ou sur du papier calque.

En final, je réalise le dessin définitif. Mon matériel : papier Bristol, papier aquarelle, bac à lumière, encre de chine, plume, pinceau, règle et compas. La plume et le pinceau permettent d'obtenir plus facilement un trait sensible. Parfois, j'ajoute un détail supplémentaire en le mettant en couleur (lèvres rouges, vêtements...).

COMMENTAIRES SUR LA CARICATURE DE GEORGES BRASSENS

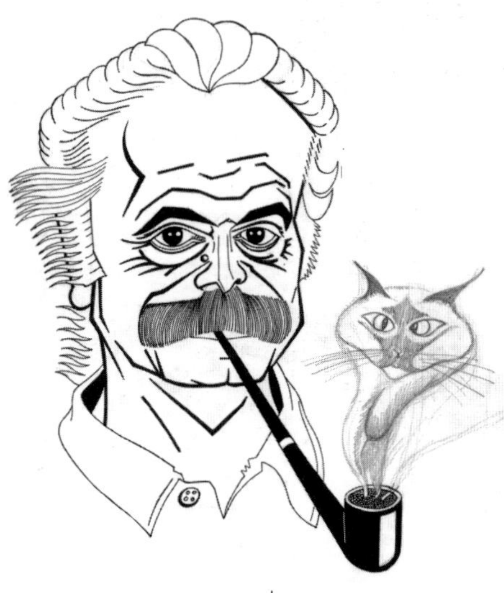

1

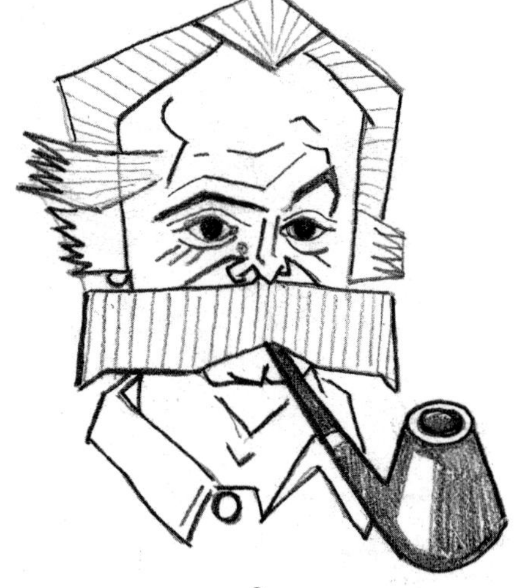

2

Première image :
Le premier jet est trop proche du portrait et pas assez de la caricature.

Seconde image :
La tête est stylisée au maximum avec des lignes droites. Le sourcil droit doit être plus haut. La moustache commence à ressembler à un peigne. La pipe prend de l'importance. Les yeux prennent une coloration noire pure.

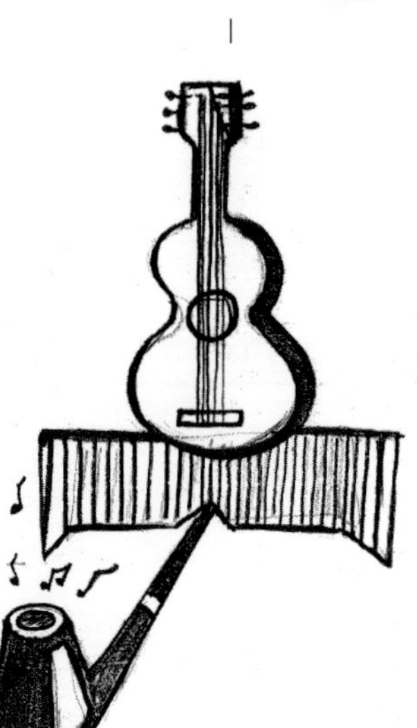

3

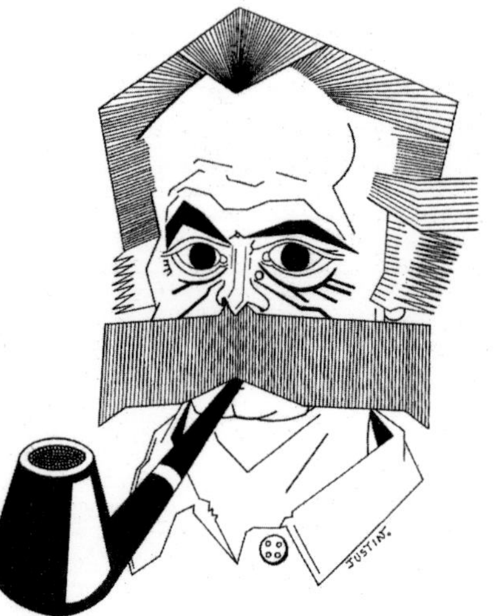

4

Troisième image :
C'était une idée fantaisiste, abandonnée par la suite..

Quatrième image :
Dans la phase finale d'exécution définitive du dessin, les traits purs sont encrés à l'aide d'une plume et d'un pinceau sur du papier Bristol brillant.

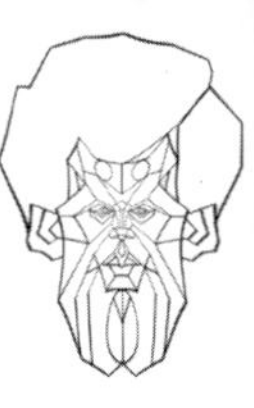

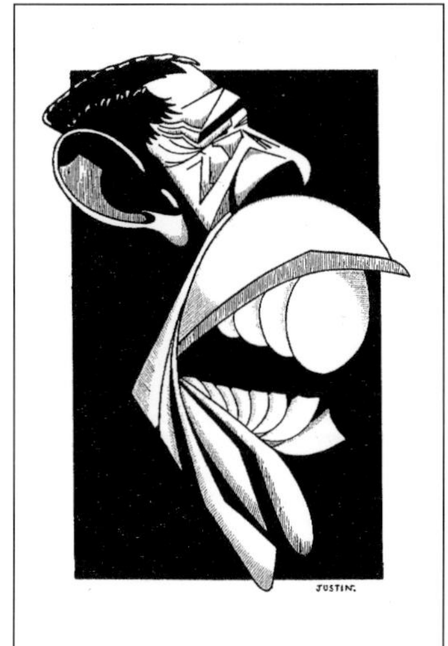

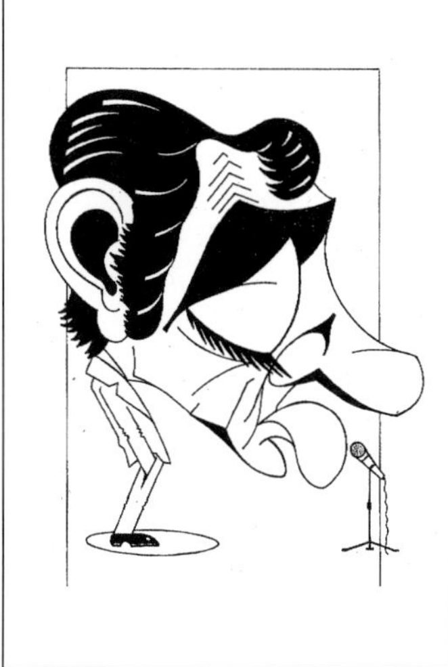

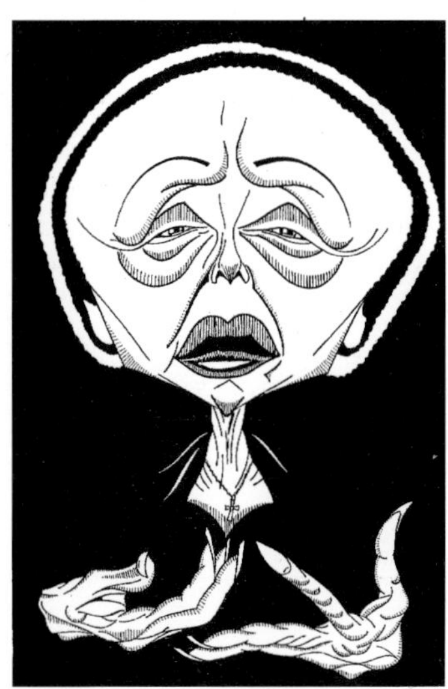

Jacques Brel
Charles Aznavour
Edith Piaf

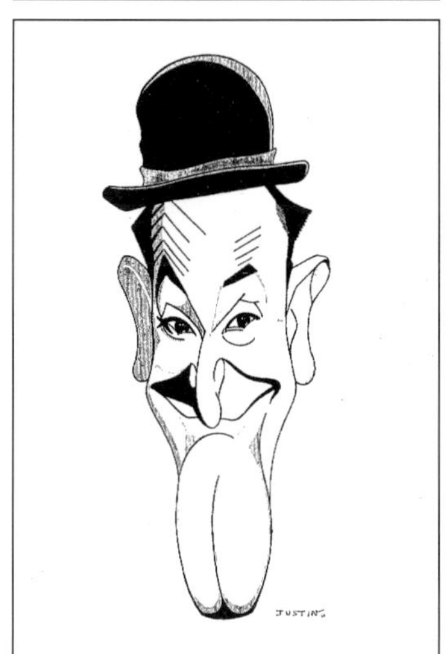

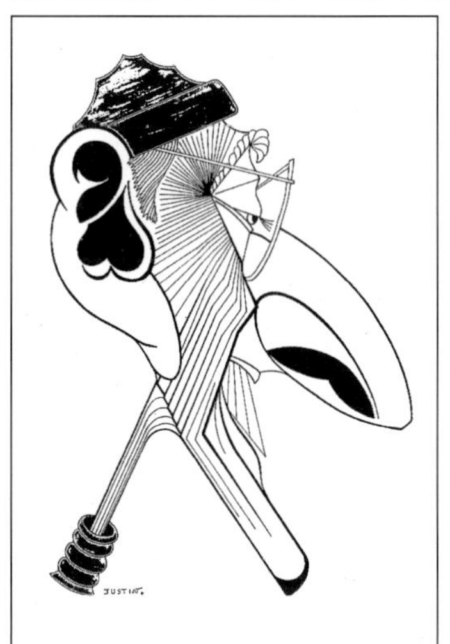

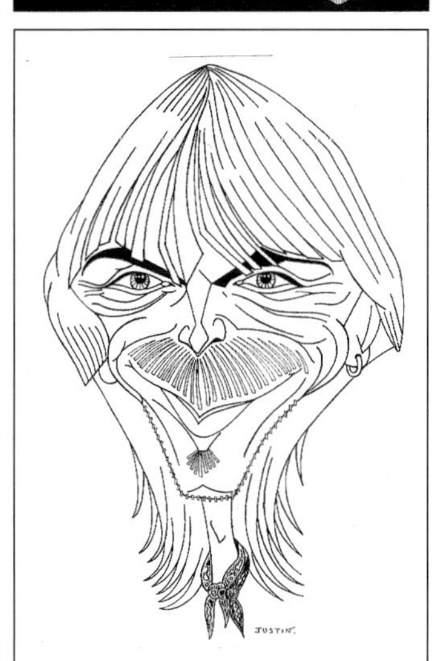

Stan Laurel
Cdt. Cousteau
Renaud

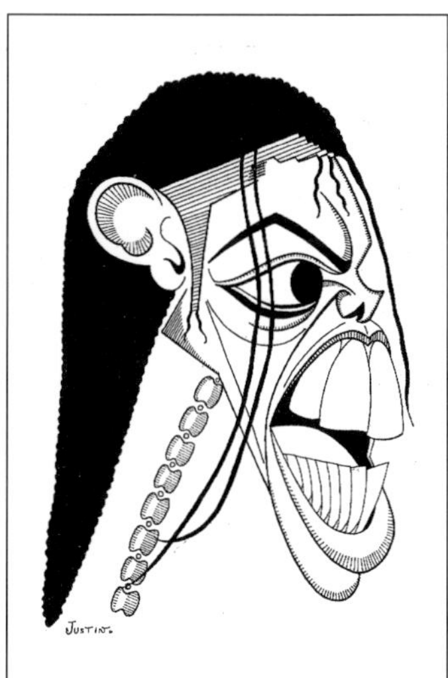

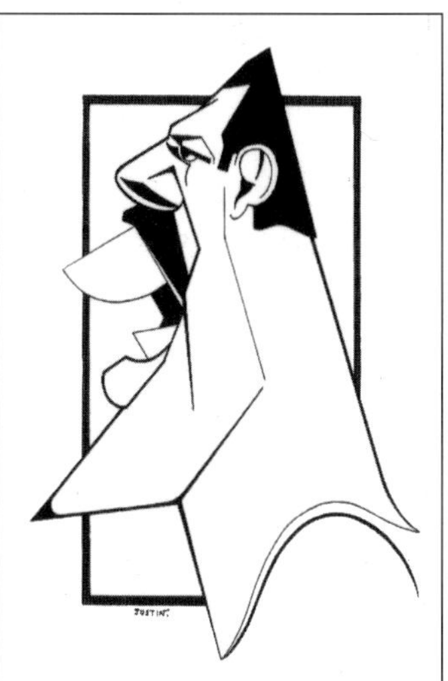

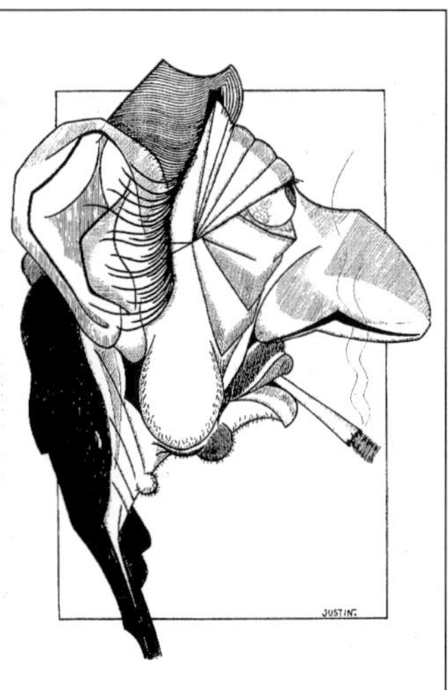

Michael Jackson
Freddie Mercury
Serge Gainsbourg

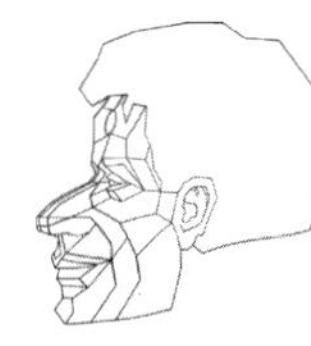

TIBET

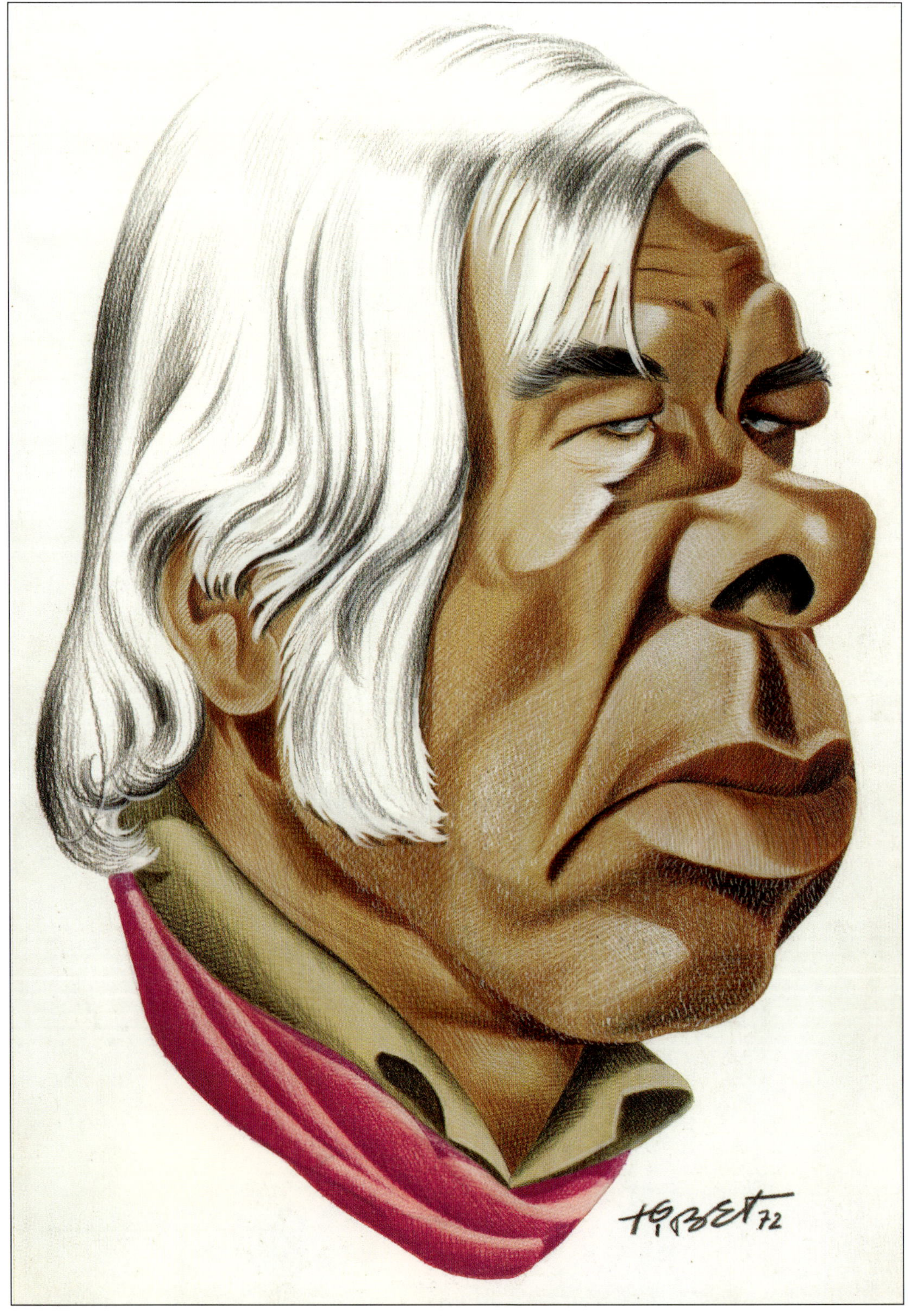

PARLONS TECHNIQUE.

Pour un dessin en couleurs, ma technique dépend essentiellement de la couleur de base que je choisis pour mon aquarelle. Cette teinte est au départ plus sombre que nécessaire afin que je puisse l'éclaircir à certains endroits. Je travaille l'ensemble uniquement avec des crayons de couleurs. Habituellement, je présente les dents en blanc tandis qu'elles me servent de principale partie autour de laquelle je construis ma caricature.

Lorsque je réalisais des caricatures pour l'hebdomadaire Tintin, elles me prenaient deux jours. Le samedi était consacré à la recherche d'une forme idéale. Le dimanche, le dessin était réalisé en couleurs.

A droite les deux esquisses au crayon qui ont servi pour le portrait de la page précédente.

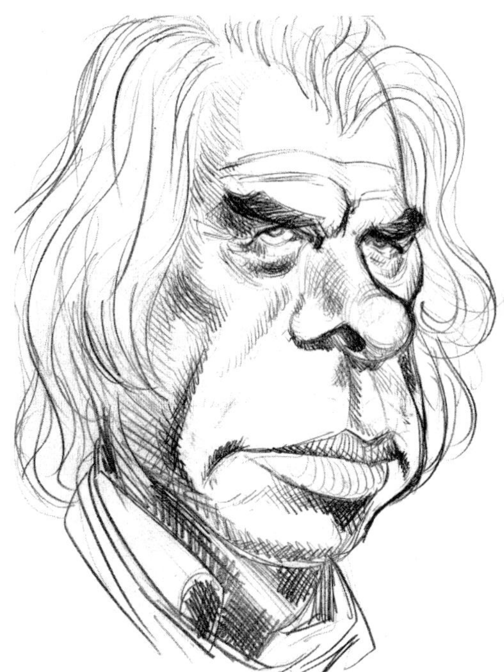

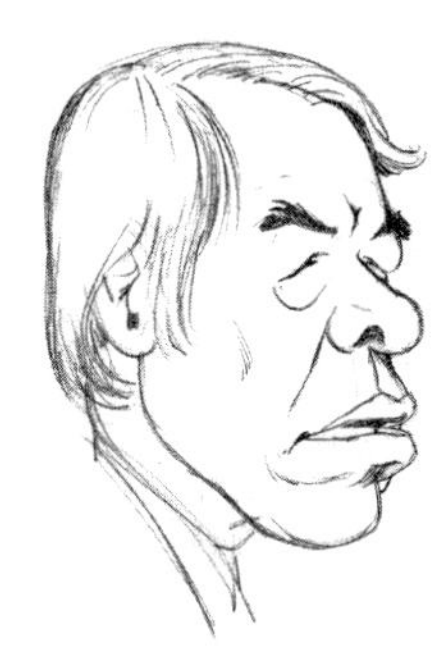

QUELQUES CONSEILS ET ANECDOTES ...

Vous devez "sentir" la caricature avant de commencer, aussi non elle sera ratée.

Si une "tête" vous donne trop de difficultés, vous ne parviendrez pas à un bon dessin.

Lorsque quelqu'un me reproche mon dessin et le trouve exagéré, je lui répond qu'il n'a qu'à s'en prendre à ses parents.

La partie la plus amusante d'une caricature, ce sont les croquis, la recherche du détail qui peut être mis en avant.

Tout qui sait un peu dessiner, peut réaliser des caricatures.

Alors que j'ai tourné en rond toute une journée pour trouver une solution à une caricature, il m'arrive que le lendemain l'idée surgisse d'un seul coup ! C'est comme si la caricature s'était faite pendant la nuit.

Il y a deux raisons de montrer une caricature à quelqu'un : être félicité ou partager ses incertitudes.

Dessiner des enfants est très dur, surtout si les parents sont présents. Caricaturer une femme n'est pas sans danger : il vaut mieux travailler "en douceur".

En vieillissant, on voit mieux ses propres fautes et moins ses qualités.

Lors d'une émission de télévision, des enfants devaient deviner qui j'étais en train de dessiner. Tout le monde était étonné par ma vitesse d'exécution entre chaque caricature. Ce que personne ne savait et ne pouvait voir, même la caméra, c'est que je me contentais de mettre au net les traits au crayons ébauchés préalablement avant l'émission !

Ces recherches ont servi à "intégrer" l'acteur Lee Marvin comme personnage de BD dans la série Ric Hochet. Le premier dessin ne me semblait pas suffisamment abouti. C'est pourquoi j'ai entrepris la seconde étude dans laquelle la boîte crânienne a été rétrécie et la partie buccale agrandie.

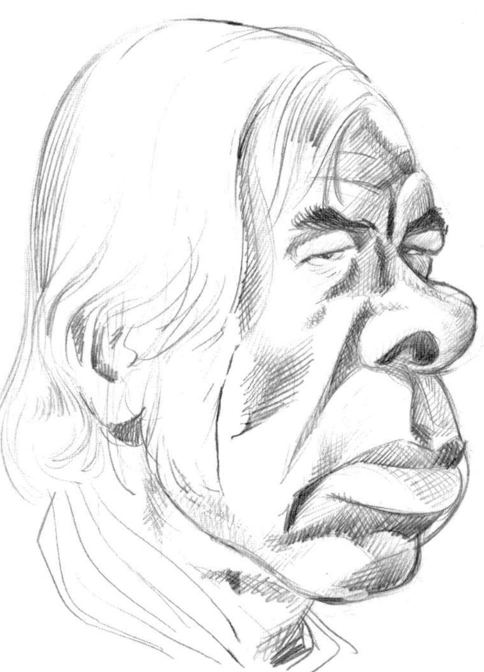

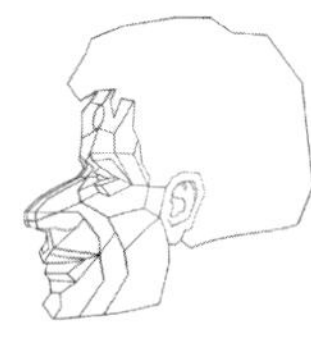

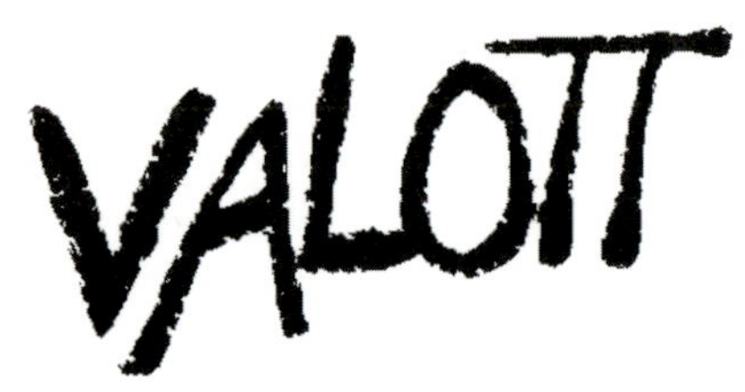

Pour moi, une bonne caricature, ce n'est pas enlaidir le sujet mais, au contraire, le rendre plus vrai que nature.
J'utilise toujours des photos. J'en choisis une qui correspond à l'archétype de l'idée que je me fais du sujet.
Au départ, je fais des croquis très rapides pour cerner l'architecture générale du visage. Un peu comme si je dessinais une maison sans s'attarder aux détails tels que porte, fenêtres, tuiles, etc...
Ensuite, je pousse le dessin en construisant l'architecture du visage de façon à ce que, même déformé, le visage soit juste. Tout comme une maison, je dresse les plans... et tout doit fonctionner !
Après je décalque le croquis généralement très sale, découpé et typexé, afin de ne conserver que les traits définitifs. Ensuite je colorie le verso du calque, un peu comme pour un cello de dessin animé.
Pour finir, je donne du volume et pousse les détails définitifs sur le recto du calque.
Selon moi, il est impossible de conseiller quelqu'un dans la réalisation d'une bonne caricature parce qu'il y a autant de façons de caricaturer quelqu'un que de caricaturistes. Il n'y a pas de règles générales. A mes yeux, le seul impératif est la ressemblance.
Pour moi, la caricature (en dehors de toute considération technique) est une question de feeling, comme le jazz en musique. On ne peut pas enseigner le feeling. Une bonne caricature doit reflèter autant la morphologie du personnage que sa personnalité.
J'emprunte au peintre Francis Bacon que j'adore cette phrase qui résume bien ma pensée : "L'expression la plus profonde de la réalité est subjective.. alors expliquer la subjectivité..."
Les dessins de Valott sont extraits de "Fin de séries" paru aux éditions Glénat en 1995.

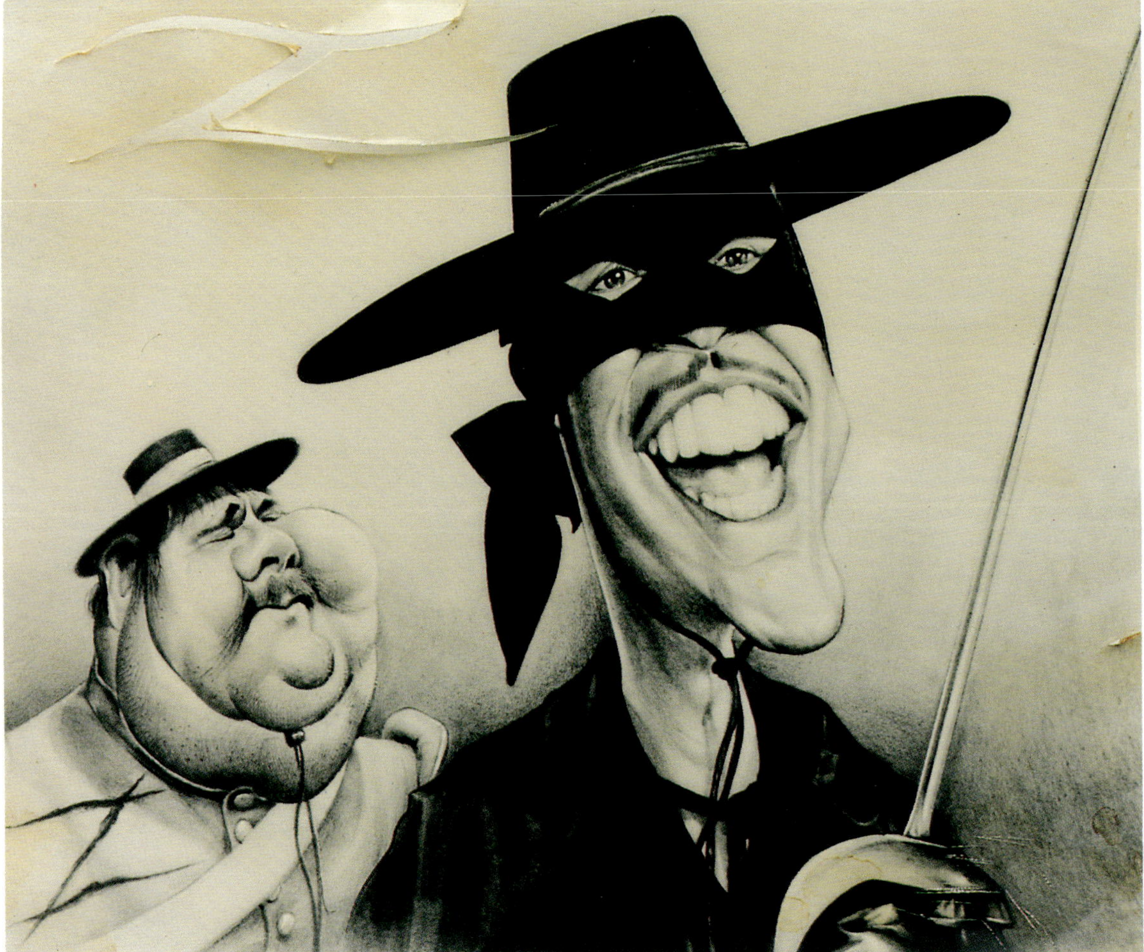

Zorro

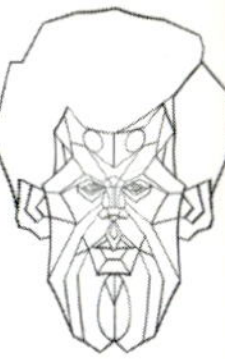

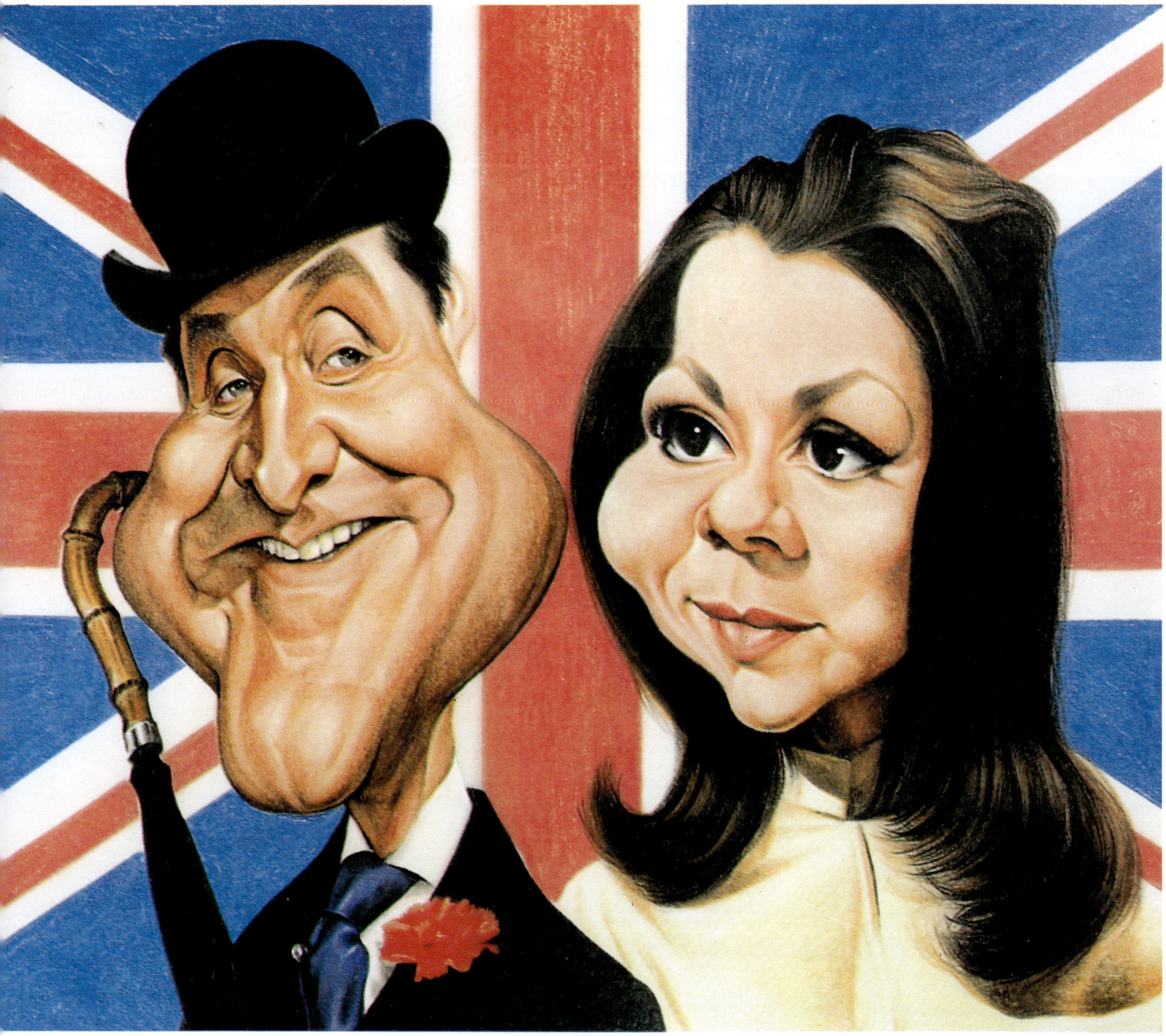

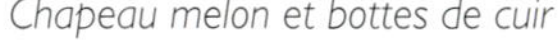

Chapeau melon et bottes de cuir

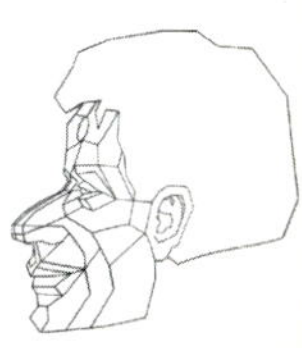

Jumn

UN PRO QUI SE REMET EN CAUSE

Les travaux préliminaires sont souvent peu appréciés. Pour ma part, je préfère souvent les croquis préparatoires au dessin définitif.
Bien que je sois partisan du travail à l'aide de l'ordinateur, je recherche une technique qui ne peut pas être compatible avec le travail de la machine afin de garder mon originalité.
Au départ, j'utilise toujours une feuille de papier de couleur.
Je peux choisir entre deux voies : assombrir ou éclaircir. Je travaille mon dessin en fonction du papier de couleur choisi.

MATERIEL ET TECHNIQUE
En principe, je travaille avec tous les matériaux disponibles.
Mais à la base, l'encre de chine, la plume et ma propre main sont primordiaux.

Par après interviennent la gouache et l'acrylique travaillés au pistolet, la brosse à dent et l'éponge.
Parfois, je complète le dessin par des objets : un CD, un trèfle à quatre feuille, du laurier, des cheveux, des morceaux de photo, du papier dentellé pour patisserie, etc...
Pour l'encre, je préfère celle utilisée pour les tampons. Pour la blanche, l'écoline est ma préférée.

DESSINER UNE CARICATURE
Ce que je préfère, c'est de disséquer une "gueule", la déformer en fonction de la composition.
La caricature n'est pas une analyse scientifique de la tête. C'est avant tout une émotion graphique qui est, fortuitement, une caricature.
Au départ, je trace des lignes générales, la plupart du temps formant l'ensemble de la tête. Mon travail dépend toujours d'une commande d'une revue. S'il arrive que mon travail prenne plus de 24 heures, je le déchire !

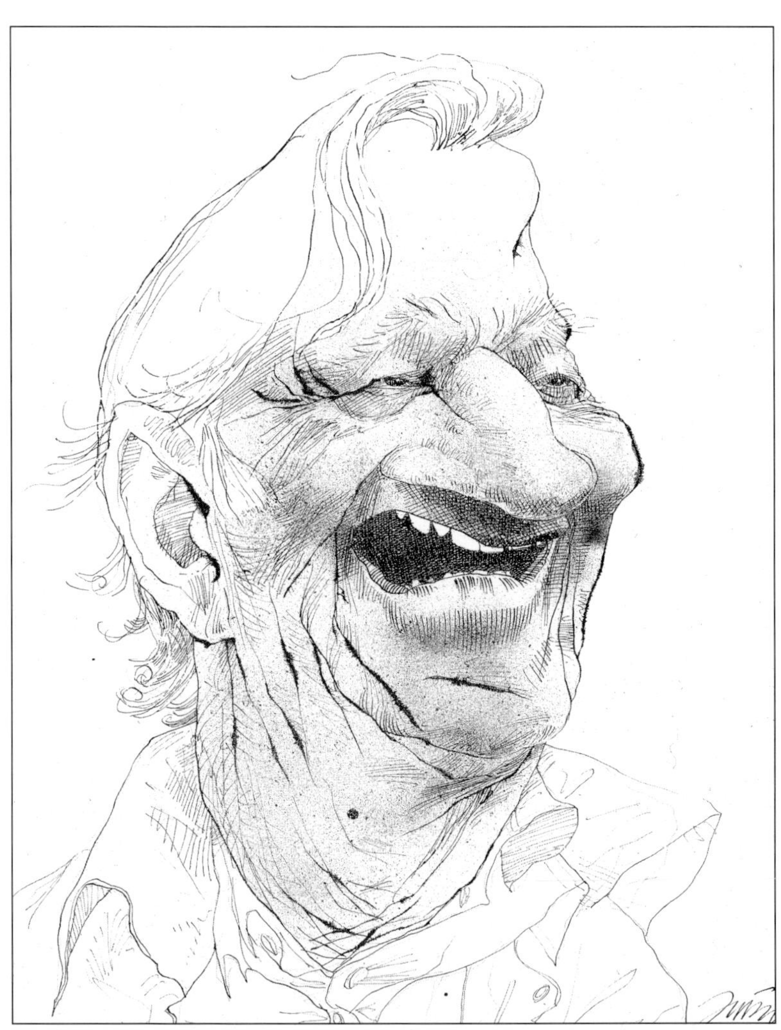

John Wayne

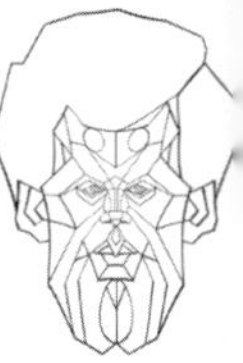

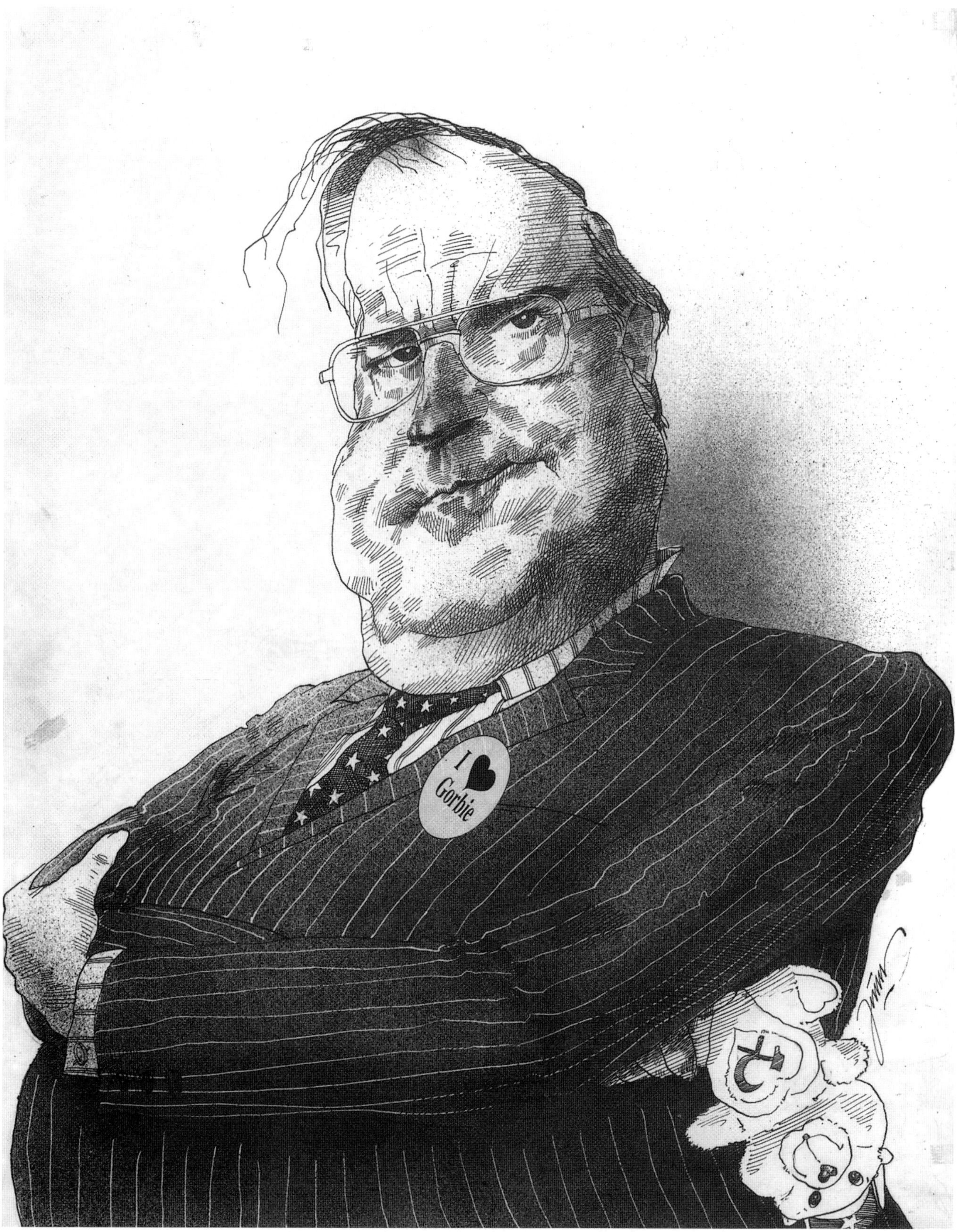

Helmut Kohl

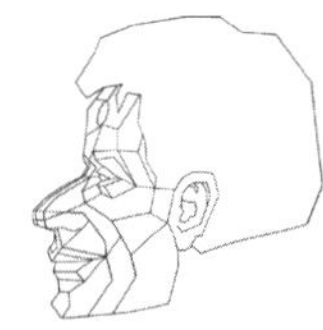

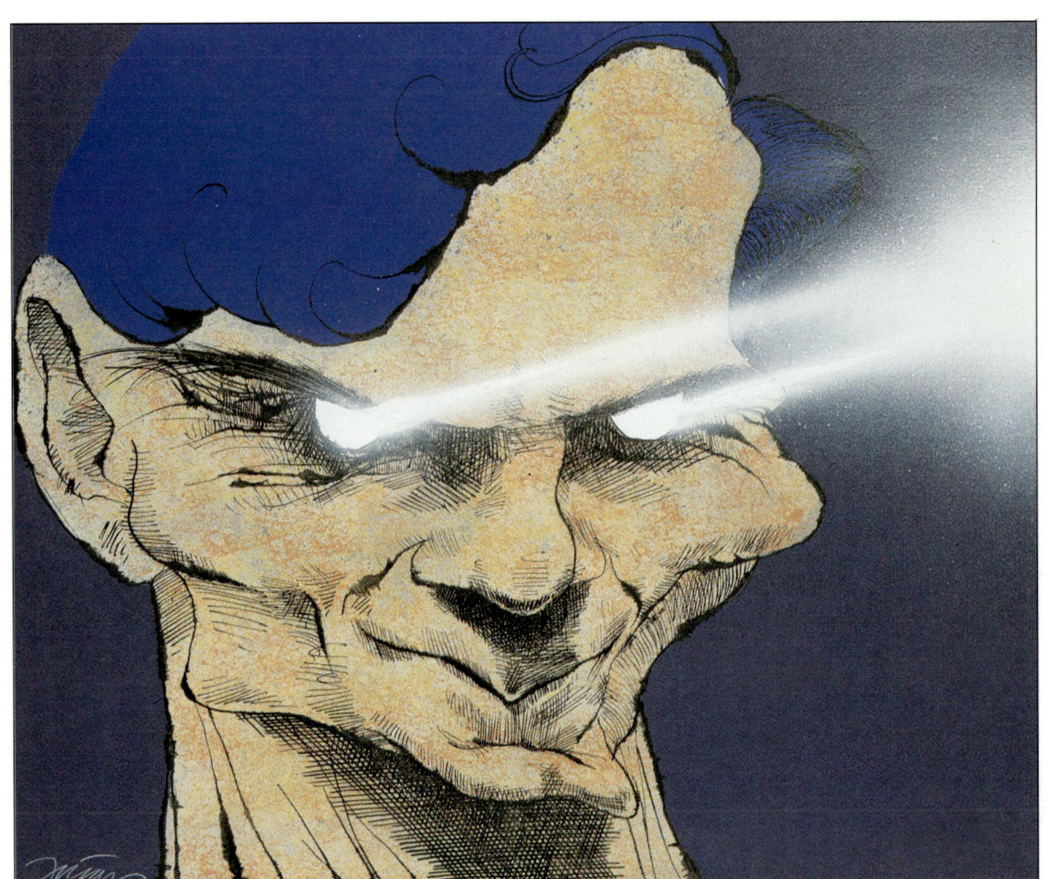

Pier Paolo Pasolini

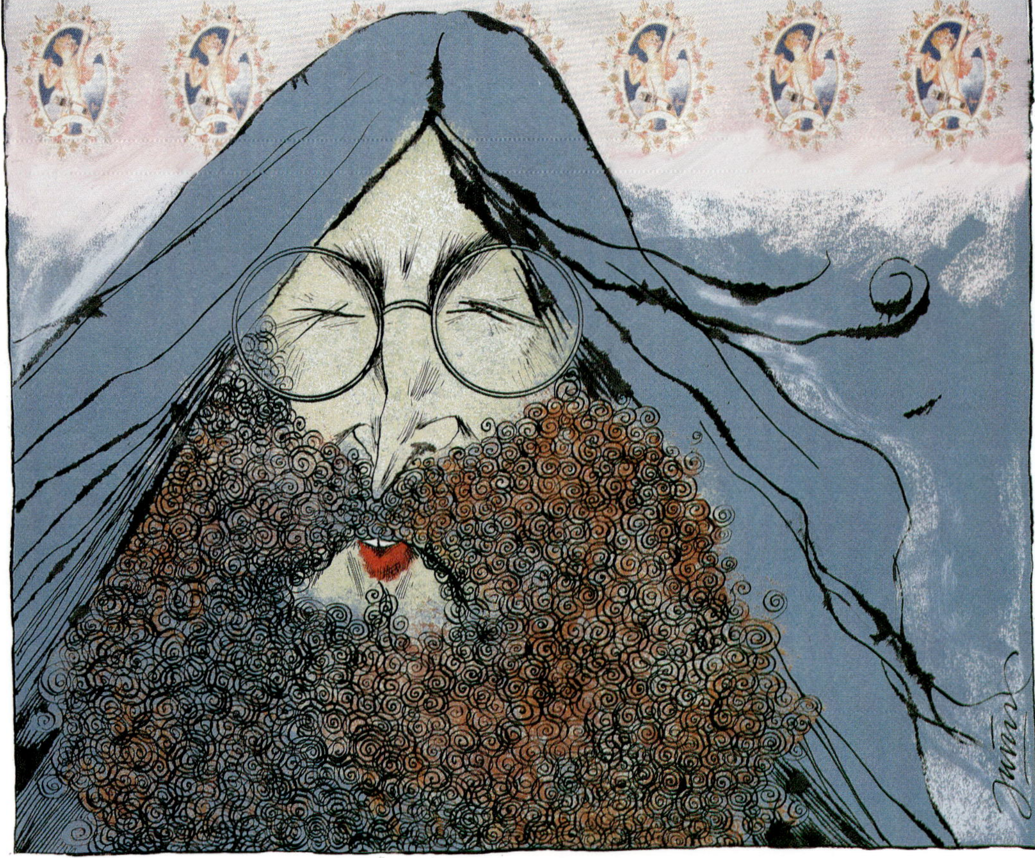

John Lennon

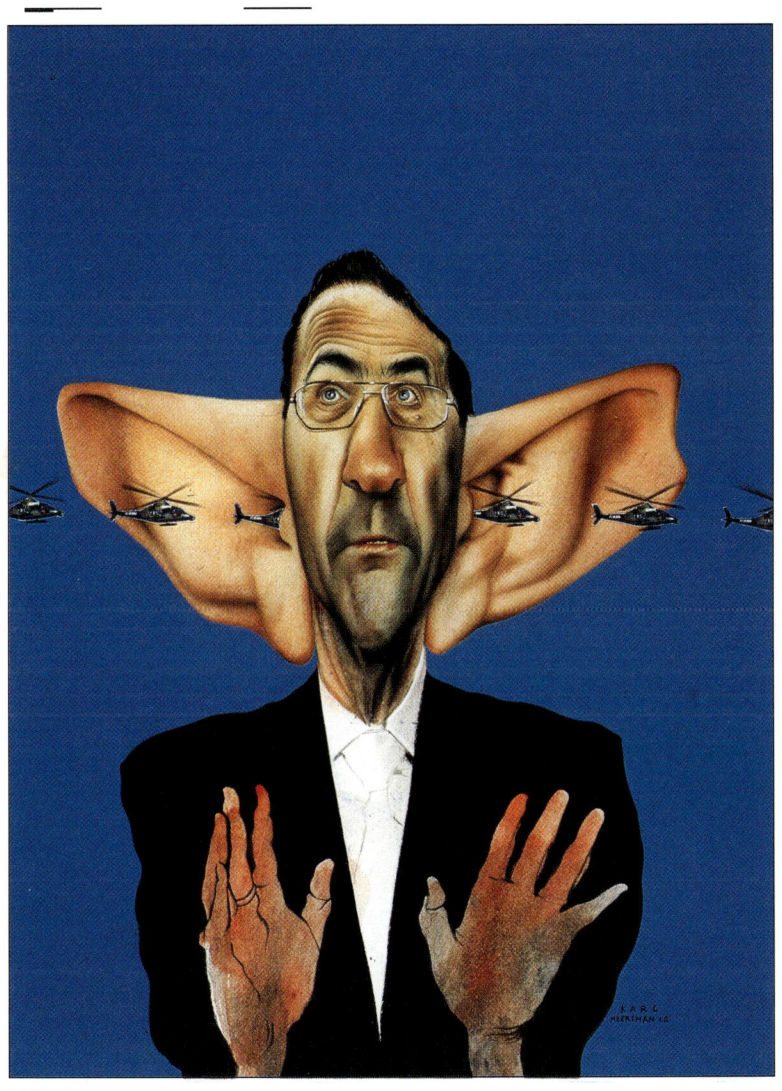

Willy Claes

J'ai mis au point une technique après des années d'apprentissage. C'est toute une histoire : ce sont les anciens qui donnent leur technique aux plus jeunes. Si je suis satisfait de ma technique, je le dois aux générations passées.

Le soir, je reçois la commande de l'hebdomadaire qui me publie; je cherche une bonne idée afin de réaliser un dessin. Vient alors la confrontation avec la feuille. Je la remplis de petits croquis. Ces gribouillages rejoignent rapidement la corbeille à papier car je ne les considère pas comme des notes préliminaires. De même, la technique à utiliser ne sera choisie que par la suite.

Le lendemain le travail se mesure en course contre le temps. Le dessin doit être prêt dans la journée. Je fais directement les croquis sur la feuille définitive mais à peine esquissés avec un crayon (HB). Pour la mise au net, j'évite même de gommer et il arrive qu'il reste quelques traits de crayon sur le définitif.
Le crayonné reste schématique et ne contient pas encore toutes les informations. Il s'apparente parfois à un dessin abstrait. L'étape suivante consiste à déterminer les parties en couleurs à aquareller. L'ensemble du travail évolue en profondeur.

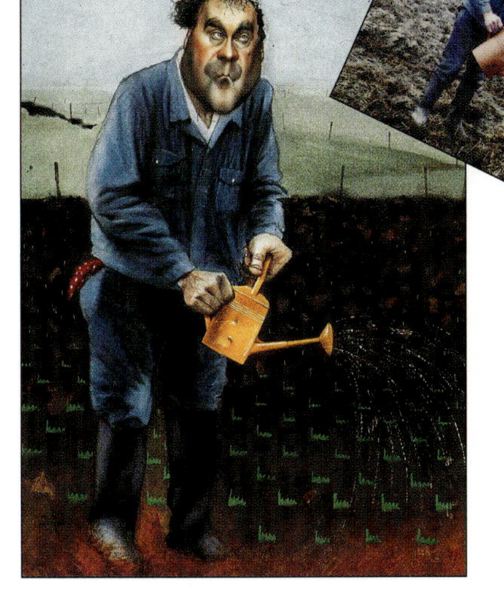

La documentation est primordiale. Toutes les données sont rassemblées dans un programme ordinateur afin d'être rapidement consultées. Malgré cela, je dois parfois prendre moi-même des photos comme dans le cas ci-contre.

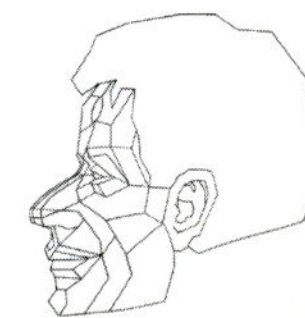

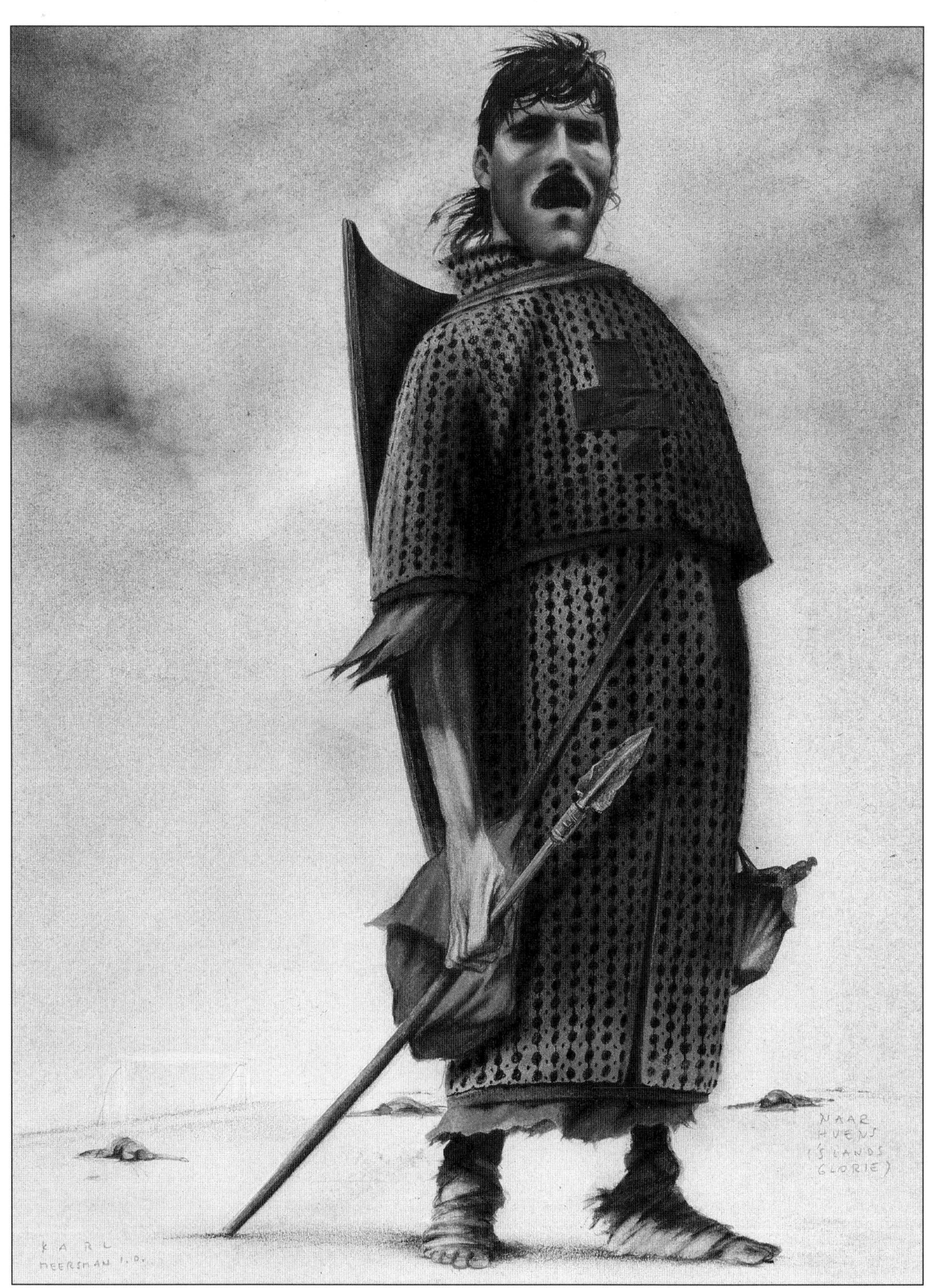

Philippe Albert

Ainsi vous pouvez obtenir une belle harmonie de couleurs et soigner les contrastes.
Il n'y a pas de mystère : le résultat sera atteint en peaufinant la mise en couleurs à l'aquarelle. D'habitude, le fond est fait en final; c'est en fonction du contraste des couleurs.

Les petites têtes sont mises en couleurs à l'aide de crayons de couleurs. La mise en couleurs générale est effectuée à l'aide de pinceaux à poils de martre sur du papier Steinbach. Si le papier est trop sec ou trop absorbant, il est préférable de travailler par couches successives. Pour superviser l'ensemble de la caricature, il faut combiner diverses techniques : l'aquarelle, le pastel ou la gouache. Selon le matériau utilisé, le travail gagne en valeur esthétique.

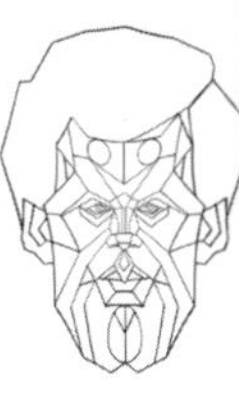

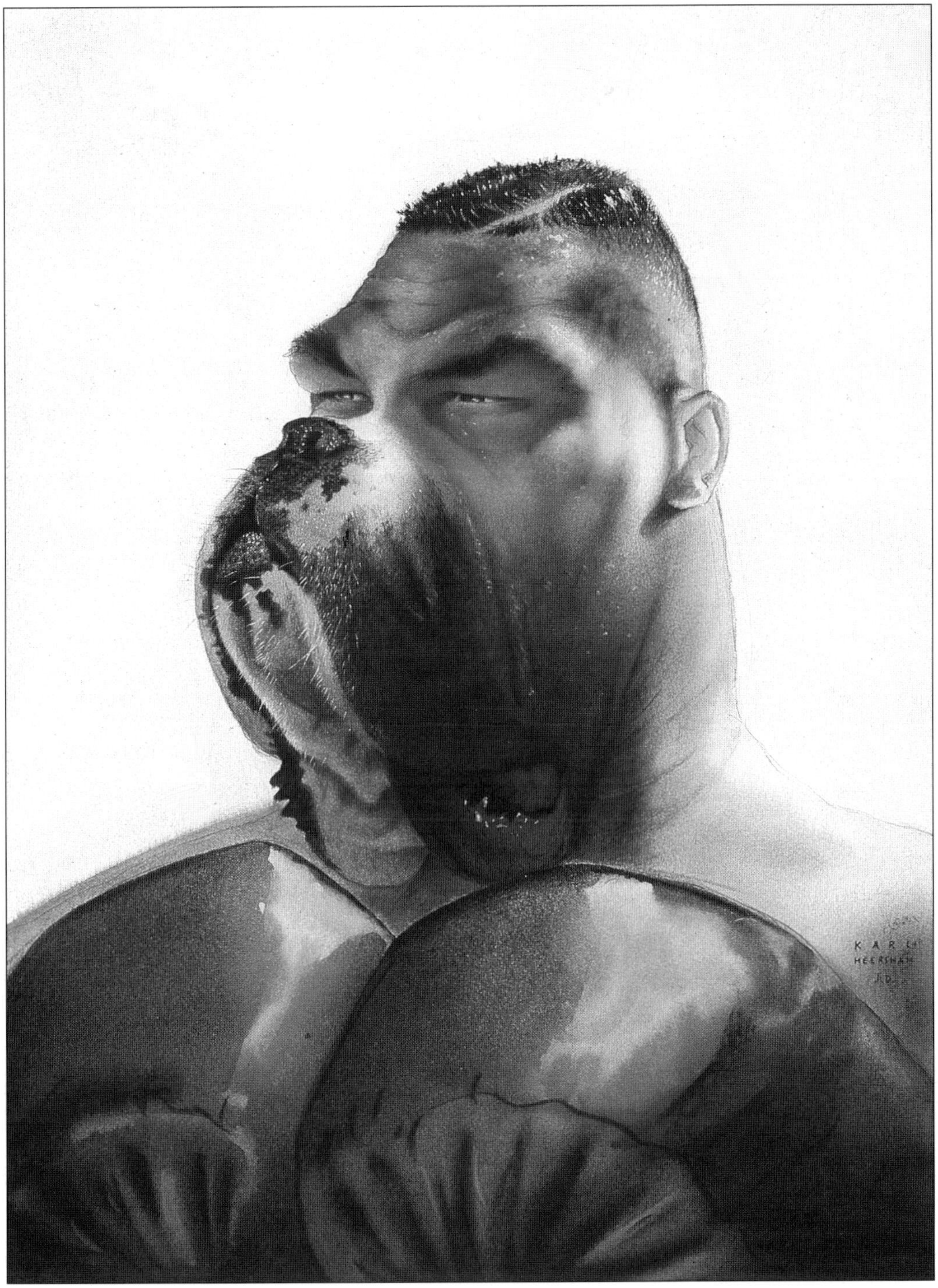

Mike Tyson

La transformation de la tête n'est pas encore au point. Après un léger croquis, je devine ce qui peut arriver pour mettre au point la caricature.

Je travaille toujours dans l'urgence. J'estime que cela me stimule.
Les caricatures sont exécutées à partir de plusieurs photographies fournies de préférence par les personnes concernées.

Je dessine volontiers d'après nature. C'est comme un exercice : il faut le considérer comme un travail académique lors duquel un nouveau modèle se présente toutes les dix minutes.

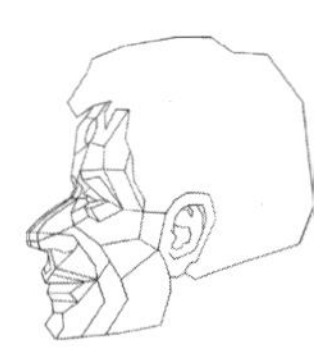

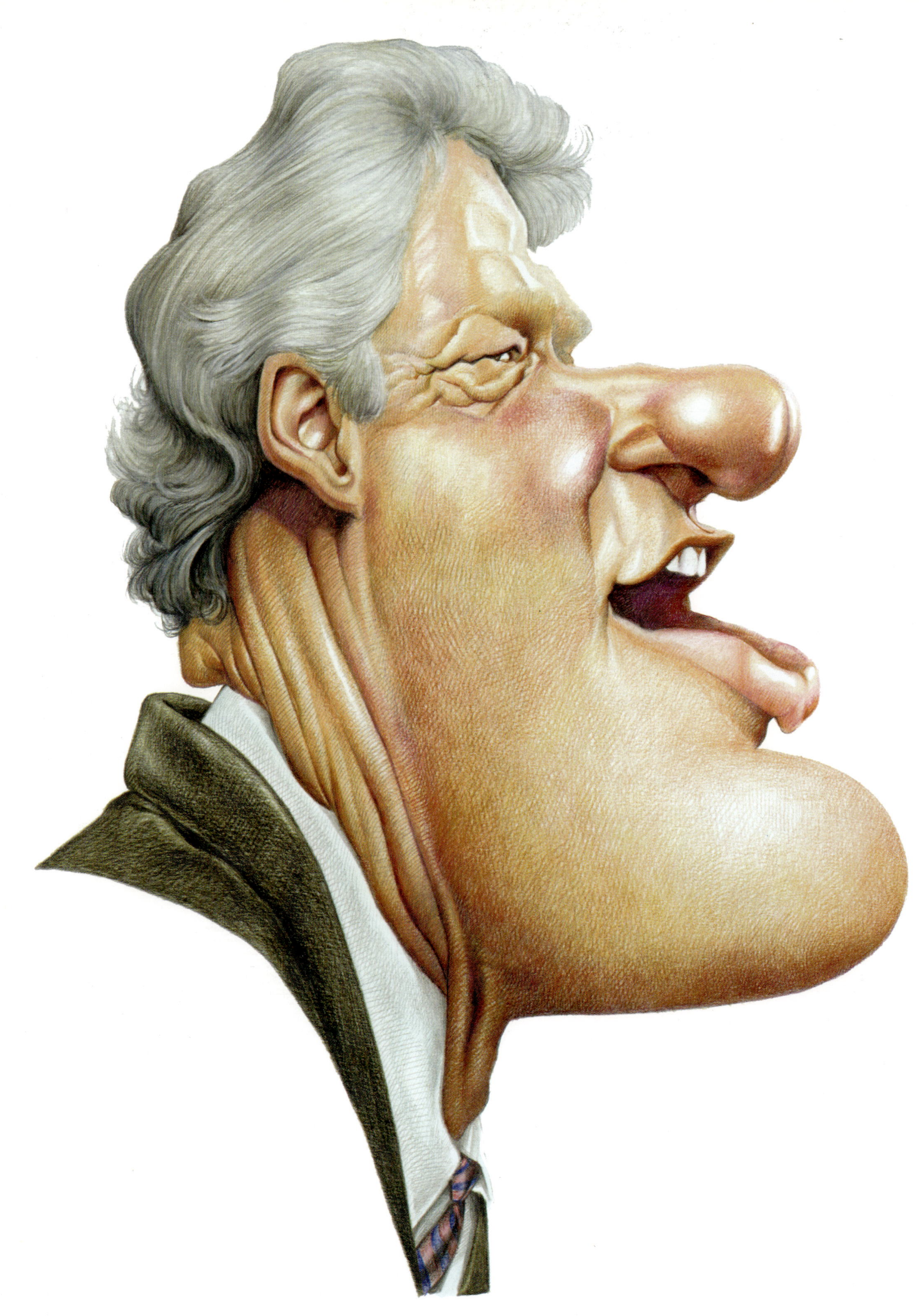

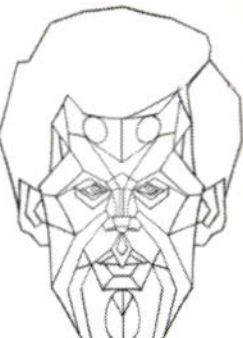

CHAPITRE 16

CARICATURE ET ORDINATEURS.

Pas un jour ne se passe sans que le mot ordinateur ne soit prononcé. Des termes comme giga, cyberspace, surfer sur le web ou internet appartiennent au vocabulaire quotidien des branchés de l'ordinateur.

La création artistique a-t'elle sa place dans ce monde de vitesse et de techniques ?

D'une certaine manière, l'ordinateur a bien des rapports avec l'architecture, le graphisme et la photographie. Il permet de réaliser des choses auparavant impossibles. Pensez au plan en trois dimensions que l'on peut faire d'une maison, l'évolution et la manipulation des images dans la photographie actuelle.

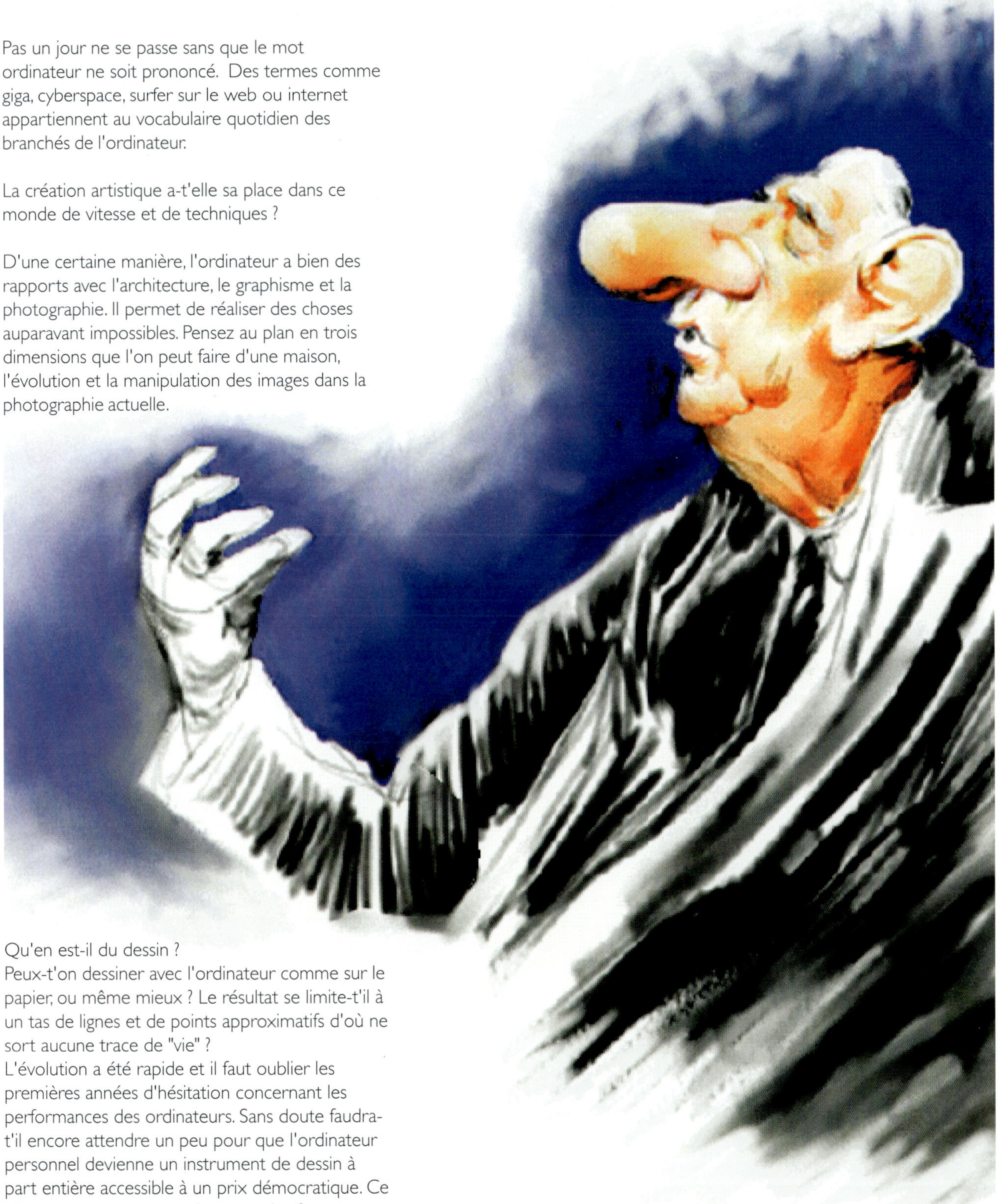

Qu'en est-il du dessin ?
Peux-t'on dessiner avec l'ordinateur comme sur le papier, ou même mieux ? Le résultat se limite-t'il à un tas de lignes et de points approximatifs d'où ne sort aucune trace de "vie" ?
L'évolution a été rapide et il faut oublier les premières années d'hésitation concernant les performances des ordinateurs. Sans doute faudra-t'il encore attendre un peu pour que l'ordinateur personnel devienne un instrument de dessin à part entière accessible à un prix démocratique. Ce n'est pas parce que certaines grandes firmes montrent des résultats parfois surprenants qu'il faut pousser à l'avance des grands cris de joie !

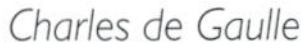

Charles de Gaulle

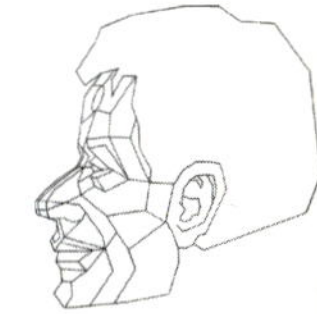

L'ORDINATEUR REMPLACE LE CRAYON.

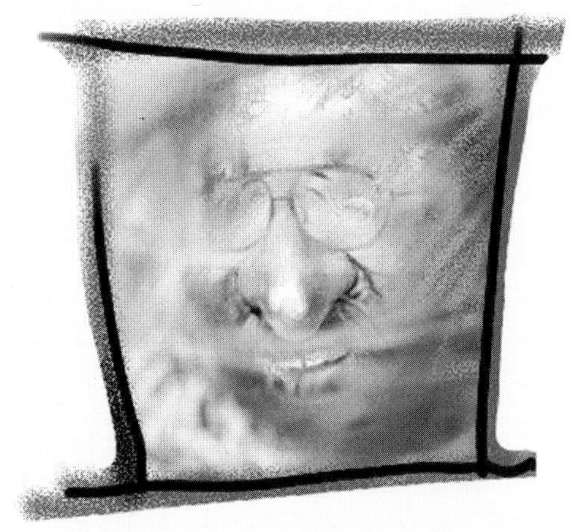

... et une plume, un feutre, un fusain, un aérographe, une gomme, etc... Ces derniers temps, les programmes de dessins ont fortement évolué. Les possibilités se sont multipliées. Dès aujourd'hui, l'écran remplace la planche à dessin, le matériel traditionnel... et l'on peut choisir son papier!
Dessiner avec la souris reste un sport difficile. Les traits ne vont pas toujours dans la direction souhaitée. Elle manque souvent de sensibilité. On dessine avant tout avec les doigts et non avec son bras. Le pire est que l'ordinateur ne peut dépasser

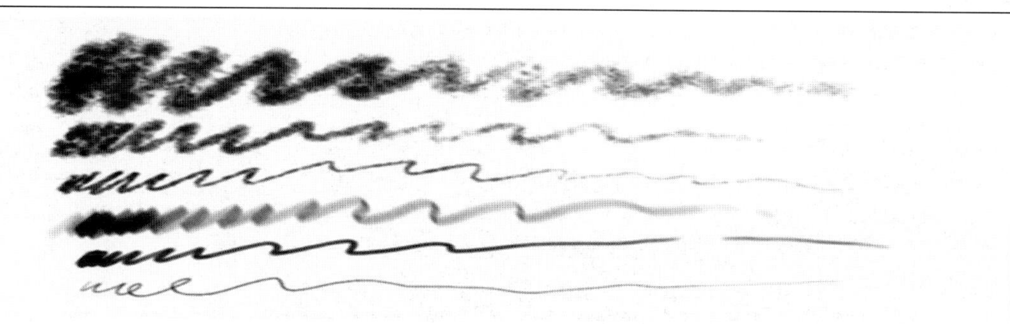

Comme sur le papier, il y a moyen de dessiner avec sensibilité à l'aide de l'ordinateur. Attention aux dégradés du clair vers le plus sombre, tant avec le feutre qu'avec le fusain.

votre vitesse de dessiner. Par exemple : des lignes droites à la place des plus belles courbes que vous aviez tracées. Le plus rapide des ordinateurs ne maîtrise pas encore cela. Heureusement la souris a été remplacée par une table à dessin. Maintenant vous pouvez travailler avec un crayon qui impressionne la tablette et, ainsi, transmet les données à la machine.
Grosso modo, il y a deux sortes de crayon : ceux qui ont une sensibilité à l'impression et les autres. Il suffit d'avoir travaillé une seule fois avec le premier pour oublier vos premières expériences à la table à dessiner. Vous choisissez un feutre parmi la gamme et vous verrez comment il assombrit ou éclaircit sur l'écran à mesure que vous donnez de l'impulsion au crayon. Vous pouvez donc enfin faire des croquis, comme avec un crayon normal. Vous choisissez vos couleurs et votre matériel en un clin d'oeil. Un autre avantage est de pouvoir sortir les films de vos documents prêts à l'impression. On peut apporter des modifications jusqu'à la dernière minute, comme la couleur du fonds. Ce nouveau médium peut donc convenir à l'art de la caricature. Dessiner en public est cependant plus difficile même si un ordinateur portable peut être employé; mais l'imprimante est également nécessaire si vous voulez tirer directement une copie.

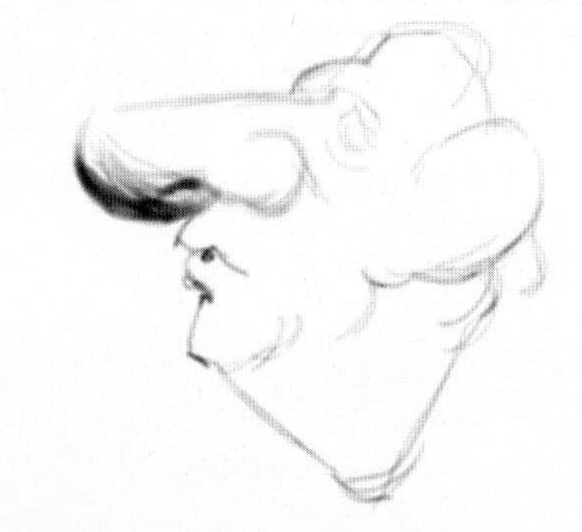

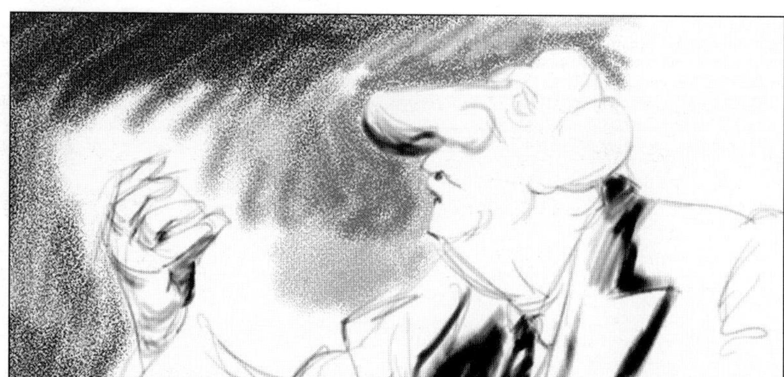

Les croquis par ordinateur offrent des avantages : on peut conserver un travail entamé et le reprendre par après. Une erreur ou un effet non désiré et vous pouvez revenir en arrière et reprendre votre dessin au stade précédent.

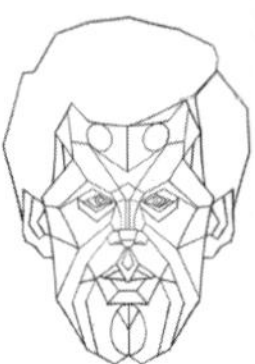

COURBES ET POINTS DE FONCTION.

A la place du dessin "libre" au crayon, vous pouvez dessiner d'une toute autre manière. Nous parlons du dessin enrichi avec des points de jonction, des entre-les-lignes, des courbes classiques. Le travail avec ces points (points de Bézier) exige du dessinateur une autre disposition que lorsqu'il travaille avec les pixels.C'est quasiment une manière mathématique de dessiner, appellée également dessin vectoriel : lorsque vous avez placé deux points, des pointillés apparaissent. Vous pouvez tirer à ces lignes pointillées afin que la ligne entre les points change de forme. Vous pouvez également modifier l'emplacement des points eux-mêmes.

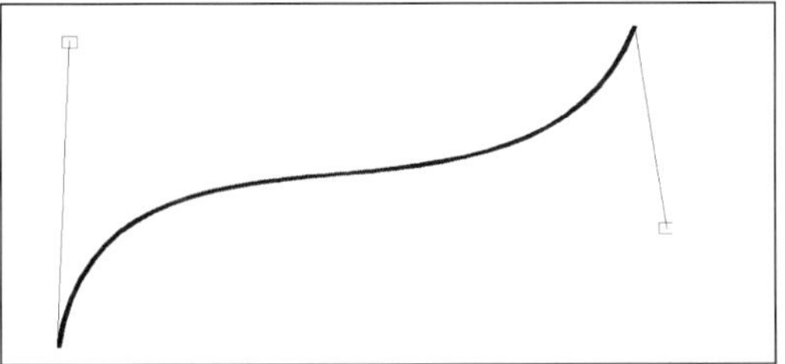

Lorsque vous avez formé une surface avec ces points, vous pouvez la remplir avec une offre illimitée de couleurs : des grisés traditionnels, toutes les couleurs tirées des gammes Pantone, Focoltone, etc... Vous pouvez utiliser des couleurs déjà employées pour remplir cet espace (du brun au noir par exemple). L'un des gros désavantages de cette technique quasi mathématique est que le résultat est lui aussi mathématique ! Le résultat est froid, sans vie. Les chercheurs en software ont cherché à pallier ce défaut de diverses manières en essayant d'amincir les traits. Ce n'est pas encore parfait.
On obtiendra un meilleur résultat en combinant ce type de dessin avec votre style personnel. Y-a-t'il d'autres améliorations possibles ?
Quand même. Vous pouvez par exemple augmenter la variété d'épaisseur des traits de votre dessin.
Un avantage à ne pas dédaigner, d'autant plus en le comparant au dessin avec pixel, est la netteté obtenue à l'impression voire à l'agrandissement (pour une grande affiche par exemple) d'un dessin basé sur les points de jonction.

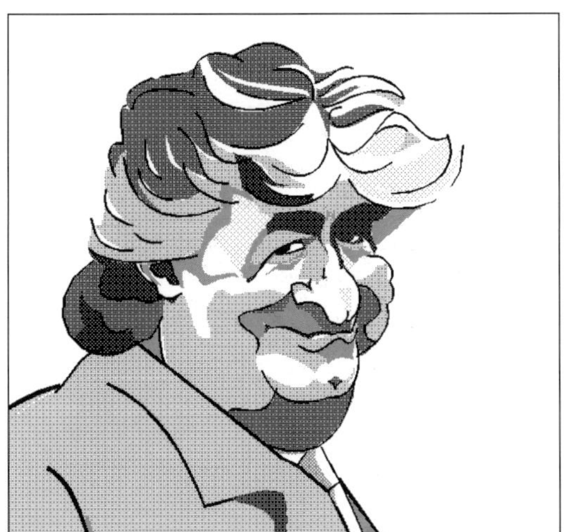

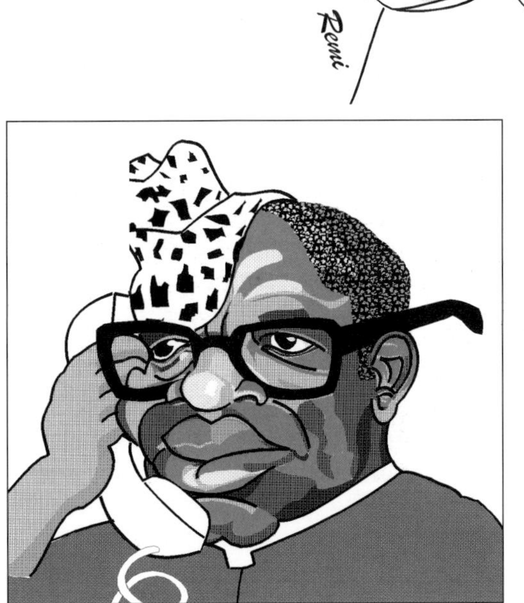

Toute surface remplie en gris ou en noir est fermée par les points de Bézier. Ces surfaces peuvent changer de formes, tout comme des traits normaux. Des exercices sont nécessaires pour apprendre cette technique de dessin. Cela offre une vision nouvelle sur la manière de dessiner.

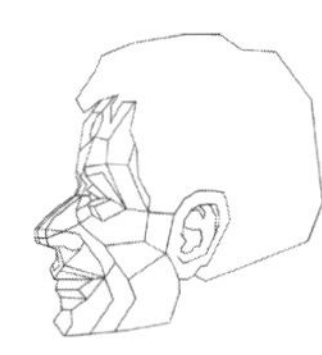

LE TRAVAIL DU PORTRAIT.

Dans le passé, un portrait était quasiment immuable. Une photo était le reflet de la réalité. Dans un dessin ou une peinture, l'interprétation a une place. Pas dans la photographie. Ces données ne sont plus de mise. Au départ d'une photo donnée, on peut créer une nouvelle personnalité en otant ou en ajoutant des éléments. Cela est courant dans le domaine de la photo. On peut également modifier digitalement une photo.
Les photographies ci-dessous sont un exemple de modifications rapides. Chaque opération n'a pris qu'une minute environ. Ces travaux ont un rapport avec la caricature lorsque la déformation apportée se base sur une accentuation précise d'un détail de la photo. Seule la sixième photo est une combinaison de déformations et tend vers la caricature.
Dans les programmes disponibles, les possibilités sont énormes et n'ont pas été, ici, exploitées (aérographe, clone, pinceau...) Le résultat reste cependant une photographie. Si vous voulez en tirer un véritable dessin, le mieux est de travailler à la table lumineuse en utilisant le matériel à dessin classique.

Ces transformations ont été obtenues suite au travail avec le "pinch". sur base d'un programme classique que l'on trouve dans tous les programmes software. En dehors des possibilités et des limites offertes par la caricature digitalisée, il y a deux avantages : d'une part vous pouvez obtenir le visage entier en noir et blanc ou en zones grisées de valeurs différentes et voir directement les contrastes; d'autre part le résultat est prêt pour la séance de pose !

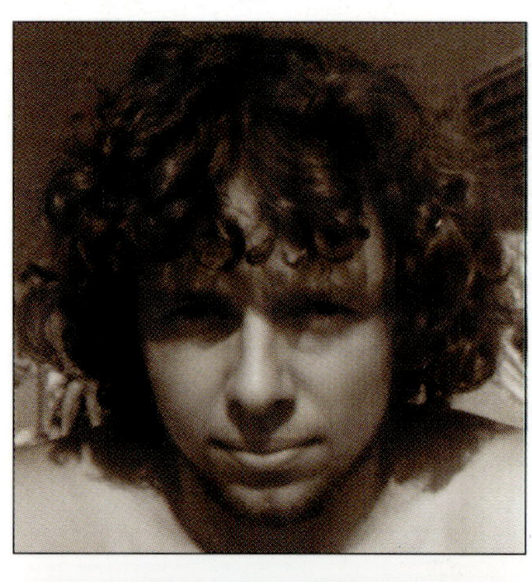
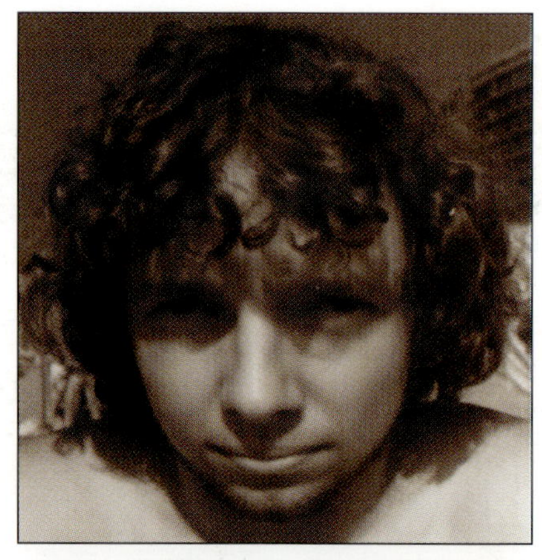
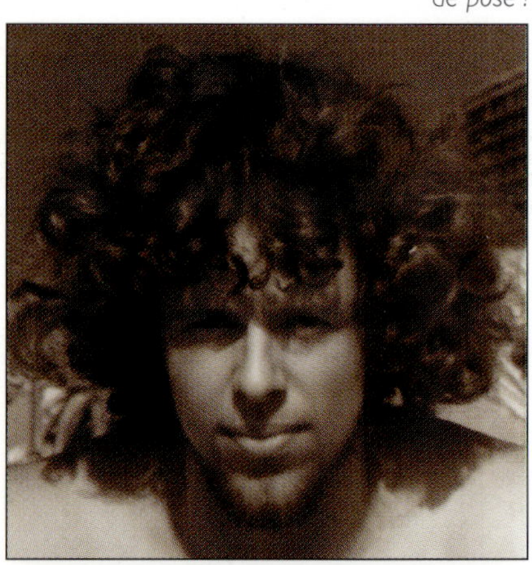
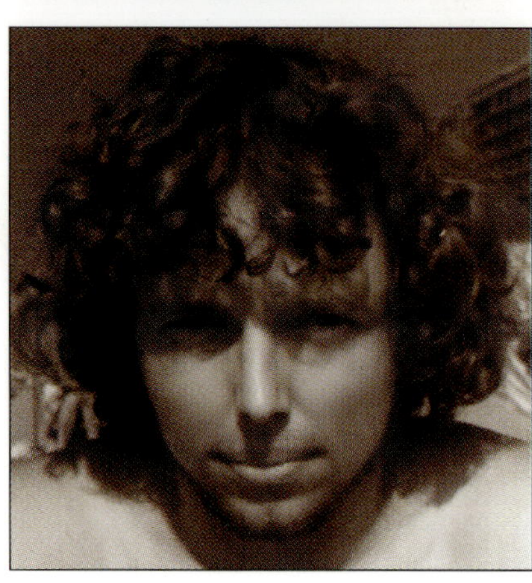
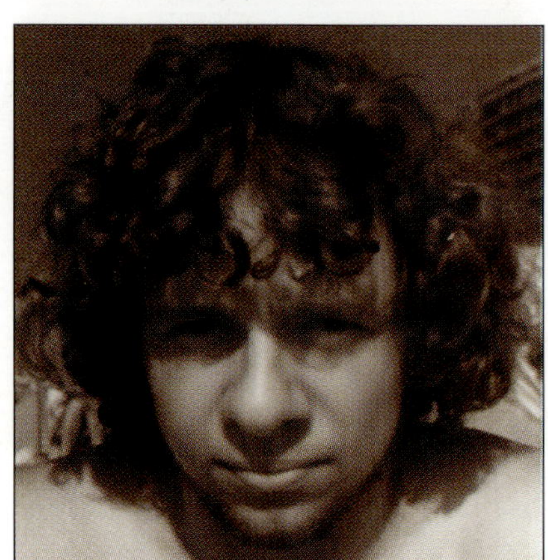
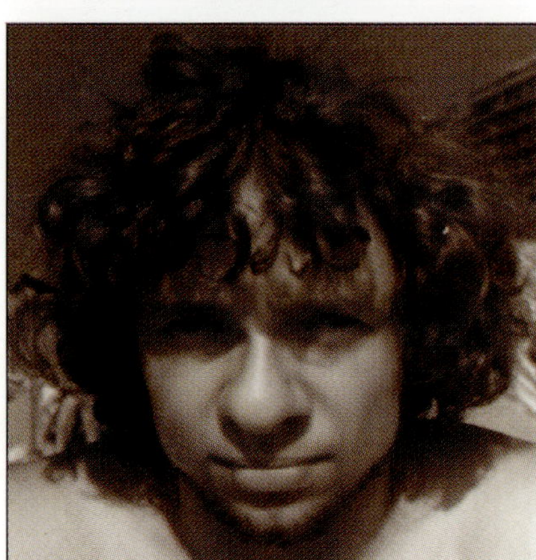

MORFING.

Le visage présenté à droite est celui d'une personne qui n'existe pas ! Il est obtenu en mélangeant les éléments de deux visages différents. Ce résultat peut être obtenu par ordinateur à l'aide d'un programme de morfing. Il permet de faire un mélange de deux photographies. Dans les deux photos, on cherche des points particuliers dont l'ordinateur fera une synthèse. Plus on ajoute des points particuliers à chaque sujet, plus le résultat sera intéressant. Au lieu de réaliser une synthèse de tout un visage, vous pouvez également choisir une partie qui vous paraît plus intéressante à sélectionner. Ainsi vous pouvez ajouter des oreilles d'éléphant ou la bouche d'un chimpanzé à votre victime.

On peut se poser la question si cette méthode appartient encore au domaine de la caricature. Peut-être est-on très loin de l'idée de base de la déformation du visage à l'aide du matériel classique, mais c'est une technique qui, vraisemblablement dans le futur, sera encore perfectionnée. C'est pourquoi cela vaut la peine de l'étudier même si l'on ne la considère au départ que comme un trucage visuel.

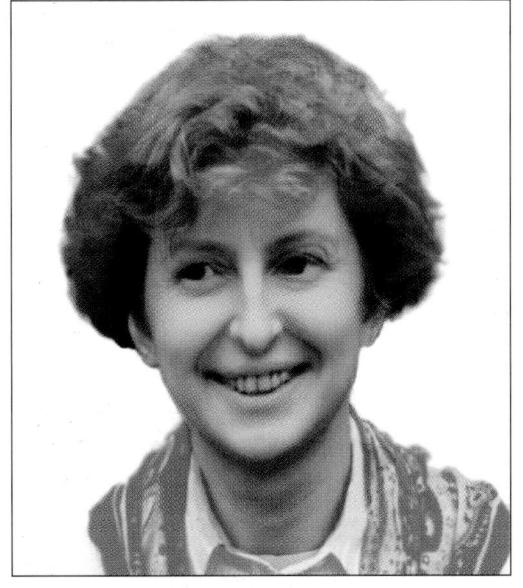

Dans le mélange obtenu, on trouve présentes des parties de chacun des deux sujets. Comme chez un enfant, on retrouve des traits en provenance du père et de la mère.

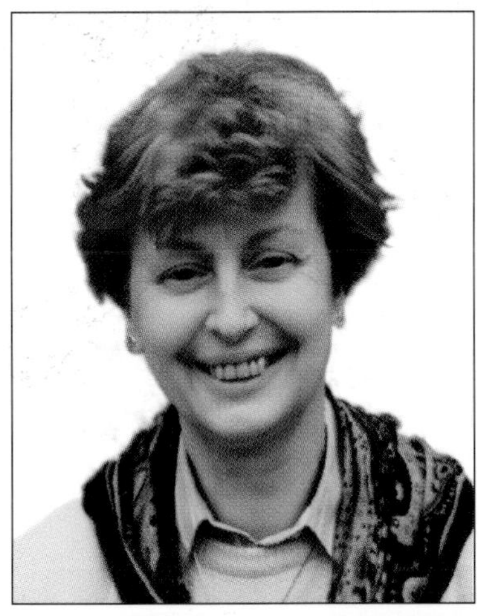

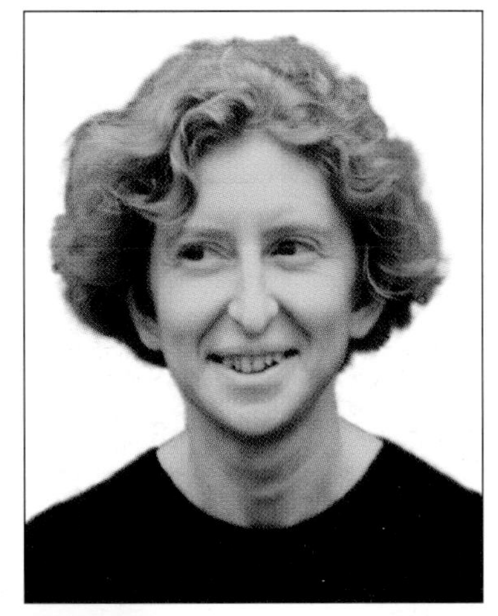

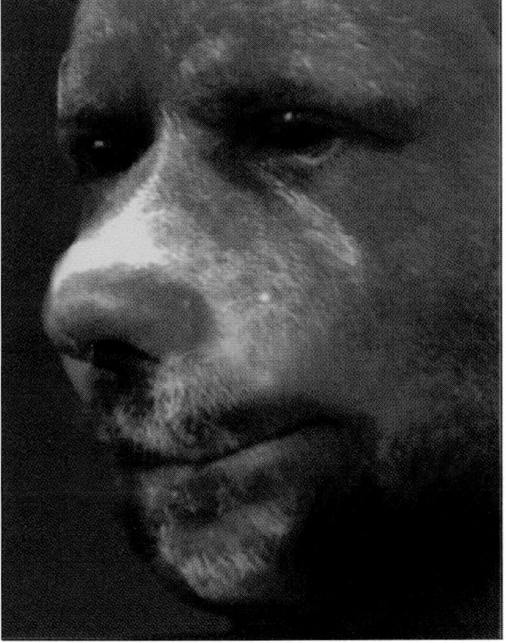

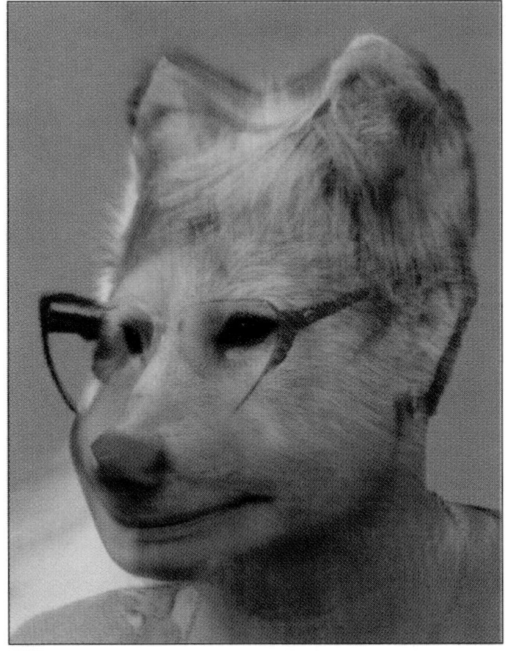

Ces images sont un mélange d'un être humain et d'un animal. Ce dernier est choisi en fonction de l'individu. Devinez quel animal a été choisi !

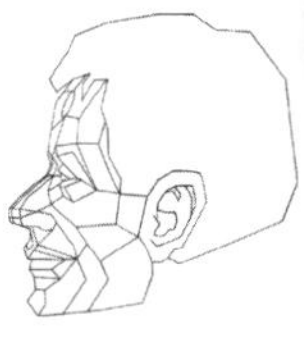

ENFIN...

... il me reste à remercier les personnalités qui ont introduit chaque chapitre et apporté sans le savoir un plus à ce livre.

Chapitre 1	*Le schéma de base du visage*	*Hugh Grant*
Chapitre 2	*Qu'est-ce qu'une caricature ?*	*Yasser Arafat*
Chapitre 3	*Dessiner ce que l'on voit*	*Rowan Atkinson*
Chapitre 4	*Le visage humain*	*Johnny Holliday*
Chapitre 5	*Dessiner d'après modèle vivant*	*Mick Jagger*
Chapitre 6	*Dessiner d'après photo*	*Serge Gainsbourg*
Chapitre 7	*Dessiner en subdivisant le visage*	*Smith & Jones*
Chapitre 8	*Asymétrie de la face*	*Le Dalai Lama*
Chapitre 9	*Les rides trahissent la vie*	*Le roi Baudouin*
Chapitre 10	*Les cheveux*	*Bob Marley*
Chapitre 11	*L'expression du visage*	*Salman Rushdie*
Chapitre 12	*Ce que l'on sait, l'on peut, l'on doit faire*	*Radovan Karadzic*
Chapitre 13	*Cinq croquis en trois étapes*	*Miles Davis*
Chapitre 14	*Les proportions du corps*	*Jacques Chirac*
Chapitre 15	*Techniques et matériaux*	*Ella Fitzgerald*
Chapitre 16	*Caricature et ordinateurs*	*Bill Clinton*

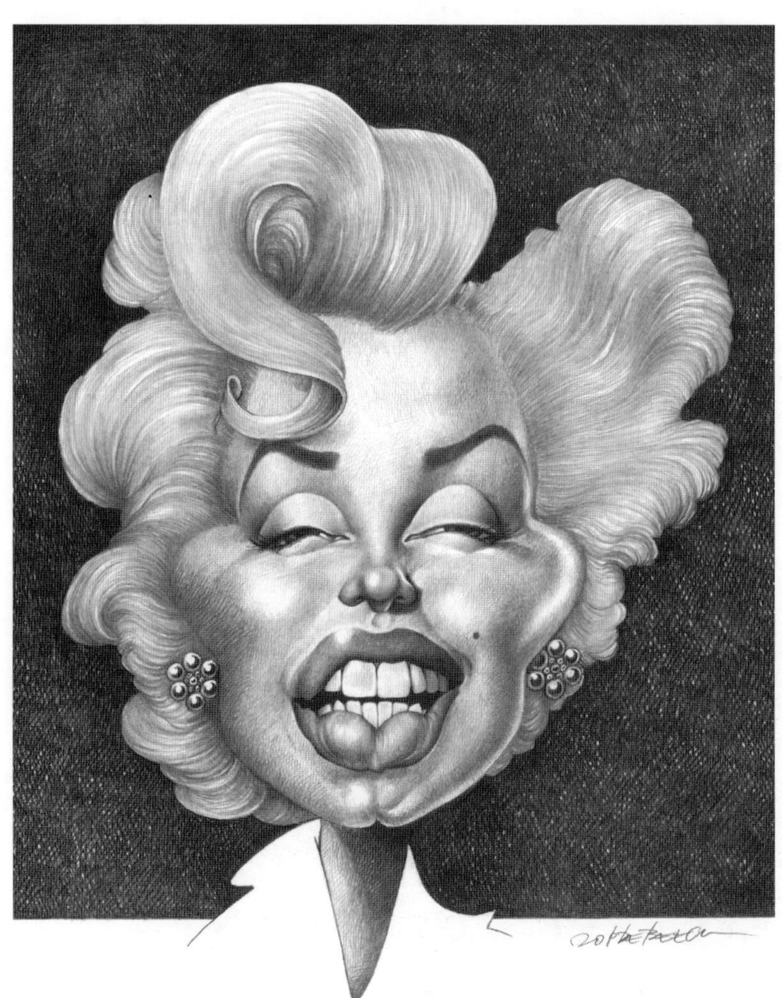